SCHLEGEL

Literary Notebooks

Reduced facsimile of fol. 29 of
Fragmente zur Litteratur und Poesie I
(see text, paragraphs 397-416)

FRIEDRICH SCHLEGEL

LITERARY NOTEBOOKS
1797–1801

edited

with introduction and commentary

by

HANS EICHNER

UNIVERSITY OF TORONTO PRESS

1957

Copyright, Canada, 1957
UNIVERSITY OF TORONTO PRESS

London
UNIVERSITY OF LONDON
THE ATHLONE PRESS

Printed in Great Britain by
WILLIAM CLOWES AND SONS LTD
LONDON AND BECCLES

PREFACE

Much of my work on Friedrich Schlegel was done during a year's study in Europe as a Fellow of the Nuffield Foundation. Two further trips to investigate unpublished sources were made possible by grants from Queen's University and the Humanities Research Council of Canada, who subsequently also made grants in aid of publication. Without this help the present work could neither have been written nor published.

I owe a debt of gratitude to Dr. Ernst Behler for permission to use his transcripts of Schlegel's philosophical notebooks, and to Dr. Max Preitz for the loan of his transcripts of Schlegel's letters to Novalis which he has since published. To Professor Alois Dempf, Professor Hermann Kunisch, and to Dr. Moritz Lieber I am indebted for access to unpublished manuscripts.

Professor Hilda C. Laird has ungrudgingly shouldered additional burdens caused by my travels to consult sources difficult of access. Dr. Alison Scott greatly assisted me in the preparation of the text of the notebooks and in the compilation of the index, and Mr. Hans Hein's enduring patience helped to make the latter more reliable and more complete. Professor Herman Tracy advised me on various points outside my own field.

An expression of gratitude is due to the authorities of the Westdeutsche Bibliothek for permission to publish the present notebooks, and to the librarian of the Stadtbibliothek Trier for permission to quote from the notebooks in their keeping.

Last but not least, I wish to thank Professor Edna Purdie for the kind and generous interest she has taken in my studies for many years.

H. E.

Queen's University
Kingston, Ontario
5 *January* 1957

CONTENTS

INTRODUCTION

INTRODUCTION

When Friedrich Schlegel was on the threshold of the most brilliant stage of his literary career, his own brother and most intimate collaborator passed judgment on his talents in words that irresistibly invite quotation: 'Randglossen ... gelingen ihm weit besser als ganze Briefe, sowie Fragmente besser als Abhandlungen, und selbstgeprägte Wörter besser als Fragmente. Am Ende beschränkt sich sein ganzes Genie auf mystische Terminologie.'[1] Uncharitable as they are, these remarks are bound to encourage an editor who is about to publish a volume of such 'Randglossen' and 'Fragmente', and they are not entirely devoid of truth. The context in which Schlegel is perhaps mentioned most frequently is, after all, a semantic one: it was he who gave the term 'romantisch' that twist of meaning which enabled it to become the shibboleth of the European Romantic movement; and though Schlegel's larger, connected works are in themselves no mean achievements, the greater, and indeed incalculable, part of his importance lies in the stimulus he provided for others. In his earliest publications, he gave the study of classical poetry a new impulse and a new direction. In his contributions to the *Athenäum*, he laid the theoretical foundations of German romanticism, and his activities as a lecturer and editor in Vienna helped to establish these new doctrines and modes of feeling in Austria. His Sanskrit studies made him the father of German Indology, and the writings of the last few years of his life led to important repercussions in Catholic theology. The value of his contribution to philosophy is only now beginning to be fully realised, but there is little doubt that in this as in so many other fields, he was often attacked in the footnotes in order to be more profitably plagiarised in the text. In fact, it is hard to think of an aspect of German letters in the nineteenth century in which one

[1] A. W. Schlegel to Schleiermacher, 22 January 1798. *Aus Schleiermachers Leben*, ed. Jonas and Dilthey, vol. iii (Berlin, 1861), p. 71.

does not, sooner or later, come across a trace of his influence. If he so often sowed where others reaped the harvest, this is due to a concatenation of circumstances for which he is not without blame.

It is in accordance with Schlegel's importance that a vast body of literature should have grown up about him; but, as Josef Körner, among others, has pointed out, this imposing edifice rests on a disproportionately small foundation. That by far the larger part of all the essays, books and dissertations about Schlegel should be concerned with the first three decades of his life, while so many of his later activities have almost entirely escaped investigation, is not really surprising. Impressive as some of his later achievements are, it remains a fact that Schlegel's publications of the three years 1798–1800, and his personal contacts during those years, have influenced the literary scene in Germany and, through the mediacy of his brother, that of England and France, far more obviously than his later activities. It is to be regretted all the more that even the research on Schlegel's most brilliant and fruitful years should have been dependent on comparatively limited sources.   In Minor's edition, his *Prosaische Jugendschriften* fill two not very fat volumes. His predilection for such forms as the *Fragment* and the symposium, which enable an author to present a subject from different points of view and invite him to yield to momentary whims, his love of paradox and his highly individual or, as August Wilhelm would have it, 'mythological' terminology all combine to make his writings exceptionally difficult to interpret, and the most important source of information on his thought apart from his published works, his letters to his brother, obviously fails us during the periods when the two were in personal contact with each other in Jena and Dresden. There is reason to hope, therefore, that the present publication, in which a continuous record of the growth of Schlegel's ideas on poetry and poetics during the crucial years from 1797 to 1801 is made available, will be felt to correspond to a real need.

Schlegel was not only a writer by profession; he had a veritable passion for writing, which did not desert him even at those times when he hardly published at all. The reports of his laziness have

long been refuted. If, none the less, so many of his works were
never completed and most of his countless projects never pro-
gressed beyond tentative beginnings, this is, no doubt, partly due
to a characteristic weakness in him, the painful discrepancy
between his creative ability and the monumental plans he could
not restrain himself from making – plans which, inevitably,
consumed a considerable proportion of his intellectual energy.
But this is only part of the explanation, and perhaps not the most
important part. While he lacked that concrete imagination or
inventive power which makes a poet, he was always teeming with
ideas and ceaselessly discovering new avenues of exploration. It
would have taken the ability, circumspection and self-discipline
of a Goethe to do the required sifting and weeding out, to reject
the less promising and to concentrate on the feasible. Above all,
however, Schlegel continued year in, year out to revise his views
on virtually any major subject that was of real concern to him.
It was the constant flux of his thought that made it so difficult
for him to produce long and coherent works : if he had to devote
as much as two years to a given project, his ideas were likely to
have changed so much in the course of this period that he would
have had to revise most of what he had written so as to be able
to proceed without contradicting himself. Only when he was
lecturing and was therefore forced to write quickly could he
produce whole works, such as the *Geschichte der alten und neuen
Litteratur* or the *Philosophie des Lebens.*

It may have been because Schlegel found it so difficult to
discipline his thoughts and to present them as a coherent whole
that he developed the habit of jotting down his ideas as soon as
they came to him. For this purpose, he kept different series of
notebooks for different subjects. At the time of his death, there
were about one hundred and eighty such notebooks, approximately half of which have been preserved.

The most important groups of notebooks are those on philosophy, on history and politics, on classical poetry, and, last but not
least, a series with such titles as *Zur Poesie* or *Zur Litteratur und
Poesie,* which Schlegel used primarily for notes on modern
literature, on criticism and poetics, and on his own critical and
poetic plans. Even before the First World War, the Stadtbibliothek

Trier possessed seven of these literary notebooks, which Dorothea Schlegel, after her husband's death, had given to C. I. H. Windischmann, who, in his turn, had passed them on to an admirer of Schlegel's work, the theologian Johann Wilhelm Josef Braun. In 1913, Josef Körner discovered another eight notebooks of this series in the possession of a grand-nephew of Braun, which were acquired by the Preußische Staatsbibliothek and are now kept at the Westdeutsche Bibliothek at Marburg. With some gaps, these notebooks cover the period from Schlegel's first stay in Jena to the last few years of his life. Körner made himself familiar with the contents of these notebooks and has drawn on them in numerous publications, above all in his essay on *Lucinde*[1] and in the monograph *Romantiker und Klassiker*[2]; but although he has repeatedly pointed out their importance, they seem to have remained almost entirely unknown.

In view of the prevailing cost of book production, the publication of all fifteen notebooks seems hardly feasible. The present edition is limited to the first three of them, which cover the period from winter 1797 to winter or spring 1801, and which considerably exceed the rest in interest and importance. These notebooks provide us with our only record of the development of the theory of the *Roman* which Schlegel proclaimed in the *Athenäum* as the gospel of *romantische Poesie*,[3] and contain the original versions of many of his published *Fragmente*. In them he continued his earlier attempts at providing literary criticism with a solid theoretical foundation and recorded the ideas that were to take shape in the *Gespräch über die Poesie*. They shed light on his studies in the most important branches of European literature and allow us to catch an occasional glimpse of the view he had of himself. Thus they would seem to provide a most valuable commentary on Schlegel's published writings.

It is hoped, however, that Schlegel's literary notebooks will not be of an exclusively historical interest. As is to be expected of

---

[1] 'Neues vom Dichter der *Lucinde*', *Preußische Jahrbücher*, vol. clxxxiii, pp. 309 ff., vol. clxxxiv, pp. 37 ff.

[2] Berlin, 1924.

[3] *Cf.* H. Eichner, 'Friedrich Schlegel's Theory of Romantic Poetry', *PMLA*, vol. lxxi, pp. 1018 ff.

notes written down on the spur of the moment, their quality is
uneven. A part of Schlegel's theoretical considerations is
pedantic in the very worst tradition of the Greek writers on
rhetoric, others are based on wild generalisations. A part of the
notes are inspired by a philosophy of nature that, plausible as it
may have appeared at that time, tends to strike the modern
reader as faintly absurd, and some entries are incomprehensible.
Above all, the first impression created by these notebooks is not
only one of a striking wealth and variety of ideas, but also one of
utter chaos. Closer inspection, however, soon reveals a surprising
degree of coherence, particularly in the field of literary criticism.
He saw the perennial problems of this field clearly and faced them
honestly, and there is still much to be learnt from him. In his
pronouncements on individual poets, he was often rash and
occasionally prejudiced. In his awareness of the pitfalls that beset
the critic and of the devious and complex ways by which literary
judgments are reached, he was exemplary. In his notebooks no
less than in his published writings, Schlegel reveals himself as one
of the founders of modern criticism.

The text of these notebooks must, however, speak for itself.
An examination of the ways in which they may add to our know-
ledge of Schlegel, or an account of his poetics, would occupy far
more space than can be devoted to an introduction, and the
present editor must confine himself to an account of the editorial
procedure he has adopted.

The two earlier notebooks, *Fragmente zur Litteratur und
Poesie* and *Ideen zu Gedichten,* have the same format
(200 × 241 mm), while the third book, *Fragmente zur Poesie
und Litteratur II und Ideen zu Gedichten,* is a little larger
(200 × 250 mm) and the paper a little heavier. The notebooks
have a wide margin which is only partly filled with entries.
For obvious reasons, this arrangement is not reproduced. Marginalia which supplement or correct the main text are printed
at the point suggested by the context, but – with one single
exception that is noted in the commentary – always as part of an
entry occurring on the same page of the manuscript. The
numerous marginalia that are not connected with the main text

are printed below the entry or group of entries next to which they stand in the manuscript. All marginalia and all other later additions by Schlegel are placed in pointed brackets ⟨ ⟩. Square brackets [ ] indicate additions of the editor, and round brackets ( ) correspond to brackets in the original.

Words underlined in the manuscript are s p a c e d, words underscored twice are printed in **bold type**. Latin instead of German script is indicated by the use of *italics*.

The first fifty-two entries were divided up into paragraphs by Schlegel himself; in the rest of the manuscript, paragraphs are extremely rare, and the text has been divided into paragraphs by the editor.

Although Schlegel occasionally showed his notebooks to close friends, they were primarily intended for his own personal use. This presented the editor with two serious problems. As is indicated by the titles *Ideen zu Gedichten* and *Fragmente zur Litteratur und Poesie*, Schlegel intended at one time to keep his notes on his own poetic projects separate from his notes on criticism and literature, but he never really did so. The text of our notebooks therefore consists of entries of two different kinds, which alternate without any method whatever. Also, he used an elaborate system of abbreviations. It would have been the easiest course for the editor to produce a diplomatically faithful transcript, but as a text produced in this way would have been of use at best only to a few specialists, a different procedure had to be adopted.

Schlegel's notes on *Lucinde* have been examined, and a substantial proportion of them cited, in a well-known essay by Josef Körner.[1] The entries on *Lucinde* not quoted by Körner and his notes on other poetic projects are extensive, but consist mostly of disjointed phrases, of more or less obscure remarks about the form of works that were never written and whose projected content can only be guessed at in the most nebulous outlines, and of rhythmical and rhyme schemes for poems of which we do not possess as much as a single line. At a time when many hundreds of far more rewarding pages from Schlegel's pen remain unknown and unedited, the publication of these poetic plans there-

1 'Neues vom Dichter der *Lucinde*', *loc. cit.*

fore seemed hardly advisable. Above all, however, the printing of these poetic plans in their original setting would have seriously interfered with the main purpose of this publication. When the present editor investigated the original manuscripts and studied his own complete transcript, he found it extremely irritating that Schlegel's critical deliberations, which are complicated and disjointed enough, were interrupted time and again by material which belongs to a different context, and he saw no point in handing on the source of this irritation to his readers. In the present text, therefore, all entries directly referring to Schlegel's poetic projects are omitted. In Schlegel's own terms, this publication contains only the *Fragmente zur Litteratur und Poesie*, but not the *Ideen zu Gedichten*. Obviously, this makes the title of the second of our notebooks completely misleading, but while this is awkward, it seems hardly important. That those who would have liked to form their own judgment on Schlegel's poetic plans will be disappointed, is a more serious matter; but their interests would be served better by a separate edition of these plans than if they had been printed here in their original fragmentation.

In most cases, the decision whether a given entry was to be regarded as a poetic plan, and therefore to be eliminated, was simple and straightforward. Entries of a doubtful nature were included. Thus the present text contains a number of observations on marriage, friendship and love to which there are parallels in *Lucinde*; for it seems virtually certain that Schlegel wrote them down as independent *Fragmente*, perhaps with the intention of publishing them as such, and only subsequently decided to incorporate them in his novel. That the editor has not resisted the temptation to include the only entry in the notebooks concerning *Alarcos* is an inconsistency for which he must ask the reader's indulgence.

Not to expand the abbreviations would have been sheer pedantry. Fortunately, there is a large measure of consistency in Schlegel's usage. With very few exceptions, each of his abbreviations has one and the same meaning throughout his notes, except that it can stand both for a noun and for the corresponding adjective. The Greek capital Δ, for example, is used for 'Drama', but it may also mean 'dramatisch' and even 'das Dramatische'.

2—S.L.N.

INTRODUCTION

In preparing the expanded text, square brackets were used in such a way that the original reading can be ascertained by a glance at the following tables.

1. GREEK ABBREVIATIONS

MANUSCRIPT	PRINTED TEXT
ανλ	Anal[yse], anal[ytisch][1]
απ	ap[oetisch]
γρ	Gr[ammatik], gr[ammatisch]
Δ, Δρ	D[rama], Dr[ama], d[ramatisch] etc.[2]
διαλ	Dial[ektik], dial[ektisch]
διδ	Did[aktik], Did[aktikon], did[aktisch]
Διθ	Dith[yrambus], dith[yrambisch]
επ	Ep[os], ep[isch]
η, ηθ	E[thos], Eth[os], e[thisch] etc.
θ	Th[eorie], th[eoretisch]
θετ	thet[isch]
κ, κρ	K[ritik], Kr[itik], k[ritisch] etc.
κμ (never κM)	k[ritischer] M[imus], k[ritische] M[ikik]
κομ	Kom[ödie], kom[isch]
λογ	Log[ik], log[isch]
λυρ	Lyr[ik], lyr[isch]
μαθ	Math[ematik], math[ematisch]
μελ	Mel[os], mel[isch]
μετρ	Metr[um], metr[isch]
μεχ	Mech[anik], mech[anisch]
μιμ	Mim[us], Mim[ik], mim[isch][3]
μουσ	Mus[ik], mus[ikalisch]
μυθ	Myth[os], myth[isch]

1 Two pairs of square brackets in the same word – 'An[a]l[yse]' – could be avoided, as the abbreviation αναλ does not occur.

2 The abbreviation δρ instead of the usual Δρ occurs in *L.N.* [= *Literary Notebooks*, nr.] 322, 736, 778, 880, 952, 1160, 2147.

3 The abbreviation Mim instead of the usual μιμ occurs in *L.N.* 371, 452, 549, 577, 1959, 2025. μ = M[imus] occurs only in the combination κμ, k[ritischer] M[imus] and in *L.N.* 568.

MANUSCRIPT	PRINTED TEXT
οργ	org[anisch]
π	P[oesie], P[oet], p[oetisch][1]
πμ	P[oe]m
πολ	Pol[itik], pol[itisch]
πρ	Pr[axis], pr[aktisch]
πφ	Proph[etie], proph[etisch][2]
πφμ	p[oetisches] Ph[ilosophe]m
ρ	Rh[etorik], rh[etorisch]
ραψ	Rhaps[odie], rhaps[odisch]
σκ, σκεπτ	Sk[eptik], Skept[ik], sk[eptisch] etc.
σθ, συνθ	S[yn]th[ese], s[yn]th[etisch] etc.
συστ	Syst[em], syst[ematisch][3]
τραγ	Trag[ödie], trag[isch]
φ, φσ	Ph[ilosophie], Philos[ophie] etc.[2]
φλ	Philol[ogie], philol[ogisch][2]
φσμ ; less frequently φμ	Ph[ilo]s[ophe]m, Ph[ilosophe]m
φυ	Phy[sik], phy[sisch]
χα ; rarely χ	Cha[os], Ch[aos], cha[otisch] etc.
χεμ	chem[isch]
χρ ; rarely χ	Chr[istus], Chr[istenthum], chr[istlich] etc.
ψ	Ps[ychologie], ps[ychologisch]

2. OTHER IMPORTANT ABBREVIATIONS

MANUSCRIPT	PRINTED TEXT
Char	Char[akteristik]; sometimes Char[akter]
Ct	C[en]t[rum]
Emp	Emp[irik], Emp[irisch]
F, Fant	F[antasie], Fant[asie], F[antastisch] etc. ; F[orm][4]

[1] πσ = P[oe]s[ie] only in *L.N.* 140.

[2] Two pairs of brackets – 'P[ro]ph[etie]', 'Ph[ilo]s[ophie]', 'Ph[ilo]l[ogie]' – could be avoided, as the abbreviations 'προφ', 'Proph.' etc. do not occur.

[3] σ = S[ystem] only in *L.N.* 1233.

[4] Schlegel used the abbreviation F for 'Form' only where the context removes all ambiguity. A German ℱ rather than the block letter is used for 'Fichte'.

MANUSCRIPT	PRINTED TEXT
Hist	Hist[orie], Hist[orisch]
Hz	H[ori]z[ont], H[ori]z[ontal]
Id	Id[ealismus], Id[eal]
Ind	Ind[ividuell]
K	K[unst]
Mat	Mat[erie], Mat[erialismus]
Max	Max[imum]
M, Mim	M[imus], M[imik], Mim[us] etc.
My	My[stik], My[stisch]
N	N[aiv]
P	P[olitik], P[olitisch]
Par	Par[odie]
R, Rom	R[oman], Rom[an], R[omantisch] etc.
Re	Re[alismus], Re[al]
Ro	Ro[manzo]
S, Sent	S[entimentalität], Sent[imentalität] etc.
Sat	Sat[ire], Sat[irisch]
W, Wsch	W[issenschaft], W[issen]sch[aft]
W, Wz	W[itz], W[it]z
Wl	W[issenschafts]l[ehre]

It will be noted that the reading 'P[oesie]' in the printed text always corresponds to the abbreviation π in the manuscript, while the reading 'P[olitik]' corresponds to a P, and so on.

In most instances, the symbols $+$, $-$ and $\frac{1}{0}$ were replaced by the words for which they stand, '*positiv*', '*negativ*' and '*Unendliches*' or '*Unendlichkeit*'. This alteration is indicated by the use of *italics* and pointed out in the commentary. Wherever this led to a smoother reading, the same procedure was applied to the symbol [2]. Thus, the abbreviation 'Polem[2]' in *L.N.* 206 is reproduced in our text in the expanded form '*potenzirte* Polem[ik]'.

The symbol $\frac{-}{0}$, which occurs very frequently in the notebooks, means 'absolut', as can be seen from a diplomatically faithful transcript of *L.N.* 248:

'Die moderne Poesie geht entweder auf absolute Fantasie – oder auf absolute Lust – absoluten Schmerz – absolute Mimik (Shak) – absolutes Pathos – absolute Form ⟨(Shak)⟩

$$\left\langle \frac{\text{Enthusiasm}}{\text{o}} - \frac{\text{Kunst}}{\text{o}} - \frac{\text{Wissenschaft}}{\text{o}} \right. \text{pp., überhaupt das}$$

Absolute. Absolutes Wunderbares.⟩'

The retention of this symbol would have disfigured the printed page and served no useful purpose. It was therefore written out in words, and the alteration indicated by the use of *italics*. Thus, the words '*absolutes* D[rama]' in the printed text correspond to the cypher $\frac{\Delta}{\text{o}}$ in the manuscript. Where the word 'absolut' is printed in ordinary type, it is written out in full in the original.

Symbols of a distinctly mathematical character, such as $\sqrt[\frac{1}{6})]{\frac{\pi^{(\frac{1}{6}}}{\text{o}}}$, were left unchanged, as Schlegel seems to have thought of them as mathematical formulae rather than as abbreviations. Another group of formulae – SatSent, SentSat, SatW, SatWIndNaiv$\eta\theta^2$ etc., which Schlegel developed in an unsuccessful attempt at improving the terminology of Schiller's *Über naive und sentimentalische Dichtung*, were reproduced without expansion for a different reason. Their approximate meaning is clear: 'Sent' stands for 'Sentimentalität', 'Sentimentalisches' or 'sentimental', and so on. It is difficult to see, however, which of these forms is the correct one. In *L.N.* 275, for instance, 'Im $\frac{\text{SentSat}}{\text{o}}$,' must apparently be read 'Im *absolut* Sent[imental-] Sat[irischen]'; the abbreviation $\frac{\text{IdSent}}{\text{o}}$ in *L.N.* 298 is used as a feminine, and one is tempted to transcribe it as '*absolute* Sent[imentale] Id[ylle]'; in *L.N.* 293, on the other hand, Schlegel seems to make a distinction between 'SentSat' and 'SatSent'.

Schlegel normally slurred the endings of nouns and adjectives and frequently abbreviated the definite article. In supplying the terminations, square brackets were used whenever more than one grammatical form was possible. No brackets were considered necessary in the case of such obvious abbreviations as 'u[nd]', 'viell[eicht]', 'franz[ösisch]', 'span[isch]', 'ital[iänisch]' etc.

Finally, a few remarks on the chronology of the notebooks may be found useful. The notebooks published here are the only ones in the literary series that were not dated by Schlegel on the cover. Book I, *Fragmente zur Litteratur und Poesie*, is dated '1797' in the margin of the first page. This date does not necessarily refer to the beginning of the year. *L.N.* 45, however, must have been written down while Schlegel was working on the epilogue to the *Kunsturtheil des Dionysius über den Isokrates*, i.e. not later than April 1797,[1] and it may safely be assumed that the notebook was started in the winter of this year. The notes on *Hermann und Dorothea*, *L.N.* 155 and 158, date from the end of August, while *L.N.* 512, 520, 524, 525, 529 and 531 were written when Schlegel re-read *William Lovell* in the beginning of November and whilst his friendship with Tieck, whom he had met early in the second half of October, was still in its initial stages. In the course of November 1797 Schlegel seems to have devoted more time to his critical and literary notes than in any comparable period. It was in the same month that he read Jean Paul's *Siebenkäs*, which seems to have provided him with the stimulus for the remarks about this novelist in *L.N.* 816, 819, 821 and 832, and two of the projects recorded in *L.N.* 986 were mentioned by him in letters to his brother at the end of November. If these and similar indications are reliable, the rate at which entries accumulated must then have fallen off sharply. The reason for this is not far to seek. Most of his time was now taken up by his work on the *Athenäum*, and he was preparing the clean copy of the *Geschichte der Poesie der Griechen und Römer*. There is no date in the notebook indicating the beginning of 1798, but this should probably be shortly before *L.N.* 1000. *L.N.* 1006, in which Hardenberg is referred to by his pseudonym, Novalis, cannot have been written before the end of February, though a later date—March or even April—seems more probable.

1 *Cf.* the commentary on this entry, and – for the *terminus ad quem* – Schlegel's letters to Böttiger in *Archiv für Litteratur-Geschichte*, vol. xv, pp. 420, 422.

The next reliable date is supplied by the notes on Shakespeare in
L.N. 1136 ff., which were made in Dresden in July 1798. The
first notebook comes to an end shortly after this group of entries.
The whole of the notebook *Ideen zu Gedichten* was written in
the autumn of 1798, as has been determined by Körner. This is
chiefly evident from Schlegel's letters to Caroline, and is cor-
roborated by his notes on *Lucinde*, which are not reproduced
here. In the third notebook, *Fragmente zur Poesie und Litteratur II und Ideen zu Gedichten*, there are dates to indicate the
beginning of each new year. The following table can therefore be
compiled:

L.N. 1 to shortly before 1000	1797
L.N. 1000–1513	1798
L.N. 1514–1826	1799
L.N. 1827–2121	1800
L.N. 2122–2191	1801

It seems unlikely that the third notebook covers more than the
first few months of 1801, and the next notebook of the literary
series known to us was not started until July 1802. The gap of
about a year following notebook III suggested itself as a suitable
point at which to conclude this edition.

TEXT

Ich kann von mir, von meinem ganzen
Ich gar kein andres echantillon geben,
als so ein System von Fragmenten, weil
ich selbst dergleichen bin

FR. SCHLEGEL

Wer Fragmente dieser Art beim Worte
halten will, der mag ein ehrenfester
Mann sein – nur soll er sich nicht für
einen Dichter ausgeben. Muß man denn
immer bedächtig sein? Wer zu alt zum
Schwärmen ist, vermeide doch jugend-
liche Zusammenkünfte. Jetzt sind
literarische Saturnalien. Je bunteres
Leben, desto besser

NOVALIS

I

1797–8

FRAGMENTE
ZUR LITTERATUR UND POESIE I

⟨1797⟩

1. Was G[oethe]'s Hexametern fehlt (die strenge Form) fehlt unstreitig auch seinen physikalischen Räsonnements. Er ist ein Antirigorist auch in der Kunst. Der Rigorism entspringt nur aus der Mystik oder aus Kritik. – **2.** Nur durch absolute Progressivität (Streben nach dem Unendlichen) wird das Sentimentale sentimental und aesthetisch interessant. Sonst ist es bloß psychologisch d.h. physisch interessant oder moralisch als Theil einer würdigen Individualität. – **3.** Alle nicht classische und nicht progressive P[oesie] ist Naturpoesie – Shak[speare] ist der sentimentale Classiker, ⟨und⟩ Maximum der Mimik. –

4. Die Meinung der Roman sei kein Gedicht, gründet sich auf den Satz: Alle P[oesie] soll metrisch sein. Von diesem Satz kann aber zum Behuf der Progressivität, aber auch nur für diese eine Ausnahme gemacht werden. – Der Roman ist noch ungleich gemischteres Mischgedicht als Idylle oder Satire, welche doch ein bestimmtes Gesetz der Mischung befolgen. –

5. Nur die ganz gültigen Dichtarten können in der reinen Poetik deducirt werden. – Das ϵπος erst in der angewandten, so auch alles was nur für classische oder nur für progressive P[oesie] gilt.

6. Unterschied der materiellen Sentimentalität aus Furcht, Weichlichkeit, unbefriedigter Sinnlichkeit oder Eitelkeit (Jakobi)

und der höhern aus reinem Mystizismus. – Shak[speare] zur
lezten. Kann er in der sentimentalen P[oesie] übertroffen
werden?

7. Die historische Ganzheit sei physisch, logisch, theoretisch
und praktisch; außerdem eine Annäherung zur epischen, zur
lyrischen und so viel es sein kann zur politischen Einheit.

8. Im rhetorischen Werk ist die Ganzheit ethisch; in satirischen
Schriften muß politische Ganzheit herrschen, nicht bloß
politische Einheit. – Giebt es rein satirische Schriften?

9. Der Roman muß politische oder satirische Totalität haben.
Jede andre wäre fehlerhaft. –

10. Klopstock ist ein grammatischer Korybant. –

11. Durch die Beimischung des bloß Philos[ophischen] und
Log[ischen] (und P[oetischen]?) unterscheidet sich das philol-
l[ogische] Werk vom historischen; und durch die Beimischung
des Philol[ogischen], Hist[orischen] das philos[ophische] vom
log[ischen] Werk. Beide durch Kritisiren und Polemisiren.

12. Sollte es nicht rein ethische Schriften geben, die sich zu
rh[etorischen] verhalten, wie log[ische] zu philos[ophischen],
Hist[orische] zu philol[ogischen], p[oetische] zu Sat[irischen]?
Sind pol[itische] rh[etorische] Schriften nicht noch verschieden
von eth[ischen] rh[etorischen]? – Die Ganzheit muß immer
ethisch sein, wenn auch der Stoff politisch ist. ⟨NB. Genau.⟩

13. Im rh[etorischen] Stil darf nichts bloß Hist[orisch],
p[oetisch], kr[itisch], philos[ophisch] sein; es muß alles mit dem
Ethischen verschmolzen sein, alles ethischen Ton haben. – Wo
die Ganzheit nicht Hist[orisch] sondern nur philol[ogisch] ist, da
muß der Ton satirisch sein; so auch wo die Ganzheit bloß
philos[ophisch] ist, auch in kr[itischen] Schriften. –

14. Charakteristik. – Eigne Gattung in welcher die Darstellung vom Eindruck des Schönen die Hauptsache ist. – Poetisch,
poetische Ganzheit, rhapsodischer Zweck (Plat[o's] Ion) –
i.e. Mittheilung des Schönen. Diese Gattung war den Alten
unbekannt. – Alles P[oetische] in der Form vermieden; nur der
Geist und Stoff sei p[oetisch]; der Ausdruck so prosaisch als
möglich. – ⟨Es giebt also wahre poetische Prosa. Aber das

P[oetische] geht leicht über ins Rh[etorische], welches der Tod des Philos[ophischen], Hist[orischen] und Philol[ogischen] ist. –⟩

15. ⟨Vom Witz. Ueber das Studium der classischen Philos[ophie]. –⟩

16. Die satirische Prosa paßt nur für die Mischung heterogener Gegenstände; die urbane scheint davon noch verschieden. –

17. Ohne ethische Ganzheit ist das Rhetorische sophistisch.

18. Alle Prosa ist poetisch, logisch, ethisch, ⟨rhetorisch,⟩ politisch, Hist[orisch], philos[ophisch], philol[ogisch], Sat[irisch], Idyll[isch], – romantisch. Giebts nicht auch eine philorh[etorische] und philopoetische Gattung der Prosa? – eine Mystische, skeptische, Emp[irische] Eklekt[ische] Prosa? –

19. ⟨Idee eines theologischen und ökonomischen Styls. – Der erste ist der eth[ische] nach Abzug alles Hist[orischen], Rh[etorischen], Philos[ophischen] pp. – der lezte nach Abzug des ethischen Enthus[iasmus]; das ist der rein empirische Styl. Der erste der mystische; der eklektische bezieht sich auf das Romantische.⟩

20. Ist die mimische Prosa nicht noch verschieden von der Idyll[ischen] und Satir[ischen]? – In der mim[ischen] Idyll[ischen] Sat[irischen] Dichtart ist das Metrum nicht wesentlich, weil diese Dichtarten selbst nicht rigoristisch sind. Die romantische Prosa ist eine Mischung dieser dreien, wie der Roman der 3 Gattungen. Ueberwiegt das Idyll[ische] so ists ein sentimentaler Roman, das Sat[irische] so ists ein komischer, das Progressive so ists ein philos[ophischer] Roman. Aber alle diese Extreme sind fehlerhaft weil dadurch das Wesen des Romans selbst nämlich die Mischung zerstört wird ⟨eben darum schon. Es ist also dann gar kein Roman. Dieß Uebergewicht ist gegen die politische Totalität.⟩

21. Erhabene Eil und Kürze einiger römischer Schriftsteller. Skizzirte Schreibart. Es ist widersinnig und fehlerhaft ein skizzirtes Werk in nicht skizzirtem Styl zu schreiben.

22. Spinosa Muster des logischen Styls. – Auch Aristoteles, und Plato in λογικοις.

23. Müßte nicht die romantische Schreibart im obigen Sinn in allen Schriften in der progressiven Welt herrschen? – ⟨(die romantische Gattung bei den Modernen durchgängig herrschen wie die Satirische bei den Römern?)⟩

24. In einer reinen Poetik würde vielleicht keine Dichtart bestehn; die Poetik also zugleich rein und angewandt, zugleich Emp[irisch] und rational.

25. Verschiedene Art zu lesen eines Philol[ogen], eines Philos[ophen], (log[isch] rigor[istisch]) und eines Hist[orikers] (aesthet[isch] kr[itisch]); politische und populäre Art zu lesen. –

26. Die Mischung grammatischer Heterogeneitäten ist am meisten erlaubt in der Sat[irischen] (auch philol[ogischen]) Schreibart, weniger in der idyllischen und romantischen, am wenigsten in der p[oetischen], und was sich dieser nähert, in der Hist[orischen] Schreibart; auch in der rh[etorischen].

27. Ist das Erotische was auf Totalität der Vereinigung geht (Ehe) etwa ein wesentlicher Bestandtheil der romantischen Gattung, der Entstehung gemäß? Liegt der Grund schon in obiger Erklärung? – ⟨Die Nothwendigkeit des Erotischen im mod[ernen] Dr[ama] gehört zum romantischen Anstrich.⟩

28. Das Mathem[atische] im Spinosa äußerst unlogisch. – Die logische Fülle (Dial[ektik]) taugt nicht in skizzirten dogmatischen Schriften; in skizzirten Systemen muß der Ton dogmatisch sein. –

29. Rein ethische Schriften müssen idyllische Wärme Fülle und Einfachheit mit lyrischer Gleichartigkeit und Schönheit, und mit rhetorischer Strenge verbinden.

30. Die politische Correctheit, der romantische Zusatz des Erotischen, die Intrigue und der theoretische Einfluß machen die französische Trag[ödie] zu einem durchaus modernen Produkt. ⟨Die Beibehaltung des alten Mythos war eine Nachmachung nicht Nachahmung; die Weglassung des Chors eine wesentliche Untreue.⟩

31. Romantische Classiker wären die, in welchen der Charakter und die Fortschreitung der Gattung sich am besten zeigte.

32. Drei herrschende Dichtarten. 1) Tragödie bei den Griechen 2) Satire bei den Römern 3) Roman bei den Modernen.

33. Für das höchste Schöne würde die Kunst selbst nur eine Schranke sein.

34. Die Plastik der wilden Nationen zu betrachten als eine **Natur**plastik.

35. Antithetische Gesetze der reinen Kunstlehre sind, 1) Jede Kunstart soll nothwendig sein d.h. bestimmt, beschränkt, classisch. 2) Jede Kunstart soll unbeschränkt sein; nicht bloß individuelle Verschiedenheit, sondern consequente Gattung. ⟨Aus dem Satz: Es soll keine besonderen Kunstarten geben, wird die Vereinigung aller Künste hergeleitet.⟩

36. ⟨Nicht die Kunst, sondern der musikalische Enthusiasmus macht den Künstler.⟩

37. Der Tanz ist zugleich lyrisch und episch; die Eintheilung lyr[isch] ep[isch] und dr[amatisch] ist gar nicht auf Poesie eingeschränkt. –

38. Im Epischen sollte gar kein Absatz Statt finden, er ist durchaus unpoetisch und nur rhetorisch.

39. Das Große und Erhabne in der Kr[itik] wird nur möglich durch praktische Abstraction.

40. Alle Prosa ist poetisch. – Sezt man Prosa der Poesie durchaus entgegen, so ist nur die logische eigentlich Prosa.

41. Die Gesetze des prosaischen Numerus entstehn durch bloße Modificazion des metrischen Imperativs.

42. Der romantische Dichter muß doch auch, was der classische nie darf, rhetorisch sein.

43. Der menschliche Geist selbst ist eine Antithese; auch das Herz hat seine Antithesen.

44. Im antithetischen Stil werden gleichsam die Ecken der Gegenstände herausgehoben; wohlthätig bei flüssigem Stoff wie dem historischen. Was so schon eckigt ist wie der philos[ophische] Stoff, muß eher flüssig gemacht werden. –

45. ⟨Verwandtschaft der Parisose, Paromoios pp. mit dem Reim. Man könnte beinah sagen, die Prosa der Griechen sei gereimt. Die römische Prosa nicht so reimverwandt als die griechische. – Bei ihnen verbannte schon die politische Grandio-

sität diesen Flitterstaat.⟩ Der eigentliche Grund jenes Schmucks (κατασκευη) ist wohl Mangel an ethischer Ganzheit.

46. Wo man die Bestandtheile nicht bloß gleichartig sondern auch verschiedenartig zu bilden strebt, da strebt man nach Ganzheit nicht bloß nach Einheit.

47. Sophokleïsch vollständige Schönheit ist im rhetorischen Stil unmöglich. Hier ist Aeschylus das Urbild.

48. Wo Zufall ist, darf auch das Wunderbare sein, also auch im modernen Drama. Nur muß das Mythische und Idealische selbst mimisch behandelt werden, wie in Sh[akspeare's] Sommern[achtstraum]. ⟨Rechtfert[igung] der Oper.⟩

49. Mimus ist mehr und weniger als Poesie, je nach dem Gesichtspunkt.

50. Zünden ist der eigentliche Ausdruck von der Wirkung des höchsten Schönen.

51. Ist Sh[akspeare]'s Drama nur der Aeschylus der romantischen Gattung? –

52. Wichtiger Unterschied der analytischen und synthetischen P[oesie].

53. Der romantische Witz ist der höchste. – Der satirische kommt ihm am nächsten, und ist ihm am ähnlichsten. Auch die sokratische Ironie gehört dazu.

54. ⟨Antithesen bei Haller [?] (histor[ische]) oft Ersatz der logischen Bestimmtheit; sinnlich vorbereitende Bestimmtheit.⟩

55. ⟨Die Historie ein ep[ischer] Mimus. Daher das Historische des Romans. Roman Mischung aller Dichtarten, der kunstlosen Naturp[oesie] und der Mischgattung[en] der Kunstp[oesie].⟩

56. Beim nicht vollendeten Mimus*, der es nur so im Großen und Ganzen nimmt, und sich an das Gröbste hält, kommts natürlich immer zu einem Cyclus von Characteren (Masken). – ⟨*Shak[speare] der vollendete Mimus.⟩

57. ⟨Grundlage der Kunstlehre: nichts als höchste Vereinigung des Rigorismus und der Liberalität. – ⟩

58. Im Romeo und Petrarcha das Antithetische mehr im Stoff, bei den alten Rednern in der Form. – Erstaunen über die Entgegengeseztheit bei den Neuern; es war also Gleichheit vorausgesezt; weit synthetischer.

59. Bei Herder ist der synthetische Klumpen seines Geistes zu Wasser geworden. –

60. Wunderbar die Kraft im Gozzi, bei der völligen Aufgelöstheit des innern Menschen, der Zerstörung alles Gemüths. –

61. Die beiden gewöhnlichen Einwürfe gegen die Caricatur, sie sei 1) unnatürlich 2) gemein, sind selbst so gemein als unnatürlich. –

62. Gozzi's P[oesie] leicht und grob crayonirt, Decorationsp[oesie]. – Sonderbarer Begriff von der Nothwendigkeit, neu zu sein im Gozzi. – Das Demagogische des Gozzi dem Aristophanes am ähnlichsten. Das magisch Wunderbare ein eigenthümlicher Vorteil.

63. ⟨Petrarcha und Bembo's französische Grundsätze über die nothw[endigen] Bestandtheile eines Sonetts.⟩

64. In der alten Tragödie geht physisch so wenig vor als möglich. In der Kom[ödie] mehr.

65. Als Vorübung zur Rom[antischen] P[oesie] außer der Sat[irischen] auch Idyll[ische] und die mim[ische] vorzüglich. – Die Satire ist sehr empfänglich für Aeußerung der sittlichen, wissenschaftlichen, gesellschaftlichen, bürgerlichen Bildung. – Das arabische, romantische, absolute Wunderbare auch eine Vorübung zum Roman. ⟨Alle Dichtarten, die drei alten classischen ausgenommen. Diese Bestandtheile dann zu einer progressiven Einheit verknüpft.⟩

66. Das romantische Ep[os] ist eine Art Idylle. –

67. Die Werke des Aristophanes bildnerische Kunstwerke, die man von allen Seiten betrachten kann; Gozzi's Werke brauchen einen Gesichtspunkt.

68. ⟨Im Pantalone und Truffaldino doch eine sehr feine Schmeichelei des Venezianischen Volkes.⟩

69. Stufen des Rom[ans] 1) bei den Alten: Ep[os] und Dram[a]. Anfang des Mischgedichts in Prosa und myst[ische] sentim[entale] Liebe, ερωτικα 2) Das absolute mystisch Wunderbare, das eigentlich Romantische 3) Don Quixote. –

70. Sollte nicht die Tragödie überhaupt einmal antiquirt werden? –

71. Alle eigentlichen aesthetischen Urtheile sind ihrer Natur nach Machtsprüche und können nichts andres sein. Beweisen kann man sie nicht, legitimiren aber muß man sich dazu. – Daß man schlechte Werke gar nicht beurtheilen sollte, ist sehr gewiß.

72. Welche Fehlgriffe thut nicht der Kr[itiker] so lange er nur einen Theil des p[oetischen] Gebiets kennt, am meisten wenn dieser Theil sehr groß ist, und er des Rigorismus fähig! –

73. Das Publicum existirt nur eben so problematisch wie die Kirche. –

74. ⟨Annalen der deutschen Litteratur von 1789. – Vom Witz. Theorie des Romans. –⟩

75. ⟨Unter allen gelehrten Wolfianern hatte Sulzer wohl am meisten Eigenheit.⟩

76. Dante's Komödie ist ein Roman.

77. Künstler, Kenner, Liebhaber – alle müßten aus reinem höhern Egoismus handeln. Nicht Ehre, Gold, das Publikum lenken wollen, nützen, ergötzen wollen pp. –

78. Großer Unterschied der ps[ychologischen] Repräsentazionsfähigkeit und der technischen Objektivität eines Charakters (Sancho und Achilles). –

79. Nützlichkeit daß alle Varietäten des Geschmacks und der aesthetischen Individualität und der Mischung der ursprünglichen Bestandtheile in der modernen P[oesie] vorkommen. – **Genialischer Imperativ** für die Modernen um die Trennungen der künstlichen Bildung wieder zu verkitten und auszufüllen.

80. Jedes Kunstwerk bringt den Rahm[en] mit auf die Welt, muß die Kunst merken lassen.

81. ⟨Die Personen im Meister muß man eigentlich bei einer verständigen Fackelbeleuchtung sehn.⟩

82. ⟨Idee einer aesthetischen Casuistik. – Mystische Deutung der Höflichkeitsconvenienzen. –⟩

83. Im ächten Künstler zugleich Absicht, Vorsatz, Verstand – und Unwillkührliches Genie; beides in Superiorität über das andre. –

84. Ein *bonum dictum* ist eine praktische Combinazion, eine synthetische Aehnlichkeit in gesellschaftlicher Form. –

85. Es ist gar nicht schlechthin unmöglich, daß moderne Dichter noch einmahl Studien machen werden, wie die Tragödien des Sophokles oder die επεα des Homer. Nur wird der dazu erfoderliche Grad von praktischer Abstraction wohl noch lang nicht erreicht werden. Auch wird die Ungünstigkeit der Darstellungsmittel zur classischen Kunst immer ein gewisses Etwas fehlen lassen.

86. Sh[akspeare's] Trauerspiele sind gemischt aus der classischen Tragödie und dem Roman. –

87. ⟨Ist die Kunst wie der Staat bloß Mittel?⟩

88. Es giebt eine Art von Witz, welcher nur Schranken und Wiedersprüche aufsucht; Voltaire. Nicht so der römische. –

89. Compacte Combinazionen die nicht logisch sondern synthetisch gefunden d.h. Einfälle sind, ohne Urbanität und Salz im Ausdruck, sind Stoff des Witzes ohne die Form desselben. –

90. Die classischen Dichter sind zugleich synthetisch und analytisch.

91. ⟨Bild eines über-Goethischen Dichters – künftig für das Studium pp.⟩

92. So wie es das Ziel der W[issen]sch[aft] ist, K[unst] zu werden; so muß auch K[unst] endlich W[issen]sch[aft] werden. –

93. Ph[ilosophie] lehrte den Künstler bisher nur seinen Zweck kennen, seinen Geist und Gedanken zu berichtigen, zu erheben und zu erweitern. Giebt es erst einmahl eine materielle synthetische Psychologie, so wird Wissenschaft auch als Leitfaden der Experimente dienen und ihm [*sic!*] die Mittel zu seinem Zweck, die er bis jetzt nur durch Praktik kennenlernte, theoretisch kennen lehren. –

94. Es giebt eine Art analytisch zu empfangen ja selbst zu empfinden und eine andre, synthetisch. – Das synthetische Kunsturteil muß nicht bloß genetisch dargestellt sondern auch als nothwendig construirt werden. –

95. *Horatius* ist doch kein solcher Geschenksschreier, wie *Boileau* und *Addison*, wozu ihn einige gern machen wollten. –

96. Die Geschichte der progressiven Poesie ließe sich erst dann vollständig *a priori* construiren, wenn sie vollendet wäre; bis jezt kann man nur Bestätigung der progressiven Idee in der Gesch[ichte] der modernen P[oesie] aufzeigen und Vermuthungen daraus folgern.

97. Da das Schicksal in der sentimentalen Tragödie oft als Gott Vater oder Teufel, als ein Willkührliches vorgestellt wird; so nähert sich dadurch dieselbe nach dem classischen Gesichtspunkt der Gattung der Komödie. –

98. Es sind zur Approximazion zur höchsten Komödie, deren Vollendung nur in der progressiven Poesie möglich ist, Spuren von einer Palingenesie der Dichtkunst selbst in Italien in diesem Jahrhundert. –

99. In der modernen P[oesie] liegt die Anlage, einmal Wissenschaft zu werden. –

100. Prosa ist d[er]z[ei]t noch nicht Kunst. –

101. Pedanterie mit dem Buchstaben des Alterthums ist recht gut, wenn man auch den Geist hat. –

102. Die deutsche P[oesie] moralischer als irgend eine andre; (nicht negativ sondern positiv). –

103. Die meisten Romane sind nur Compendien der Individualität. –

104. Warum sollte es denn nicht auch immoralische Menschen geben, wie man unpoetische und unphilosophische tolerirt? – Nur unpolitische oder antipolitische Menschen dürfen nicht tolerirt werden. –

105. Klopstock ist ganz und gar lyrischer Dichter; so unepisch als man nur sein kann. – Kl[opstock] hat den Buchstaben des Alterthums mehr als Goethe, den Geist mehr als Voß. Vorbild einer künftigen Vereinigung. –

106. Sollte es nicht ein Dichtungswerk geben können das zugleich Roman und classische Komödie wäre, wo Mythologie in der Zukunft läge, in Geist und Buchstabe classisch und doch universell und progressiv? –

107. Wer Fantasie hat, muß Poesie lernen können; es muß noch dahin kommen, daß jeder Philosoph einen Roman schreibt. –

108. Im Pathos übertrifft Sh[akspeare] alle Alten; seine Mimik vollkommen; an Fantasie er auch der erste. – Also das Maximum aller Naturp[oesie]. –

109. Klopstock überspringt sich selbst, verkennt ganz die weise Beschränkung die in der Kunst wie in jedem besondern Gebiet nothwendig ist. – ⟨Klopstocks Messias ein Rosenkranz von (calvinisch-antiken) Kirchenliedern. – Ein Compendium der Affectation. – Mehr die Affectation des Unbedingten als dieses selbst. Statt dessen oft das sündig Ungeheure.⟩

110. Die moderne Aesthetik bestand lange Zeit bloß aus psychologischer Erklärung aesthetischer Phänomene. Es liegt darin wenigstens eine Indicazion für den Imperativ daß die Kunst Wissenschaft werden soll. – Man sollte vielmehr für aesthetische Aufgaben die Mittel der Auflösung wissenschaftlich suchen. –

111. Die Alten können künftig einmahl in dem Classischen selbst übertroffen werden. –

112. Wie viel mehr ist nicht Sakontala werth als Ossian und wie haben beide ein ungleiches Glück gehabt. –

113. Klopstock zugleich ein christlicher Ovid und Statius (Lucanus). –

114. In zehn Jahren müssen Schillers Ph[ilo]s[ophe]me, allen die vorn an sind, vorkommen wie (jezt ⟨1797⟩) Garve's. –

115. Goethe's schlechte Idee vom Roman, daß analytische Intrigue wesentlich dazu gehört, daß der Held ein Schwachmatikus sein muß, daß der Tom Jones ein guter Roman sein soll. Er geht überhaupt bei Aufsuchung des Geistes der Dichtarten empirisch zu Werke; nun läßt sich aber der Charakter grade dieser Dichtart empirisch nicht vollständig und richtig auffinden.– ⟨G[oethe] hat die Ecken aller Dichtarten abgeschliffen. –⟩

116. Verzeichniß negativer Classiker zur Theorie des Häßlichen. –

117. Der Grundsatz: Es wird nun einmahl recensirt, also wollen wir (um uns in Vortheil zu setzen) mit recensiren, damit es recht geschieht; ist wie bei einer Revoluzion mit zu morden. –

118. Voß hat einen recht dicken, breiten, empirischen Buchstabendünkel. –

119. Es giebt auch einen Naturwitz wie einen Kunstwitz. –

120. Wenn es Dichtarten geben soll, und auch nicht, so muß Eine Dichtart alle übrigen vereinigen. –

121. Schillers Blei halten seine Freunde für Tiefe; da er doch als Philos[oph] seicht und als Dichter nur bis zum Calcül gekommen ist. –

122. Garve ist nichts ganz, also auch nicht Buchstäbler. –

123. Nicht aus Goethescher (Heuchler)toleranz muß man der Kritik entsagen. Einer kann's nicht; eine Gesellschaft ist noch nicht vorhanden. Ihr **erstes** Princip müßte kritisch und moralisch sein, nicht litterarisch und merkantilisch. Wo das lezte ist, muß alles Gute nur zufällig bleiben.

124. Das Schöne ist eben so wohl angenehme Erscheinung des Wahren und des Rechtlich-Geselligen als des Guten. –

125. Nur das Classische oder Progressive verdient kritisirt zu werden. –

126. Die kritische Gesellschaft müßte aus lauter politischen Cynikern bestehn. Wer darf aufstehn und sagen daß Verhältnisse, Vorliebe, Mitleid, Schonung, Freundschaft nie auf sein Urtheil den geringsten Einfluß gehabt hätten? – ⟨ Die gewöhnlichen Recensenten sind nur wie Markthelden oder Buchbinder; andre Pasquillanten. –⟩

127. Sträflicher Leichtsinn in öffentlicher Bekantmachung [*sic!*] fremder Geistesprodukte. – ⟨Woltmanns Historie ist eine Elfin. –⟩

128. In Preußen herrscht in der Litteratur etwas von der französischen universellen Flachheit.

129. Mangel an Urtheil bei den größten Meistern in ihrem eignen Fache; Kant, Fichte. –

130. ⟨In der Schrift vom Witz eine Apologie des Cicero, der ein witziger Kopf war, manches andre, was er nicht war, sein wollte, und immer sehr falsch beurtheilt worden ist. – Kritischer Allmanach.⟩

131. Ein rein polemisches Werk thut in der progressiven Rhetorik kein Genüge, denn die progressive Ethik ist practisch positiv. – Reinhold und Schiller sind nur progressive Deklamatoren, nicht Rhetoren im guten Sinn. –

132. νᾶφε καὶ μεμνᾶς' απιστειν ist Garve's Motto in seinem eigenen Sinne. –

133. Herder schrieb anfangs zäh, voll und klümpricht. Aber er hat sich aus einander geschrieben und mittelst der Auflösung in Wasser sich selber verderbet. –

134. Nicht ein einzelnes Werk von Goethe ists, worauf es mir ankömmt, sondern Goethe selbst, er ganz. An manchen Werken mag sehr wenig sein, und ich verarge es niemand, so zu denken. Aber allerdings ist auch in dem kleinsten Goethe noch Goethe, einzig unverkennbar.

135. Manche gutmeinende Kritiker gehn in bewunderten Gedichten gleichsam botanisiren. –

136. Herder ist der vornehmste aller Volksdichter. Er hat bei der nothwendigen Regression der Deutschen auf alle Elemente der P[oesie] soviel Verdienst um Naturpoesie, wie Klopstock um Sprache und deutsche Dichtung überhaupt, Goethe um Kunst, Schiller um das Ideal. –

137. Der Roman tendenzirt zur Parekbase, welche fortgesezt etwas humoristisches hat. –

138. Im Humor ist ein Schein von Willkührlichkeit, der sich aber auf Gesetze gründen muß. –

139. ⟨Antiquarische Briefe.⟩

140. Der Tadel der classischen Philos[ophie] gegen die classische P[oesie] enthält die ersten Princ[ipien] der progressiven P[oe]s[ie]. Hier ist also der älteste Anfang der modernen Poesie. –

141. An den mimischen Virtuosen macht man allerdings moralische Forderungen. Er kann alles nachahmen was er will; er soll also nur das wollen, was er darf und soll. Daher die Moralität der modernen P[oesie] und ein Theil des Tadels der classischen Ph[ilosophie] gegen die Dichter. – Nicht eben das Sittliche allein, aber doch nur das Gebildete, ja wo möglich das Gebildetste soll der mimische Künstler darstellen. –

142. Sentimentalität ohne die unendliche Energie und Einsicht eines Shakspeare nicht sehr interessant, mit ihr unendlich interessant.–

143. Bildungsverhältnisse und Stufen oder praktische und historische Gränzen. –

144. Die Kunst geht durch alle Gebiete wie die Kr[itik], aber im aesthetischen Gebiet hat sie ihren eigentlichen Sitz. Es giebt eine e[thische] pol[itische] gesellschaftliche log[ische] ⟨Hist[orische]⟩ Kunst – aber nur im Aesthetischen kann sie Werke, bleibende Werke bilden. –

145. Styl ist historische (classische oder progressive) objektive Kunsteigenthümlichkeit; Manier bloß individuelle, unhistorische. –

146. Alles was auf dem Gegensatz von Schein und Wirklichkeit beruht wie das Elegische in Schillers Sinn, ist nicht rein poetisch.

147. Das Fundament der Metrik ist der Imperativ die Poesie möglichst zu musiciren; das der Schauspielkunst, der die Poesie möglichst zu plastisiren. –

148. ⟨Das ist sehr bornirt und illiberal von Herder daß er Sulla, Fichte, und die Erbsünde nicht leiden kann!⟩

149. Die *Opera buffa* hat vor der alten Komödie das voraus, daß sie auch Naturp[oesie] in sich aufnehmen kann (doch die Parekbase und andere k[ün]stl[erische] Improvisazionen wahre Naturp[oesie]. –)

150. Die classische P[oesie] hat sich historisch selbst annihilirt; die sentimentale des Sh[akspeare] annihilirt sich gleichfalls selbst total. Nur die progressive nicht; d.h. sie selbstvernichtet sich wohl oft, aber selbstschafft sich auch gleich wieder. –

151. Das absolut Fantastische enthält den epischen Grundstoff zum epischen Roman. –

152. Schiller ist ein rhetorischer Sentimentalist voll polemischer Heftigkeit, aber ohne Selbständigkeit, der lange tobte und braußte, dann aber sich selbst beschnitt und cultivirte, ein Knecht ward und regressirte. –

153. Giebts nicht auch eine kritische, praktische, skeptische, polemische, mystische Prosa? – Eine epische, lyrische, dramatische, idyllische, satirische, epigrammatische Prosa? –

154. ⟨Auch die Darstellung absoluter Marter (Did[erot's] *Religieuse*) gehört wesentlich zur modernen P[oesie] und zu d[en] Proleg[omena] des Romans. –⟩

155. Hermann das herzlichste, biederste, gefühlvollste, edelste, liebenswürdigste, sittlichste aller Goetheschen Gedichte. –

156. Manche Werke sind weniger ganz als Einfälle. –

157. Drei Schulen der Kunstlehre in Deutschland 1) Aesthetik – Sulzer 2) Winkelmann, Lessing, Moritz, Herder 3) Kant, Schiller pp. –

158. Hermann und Dorothea ein romantisirtes Epos, das eben darum idyllisirt. –

159. ⟨Goethe steht in der Mitte zwischen van der Werff und Raphael.⟩

160. Zweifel ob die Engländer irgend andre als quantitative Begriffe haben. – Komische Auswahl aus den Schriften der größten Kr[itiker] des Auslandes. –

161. Ist nicht in den allegorischen Personen der Mysterien ein Analogon von den systematischen Charakteren, die der vollendete Roman bedarf? –

162. Der vollkommene Roman muß wohl auch ein Epos sein (d.h. classische und universelle Naturp[oesie]). So muß er auch Ode sein; Chor und Melos in Rücksicht auf Individualität und Publikum; – wo nicht sein, so doch approximiren. –

163. Die Alten stellten zu sehr nur das Empirische dar. Sie haben keinen Sokrates pp. Diotima dargestellt; selbst Sophokles nicht. Die Modernen gerathen oft in das entgegengesezte

Extrem. – ⟨Die direkte Darstellung des Absoluten in der P[oesie] irgendwo zu vertheidigen; es muß doch wohl irgendwo Imperativ sein, daß auch der Stoff der Poesie absolut sein soll. –⟩

164. Die eigentlichen Dramen einer Nazion können so wenig für alle Modernen classisch sein, als die Nachahmung, Uebersetzung, Nachbildung der Alten oder Neuen und alles was nur dazu dient, eine Nazion d[er] andern gleich zu machen. –

165. Sh[akspeare], sagt Johnson, schrieb *without rules*. – Wer schrieb denn je mit *rules*? –

166. – ⟨Unterschied zwischen der Unpoesie von Johnson, von Fichte und von mir. Verschiedene Arten von Unpoesie characterisirt. –⟩

167. Alles Provinzielle ist dem Classischen entgegengesezt; Jede Nazion in Europa ist aber nur als eine Provinz der Modernheit zu betrachten – ⟨Ein moderner Classiker muß zugleich universell sein. –⟩

168. In der kritischen Prosa muß alles sein, Philol[ogie], Philos[ophie], Log[ik] – Rh[etorik], Hist[orie], Sat[ire], Idyll[e], Mim[us] pp.; aber alles classisch und nichts durch Gesellschaftlichkeit verschliffen; nicht verschmolzen wie im romantischen Styl. ⟨Theorie der **Prosa**.⟩

169. Wer seine Sprache weiter bringt, sie wahrhaft bildet, ist für diese classisch; gesezt auch, er könnte veralten. – Selbst die alten Classiker konnten veralten. –

170. (Aehnlichkeit zwischen Dryden und Schiller.) –

171. Läßt sich auch das Schöne befördern? Wo es wirklich war, hat es sich selbst befördert. Wo man es befördern wollte, war es oft nur Schein, Eitelkeit, Sinnlichkeit, pp.

172. Abweichungen die auf der Bahn der Gattung oder auf der Bahn der modernen Bildung überhaupt nothwendig sind, sind eigentlich keine Abweichungen. Shakspeare ist correct. –

173. ⟨*Absolutes* Stud[ium] ist das Princip der Kritik. – ⟩

174. ⟨Die modernen Classiker nicht nach Dichtarten zu verzeichnen, sondern so:

1) Classiker der modernen P[oesie]
2) Classiker der romantischen Kunst

3) Classiker in Prosa und
4) universelle Classiker der Modernheit.⟩

175. Die Franzosen und die Engländer sind einiger als sie selbst
es wissen. –

176. Gemeinherrschende Denkart über Kunst: Genies
sind incorrect, correcte Autoren sind nicht genialisch, Regel ist
was im Buche steht, Publikum ist der Partner, bewundrungswürdig ist was die meisten Schwierigkeiten überwunden hat;
die Kunst entspringt aus Unsittlichkeit, macht aber ein wenig
sittlich; sie braucht nicht eben sittlich zu sein, aber sie darf doch
auch nicht entschieden unsittlich sein. – ⟨Genie ist roh, Bildung
macht mittelmäßig.⟩

177. Unsre Correctheit soll aufs Ganze gehn; die der Alten ging
aufs Einzelne. –

178. Tasso's Jerusalem ein sentimentales Romanzo. –

179. Nur das genialische Werk kann correct sein. –

180. 'Nichts ist noch gesagt.' – ⟨*Tout est dit.*⟩

181. So lang man noch *absolute* P[oesie] oder *absolute* Philos-
s[ophie] oder *absolute* Kr[itik] sucht, wird man durch kein Werk
befriedigt.

182. Die gewöhnliche Meinung analytischer Denker ist, das
Genie sei nothwendig, Natur und Praedestinazion, unerklärlich;
– das Genie ist ein Act und eine Wirkung der Freiheit. In der
Hist[orie] kann mans freilich nicht so betrachten, aber wohl in
der Lebenskunstlehre und in der Kritik. –

183. Sinn ist Herders dominirende Eigenheit. Was ist nun
eigentlich das Männliche was ihm fehlt, die Schärfe, das Salz? –
Erst fehlt ihm Philos[ophie] und damit Alles. Aber auch Praxis
fehlt ihm und damit auch Productionskraft. –

184. Sentimental ist eine Gattung von großem Umfang; alle
progressive P[oesie] die regressiv ist, alle P[oesie] welche sich
nicht historisch sondern poetisch selbst annihilirt. – Wie
verschieden ist aber noch die mystische Sentimentalität des
Dante, die romantische des Tasso und Petrarcha, die rhetorische von Rousseau und Schiller, die idyllische des Guarini,

die satirische und elegische des Klopstock, die **absolute** von Shakspeare pp. –

185. Alle Bestandtheile müßten im Roman so verschmolzen sein, daß der gebildete Kenner der weder classischer P[oet] noch Philos[oph] noch Philol[og] ist alles fassen kann. In dieser Rücksicht ist der kritische Styl die absolute Antithese des romantischen, denn im kr[itischen] müssen alle Bildungsbestandtheile abgeschnitten classisch und isolirt sein. Der kr[itische] Stil ist also gradezu satirisch. –

ZUR GRUNDLAGE DER KUNSTLEHRE

186. Muß die Principien der progressiven und der classischen Kunst enthalten. – Thesis. Es soll Urbilder geben. Antithesis. Es soll keine geben; die Kunst soll ewig fortschreiten. Antinomie des Classischen und Progressiven. Giebt es nicht auch eine Antinomie des Pathetischen oder Musikalischen und des Plastischen in der Kunst? –

187. Ein eigentlich log[isches] Werk sollte so fließend sein wie möglich; aller Anspruch auf Ganzheit weggelassen. – Je weniger Ganzheit in einer Schrift ist je mehr Einheit muß darin sein. – Dieß wird erhalten durch Gleichartigkeit des Geistes, der Art, der Ausbildung, der Farbe. –

188. Der Anfang eines log[ischen] Werks muß thetisch sein; eigentlich anfangen kann es so wenig als endigen. – ⟨Absolute Thesis zum Grunde; dann lauter Antithesen und Hypothesen. –⟩ Anfang, daß Schönheit und Kunst sein sollen, als isolirte Wesen. – Der Schluß, daß sie nicht sein sollen, nähmlich als solche. ⟨Die Schönheit eine Fiction.⟩ Vereinigung der Schönheit, Wahrheit, Sittlichkeit, Gesellschaftlichkeit – durch den Roman. – Alle Lösungen der Antithesen und Antinomien dieser Grundlage können überhaupt nur historisch sein. –

189. (Es soll Naturkunst geben und Kunstkunst.) –

190. Wie zu classificiren sei, können wir oft von den Alten lernen; den Grund der Classification müssen wir mystisch hinzutun. –

191. Ist Kunst nur Mittel wie der Staat? –

192. Liebhaberei macht einseitig, Kennerei eigensinnig streng, Gelehrsamkeit kalt. Dagegen die Philos[ophie]. Sie soll nicht etwa ein wenig liberal machen in der Kunst, sondern absolute Liberalität bewirken. –

193. Man soll über die Kunst philosophiren, denn man soll über alles philosophiren; nur muß man schon etwas von der Kunst wissen. – Freilich wird alles was man von der Kunst erfahren hat, erst durch Philos[ophie] zum Wissen. Daß die Alten classisch sind, weiß man nicht aus der Philos[ophie], denn Goethe weiß es auch; aber freilich weiß mans nur mit Philos[ophie].

194. Es giebt für die Kunst keinen gefährlichern Irrthum, als sie in Pol[itik] und Universalität zu suchen wie Schiller. –

195. Alle Kunst soll Natur werden; darin liegt die Deduction der Naturpoesie. –

196. ⟨Warum hat F[ichte] seine W[issenschafts]l[ehre] an die Geschichte eines Ich gebunden, da er es doch im Naturr[echt] nicht so gemacht hat? –⟩

197. Eine dergl[eichen] Grundlage wäre Construction eines Individuums ohne alle Charakteristik. Reine Historie hingegen Charakteristik ohne Construction.

198. Den Engländern ist durch das Brüten über die Alten so etwas in den Kopf gefahren vom Classischen und von Kritik. –

199. Sinn für poetische Individualität hat man (erst) aus den Modernen. *Absolute* Kr[itik] lernt man nur aus den Alten. –

200. (Johnson für einen Engländer sogar witzig.)

201. ⟨Auch Dryden behauptete (wie die Franzosen) den Vorzug der Engländischen Tragödie vor der Griechischen. –⟩

202. Die gothische Architektur wichtig zur Kentniß der sentimentalen Epoche. –

203. Goethe ist kein Moderner sondern ein Progressiver also zugleich antik. –

204. Schein der Selbstvernichtung ist Erscheinung der unbedingten Freiheit, der Selbstschöpfung. Anmuth ist frei;

(Thierheit in der zweiten Potenz) denn keinem Thier legen wir
sie bei. –

205. Das Classische ist nothwendig Selbstbeschränkung. – Correctheit ist Selbstbestimmung, Selbstrevision. Ist nicht alle
Reflection und alle Bildung nichts als Potenzirung? –

206. ⟨Alle Mystik nur das Potenzirte andrer Functionen –
potenzirte Polem[ik] – *potenzirte* Log[ik] – *potenzirte* Eth[ik] –
potenzirte P[oesie] pp.⟩

207. Sinn ist Selbstbeschränkung also ein Resultat von Selbstschöpfung und Selbstvernichtung.

208. Die classische P[oesie], die Naturp[oesie], die sentimentale
P[oesie], (d.h. die absolute, e[thische], mystische) a n n i h i l i r e n
s i c h s e l b s t. Die p r o g r e s s i v e vereinigt alle, vernichtet sich
selbst immer, setzt sich aber auch immer wieder. –

209. Man fodert jezt von jedem Gedicht r o m a n t i s c h e E i n -
h e i t, d.h. zugleich vollständige p[oetische], log[ische] oder
philos[ophische] und Hist[orische], rh[etorische], e t h [i s c h e]
Einheit. –

210. E i n h e i t ist eine nothwendige Eigenschaft jedes Werkes
nicht bloß des Gedichts; und also muß doch wohl das Gedicht
eine eigenthümliche Art der Einheit haben?

211. Man fodert oft auch von Gedichten eine physische Ordnung
und Zusammenhang, d[ie] in den Klassikern d[er] künst-
l[erischen] oft aufgeopfert werden. – Ist das die historische
Einheit? In der N a t u r p [o e s i e] ist keine künstlerische Einheit,
sondern nur mimisch-physische Ordnung. –

212. Der Begriff einer bedingten, beschränkten Ganzheit ist
keineswegs widersprechend. So das Thier, Werk, Mensch,
Alles pp.

213. Im Roman ist u n b e s c h r ä n k t e G a n z h e i t d.h. beschränkte
Unganzheit, Streben nach jener. –

214. Das Verlangen nach **Einem** Helden ist r o m a n t i s c h;
wiewohl im vollkommnen Roman jeder der Held sein müßte. –

215. Die B e f r i e d i g u n g ist p h i l o s o p h i s c h e G a n z h e i t. –

216. Die e t h i s c h e Einheit ist absolute Individualität. –

217. Die alte Trag[ödie] strebt auch nicht nach der sogenannten Einheit der Handlung. Keine Handlung ist eine; Handlungen sind ins Unendliche theilbar. Die Einheit ist also Sache der Willkühr. Einheit legt man wohl der Handlung bei, welche philos[ophisch], p[oetisch] und eth[isch] ganz ist oder scheint, oder nach dieser Ganzheit strebt. Die politische Ganzheit besteht in absoluter Universalität und Liberalität. – Alle Einheit ist praktisch, keine physisch, wohl aber solcher Zusammenhang. –

218. Der Poet soll nicht bloß seinen Gegenstand, d.h. die auf welche er wirken soll und will, sondern auch seinen Stoff, das was er darstellt, (die menschliche Natur) wissenschaftlich kennen.–

219. Die historische Einheit liegt in der Vereinigung der physischen und aller praktischen Einheiten.

220. Die Poesie soll nur Individuen und soll auch nur Gattung darstellen; viele Gedichte stellen Individuen dar, welche Repräsentanten einer Gattung sind. –

221. Alle p[oetischen] oder rh[etorischen] Figuren müssen entweder synthetisch (Metapher, Gleichniß, Allegorie, Bild, Personification) oder analytisch sein (Antithesen, Parisosen pp.) Der Personification liegt der Imperativ zum Grunde: Alles Sinnliche zu vergeistigen. Der Allegorie der: Alles Geistige zu versinnlichen. Beides zusammen ist die Bestimmung der Kunst.

222. In der Satire ist eine Einheit der Gesellung wie der Stimmung und Richtung. –

223. Schein ist Spiel von Vorstellungen, und Spiel ist Schein von Handlungen. – Lust ist der Stoff des Kunsteindrucks; Spiel und Schein ist die Form. Lust ist Bewußtsein der *potenzirten* Thierheit. ⟨Sinn ist potenzirtes Leben, dividirt. –⟩

224. ⟨Der Deduction der Kunst muß ein Emp[irisches] oder Hist[orisches] Datum vorangehn, welches die Classification in Log[ik], P[oesie], Eth[ik] begründet. –⟩

225. Man kann P[oesie] nicht aus Eth[ik] oder Log[ik] deduciren; sie kommen alle zugleich und sind ebenbürtig. –

226. Was sich nicht selbst annihilirt, ist nichts werth. –

227. Daß alles Kunst werden soll, gehört zur Philos[ophie] der Praxis. –

228. Kunstlehre als absolute Antithese der Wissenschaftsl[ehre]. –

229. Naiv = Selbstbeschränkt. –

230. Kann es ⟨wohl⟩ progressive Musik geben, oder ist diese eine rein sentimentale Kunst, wie die Plastik eine klassische, die Poesie eine progressive?

231. Die ganze classische P[oesie] hat einen plastischen Ton, die sentimentale einen mus[ikalischen] und die progressive einen p[oetischen].

232. Goethe ist ein poetischer Kant mit Grazie; ein kritisirender Empiriker in der Poesie. – (Der erste poetische Universalist.)

233. Studien gab es nicht bei den Alten, noch im romantischen Mittelalter. –

234. Zeigen, daß man alles wissen und machen könne in Eth[os] und Path[os] ist immer noch ein besseres Princip, als auf alle beliebige Weise wirken können zu wollen. Effektolatrie.

235. Die Mahlerei keine sentimentale sondern eine fantastische Kunst. –

236. Die Antinomie des Antiken und des Modernen hat Winkelmann zuerst gefühlt. –

237. Fast alles Komische beruht auf dem Schein von Selbstvernichtung. –

238. Diderot hat weit mehr Kunstsinn als Rousseau und Voltaire. –

239. Ariosto ist ein fantastischer Dichter; Petrarcha und Guarini sentimentale. Petrarcha's Lyrik nicht Italiänisch sondern allgemein Europäisch.

240. Guarini's sentimentales Dr[ama] ist idyllisch und mit unter elegisch. Shak[speare] seine sind satirisch-elegisch. –

241. ⟨Rede gegen die Poesie.⟩

242. Durch Hülfe der Magie könnte der Hamlet noch weit übertroffen werden. –

243. Auch an Classicität im Einzelnen, im Grade der Classicität können wir die Alten unendlich übertreffen d.h. an der Zahl der Maxima in Einem Werke, ⟨an der Höhe der Exponenten,⟩ (nicht bloß an Universalität, Classicität des ganzen Menschen, sondern auch intensiv. –)

244. Die moderne Kr[itik] muß ebenso aufs Absolute tenden-ziren als die P[oesie]. –

245. Gewöhnlich ists nicht Kr[itik] sondern nur deklamirender Enthusiasm der sich über einzelne Stellen vernehmen läßt und ignoranter Witz der polemisch über das Ganze herfällt. –

246. ⟨Es giebt auch eine *absolute* Rh[ethorik]; diese liegt meinem Stud[ium] zum Grunde. –⟩

247. Das komische (oder parodische) επος wird meistens nur von Kr[itikern] gemacht, und darum von ihnen so hoch gestellt. Es ist eine lang ausgesponnene Faser aus der alten Komödie. Es geht ganz auf die ⟨ep[ische]⟩ Form, wie das gelehrte Alex[an-drinische] ⟨didakt[ische]⟩ επος auf den Stoff. –

248. Die moderne Poesie geht entweder auf absolute Fan-tasie – oder auf absolute Lust – absoluten Schmerz–absolute Mimik (Shak[speare]) – absolutes Pathos – absolute Form ⟨(Shak[speare])⟩ ⟨*Absoluten* Enthusiasm – *absolute* Kunst – *absolute* Wissenschaft pp., überhaupt das Absolute. Absolutes Wunderbares.⟩

249. Es wird mit dem Verstehen und Werthschätzen mancher Dichter, wie mit Philos[ophen], die oft durch sehr späte Nach-folger klar werden. –

250. Oft finden und suchen die Modernen alle Poesie in Einem Ausdruck, Wendung, Stelle – oft packen sie wieder alles was sie haben und wissen, ihr ganzes Universum in ein Gedicht zusammen. –

251. Zu jeder guten vollkommnen kr[itischen] Schrift gehört die Fähigkeit zu *absoluter* S[yn]th[ese] und zu *absoluter* Anal[yse]. –

252. Dominirt nicht etwa die Mahlerei im Naiven wie die Musik im Sentimentalen? – Doch giebts auch naive Musik und sentimentale Mahlerei. –

253. Absolute Darstellung ist naiv; Darstellung des Absoluten ist sentimental. Sh[akspeare] ist naiv und sentimental zugleich im höchsten Grade. Koloß der modernen P[oesie]; das Naive im

Romeo z.B. ist offenbar absichtlich. ⟨Ist nicht jede $\frac{\mu\iota\mu}{o}\,\eta\theta^{(\frac{1}{o}}$

Darstellung naiv? –⟩

254. Jede Selbstvernichtung vernichtet sich selbst. Viel emp-findlicher, wenn man jemand zeigt, wie wenig er ist, als daß er gar nichts sei.

255. Um in der Musik und Mahlerei Kenner zu sein, muß man selbst Künstler sein. In der P[oesie] ist dieß nicht nöthig weil jeder Mensch von Natur ein Dichter ist. –

256. Wahre Philos[ophie] der Kunst ist nur reine Mystik und reine Polemik. – ⟨Man kann freilich aus der Philos[ophie] überall nichts Positives lernen. –⟩

257. In der Ph[ilosophie] der P[oesie] sieht mans recht, wie dem Ph[ilosophen] überall Seher vorangehn, wie dem Dichtkünstler – Naturdichter.

258. Shak[speare] ist naiver wie Goethe, aus Absicht, aber er wird nicht so deutlich darum. –

259. Winkelmann hatte die historische Anschauung der natür-lichen Kunstgeschichte. –

260. Nur aus absoluter Universalität entsteht Ph[ilosophie] der P[oesie]. –

261. Die Deutschen sind das erste Volk in der Welt, allein es giebt wenig Deutsche. –

262. Kein Grieche schrieb für den Leser. Das äußerste in der verächtlichen Ansicht der Dichter bei den Philos[ophen] ist immer der Vorwurf, daß sie für die Menge schrieben ⟨wie Tänzer, Sänger, Schauspieler, Gaukler. –⟩

263. Alle Werke sind nur Studien und alle Werke sollen Romane sein. –

264. In Goethe sind die Bestandtheile des Modernen und des Romantischen gar nicht geschieden. –

265. Der vollkommene Kenner muß Naturpoesie, Kunstsinn, Kunstgelehrsamkeit, Kunstphilos[ophie] haben und vor allen Dingen kr[itischen] Geist. –

266. Worin besteht das Wesentliche des poetischen Gefühls? – Daß man gerührt wird übers Wirkliche, beweißt ⟨gar⟩ nichts. Die Abwesenheit des p[oetischen] Gefühls macht ein solches noch viel rührender für den Zuschauer. Es besteht wohl darin, daß man sich selbst afficirt, sowohl sein Gefühl als Einbildung. –

267. Sh[akspeare] hat nicht bloß p[oetisches] Naturgefühl, sondern auch sittliches im hohen Grade. – ⟨Sittliches Gefühl ist Fähigkeit zur Liebe und Freundschaft (Ehrgefühl).⟩

268. ⟨Alle Ausführung gehört in so fern sie das ist [zur] Kunstp[oesie]. Jeder Mensch ist ein Dichter. –⟩

269. Es giebt auch eine Naturschauspielkunst (Mim[ik] der Buffi) aber wohl keine Naturplastik.

270. Es giebt auch eine Naturrhetorik, welche die Alten im Homer finden. –

271. Shakspeare ist der sittlichste unter den modernen Dichtern; auch in dieser Rücksicht ähnelt er dem Sophokles. – Dante desgl[eichen]. –

272. Man leihe Shaksp[eare] nicht mehr $\dfrac{\text{SatSent}}{o}$ als er hat. Ich bin geneigt hier Voltairisch-Swiftisch-Humisch-Eman[uel] Bachische Verzweiflung überall zu suchen. –

273. Schiller ist bloß rhetorisch, strebt nach einer P[oesie] die ein Max[imum] von Eth[os] enthielte, hat aber aus Mangel an Sinn nicht einmal einen Begriff davon. –

274. Der Roman sollte sein eine P[oesie], die $\dfrac{\eta\theta^{\left(\frac{1}{o}\right)}}{o}$, die $\dfrac{\phi\sigma^{\left(\frac{1}{o}\right)}}{o}$ und $\dfrac{\pi o\lambda^{\left(\frac{1}{o}\right)}}{o}$ wäre. –

275. $\dfrac{\phi\sigma^{\left(\frac{1}{o}\right)}}{o}$ am besten in einem $\dfrac{\text{SatSent}^{\left(\frac{1}{o}\right)}}{o}$ Studium; und $\dfrac{\pi^{\left(\frac{1}{o}\right)}}{o}$ in einer alten Tragödie die zugleich Komödie wäre. ⟨Reine Philos[ophie] = Skept[isch] = SatSent. Im $\dfrac{\text{SentSat}}{o}$ liegt auch $\dfrac{\text{Polem[ik]}}{o}$.⟩

276. Das moderne Epos fängt mit Virgilius an. –

277. Ist die Darstellung absoluter Wollust, absoluter Marter pp. nicht eine moderne Abart gleichsam moderner Alexandrinismus? –

278. Im Schauspiel für die Bühne außer der absoluten Mimik und dem absoluten Pathos die wissenschaftliche Behandlung des Eth[os] zu studiren. –

279. Nemesis ist wohl auch ein politisches Gefühl. –

280. Alle romantischen Studien sollen classisch gemacht werden; alle classischen romantisirt.

281. Dante und Shaksp[eare] ⟨auch⟩ classisch in Rücksicht auf die Vereinigung von allem – Eth[os] – Ph[ilosophie] – und P[oesie]. –

282. Studium heiße das Werk wodurch nur der Künstler weiterkommt; Werk wodurch die Kunst selbst desgl[eichen]. –

283. Zu $\dfrac{\pi^{(\frac{1}{6}}}{o}$ wird wohl classische Metrik erfodert; zu $\dfrac{\text{IdSent}}{o}$ moderne Metrik; zu $\dfrac{\text{SatW}}{o}$ Hexameter, zu $\dfrac{\text{Sat}\phi\sigma}{o}$ aber Prosa. – $\dfrac{\mu}{o}$ in $\dfrac{\text{IdSent}}{o}$. – $\dfrac{\kappa}{o}$ in $\dfrac{\text{SatWNInd}}{o}$. $\pi\rho$ am meisten in SatW. ρ in SatSent.

284. ⟨Wie liebenswürdig, wie sittlich, wie geistvoll und naturvoll im Bedingten ist nicht Shaksp[eare] auch in sein[er] $\dfrac{\text{SatSent}}{o}$! –⟩

285. Der vollkommene Poet muß auch ein Philol[og] sein. –

286. Die Kritiker reden immer von Regeln, aber wo sind denn die Regeln, die wirklich poetisch, nicht bloß gr[ammatisch], metr[isch], log[isch], oder für alle Kunstwerke geltend wären? –

287. Die einzige pragmatische Kunstlehre für den Künstler ist die Lehre vom Classischen und vom Romantischen. –

288. Es ist überflüssig daß man mehr als Einen Roman schreibt. –

289. Ein vollk[ommener] Roman müßte auch weit mehr romantisches Kunstwerk sein als W[ilhelm] M[eister]; moderner und antiker, philos[ophisch]er und eth[isch]er und p[oetisch]er, pol[itischer], liberaler, univers[eller], gesellschaftlicher.

290. Das Pragmatische in der Kunstlehre ist die Rangordnung der Dichtarten und die daraus hergeleitete Angabe neuer Kunstarten, oder vielmehr Kunstindividuen (Bestimmung der reinen Abarten und Unarten).

291. ⟨Aus reiner Philos[ophie] lernt der P[oet] sicher gar nichts. –⟩

292. Alle Regression entspringt aus Progression, wenn sie auch diese oft auf ewig vernichtet. –

293. Progressives Gedicht ist der Roman. – Regr[essiv] manches Kunstwerk. Stillstehende Gedichte die gar keine Tendez haben, giebts auch; absolut absolutirend. – $\dfrac{\text{SatSent}}{\text{o}}$ ist fix. Regressiv in der Form die nach dem Classischen strebenden Gedichte, im Stoff $\dfrac{\text{SentSat}}{\text{o}}$ pp.

294. ⟨Sollte man nicht erst einen Roman schreiben, dann Studien, und dann noch einen?⟩

295. ⟨Erschöpft kann keine Tendenz der modernen P[oesie] werden.⟩

296. ⟨Es scheint nothwendig daß eine ganz universelle ganz absolute Polemik Poesie wird.⟩

297. Romantisirte Klassiker sind ungleich populärer als classisirte Romantiker (z.B. Goethe's Ausgewanderte, manches lateinische Poëm der Modernen).

298. Die $\dfrac{\text{IdSent}}{\text{o}}$ ist die absolute Antithese von $\dfrac{\text{SatSent}}{\text{o}}$. Sie darf an keine Zeit gebunden sein; dieß streitet mit ihrem absoluten Charakter. –

299. Richardson hat zuerst sentimentale Objekte – nämlich idealische Charaktere. –

300. Jakobi in $\dfrac{\text{SatSent}}{\text{o}}$ P[oesie] weit über Schiller. – ⟨Jakobi hat mehr Tiefe und Wahrheit in den sentimentalen Charakteren; Schiller mehr Ps[ychologie] und Künstlichkeit, aber schiefe. –⟩

301. Es ist wohl nicht möglich $\frac{SatSent}{o}$ aesthetischer, mit mehr Poesie zu behandeln, als im Werther. – ⟨In Clavigo und Stella etwas gemeine Sentimentalität, nicht die erhabne, idealische welche im Werther und Faust herrscht.⟩

302. Die alte ep[ische] und mel[ische] eine classische Naturp[oesie]. –

303. Für Sat.S. und Idyll.Sat. paßt durchaus nur die epische Form, weil diese allein Universalität hat und fesselfrei ist. –

304. In der Sat.W. muß das Eth[ische] dominiren; in Idyll.Sent. das Historische. –

305. Im Richter ein Gemisch von Sat.W. und Sat.Sent. und Id.Sent. –

306. Kein Dichter ist ein so großer Redner wenn er will und ist doch in seiner P[oesie] so wenig rhetorisch, wie Shaksp[eare].

307. Lächerlich und verächtlich könnte man die kleine Schönheit der Griechen machen gegen die ungestalte Kolossalität der Modernen! –

308. Gehören Sat.Sent. und Idyll.Sent. zur Poesie? Macht derselbe Stoff rh[etorisch] und ächt historisch behandelt nicht mehr Effekt? – Aus der Sent.Sat. könnte die Polemik sehr viel lernen.

309. Die ganze classische P[oesie] war zugleich regredirend und progredirend; nur nahm die Progr[ession] immer ab und die Regr[ession] immer zu. – Idee einer fixen und vagen Poesie im Gegensatz der progressiven. Bei den Modernen soll die Progression und auch die Regression immer wachsen. ⟨Virgils Aeneide als erster Versuch einer fixen Poesie.⟩

310. Shaksp[eare] schließt gerne mit Begräbnißfeyer.

311. Ist nicht jeder Roman als angewandte P[oesie] ein rhetorisches Werk? ⟨und rh[etorische] P[oesie] nur im Rom[an] brauchbar?⟩

312. Der Poetisirung aller übrigen auch nicht p[oetischen] Objekte und Sphären steht die Universalisazion oder Durchdringung mit dem Geiste andrer W[issen]sch[aften] und K[ünste] gegenüber. – ⟨Technisation und Naturalisation. Idealisation und Realisation. –⟩

313. Je mehr die P[oesie] W[issen]sch[aft] wird je mehr wird sie auch Kunst. –

314. Intrigue ist fantastische Behandlung der (verwickelten) Begebenheiten. –

315. Unter den philos[ophischen] Gedichten giebts Verstandesgedichte wie Tasso pp. und Vernunftgedichte wie Faust pp.

316. Bei Schiller die Philos[ophie] ein Einzelnes, roh nicht poetisirt. –

317. Schon die alten Poeten mochten gern philosophiren, und ihre Philos[ophie] war damahls so transcendental und neu als sie der Popularität unbeschadet sein durfte; Pindarus, die Tragiker, bei Aeschylus und Euripides die Ph[ilosophie] oft nicht poetisirt. Endlich isolirte man diese Tendenz und es entstanden die alexandrinischen didaktischen Gedichte; diese Isolirung ist schon etwas Modernes. Hier war gar keine Anlage, das Ganze zu poetisiren. –

318. Alles was in der alten P[oesie] getrennt war, ist in der modernen gemischt; und was in der modernen getrennt, war in der alten gemischt. – Dergleichen ist die mystische und polemische Tendenz, die philos[ophische] – p[oetische] – oder eth[ische] oder s[yn]th[etische] Tendenz. Auch die polemische P[oesie] fing sich in Alex[andria] an zu scheiden. –

319. Die Mischung der Ph[ilosophie] und P[oesie] ist viel inniger in Hist[orie] als in Rh[etorik]. –

320. In $\dfrac{\text{SatSent}}{\text{o}}$ ist die Philos[ophie] nothwendig skept[isch]. In Idyll muß und soll sie also rein mystisch sein. In ph[ilosophischer] P[oesie] muß sie kr[itisch] sein. –

321. ⟨In $\dfrac{\text{SatW}}{\text{o}}$ ist $\dfrac{\pi o \lambda^{(\frac{1}{6}}}{\text{o}}$ dem $\dfrac{\eta \theta}{\text{o}}$ untergeordnet; im Roman sind sie coordinirt.⟩

322. Es giebt eine ep[ische], lyr[ische], dr[amatische] Form ohne den Geist der alten Dichtarten dieses Nahmens, aber von bestimmtem und ewigem Unterschied. – Als Form hat die ep[ische] offenbar den Vorzug. Sie ist subjectiv-objectiv. – Die lyrische ist bloß subjectiv, die dramatische bloß objectiv. – Auch romantisirt zu werden ist das alte Epos ganz ausschließend geschickt. Vom Drama läßt sich nur die neue Komödie romantisiren. – Die Naturp[oesie] ist entweder subj[ectiv] oder obj[ectiv]; die gleiche Mischung ist dem Naturmenschen noch nicht möglich. –

323. Es giebt noch keinen Roman, der recht deutsch wäre. –

324. Der Ton des Romans sollte elegisch sein, die Form idyllisch. –

325. Die Intrigue hat ihren Sitz im Roman viel eigentlicher als im Drama. – ⟨Schon der älteste Roman fantastisch und intrigant, und historisch und rhetorisch – und insofern philosophisch.⟩

326. Vernachlässigung des Metrums, die doch nicht stört, beweist, daß es nicht wesentlich war. –

327. Das Romantische in Rücksicht auf den Ton, d[ie] Empfindung nichts anders als **zugleich** Elegisch und Idyllisch. Diese Mischung ist Grundlage der Sentimentalität. Genetisch betrachtet gehört auch noch das Fantastische dazu. –

328. Das Eleg[isch-]Idyllische wird durch die Versetzung ins Altertum sehr befördert; dahin tendenzirt aller Anfang der romantischen K[unst]. Es muß beinah so viel Wahrheit haben als das Epos und darf nicht unbedingt fantastisch sein.

329. ⟨Das neue Testament ist das erste recht sentimentale Buch. –⟩

330. Prophet ist jeder poetische Philos[oph] und jeder philos[ophische] Poet. –

331. Müssen nicht alle p[oetischen] Ph[ilosophe]m[e] die Genze [sic!] sein sollen, Visionen sein nach Dante und dem alten Testament? –

332. Alles was der Poet berührt wird Poesie; er geht bei dieser Poetisazion natürlich von sich aus, vom Mittelpunkt. Daher

$$\frac{SatWIndNaiv\eta\theta\,(2}{o}.$$ Ginge er nicht von sich aus, so gäbe es auch

keinen Grund, warum er nicht von sich ausging, wo dann [ein] *absolutes* p[oetisches] Ph[ilosophe]m entstehen würde. –

333. Die wissenschaftliche Kunstzergliederung von Leidenschaft und Charakter besser im Roman als im Drama. –

334. Stanzen das classische Metrum wo es auf sinnliche Schönheit nicht auf begleitenden Ausdruck ankommt. Hexameter nicht reizend genug, nicht sinnenschmeichelnd. ⟨Der Fantastische Roman in Stanzen; auch der Sent[imentale] in Versen. –⟩

335. Alle angewandte P[oesie] soll einen Effect bewirken. Von der Art ist jeder rhetorische Roman, und jedes für die Bühne bestimmte Drama. –

336. Ariosto's Romanzo ist ein fantastisches; Tasso's ist sentimental. Der Oberon soll zugleich beides sein. –

337. In der $\dfrac{\text{SatW}}{\text{o}}$ P[oesie] ist gerade ein Maximum von Feile nothwendig. –

338. Dem Ariosto ists nicht Ernst genug mit der Wollust; er erregt nie absoluten Kitzel. –

339. Nicht der Stoff des Romans soll historisch sein, sondern der Geist des Ganzen. –

340. Vom unvollkommnen Roman giebts grade **vier** Arten.

POETISCH		PROSAISCH	
Fantastisch	*Sentimental*	*Philosophisch*	*Psychologisch*
	Elegischer Ton	Ph[ilosophie]	Anal[yse]
	Historischer Stoff	Rh[etorik]	o
	Form Idyll[isch]	Synth[ese]	
		Urban[ität]	Intrigue

⟨Alle diese Nebenarten können nur eine Art, nur ein Analogon von Einheit oder Ganzheit haben. – Eigentlich giebt es nur Einen Roman.⟩

341. ⟨Von der romantischen Ganzheit hatte Goethe keine Idee.⟩

342. Alle Formen, auch die seltsamsten, müssen wiederkommen und eine neue Bedeutung erhalten. –

343. Die sentimentale P[oesie] führt zur mystischen. –

344. In allen Gattungen wo die Form Totalität hat, muß der Stoff aus der Form construirt werden; sonst umgekehrt. –

345. Das rhetorische Drama soll in der Form d[ie] classischen Mimen nachahmen, diese Form jedoch ⟨nach der Art der ps[ychologischen] Rom[ane]⟩ romantisiren und vielleicht sodann des Shaksp[eare] Form so sehr als möglich approximiren. –

346. (Es lassen sich Gedichte *a priori* construiren, und die Idee daß sich Recepte zu Gedichten schreiben lassen, ist richtig, nur kann niemand welche danach machen, ders nicht doch kann.) –

347. Im Drama müssen Charaktere und Situazionen synthetisch behandelt werden; die Analyse geht verlohren auf der Bühne und macht keinen Effect. – In Gozzi eine decorazionsmäßig auf den Effect mit Macht hinstrebende und doch äußerst synthetische Behandlung. –

348. Die einzelnen Theile des poetischen Imperativs sind – unbedingte Poetisazion, Technisazion, Idealisazion, Naturalisation, Realisation, (Philosophazion). –

349. Die Spanier classisch in der Intrigue. –

350. Illusion ist der poetische Effect, wenn Mimik hinzukömmt.

351. Bei einem philos[ophischen] rh[etorischen] Rom[an] muß alles aus der Hauptlehre construirt werden; construente und constructe Theile eines Gedichts. – Jeder synthetische Roman muß mystisch schließen. Einige enden polemisch. – Meister schon desfalls unvollkommen weil er nicht ganz mystisch ist. –

352. Die französische Tragödie als eine Art von Oper zu betrachten; ohne musikalische Deklamation und orchestische Gesticulation kann sie nicht leidlich sein. –

353. Petrarcha's Gedichte sind classische Fragmente eines Romans. –

354. Das absolut Willkührliche in der metrischen Form der romantischen Kunstgedichte und die absolute Gesetzmäßigkeit und Consequenz dieser einmal gesezten Willkührlichkeit ist

eine romantische Schönheit, – wie der Schmuck und Putz
der Frauen. –

355. Im poetischen Drama müssen alle Theile zugleich construent und construct sein. –

356. Unendlich merkwürdig ists ⟨besonders für moderne
P[oesie]⟩ wie Shaksp[eare] gearbeitet hat. Er ließ sich die
Intrigue (*Novelas,* [Fabel,] Historie) geben und arbeitete nun
Charaktere ins Tiefe und Große aus, sezte neue hinein pp. Er
hat also seine Dramen nicht sowohl construirt son-
dern nur exstruirt. –

357. Sh[akspeare's] Werke dem Wesen nach psychologische
Romane, nur daß die Charakterdarstellung synthetisch ist;
daher ein so reicher Stoff für kritische Analysen. –

358. Die Schönheit des ps[ychologischen] Rom[ans] oder
vielmehr seine Größe besteht in einer unerschütterlichen
Kälte. Er muß die Einbildung nur heiß machen, das Herz gar
nicht beschäftigen, die Sinne auch nicht. Er nimmt den Stoff
von Shaksp[eare] und die Form von den Modernen. –

359. Das fantastische Romanzo ist für die Sinnlichkeit
und Einbildungskraft, das Sent[imentale] fürs Herz, das
ps[ychologische] für den Verstand, das philos[ophische] für
Vernunft. Der Witz muß darin herrschen. Im ps[ychologischen]
wird die Fantasie beschäftigt bis zur Erhitzung, aber
sie bewegt sich in den Fesseln des Verstandes. –In
dem Fant[astischen] neckt sie dafür den Verstand, spottet
der Vernunft und giebt dem Herz nichts.

360. Aus dem Gemüth braucht ein rh[etorisches] Dr[ama] gar
nicht zu kommen, auch bedarf es der Feile nicht; aber leicht
muß es sein. – Das heroische rh[etorische] Dr[ama] nähert
sich der Oper; alles darin kommt auf die Leidenschaften an,
weniger auf die Charaktere, die nur *toccirt* sein dürfen wie im
Gozzi. –

361. Im fantastischen und sentimentalen Gedicht ist das
Streben nach schönen Stellen sehr an seinem Ort; nur sollte es
eine Kette von solchen sein. –

362. Sakontala ein herrliches fantastisches Gedicht. – Viel Oriental[isch]es Fant[astisch].

363. [Der] *absolute* R[oman] muß wie Homer ein Inbegriff der ganzen Zeitbildung sein. –

364. Die Stanze so streng in ihren Reizen wie ein züchtig schönes Weib. –

365. Herzlichkeit ist die schönste Eigenschaft des Sent[imentalen] Ro[manzo] – Jungfr[äulicher] Stolz, Schaam in milder Vollendung. –

366. ⟨Die Magie der Geheimnisse von Goethe, die Fantasie des **Mährchens,** die Wollust der Elegien sollten in Ein Gedicht verbunden sein. – Er zersplittert sich zu sehr. –⟩

367. Der symmetrische Dialog gehört nur in das p[oetische] Dr[ama] nicht in rh[etorisches] Dr[ama]. – Die Diction im rh[etorischen] Dr[ama] muß rhetorisch sein und dialogisch, und pathetisch und mimisch. – So gut wie Demosthenes nach dem Stundenglase reden konnte, muß auch der rh[etorische] Dr[amatiker] seine Werke in jeder gegebenen Länge oder Kürze machen können. –

368. Vieles was man für $\frac{\pi\mu}{0}$ hält, ist nur $\frac{\pi\mu}{x}$ oder $\pi\mu^{(-y}$ oder $-\pi\mu$. Was man für ein p[oetisches] Werk hält, ist oft nur Skizze, Studium, oder Fragment. –

369. Rhetorische Dramen lassen sich unendlich viele machen; Arten finden darin gar nicht mehr Statt, es müßte denn das Nachspiel sein. –

370. In der Wahl der Formen, in der Mischung der Bestandtheile und in der Constructionsmethode ist noch kein moderner Dichter correct. –

371. Im ph[ilosophischen] R[oman] der Stoff nicht bloß *absolut* F[antastisch] sondern **zugleich** absolut fantastisch und mimisch. Doch braucht das Mim[ische] und F[antastische] nicht eben überall verschmolzen zu sein. –

372. *Absolute* ph[ilosophische] R[omane] und *absolute* ps[ychologische] R[omane] lassen sich unendlich viele machen; aber

S[entimentales] R[omanzo] braucht man nur eins zu machen
und auch nur Ein F[antastisches] R[omanzo]. Man liebt eigentlich nur einmal und man erreicht den Gipfel der Wollust nur
einmal. –

373. In der modernen Kunstepopöe stecken zwei Gedichte,
[ein] proph[etisches] und [ein] *absolut* p[oetisches]. Im Dante
noch außerdem [ein] *absolut* s[yn]th[etisches].

374. ⟨Dreiheit der essentialen Bestandtheile für jede P[oe]m
Construction, wie jede Constr[uction].⟩

375. ⟨Goethe's Idyllen sind elegischer als seine Elegien.⟩

376. Philos[ophie] des Romans im Roman selbst. –

377. Der Roman darf durchaus nicht polemisch sein, dieß ist
gegen das *absolut* S[yn]th[etische] des *absoluten* R[omans], dem
sich jeder andre approximiren soll.

378. Auch das Objekt des ps[ychologischen] Romans muß so
sein, daß es sich durchaus in keiner Abhandlung geben ließe. Es
muß $\dfrac{\psi^{\left(\frac{1}{0}\right.}}{o}$ sein.

379. Ph[ilosophie] des Witzes in dem ph[ilosophischen] Roman. –
Im ps[ychologischen] Rom[an] muß gar keine Liebe sein. –

380. Proph[etie], *absolute* P[oesie] und *absoluter* R[oman] sind
wahre Ideale, **Ideen und doch Individuen.** Die Alten
haben nicht nach Idealen gearbeitet. Die Modernen sagen es
immer, versuchen es, aber es sind Wolken statt der Juno.
Absoluter F[antastischer] R[oman] und *absoluter* [Sentimentaler]
R[oman] sind angewandte Ideale, jenes reine. –

381. ⟨Der absolute Idealist ist der welcher Individuen *a priori*
construiren kann.⟩

382. Absolute Willkührlichkeit einer gewissen Art ist
romantisch pikant. Dieses ist die positive Romantisirung im
Stoff. Das Nicht Polemische ist die negative in der Form. –

383. Die Parekbase des philos[ophischen] Romans, das Mimische
und Urbane zusammen, machen das aus, was man Humor
nennt. –

384. Im ps[ychologischen] R[oman] und ph[ilosophischen]

R[oman] muß *absolut* F[antastisches] und *absolut* M[imisches] unverschmolzen neben einander stehen können. – ⟨ *Religieuse* ist ps[ychologischer] R[oman], *Jacques* – ph[ilosophischer] R[oman]. –⟩

385. Synthetische Charaktere sind solche, die genialisch aber incorrect sind. –

386. Ph[ilosophischer] R[oman] ein Buch, welches der Correctheit auf jeder Seite Nasenstüber giebt. –

387. Ps[ychologischer] R[oman] und ph[ilosophischer] R[oman] = rh[etorische] R[omane]. F[antastisches] Ro[manzo], S[entimentales] Ro[manzo] = p[oetische] R[omane]. –

388. Dithyr[amben] schon etwas Modernes.

389. Bloße Maximität ohne Dreiheit der Bestandtheile macht ein[en] Begriff nie zum Ideale. – Eine P[oesie] die nach einem solchen bloß analytischen absoluten Begriffe gearbeitet ist, ist immer gemein und nicht idealisch. Es gehören zu jedem Individuum drei construente Theile; die Lehre vom Dreyeck ist nicht bloß math[ematisch]. – Jedes Ideal ist dreieinig; es giebt viele Götter d.h. Ideale, dreieinige Einheit[en]. –

390. (Mährchen ist Fant[astisch], Sage Sentim[ental].)

391. (Im ph[ilosophischen] R[oman] kein Held und keine gänzlich passive Menschen; alle müssen die Helden sein. Sonst wäre das sehr illiberal. –) Alles Sittenlehrige in diesen beiden Rom[anen]. – Im ps[ychologischen] R[oman] ein Held und eine Heldin, und alle andern Charaktere in gehöriger Abstufung. – Im ps[ychologischen] R[oman] alles was die Erwartung spannen, immer höher spannen und endlich befriedigen kann. – Im ph[ilosophischen] R[oman] Theorie des Cynism. –

392. Die romantische Form ist prosaisches Epos. –

393. Im ps[ychologischen] R[oman] alles ausgeführt, begründet, entwickelt. – ⟨Im ph[ilosophischen] R[oman] alles kühn *toccirt*, hingeworfen genialisch ⟨wie Blitz und Sturm⟩ – fast Caricatur. – Alles extrem und eccentrisch. –

394. Im Aristophanes steht F[antastisches] und M[imisches] roh neben einander; im Menander sind sie schon zu einem schönen Mittelmaaß verschmolzen. –

395. Die Parekbase kann eben so wohl *absolut* Mim[isch] als *absolut* Fant[astisch] sein; eigentlich beides aber ganz rein zusammen, also die höchste Antiform und Naturpoesie. – ⟨Die Parekbase im Rom[an] muß verhüllt sein, nicht offenbar wie in der alten Komödie. –⟩ ⟨Parekbase = F[antastik] – M[imik]. Personalität = M[imik] – F[antastik] (Polemik gegen Individuen pp.)⟩

396. In jeder Art von rh[etorischer] P[oesie] unendlich viele Varietäten möglich. –

397. Der ps[ychologische] R[oman] und ph[ilosophische] R[oman] darf nie in eigner Person empfinden. –

398. Jeder gute Roman muß manierirt sein, wegen der Individualität. –

399. Nur die P[oesie] sollte Manieren haben, denn nur sie kann humoristisch sein. Humor besteht in dem poetisch Manierirten. –

400. Die Oper muß romantisch sein, da Musik und Mahlerei es sind; die moderne Tanzkunst vielleicht eine Mischung romantischer Fantasie und classischer Plastik. Man müßte die Alten darin übertreffen können. – Auch die moderne Kleidung neigt durchaus zum Romantischen. –

401. ⟨Maximum von Feile in der Plastik als classischer rh[etorischer] Sat[irischer] Kunst das Höchste.⟩

402. ⟨Die Musik ist ein sentimentales Romanzo. ⟨Alle Musik die das nicht ist, ist angewandte Musik. –⟩⟩

403. Im rh[etorischen] Dr[ama] müssen die Charaktere zugleich synthetisch und analytisch dargestellt sein; es muß zugleich ps[ychologischer] R[oman] und ph[ilosophischer] R[oman] sein. –

404. Die Künstler und Götter von Schiller sind keine Dith[yrambische] Fant[asie], noch sonst eine bestimmte Form. Sie sind ein merkwürdiger Fehler. –

405. Die Scene eines guten Romans ist die Sprache worin er geschrieben wird; Lokalitäten die ganz individuell und eigentlich Parekbasen sind, taugen durchaus nichts. –

406. Für den ph[ilosophischen] R[oman] müßte man die deutsche Sprache durchaus zotisiren. –

407. ⟨*Nota.* Der arabeske Witz ist d[er] höchste – Ironie und Parodie nur negativ – desgleichen der eigentlich Satirische – nur in jenem nebst dem *combinatorischen* liegt die Indicazion auf unendliche Fülle.⟩

408. Das Manierirte, wenn der Mensch über seine Manieren nur selbst weg ist, ist das höchste für die Urbanität. –

409. Alle unvollkommnen Gedichte ⟨Werke⟩ sind Tendenzen, Skizzen, Studien, Fragmente, Ruinen. –

410. Im ph[ilosophischen] R[oman] alle möglichen Extreme; eine alte Frau ist schon ein gutes Extrem. –

411. Alle P[oesie] ist absolut idealische oder absolut abstracte, oder absolut individuelle. Die Idealp[oesie] entsteht nur aus absoluter Vereinigung der Begriffspoesie und Individuenpoesie. –

412. ⟨Die Landschaftsmahlerei vielleicht die reinste, die am meisten fantastische. Die Empfindung des Fleisches für den Mahler das Höchste.⟩

413. In einem guten idealischen Gedicht muß alles Absicht und alles Instinct sein. – Keines Menschen Poesie ist weniger idealisch als Schillers; sie ist bald ganz individuell, bald leere Formular-p[oesie], und das lezte am meisten; nie beides zugleich. –

414. ⟨Polemik gegen das Taglicht der Aufklärung. –⟩

415. Dith[yrambische] Fant[asie]. – Bei dieser Unform, Antiform und Ueberform muß der Stoff absolut absolut und absolut universell sein. – ⟨Zu der Dith[yrambischen] Fant[asie] deren es nur zwei geben kann, Studium der persischen Religion, wo diese Ideen zuerst hergenommen.⟩

416. Der wahre Zufall ist synthetisch; genialische Situazionen. Das Genie, die constitutive Macht in der P[oesie], das absolut setzende Vermögen, treibt sein Spiel recht in ph[ilosophischem] R[oman].

417. F[antastischer] R[oman], S[entimentaler] R[oman], ps[ychologischer] R[oman] und ph[ilosophischer] R[oman] die vier einzig möglichen Kunstromane. Jeder R[oman] der nicht dazu gehört ist ein NaturRoman [*sic!*].

418. *Absoluter* R[oman] = ps[ychologischer] R[oman] + ph[ilosophischer] R[oman] + F[antastischer] R[oman] + S[entimentaler] R[oman] + *absolute* M[imik] + *absolut* S[entimental-] F[antastisches] + *absolutes* p[oetisches] D[rama] + rh[etorisches] D[rama] + Proph[etie]. –

419. Im ph[ilosophischen] R[oman] alles Massenweise hingeworfen ohne Verflechtung. –

420. Sapphische Gedichte lassen sich gar nicht mehr machen. – Sind sie nicht ganz wahr und eigen, so taugen sie nichts. Wäre aber auch noch eine Natur so consequent schön und classisch, daß sie nackt auftreten dürfte wie Phryne vor allen Griechen; so wird sie doch eben dadurch zur Phryne. (Es giebt kein olympisches Publicum mehr für eine ⟨classische⟩ Phryne.) Lyrische Gedichte dürfen nicht gemacht werden; sie müssen wachsen und gefunden werden. –

421. Die Bibel ist der einzig[e] wahre und absolut universelle Volksroman; ⟨Als prosaischer Roman;⟩ sie müßte nun auch in der Form romantisirt werden. – ⟨In Romanzen.⟩

422. Steigerung ist eine *absolut* anal[ytische] Redefigur. –

423. Noten, ⟨Vorreden,⟩ Personalitäten, Illusionskünsteleien (mit dem Nennen und der Anonymität), indiv[iduelle] Localitäten sind Gemeinheiten, weil sie gegen die ep[ische] Hist[orische] Form der romantischen Kunst fehlen und das Kunstwerk so zum Naturwerk erniedrigen. –

424. Das Naive was bloß Instinct ist, ist albern; was bloß Absicht, affectirt. Das schöne Naive muß beides zugleich sein. – (Wenn Homer auch keine Absicht hatte, so hat doch sein Werk, und die Natur welche es wachsen ließ, Absicht. –) Alles Naive ist Aeußerung absoluter Individualität, dem Objektiven grade entgegengesezt. – ⟨*Nota.* – Das Naive ist positiver e[thischer] Witz, Satire negativer, Urbanität universeller. –⟩

425. Es hat noch kein Dichter hinlänglich Studium gehabt und die Kentnisse und den Verstand, alles was schon da war, zu nutzen. Jeder schafft die Kunst von neuem; darum bleibt sie ewig in der Kindheit. –

426. Sentimental ist die Vereinigung des Elegischen und Idyllischen.

427. Die Darstellung der Narrheit im Cerv[antes] göttlich; die Polemik, Personalität und Parekbase gemein. –

428. Das Naive in der alten Idylle nur zufällig, auch das Correcte, Studirte. – Das Satirische in der römischen Elegie desgleichen. Man muß sie beide in Gedanken erst sapphisiren. – Aus allen Gattungen müßte durch solche Reduction das Zufällige ausgeschieden werden. –

429. Die Sprache im S[entimentalen] Ro[manzo] muß alle mögliche Fülle, Adel, Reiz und Huld haben; Ariost und Tasso nur schwach. – Keusch und streng muß die Sprache sein, aber nicht prächtig. – Der Stoff des F[antastischen] Ro[manzo] muß ganz erfunden sein; in der bildlichsten Sprache. –

430. Sind nicht alle Wollustdarstellungen der Form nach Idyllen? – ⟨Nicht der Mischung aber der Tendenz nach. –⟩

431. Die Nachahmung des Pulci hat dem Ariost sehr geschadet. –

432. In der analytischen Prosa sind die alten Panegyriker Meister. –

433. Im S[entimentalen] Ro[manzo] der Stoff episch, die Stimmung elegisch, und die Darstellung idyllisch. (Deutsches Ehrgefühl und Rittersinn zu[m] S[entimentalen] Ro[manzo]. Arabische Einbildungskraft zu dem F[antastischen] Ro[manzo].) –

434. Wird die Tendenz von F[antastischem] Ro[manzo] und S[entimentalem] Ro[manzo] fixirt und absolutirt so entsteht mystische Poesie. – [Der] ps[ychologische] R[oman] und ph[ilosophische] R[oman] gehn zusammen mehr auf polemische Poesie. – R[oman] überhaupt die Vereinigung zweier Absoluten, der absoluten Individualität und der absoluten Universalität. –

435. Jede Stanze in ihrer geschlossnen Form ist ein Bild, Idyllion; das Sinkende auch in der Reimstellung ist elegisch; die Gleichheit der Sylbenzahl episch. – Sonnett die vollkom-

menste Form für ein romantisches Fragment. – In der Terzine
vielleicht etwas vom Geist des hebräischen Parallellismus. –
Die derbe Verkettung hat sie von der scholastischen Philos[ophie].

436. Im ps[ychologischen] R[oman] die vornehme Würde
und Gleichmäßigkeit der römischen Hist[orie], die dich-
terische Ausfüllung und Rundung der Griechen. – Im
ph[ilosophischen] R[oman] die Schwere und gedrängte Fülle,
das Schneidende der Griechischen Rh[etorik], das Schmei-
ßende der römischen Rh[etorik]. –

437. Bloß classische Schriften haben zwar wohl eine rh[etorische]
Tendenz, aber keine abstracte. –

438. Alles Objektive ist wirklich vollkommen fertig da. –

439. In recht modernen Schriften ist alles nur Geist und Tendenz. Geist ist absolute Individualität. –

440. Alles Angewandte ist rhetorisch, also auch Briefe. –

441. Der Geist eines Werks ist immer etwas Unbestimmtes
also Unbedingtes. – Geist ist die bestimmte Einheit und
Ganzheit einer unbestimmten Mehrheit von unbedingten
Eigenheiten. – Ton ist die unbestimmte Einheit der Eigenthüm-
lichkeiten. Form ist eine Totalität absoluter Schranken. –
Stoff ist ein Stück absolute Realität. – Classische Schriften
haben als solche keinen Ton, nur Styl.

442. In Proph[etie] ist man seit Dante nur wieder rückwärts
gegangen. –

443. Charakter ist Geist, Ton, Form, Stoff, Styl und
Tendenz zusammengenommen. –

444. Die classischen Gedichtarten haben nur Einheit; die
progressiven allein Ganzheit. –

445. Form und Styl ist absichtlich; nicht so Geist, Ton und
Tendenz. –

446. Anfang und Ende der Geschichte ist prophetisch, kein
Objekt mehr der reinen Hist[orie]. –

447. Viele Romane eines Autors sind oft nur einer (als System
⟨sich⟩ ergänzender Werke oder als Wiederhohlung eines und
desselben.)

448. Die alte Kunstgeschichte wäre Stoff für ein S[entimentales] Ro[manzo], die künftige P[oesie] für ein F[antastisches] Ro[manzo]. –

449. Der R[oman] muß sich nothwendig auf einen be-stimmten Zeitpunkt beziehen; dieser Realismus ist in seinem Wesen gegründet. –

450. Novelle ist ein analytischer Roman ohne Ps[ychologie]. –

451. Natürliche Moral ist im rh[etorischen] D[rama] sehr an ihrer Stelle. –

452. Homer besteht aus einer gleichförmigen Mischung von Hist[orie] – S[entimentalität] – F[antasie] – Mim[ik].

453. ⟨Ist die Ironie der Ton oder der Styl der analytischen Philos[ophie]?⟩

454. In bedingten Dichtarten auch *Unendlichkeit*, aber nicht fix, sondern nur approximirend.

455. Der sogenannte komische Roman ist ph[ilosophischer] Roman mit falscher Dominante. Es giebt leere Formularromane (⟨*Nota:*⟩ jezt auch Romantik.) –

456. Nicht bloß das Ganze in der modernen P[oesie] muß idealisch sein, sondern auch jeder Theil, jeder Punkt, muß noch aus dreien Bestandtheilen constructibel sein. –

457. Die rein barbarische P[oesie] ist die welche weder natürlich noch künstlich ist, weder gemein noch vornehm, weder classisch noch progressiv (wie etwa die französische auch wohl die Neu Griechische).

458. Die Bibel hatte die schöne Anlage zu einem ⟨absolut universellen⟩ Volksroman der **immer fortgesezt** werden konnte; Luthers Fehler, da zu fixiren und die Legenden abzuschneiden. –

459. Im *absoluten* p[oetischen] Dr[ama] darf nichts roh episch, nichts roh lyrisch sein; sondern alles verschmolzen. Aber auch nicht roh elegisch oder roh idyllisch. –

460. Canzone ist der romantische Chor, Madrigal die romantische Monodie. –

461. Die Parekbase muß im F[antastischen] R[oman] permanent sein. –

462. ⟨Altdeutsches Ritterεπος möglich. Darstellung des schönen Ritterthums im R[oman]. Der Stoff muß im ächten Epos historisch sein. –⟩

463. Der Pastorfido ist in der Form weit über Shaksp[eare]. Das einzige ganz construirte Drama, rein *a priori* – das antikste und das modernste. – Shaksp[eare] läßt sich die Intrigue geben, und synthesirt sie dann; in dieser Synthesirung ist er über alle. – Im Guarini herrscht die Mystik, Shaksp[eare] ist mehr polemisch. –

464. Romanze ein kleines fragmentarisches F[antastisches] oder S[entimentales] R[omanzo]. –

465. Es gehört schon zum Begriff eines Romans, daß er keine Nazionalität haben muß.

466. Ein Maximum von Sinnesverkehrtheit ist weniger verkehrt als ein mittlerer Durchschnitt. –

467. Nazionalität und gemeine (allgemeine, populäre) Moral sind nothwendige Requisita des rh[etorischen] D[ramas]. –

468. Guarini ist auch in den Charakteren antithetisch; Shaksp[eare] bloß in den Begebenheiten. –

469. ⟨Giebts ein Maximum von Naturbosheit oder entspringt die Bosheit (Neid, Geiz, Rache) bloß aus unnatürlicher Bildung? –⟩

470. Ein Räthsel ist vollständig construirter Witz. –

471. Stoff und Form und Styl zusammen bilden den Buchstaben. ⟨Der Styl ist der Geist in den Alten. –⟩

472. Die Fabel war erst prophetisches Räthsel (bei Hebräern) dann rhetorische Figur bei den Griechen. Bei den Modernen auch wieder Allegorie.

473. (Das Romantische bleibt ewig neu – das Moderne wechselt mit der Mode.) –

474. Zum Sinn für die Griechen gehört *absolute* Kr[itik], [für ihre Prosa noch *absolute* Rh[etorik].]

475. Witz ist ein prosaischer Dithyrambus. ⟨Witzige Dith[yramben] in Briefen an Alle. –⟩

476. Alle Fragmente als solche gehören wohl zur *absoluten* Ind[ividual]p[oesie].

477. (Böttiger bei den reitenden Philol[ogen] wegen seiner Schnelligkeit gut zu brauchen – es fehlt ihm nur der Geist seines Geistes.) –

478. Die Intrigue des Romans muß ein ⟨ganzes⟩ System dramatischer Intriguen [sein]. –

479. Wenn der Geist absolut dominirt, so wird ein Werk formlos. –

480. Lexika sollten witzig sein. –

481. Ironie ist Pflicht. –

482. Shaksp[eare] hat Manieren; seine Ahndungen, seine Vorbedeutungen, seine rh[etorischen] Figuren in der Construction (Lieblingsbeschreibungen, -gedanken pp.)

483. ⟨*Sacchetti published tales before Boccacc[io] in which are many anecdotes of Dante and his contemporaries.*⟩

484. Romeo und Hamlet sind beide = S[entimentaler] R[oman] + ph[ilosophischer] R[oman], ⟨aber im Hamlet präpondirt ph[ilosophischer] R[oman], im Romeo der S[entimentale] R[oman]⟩. – In Sturm und Sommernachtstraum herrscht das Fantastische. –

485. Guarini's Pastorfido ist ⟨auch⟩ mehr eine Encyklopädie. – Romeo ein Maximum. – (Dorinda hat fast die Nymphomanie.) – In der Charakteristik nichts gegen Shakspeare. Der reine Kunstsinn ohne Gefühl ist doch etwas sehr langweiliges. –

486. Darf ein Roman Stellen haben die höher stehen als das übrige, so wie der Mensch selbst?

487. Bei den Alten, besonders den Griechen, ein Max[imum] von Instinct. – Zugleich die nothwendige Unfehlbarkeit der Natur und die unendliche Fülle der Freiheit. –

488. Vossens Louise ist der episch homerisirte Iffland vom

Lande. Hermann ungleich romantischer. – ⟨Hermann und Dorothea eben so romantisch als episch. –⟩

489. K[ritischer] R[oman] und ph[ilosophischer] R[oman] haben eine *Diagonal*tendenz aus zweien, und eine aus dreien constructe Form. – Ist nicht jede idealische Tendenz *diagonal*? –

490. Bei Humbold und Schiller diabolische Tendenz ohne diabolisches Genie. –

491. [Der] *absolute* R[oman] muß Darstellung des Zeitalters sein wie [das] class[ische] Ep[os]. – *Absoluter* R[oman] = *absolute* Hist[orische] P[oesie] + *absolute* pol[itische] P[oesie] + *absolute* Ind[ividual]p[oesie] = universelle Bildungslehre, poetische Lebenskunstlehre, Darstellung des Zeitalters, Inbegriff des Künstlers.

492. Auch zur Philos[ophie] der Polemik *en couverts toiles* kann man polemisiren; nur dadurch wird die bloß juristische Polemik in der Litteratur liberal und erhält ein litterarisches Interesse; wenn sie dieses sonst nicht durch Form oder Stoff hat. –

493. Das Erzählen der Genialität ist etwa dieselbe Stufe der Genialität als die Kunst, wenn der Künstler noch gern schwierigen (niedrigen, dürftigen) Stoff wählt. –

494. Jedes System wächst nur aus Fragmenten. –

495. ⟨Ists ums System zu thun, so muß man nie aufhören zu polemisiren; ists um die Form zu thun, so muß man ohne alle Schonung der Intension nach verfahren, wie im ersten ohne Rücksicht auf Extension. – Ists aber bloß litterärische Rechtssache (sich oder sein Urtheil zu vertheidigen,) so muß man erstlich nicht mit Jedermann streiten (wie einer zur Verteidigung eines Systems muß) noch auch immerfort (zur Ehre Gottes – oder um nichts und wieder nichts.)⟩

496. **Aesthetische** Polemik wie in meiner Rec[ension] des Woldemar ist äußerst selten. –

497. ⟨Von Woltmann könnte man sagen, er habe die schwarze Ruhr gehabt. –⟩

498. Der Tanz ist eine Kunst für Mädchen und für Knaben; so

hat wohl manche der beschränkten Künste eine bestimmte
Sphäre. –

499. Die Musik und Mahlerei als romantische Künste bei den
Alten gewiß eben so oft in schiefer Richtung, unrichtiger
Mischung wie plastische Künste bei uns. –

500. Bei der wahren Ironie muß nicht bloß Streben nach
Unendlichkeit sondern Besitz von *Unendlichkeit* mit mikro-
logischer Gründlichkeit in Ph[ilosophie] und P[oesie] verbunden,
da sein. –

501. Shaksp[eare] ist in der Liebe, in Fant[asie] und Sent[i-
mentalität] bis zur Ironie gekommen; also die seinige durchaus
romantisch. Nicht so die des Ariosto. –

502. Verhält sich nicht Sinn für Genialität zu Kunstsinn wie
Sinn für Witz zu poetischem Gefühl? –

503. Kann Ironie bloß aus der Höhe einer Bildungsart
entstehen, oder nur aus dem Conflux mehrerer? –

504. Ist Sinn für Genialität nicht selbst Genialität? –

505. Im Sh[akspeare] ist alles Romantische gemischt,
K[ritischer] R[oman], Ph[ilosophischer] R[oman], F[antastischer]
R[oman], S[entimentaler] R[oman]; er hat gar keine bestimmte
Tendenz. – In der Mimik ist er bis zur Ironie gekommen; nicht
so in der dramatischen Form; da nur bis zur Parodie, die aus
der Mischung oder dem Gegensatz streitender Bildungsarten
entsteht, und gar keine Bildung zum Unendlichen, keine angewandte Mystik erheischt.

506. Nichts ist verschiedener als Satire, Polemik und Ironie.
Ironie ist überwundene Selbstpolemik und unendliche Satire im
alten Sinne. – Die Satire ist die Pflegemutter der Polemik; ohne
Polemik keine rechte Mystik. –

507. Die Parodie der dramatischen Form bei Sh[akspeare]
entspringt wohl aus ihrer Unangemessenheit für das romantische
Kunstwerk. – Die Ironie macht Sh[akspeare]'s Witz so erhaben
zart. –

508. Ist Parodie poetische Polemik? O, nein; es giebt eine
p[oetische] Par[odie] die nicht polemisch, und eine feindliche
Par[odie] die prosaisch ist. –

509. ⟨Poesie ist in der Prosa lächerlich, Prosa in der Poesie verächtlich. –⟩

510. Das Wesen des Modernen besteht in der Absolutheit, in der Universalität und in der Abstraction der Tendenz.

511. Jede Art des R[omans] hat seine eigne spezifische Einheit; der ph[ilosophische] R[oman] die der Parisosen, der k[ritische] R[oman] die der Concatenazion nicht des Ep[os] sondern im Innern. [Der] *absolute* R[oman] hat alle möglichen Einheiten. [Der] F[antastische] R[oman] und S[entimentale] R[oman] nicht ganz die ep[ische] sondern zugleich eine lyrische aber mit satirischer Liberalität im Stoff. –

512. Tieck hat gar keinen Sinn für Kunst sondern nur ⟨für⟩ Poesie-Kunst; für Genialität, Fantasmus und Sent[imentalität]. – Es fehlt ihm an Stoff, an Re[alismus], an Ph[ilosophie]. – Seine eccentrischen Menschen haben bloß die Form der Genialität. – So ist auch seine Fantasterei und Sentimentalität frostig. Er ist absolut unclassisch und unprogressiv; also ganz a-historischer Geist.

513. Bloß *absolute* S[entimentalität] und *absolute* F[antasie] macht noch bei weitem nicht Sinn für Liebe.

514. Humor ist absolutirter, falsch tendenzirter romantischer Witz. –

515. Ton ist äußrer Geist, Geist ist mehr als Tendenz, ist innrer Charakter, *potenzirter* Charakter.

516. Zur musikalischen Einheit des S[entimentalen] Ro[manzos] und selbst des ph[ilosophischen] R[omans] gehört auch das symmetrische Wiederkehren des Thema's. –

517. Die Sokratische Ironie ist Wechselparodie, potenzirte Parodie. –

518. Punkte fürs Studium Shak[speare's] – Ironie – Streben nach Einheit – romantischer Geist – Absichtlichkeit, Kunst, Vollendung ⟨(Constr[uction])⟩ – Universalität im Romantischen aller Arten desselben – $\pi^{(2}$ – seine Kunstlehre – Indifferenz der dramatischen Form – seine Manieren – seine Classicität – seine Indiv[iduelle] Sittlichkeit. –

519. Das Komödiren ist mehr Parodie als Ironie. –

520. T[ieck] leidet an der dünnen Tollheit, er ist ein Virtuose in der passiven, bisweilen aber auch in der activen Langeweile. ⟨Muster des ισχνου χαρακτηρος in der Raserei. – T[ieck] haßt die Philos[ophie], darum muß er sie studiren. –⟩

521. Historische Reflexion als Stoff für einen modernen lyrischen Chor. –

522. Lyrische Gedichte sind romantische Fragmente.

523. *Absolute* pol[itische] P[oesie] und *absolute* eth[ische] P[oesie] nur eins; jeder ist doch nur Individuum in der Gesellschaft, und nicht die Gesellschaft selbst. –

524. In manchem Roman (wie im Lovell) ein Mann im Hintergrunde der mit allen andern Schach spielt, und so groß an Geist ist, daß er nicht zur Thüre hereingeht. –

525. Der einzige Charakter im Lovell ist er selbst, ein Mensch ohne Charakter. – Herrschende Empfindung im Lovell – Eckel am Leben und Furcht vor dem Tode; herrschender Gedanke – alles verächtlich und alles einerlei. – Sein Charakter ist doch $\pi^{(2}$. – Geist des Buchs unbedingte Verachtung der Prosa und Selbstvernichtung der Poesie. – Flüchtigkeit aller p[oetischen] Spiele, Gefühle und Bilder. Wenn sie blieben, desto schlimmer, sie verstimmen fürs Leben. –

526. Was ein p[oetischer] Charakter heißen soll, darin müssen alle Theile durchgängig construent und construct sein. –

527. Takt ist Urtheil aus Instinkt. –

528. Jugend und Liebe erzeugen, ja sind selbst eine Art von Naturp[oesie]. –

529. Das ganze Buch (Lovell) ist ein Duell der Poesie und der Prosa. – Andrea im Grunde auch ein poetischer Narr. Aus Verzweiflung wird er ein prosaischer Bösewicht. (Die P[oesie] bringt sich selbst um, die Prosa wird mit Füßen getreten.) –

530. Die dramatische Form, nicht bloß die alte sondern auch die Sh[akspeare]sche in ihrer vollendeten Zerschnittenheit ähnelt weit mehr der math[ematischen] als der Hist[orischen] Form.

531. Ein classischer oder absolut bornirter Witzkünstler ist doch wohl ein Narr? – (Tieck – Selbstvernichtung über Selbstschöpfung; es geht ihm mit dem Genie wie Kanten mit der Vernunft.) ⟨Der ernsthafte Tieck ist auch in Schriften viel besser als der lustige. –⟩

532. Wortspiele müssen p[oetisch] sein oder höchst urban; es ist philol[ogischer] Formularwitz. –

533. Alle SatMim$\frac{\text{Ind}\eta\theta}{0}$ ist fragmentarisch. –

534. Studium ist absichtliches Fragment. –

535. Der Humor entspringt aus dem Schein absoluter Willkühr und tendenzirt daher auf Subjektivität. –

536. Cervantes Witz noch das goldne Zeitalter der Unschuld im modernen Witz. –

537. Der Grund des Witzes in der Ph[ilosophie] ist der Imperativ*: die Ph[ilosophie] soll P[oesie] werden. Der Witz ist in der Ph[ilosophie] was Proph[etie] in der P[oesie]. *(Imperativ der Synthetik.). –

538. Unsinn ist mystischer Witz und umgekehrt. –

539. ⟨Idee einer komischen Geschichte der klassischen Poesie. –⟩

540. Die Form des Witzes ist der Schein absoluter Antithese. Oder so: im unächten Witz werden bloß absolute Antithesen synthesirt ohne daß etwas thesirt wird. –

541. Der jambische, kom[ische], satirische Witz hat eine polemische Tendenz; der epische Witz ist ein polemisches Spiel, eben darum ist er am meisten p[oetisch]. –

542. Nur die höchsten, strengsten und vollendetsten Formen müssen parodirt werden; dadurch wird die Polemik gegen das poetisirte Objekt liberal gemacht. –

543. Das Komische des Ariost ist oft wirklich episch. –

544. Idee eines *absolut* eth[ischen] P[oe]m[s] welches wie επαυτοβιογρ[αφια] das absolute Subjekt, so das absolute Objekt darstellt? – also eine theologische Komödie? –

545. Absolute Polemik gegen Poesie wird wieder Poesie, ohne doch Ph[ilosophie] überflüssig zu machen. –

546. $\langle$Begriff von $\dfrac{W}{o}$, von $\sqrt[\frac{1}{o}]{\dfrac{W}{o}}$ und $\dfrac{W^{(\frac{1}{o}}}{o}$. In *absolut* eth[ischer]

P[oesie] herrscht $\sqrt[\frac{1}{o}]{\dfrac{W}{o}}.\rangle$

547. Muß [der] k[ritische] R[oman] nicht tragisch sein, da [der] ph[ilosophische] R[oman] komisch ist?

548. Der Gang der modernen P[oesie] muß cyklisch d.h.

cyklisirend sein, wie der der Philos[ophie] 𝓎𝓎𝓎𝓎𝓎 pp. – In der

Geschichte scheint der Gang so zu sein: 1) universelle P[oesie] 2) absolute P[oesie] 3) abstrakte P[oesie] nach ph[ilosophischer] e[thischer] p[oetischer] Tendenz 4) *absoluter* R[oman] und dann cyklisch immer wieder so. –

549. *Absolut* F[antastisches] und *absolut* S[entimentales] und *absolut* Mim[isches] können wohl roh neben einander stehen, und dann wirken sie parodisch, aber verschmolzen annihiliren sie sich. –

550. In *absoluter* M[imik] die Form so objektiv wie möglich, der Stoff hingegen so subjektiv wie möglich. –

551. $\langle$Potenzirung = Adel.$\rangle$

552. Die universelle P[oesie] zerfällt in analytische und synthetische; die absolute in positive und negative $\langle$oder Obj[ektive] und Subj[ektive]. $\rightarrow\rangle$

553. $\dfrac{FS}{o}$ hat zum Stoff das absolute Objekt, in der Form aber ists

ganz subjektiv. – $\langle$Mimik des absoluten Objekts würde polemisch

sein – (Parodie seiner unmöglichen Darstellung.) Im $\mp \dfrac{FS}{o}$

(Dith[yramben]) herrscht $\dfrac{\rho}{o}. \dfrac{F}{o} - \dfrac{S}{o} = o$ und *vice versa*. Für

$\dfrac{M}{o}$ das ἐπος wie Dith[yramben] für $\dfrac{FS}{o}$. – Für $\dfrac{FS}{o}$ und $\dfrac{M}{o}$ gehören

absolute Formen. $\rightarrow\rangle$ Der gegenwärtige politische oder aesthe-

tische Zustand als bester Stoff für $\dfrac{M}{o}$.

554. $\langle$Hom[erisches]$\rangle$ Ep[os] und Dith[yramben] sind in

Rücksicht des Umfangs und der Freiheit und der Trennung des Objekts und Subjekts. –

555. Alles *absolut* M[imische] ist im Geist Sat[irisch-]kom[isch], in der Form parodisch. –

556. Die absolute P[oesie] = transcendentale oder speculative P[oesie]. –

557. Dichotomie der romantischen Poesie in metrische und prosaische.

558. Die Intrigue bei Gozzi sehr romantisch. –

559. Im Shak[speare] finden sich alle R[omantischen] Arten und alle dr[amatischen] Arten; er ist magisch – mythisch – historisch – moralisch. Sogar der Geist der Operette ist im Sh[akspeare]. –

560. Parodie = Mischung des Entgegengesezten = Indifferenz. – ⟨Parodie ist die absolut antithetische Poesie. –⟩

561. Dante ist der Keim der ganz[en] modern[en] Poesie.

$$\textbf{Dante} = \mp \frac{FS}{o} + \frac{M}{o} + \pi\phi + \pi\pi + \eta\theta\pi. \quad -\frac{F}{o} \text{ und } \pi\phi \text{ präpon-}$$

deriren. Selbst Petrarcha lächelt über seine Sentimentalität. Doch sollte er noch weit fantastischer sein und ironischer. –

562. F[antastisches] und S[entimentales] im p[oetischen] R[oman] nicht zertrennlich; entweder eines herrscht und beides verschmilzt sich, oder beides ist gleich und verschmilzt sich nicht. –

563. Deduction der kritischen Kategorien •
= Philos[ophie] der Charakteristik

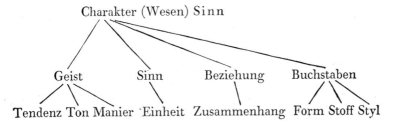

Charakter (Wesen) Sinn

Geist   Sinn   Beziehung   Buchstaben

Tendenz Ton Manier ·Einheit Zusammenhang Form Stoff Styl

⟨Wesen in der Mitte zwischen Geist und Buchstaben. – Die

Ph[ilosophie] der Charakteristik sollte enthalten 1) Deduction
der kritischen Kategorien 2) Deduction der kritischen Ideen
3) Deduction der kritischen Anschauung (Klass[ik], Progr[essivi-
tät] pp.) 4) Deduction des kritischen I d e a l s. Kritische M a x i m e n
aus der Constr[uction] des k[ritischen] Ideals und der Definizion
der k[ritischen] Begr[iffe].⟩

564. K r i t i s c h e **Ideen** sind praktische Mathematik, *absolute*
Anal[yse] und *absolute* Hermeneutik. –

565. S i n n in praktischem Verstande ist auch ein kritischer
Begriff. –

566. Alle Bildung und P[oesie] ist cyklisch. Die alte cyklisirt, die
moderne cyklisirend. –

567. Wenn die Spanier und Engländer einmahl romantisch
sind, so sind sie auch weit fantastischer ja sentimentaler als die
Italiäner. –

568. Aller p r o s a i s c h e **Witz** ist k[ritisch] (aller den ich philo-
l[ogisch] nannte und auch die philos[ophische] Ironie) oder
positiv m[imisch] (combinatorischer Witz ⟨Leibn[itz]⟩ – eigentlich t r a n s c e n d[e n t a l e r] Witz) oder *negativ* m[imischer]
Witz = rh[etorisch] = Polem[isch]. – Der c o m b i n a t o r i s c h e
Witz paßt für ph[ilosophische] R[omane]. Doch ist dieser der
Form nach oft nicht mehr Witz. – ⟨Aller p[oetische] Witz ist
transcendental. Der p o l i t i s c h e Witz ist u n i v e r s e l l. Der
pol[itische] Witz darf nur p o e t i s i r t geschrieben werden. – Der
combinatorische Witz ist wahrhaft p r o p h e t i s c h.⟩

569. S c h i l l e r s P h i l o s[o p h i e] enthält Goethens Mängel und
Vorurtheile in Reinholds Terminologie. –

570. E r f i n d u n g = Stoff + Ton.   A n o r d n u n g = Form +
Tendenz. A u s d r u c k = Styl + Manier. –

ZUM ROMAN

571. In einem vollendeten Rom[an] müßte nicht bloß das
Einzelne sondern das Ganze philos[ophisch] sein. Muß der
Roman auch philol[ogische] Bestandtheile haben? – Fast scheint
es so, da sie ein unentbehrliches Ingrediens der guten schönen

und großen Gesellschaft sind. – Wir haben ph[ilosophische] Rom[ane] (Jakobi), poetische (Goethe); nun fehlt nur noch ein romantischer Roman. –

572. Jeder progressive Mensch trägt einen nothwendigen Roman *a priori* in seinem Innern, welcher nichts als der vollständigste Ausdruck seines ganzen **Wesens** [ist]. Also eine nothwendige Organisazion, nicht eine zufällige Crystallisazion. –

573. In einem gewissen Sinne sind wohl alle Gedichte Romane, so wie alle Gedichte die historischen (classischen oder progressiven) Werth haben, in die Progression der Poesie gehören. –

574. In einem vollkommenen Rom[an] müßte auf Totalität aller Individuen gesehn werden. –

575. Jeder vollkommne Rom[an] muß obscön sein; er muß auch das Absolute in der Wollust und Sinnlichkeit geben. – Im Meister ist weder Wollust noch Chr[istenthum] genug für einen Rom[an]. –

576. ⟨Aehnlichkeit des Rom[ans] mit Chr[istenthum] und mit Lebenskunstlehre. Wie Chr[istenthum] d[em] höchst[en] groß und d[em] geringst[en] klein genug. Universalität in Rücksicht auf die Gradazion der Individuen.

577. Im Sh[akspeare] findet sich *absolutes* Path[os] (sent[imentale] Trag[ödie]), *absolutes* Eth[os] und *absolute* Mim[ik]. *Absolute* F[antastik] in den Mährchenstücken. Absoluter Reiz kömmt von selbst, Romeo; ist nicht Zweck. –

578. Alle Romane sind revoluzionär. – Nur ein Genie kann einen eigentlichen Roman schreiben. –

579. Jedes Rom[antische] Kunstwerk = $\pi^{(2}$ = k[ritische] P[oesie] verwandt mit der Charakteristik.

580. Die romantische Einheit ist nicht poetisch sondern **mystisch**; der Rom[an] ist ein mystisches Kunstwerk.

581. ⟨Werke die mit [dem] Rom[an] verwandt sind: philos[ophische] Dialogen, individuelle Reisebeschreibungen, Witzwerke, Bekentnisse, Wollustwerke, alle Conversationsdarstellung, alle Darstellung von Idealen wie die Cyropaedie – auch die

Biographie – Anekdoten. – Auch Rousseaus Emil hat eine
romantische Tendenz.⟩

582. ⟨Der romantische Imperativ fodert die Mischung aller
Dichtarten. Alle Natur und alle Wiss[enschaft] soll Kunst
werden. – Kunst soll Natur werden und Wissenschaft.⟩

583. ⟨Man kann eben so gut sagen, es giebt unendlich viele
als es giebt nur Eine progressive **Dichtart**. Also giebt es
eigentlich gar keine; denn Art läßt sich ohne Mitart nicht
denken. –⟩

ZUR THEORIE DER PROSA

584. Was Prosa eigentlich sei, hat noch niemand gesagt. – Es
giebt eine Naturprosa und Kunstprosa, wie in P[oesie]. Es giebt
Poesie ohne Metr[um] (Meister) und metrische Prosa (Nathan). –
Die Grundlage der Prosa ist dialektisch d.h. logisch politisch –
dann grammatisch. –

585. In der ächt romantischen Prosa müssen alle Bestandtheile
bis zur Wechselsättigung verschmolzen sein.

586. Die Arten der Prosa gerechtfertigt aus der Urbildungs-
lehre; es ist dabei nur von Approximazionen die Rede ohne
Beschränkung der absoluten Liberalität. – ⟨Alle Werke sollen
Romane, alle Prosa romantisch sein. Daher die Opposition gegen
die Prosa Arten. –⟩

587. Der philol[ogische] Styl darf weit mehr Archaismen und
auch Neuerungen haben als der gesellschaftliche oder der
romantische. Pindarische Pracht im Gibbon. –

588. In der modernen (deutschen) Prosa ist sehr vieles tief
verborgen liegende zur Bezeichnung gekommen, was in den
classischen Sprachen nicht bezeichnet werden konnte. –

589. Gibb[on's] Unfähigkeit zur Anordnung eines Ganzen;
sein Styl ist musivisch. – Die Affektation entspringt weniger
aus der Bestrebung neu als aus der Furcht alt zu sein; der ächt
synthetische Styl ist immer neu von selbst. –

590. Die Philos[ophie] der Prosa oder Rh[etorik] kann nur nach den Arten und Figuren eingetheilt werden; das ganz allgemeine ist rein log[isch] und gr[ammatisch]. –

591. Die allgemeinen Princ[ipien] welche die Grundlage der Rhetorik ausmachen sind politisch nicht gr[ammatisch] und log[isch]. – Diese Grundlage nicht bloß logische Politik, Imperativ der logischen Mittheilung, sondern universelle höhere Politik. –

592. Philos[ophie] der Werke ist der Rhetorik und der Poetik gemeinsam. –

593. Ist die Prosa des Solon und Justinian eine eigne Gattung? –

594. Systematische Prosa = log[ische] + Hist[orische]. –

595. Gattungen der Prosa nur folgende: die Rom[antische], die kr[itische] (die witzig s[yn]th[etische] nur die fragmentarisch kritische), die log[ische], die Hist[orische], die rh[etorische]. – Die polemische Schreibart nur eine Modification der rh[etorischen]. –

596. Ist etwa die Naturprosa poetisch – wie manche Naturp[oesie] prosaisch? – ⟨Giebts poetische Prosa oder annihilirt sie sich selbst?⟩ Da es prosaische Poesie giebt (den Roman) so muß es auch wohl poetische Prosa geben.

597. Es giebt auch eine eigne von der Hist[orischen] noch verschiedne biographische Prosa, die sich der kritischsatirischen sehr nähert; Suetonius ist Meister darin; mehr Charakteristik als Historie. –

598. Der gesellschaftliche Styl ist nicht wesentlich verschieden vom romantischen. –

599. Das Eigenthümliche der Dichtungsarten ist, daß Form und Stoff und Grundstoff und Ausdruck (Sprache, Metrum) dieselben charakteristischen Eigenschaften gemein haben. –

600. ⟨Eine wichtige Stelle in der Geschichte der Prosa nehmen die Formeln ein, z.B. die der Solonischen Gesetze. In dem Style eines Heraklit vielleicht manches auch von der Art.⟩

601. Reine ächte Naturp[oesie] muß prosaisch sein. Sobald ein Kunstmetrum da ist und eine Kunstdiction wie im Homer, so ists auch schon etwas Kunst und nicht ganz Naturpoesie. – (Es ist mehr ein Grad als eine Art.) –

602. Alle P[oesie] soll Prosa, und alle Prosa soll P[oesie] sein. Alle Prosa soll romantisch sein. – Alle Geisteswerke sollen romantisiren, dem Roman sich möglichst approximiren. –

603. Die negative Prosa der Franzosen gegen eine ächt romantisirte wie die französische Tragödie pp. Geist, nicht Buchstabe wird gefodert. –

604. ⟨Die math[ematische] Prosa der Gipfel der Emp[irischen] syst[ematischen] Prosa.⟩

605. Alle modernen Rhetoriker stimmen fest ein keine Gattung im Styl anzunehmen; dieses ist merkwürdig und beweißt [*sic!*] den Imperativ der Romantisazion. –

606. Bilder mit doppelten Gliedern sind s[yn]th[etisch]; die classische s[yn]th[etische] Prosa muß fehlerhaft sein in Rücksicht des Analytischen. –

607. Merkwürdig daß philos[ophische] Prosa und kr[itische] Prosa identisch sind. –

608. Alle Prosa ist eigentlich poetisch; am wenigsten die analytische. – Die analytische Prosa kann nicht bedingt genug werden. –

609. Der philos[ophische] Styl muß kr[itisch] sein, mit Beimischung des log[ischen], oft eins ganz oft das andre. – Der Hist[orische] Styl ist = syst[ematisch] = anal[ytisch] + s[yn]th[etisch]. Die kr[itische] Prosa muß von allem haben wie die Romantische, nur in entgegengesezter Zusammensetzung. (Jene gemischt, diese verschmolzen). –

610. Im analytischen Styl findet das Unterstreichen gar nicht Statt, weil es allemal eine Lücke voraussezt.

*   *   *

611. Es giebt in jedem Roman Menschen und andre Menschen die Sachen sind. –

612. Ein Dummkopf und ein Narr sind nothwendig im ph[ilosophischen] R[oman]. – Die Männer haben mehr Anlage zur Narrheit und zur Dummheit; die Weiber aber zur Bosheit. (Der Weise muß zugleich Narr und Dummkopf sein; Heiliger und Bösewicht; Schwärmer und Witz. Sonst umfaßt er nicht alles. – Der Narr ist ein Scholastiker, der Dummkopf ein Weltmensch. –) Auch in der Wollust und Sinnlichkeit können die Weiber es viel weiter bringen als die Männer.

613. Imperativ: die P[oesie] soll gesellig und die Geselligkeit p[oetisch] sein. –

614. Imperativ: die P[oesie] soll sittlich und die Sittlichkeit soll p[oetisch] sein. –

615. ⟨Der Gipfel ist die Sphäre der Intension, und die Sphäre der Gipfel der Extension. –⟩

616. ⟨Für die proph[etische] Vision ist die totalisirte Satire wohl die beste Form; oder vielmehr für das absolutirte Gedicht, das Zeitalter, eine prophetische Satire im altrömischen und modernen Sinne zugleich, ist die Vision als zu bestimmt keine passende Form. –⟩

ZUR KRITIK

617. Gabs schon einen Kritiker? – Nur der Philos[oph] kann ein Kr[itiker] sein. – Fichte hält meine Kr[itik] (in Rücksicht auf den moralischen Charakter) für transcendent. –

618. Die Kr[itik] ist wie die Philol[ogie] eine Wissenschaftskunst; nur die kr[itische] Philos[ophie] ist eine Kunst und zwar eine Wissenschaftskunst. –

619. Aristoteles wohl noch immer für die gesammte Kritik, was Sokrates für die ganze Philos[ophie] war. –

620. Die Charakteristik ein kr[itischer] Mimus, die Polemik eine kr[itische] Parodie. –

621. Für einen gesellschaftlichen Schriftsteller wie Forster ist der Mangel an Witz sehr wichtig. –

622. Die Kr[itik] $= \dfrac{\pi^{(2}}{0}$. Alle Kr[itik] ist potenzirt. Alle Abstraction besonders die praktische ist Kr[itik]. – Kr[itik] ist nur da, wo das Absolute und Empirische synthesirt wird, nicht da wo eins von beiden isolirt potenzirt wird; doch ist die Potenzirung an sich schon eine Annäherung zur Kr[itik].

623. Das Hist[orische] in der Kr[itik] muß p[oetisch] sein – mit genialischer Vernunft nach den Naturgesetzen erdichtete Geschichte des Eindrucks z.B. des Werdens eines Werks, eines Ganzen pp. – Die Universalischen unter den Autoren der eigentliche Gegenstand der progressiven Kritik. –

624. Mit K[ritik] wäre Winkelmann der größte materiale Alterthumskenner. Höchste Classik. Sein Kunsturtheil ist mystisch, in der Form idyllisch. –

625. Die Charakteristik ist eine eigne specifisch verschiedene Gattung, deren Ganzheit nicht historisch sondern **kritisch** ist. – ⟨Ein kritisches Kunstwerk. –⟩

626. (Alle Kr[itik] ist litterarisch, polemisch, mystisch ⟨Wink[elmann]⟩, antiquarisch, theoretisirend (wie bei Schiller), naturalisirend (wie bei Herder); oder romantisch, wie in gewissen niedern Graden die von Goethe. –)

627. Die Charakteristik ist nicht Hist[orisch]; sie betrachtet ihr Objekt als ruhend, seiend, als Ein untheilbares Ganzes; die Historie als fließend, werdend, nach seinen Theilen ohne das Ganze zusammenzufassen. – Kr[itik] ist also gleichsam *potenzirte* Hist[orie]. –

628. Die Char[akteristik] muß oft genetisch sein, aber sie muß grade das historisiren oder vielmehr poetisiren, was der gewöhnliche Historiker gar nicht ahnt und auch der beste nur ahnen lassen darf. –

629. ⟨Eine Recension ist eine angewandte Charakteristik (Rücksicht auf die vorhandene Litteratur). –⟩

630. Alles was kritisirt werden soll, muß ein Individuum sein – aber die Individualität muß in der Char[akteristik] nicht Hist[orisch] sondern mim[isch] dargestellt sein. –

631. Der gute Kritiker und Charakteristiker muß treu, gewissenhaft, vielseitig beobachten wie der Physiker, scharf messen wie der Mathematiker, sorgfältig rubriciren wie der Botaniker, zergliedern wie der Anatom, scheiden wie der Chemiker, empfinden wie der Musiker, nachahmen wie ein Schauspieler, praktisch umfassen wie ein Liebender, überschauen wie ein Philos[oph], cyklisch studiren wie ein Bildner, strenge wie ein

Richter, religiös wie ein Antiquar, den Moment verstehn wie
ein Politiker pp. –

632. Die Werke des Dionysios, der *Brutus* des Cicero entsprechen
am meisten dem was ich kr[itische] Char[akteristik] nenne. –

633. Studium ein unendliches unendlich potenzirtes Lesen. –
Bei einem plastischen Werk ein solches Betrachten. –⟩

634. Ein k[ritischer] M[imus] kann dogmatisch oder skeptisch
sein, so gut als Philos[ophie]; sollte beides sein, meistens überwiegt eins. –

635. Zu classischer P[oesie] und Ph[ilosophie] gehört am meisten
Erfindungskraft, zu k[ritischer] M[imik] am meisten Bildung und
Reichthum, zu Hist[orie] vielleicht am meisten praktische
Künstlerkraft.

636. Classisch ist alles was cyclisch studirt werden muß. –

637. Es ist eine schlechte Denkart an Autoren, das daseiende
Publ[icum] zu verachten und zu beschimpfen, und das idealische
zu ignoriren. – Das Publ[icum] existirt nicht; es kann diese Idee
höchstens nur durch dasjenige repräsentirt werden, was man
empirisch so nennt. –

638. Pedanterie ist ein wissenschaftlicher oder künstlerischer
Rigorism wo er nicht hingehört; oft mehr aus der Beschränktheit
des consequenten Genies und Virtuosen, als aus Mangel an
Tact. –

639. Wer ein Autor sei oder nicht (im ursprünglichen Sinne)
zu wissen, würde eine unendliche literarische Kentniß
erfodern. –

640. Studium ist wie Theorie (absichtloses faßliches Betrachten)
ein absichtsloses Lesen, welches nothwendig cyklisch wird. –

641. Ein k[ritischer] M[imus] muß romantisiren, ja fast Roman
werden. –

642. Die K[ritik] ist die Mutter der Poetik. Kr[itik] muß sich
eben so objektiviren lassen als die Postulate der Mathematik. –

643. Meine *absolute* K[ritik] für Class[isches] und Progr[essives]
so transc[endental] als F[ichte]'s W[issenschafts]l[ehre]. –

644. ⟨Als ἐπιδειξις auch ein sehr vollständiger k[ritischer] M[imus] über ein kleineres Gedicht. –⟩

645. Jeder Mensch hat gewisse Geistesmanieren, Wendungen, geistige Handgriffe und Formeln die er besonders liebt. – Jedes Individuum hat endlich seine Punkte, Linien und Cyklen; diese sind als das fließende weit schwerer zu charakterisiren als Art, Stufen, Gränzen und Verhältnisse; jene Manieren, der Gipfel d[es] Char[akters], entstehen aus solchen Punkten, Linien und Cyklen. – ⟨Es giebt active und passive Manieren.⟩

646. Die Hist[orie] muß zwar in jedem Moment k[ritischer] M[imus] sein, aber nie auf ein Individuum absolut beschränkt; dieß wäre gegen ihre Würde. –

647. Jeder potenzirt gebildete Mensch umfaßt eine unendliche Menge Cyklen, liniirt nach allen Richtungen und alles ist Punkt für ihn. –

648. Jeder k[ritische] M[imus] enthält auch eine polemische Ansicht des Gegenstandes. –

649. ⟨*Nota.* Kritik als S[yn]th[ese] von Philos[ophie] P[oesie] und Hist[orie] – in der ersten Epoche was Relig[ion] in der 2ten.⟩

650. Viele Geister osciliren, vibriren regelmäßig, Ebbe und Fluth, Pulsschlag des geistigen Daseins. Jedes Objekt einer Charakt[eristik] (pass[iver] k[ritischer] M[imus]) lernt man doch nur mit Einemmale kennen, durch Eine Anschauung. Man muß derselbe und doch ein andrer sein, um jemand charakterisiren zu können. ⟨*Nota.* Unendliche Zahl intellektueller Anschauungen.⟩

651. Nach allen Richtungen geht d[ie] Char[akteristik] ins Unendliche aus. Nach welcher Maxime darf man hier abschneiden? Welches ist die constitutive Macht, welche hier absolut setzen kann? –

652. Jeder Bildungspunkt ist mit einem Stoß zu vergleichen; Tendenz sind die Bildungslinien. –

653. Jeder Mensch hat Ecken, auf die vieles ankommt; sie entstehn wohl aus dem Schneiden mehrerer Linien; es sind polemische Punkte. Ein Mensch, der ganz Ecke wäre; wie

einer für den alles Punkt, (Reiz, Anstoß) wäre. – Die Bildungs-
punkte könnte man auch historische Punkte nennen. –
⟨Kritische Punkte, die ein Maximum von Kr[itik], Syst[em]
erfodern; entstehn, wo alles sich schneidet. Die Bildungslinien
eines Menschen können am besten aus seinen praktischen
Punkten gefunden werden. –⟩

654. Jeder hat seine Schwächen oder Stärken; für die ersten
hält man oft, was nur Schranke ist. –

655. *Suetonius* einer der größten Meister ⟨der prosaischen
Satire⟩ in der Kr[itik] d.h. in der Kunst zu charakterisiren. (Er ist
der *absoluten* Sat[ire] am nächsten.)

656. *Potenzirte* K[ritik] oder Charakteristik der Kr[itik]. – ⟨Die
potenzirte Kr[itik] in s[yn]th[etischem] Styl.⟩

657. Zu kr[itischen] Studien. Eine k[ritische] m[imische]
absolute Sat[ire] (Lessing) ferner *absolute* S[yn]th[ese], *absolute*
Anal[yse] – *absolute* Polem[ik], *absolute* Hist[orie], *absolute*
Rh[etorik] – *absolute* Philos[ophie] – *absoluter* Enthus[iasmus] –
absoluter Mim[us]. –

658. Kr[itik] entsteht erst durch absolute Universalität;
also absichtliche Isolazion eines dominirenden Bestandtheils kann
nicht als kr[itisches] Studium betrachtet werden. –

659. Ein p[oetisches] Stud[ium] kann mehr p[oetisch], als ein
kr[itisches] Stud[ium] kr[itisch] sein. –

660. Biographie ein ∓ zwischen Hist[orie] und Char[akteristik]
= Kr[itik], nämlich mor[alische] oder Lebenskunstl[ehre]. –

661. Eigentlicher Gegenstand der Kr[itik] sind nur Werke und
Systeme von Werken, nicht Menschen. (Auch mein Caesar ein
kr[itisches] Stud[ium]). –

662. Nur classische Werke sind der eigentliche Gegenstand der
Kr[itik]; *absolut* barb[arische] Werke, oder was kein Werk ist,
Nazionen, (die gesamte Natur) zu den kr[itischen] Studien als
an den äußersten Gränzen dieser Kunst gelegen. ⟨Man lerne
daraus die Extreme der Kr[itik] kennen. –⟩ ⟨Kr[itik] =
Urtheilslehre, der Kunstlehre grade entgegengesezt.⟩

663. Der *delect[us] Class[icorum]* enthält und gründet sich auf
ein System von Charakteristiken. –

664. In den Studien auch Massen zu charakterisiren. –

665. Nur wer classisch gelebt hat verdient eine Biographie. –

666. Eine philos[ophische] Schrift bedarf der Rec[ension] eher als [eine] p[oetische], könnte ohne sie, obgleich vortreflich, unbekannt bleiben. –

667. Alle classischen Schriften werden nie ganz verstanden, müssen daher ewig wieder kritisirt und interpretirt werden.

668. Für Polemik macht das einen wichtigen Unterschied, daß in der Philos[ophie] die producirende und die reflektirende Kraft nicht so getrennt ist, wie in der Kr[itik]. –

669. Revision ein scientifischer k[ritischer] M[imus], die Recension litter[arische] Annalen der Litt[eratur]historik. –

670. ⟨Revision der Litteraturbriefe. Revision der Platonischen Kunstlehre. Antiquarische Briefe. Revision von Kants Kritik der Urtheilskraft. Charakt[eristik] der römischen Urbanität. –⟩

671. ⟨Lessings Kr[itik] hat einen Engländischen Anstrich. –⟩

672. In der Charakteristik vereinigt sich die P[oesie], die Hist[orie], die Philos[ophie], die hermeneutische, die philol[ogische] Kritik. – ⟨Charakteristik aller sogenannten Goldnen Zeitalter bei den Modernen.⟩ ⟨Die Uebersicht eine Summe von Char[akteristiken]. Die Parallele eine kr[itische] Gruppe. Aus der Verbindung von beiden entsteht der *del[ectus] Class[icorum]*. –⟩

673. Nur Individuen kann man charakterisiren (die classischen, progressiven und universellen Naturen) (Individuen die man absolutiren kann und darf.) Alles Classische insofern auch kritisch. Je kritischer, je individueller das Individuum, je interessanter. Ein Individuum das würdiger Gegenstand eines Werks seyn soll, muß unendlich interessant sein; nur dadurch wird dem Werke Ganzheit möglich. –

674. Zur litterarischen Biographie der Autor der beste, der als Autor lebte, der sich dem Naturcharakter des Poet[en] und Philos[ophen] am meisten nähert. Der moderne Autor hat auch immer mehr oder weniger vom Charakter des Weltbürgers und Politikers an sich. –

675. Winkelmann allein hatte *absolute* S[yn]th[ese] in der Kritik. –

676. Forster ein deutscher Naturphilos[oph] (Möser als solcher gewiß viel besser). –

677. Goethe ist zu sehr Dichter um Kunstkenner zu sein. –

678. Alles Neue ist nur Combinazion und Resultat des Alten. –

679. Aristoteles hat die ganze Hist[orie] in Kr[itik] verwandelt; seine Char[akteristik] von Staatsverfassung[en]. Polemische Charakteristik in der Politik. –

680. Philol[ogische] Schriften sind selten Werke. –

681. Aristoteles ist wohl hyperkritisch, d.h. einseitig klassisch kritisch; man kann zu kritisch sein. –

682. Die *Eloges* eine ganz zu misbilligende Nebenart und Abart von *potenzirter* K[ritik]. –

683. Alle deutsche Prosa tendenzirt zur kritischen. –

684. Zu der Char[akteristik] eines Menschen gehört auch der p[oetische] Eindruck den ein Mensch macht. –

685. Die kritische Prosa muß fließend und schwebend sein und gegen eine feste Terminologie kämpfen; denn dadurch bekäme sie ein illiberales Ansehn als ob sie der Philos[ophie] nur diente. –

686. Unterschied zwischen den Menschen welche absolut anfangen, und denen welche allmählig anwachsen wie eine Lavine. – ⟨Klopstock und Winkelmann. Thetische Naturen sind im ersten Falle.⟩

687. Char[akteristik] = Philos[ophie] + Philol[ogie].

688. Shak[speare] hat romantische Sittlichkeit. Seine Mischung von R[omantischer] P[oesie] und R[omantischer] Prosa deutet auf *absolut* R[omantisches].

689. ⟨Kritische Elemente oder Kategorien. –⟩

ZUR POESIE

690. Die synthetischen Gattungen sind in der modernen P[oesie] oft vor den abstracten Arten da; und die negativen vor den positiven. Pulci in dieser Hinsicht merkwürdig. D[on]

Qu[ixote] ein *negativ* F[antastisch-]S[entimentaler] R[oman], *positiv* k[ritisch-]ph[ilosophischer] R[oman] (aber auch dieses in Rücksicht des *negativ* ph[ilosophischen] Stoffs (Narr und Dummkopf) ein negatives.)

691. Das Wesen eines Werks ist gleichsam das Transcendentale, das absolut Innre, der condensirte und dann potenzirte Geist in Eins zusammen. – ⟨Buchstaben = *attributa*. Geist = *modi*. Wesen = *essentia*.⟩

692. Dantes Werk ist nichts als die gesamte Transcendental-p[oesie] – *negativ absolut* F[antastisch-]S[entimental], *positiv absolut* F[antastisch-]S[entimental], *positiv absolut* M[imisch] (im *absolut* Subj[ektiven] Stoff s[ich] selbst, *absolut* Obj[ektiv] in der Form.) –

693. Im *positiven absoluten* M[imus] der Stoff *absolut* ap[oetisch], die Form *absolut* p[oetisch]; – im *negativen absoluten* M[imus] ist es umgekehrt. –

694. Es ist eine prophetische Ansicht der pol[itischen] Gegenwart in Dante. –

695. Es giebt vom *absoluten* R[oman] sehr viele Arten, je nach dem dieser oder jener Bestandtheil präponderirt, und je nach dem man von der abstracten P[oesie], der R[omantischen] P[oesie], oder der *absoluten* P[oesie] ausgeht. –

696. Die vollendete absolute Ironie hört auf Ironie zu seyn und wird ernsthaft. –

697. *Absoluter* M[imus] muß das Portrait nachahmen, *absolut* F[antastisch-]S[entimentales] die musikalische Fantasie. –

698. Die Poesie soll ins *Unendliche* thesirt d.h. potenzirt werden (= Transc[endental]p[oesie],) ins *Unendliche* synthesirt, R[omantische] P[oesie] und antithesirt, T[ranscendental]p[oesie] pp. – Muß es nicht unendlich viele Arten der modernen P[oesie] geben? –

699. Alles Willkührliche = Rh[etorik]. M[imische] = eth[ische] P[oesie]. F[antastisch-]S[entimentale] = ph[ilosophische] P[oesie]. – ⟨Alle Parodische P[oesie] ist nicht bloß negativ sondern s[yn]th[etisch] = $\mp$ x.⟩

700. Raum und Zeit jeder Dichtart müssen sich *a priori* construiren lassen. Die Transcendentalp[oesie] spielt in allen Zeiten und in allen Räumen, oder in dieser ganz bestimmten Zeit und Raum – der p[oetische] R[oman] in der Vergangenheit (S[entimentaler] R[oman]) oder Zukunft (F[antastischer] R[oman]), in bestimmter Zeit, aber unbestimmtem Raum; k[ritischer] R[oman] und ph[ilosophischer] R[oman] hingegen in bestimmtem Raum aber in unbestimmter Zeit. ⟨Im *absoluten* p[oetischen] D[rama] ein bestimmtes Dann und Dort.⟩ Das Jezt und Hier wesentliche Merkmahle der *absoluten* eth[ischen] P[oesie], in ganz bestimmtem Raum und Zeit. – Hier ist nicht bloß eine Sphäre sondern auch ein Mittelpunkt (d[as] Subj[ekt]) gegeben. ⟨Diesen absoluten Punkt thesirt der Künstler.⟩

701. Das Hist[orische] D[rama] muß etwas vom S[entimentalen] R[oman] annehmen; die Oper vom F[antastischen] R[oman]. Wenn das Hist[orische] wirklich dominirt und nicht bloß Anstoß des Romantischen ist, Ep[os] die einzige passende Form für alle Hist[orische] P[oesie]. –

702. Das heroisch mythische Dr[ama] hat mehr vom F[antastischen] R[oman], und muß dann . vom F[antastischen] R[oman] auch die Sinnlichkeit haben. –

703. In Sh[akspeare]'s D[ramen] dominirt nicht das rh[etorische] Element, sondern das R[omantische]. Mögliche Combinazionen der R[oman]arten für D[ramen] – F[antastisch-]R[omantisches] D[rama] – S[entimental-]R[omantisches] D[rama] – k[ritisch-]R[omantisches] D[rama] und ph[ilosophisch-]R[omantisches] D[rama] ⟨ps[ychologisch-] und s[yn]th[etisch-]R[omantisches] D[rama]⟩ pp. –

704. Die Mischung von Prosa und Poesie wohl classisch fürs moderne rh[etorische] D[rama]. – Ps[ychologischer] R[oman] und S[entimentaler] R[oman] – ph[ilosophischer] R[oman] und F[antastischer] R[oman] im Dr[ama] zu mischen. –

705. Romantische Ironie ist wohl allen rh[etorischen] D[ramen] nothwendig? –

706. Abstracte Charactere für S[entimentalen] R[oman] und k[ritischen] R[oman] – idealische für F[antastischen] R[oman] und ph[ilosophischen] R[oman]. –

707. Der unbedingte Roman kann wohl gar nicht parodirt werden? –

708. Romeo ein sentimentales Romanzo; das classische Werk für romantische Liebe.

709. Auch Petrarcha hat romantische Ironie. –

710. Parodie ist empirische poetische Negazion; Transcendental[e] ist nicht mehr parodisch sondern polemisch. –

711. ⟨K[ritische] Behandlung des ph[ilosophischen] R[omans] ist *atroc*. Sentimentale Behandlung des Fantastischen ist *ennuyant* und *vice versa*.⟩

712. *Absolute* S[entimentalität] und *absolute* F[antasie] führt auch ohne Universalp[oesie] zu R[omantischem], aber doch erst mit dieser durch Trennung und Gegensatz zu *absolut* R[omantischem] oder zur romantischen Ironie.

713. Shak[speare]'s Wesen ist romantisch, seine Tendenz transcendental. Er ist Rom[antisch] und classizisirt. Goethe's Wesen ist Abstraction und Poesie, seine Tendenz romantisch; er ist classisch und romantisirt. – ⟨Goethe wohl über das Classische hinaus bis zum Progressiven. Shakspeare über das Romantische ins Transcendentale. – Dante, Shakspeare sprangen wie Riesen aus der Erde.⟩

714. ⟨Classisch und Progressiv sind historische Ideen und kritische Anschauungen. – Da kommen K[ritik] und Hist[orie] zusammen.⟩

715. Deduction der historischen Begriffe.

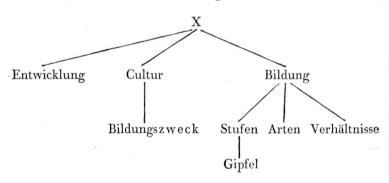

716. ⟨Bildungs lage 1) Anstoß 2) Direction 3) Wirkungssphäre. Zu der Direction gehören alle Vorbilder.⟩

717. Alles Hist[orische] über ein Objekt gehört auch zu einer Kr[itik] darüber und alles Kr[itische] zu einer Hist[orie]. Es kommt bloß auf das an was die Form bestimmt, und diese wird dadurch bestimmt was das Objekt ist; für das Individuum als solches gehört Kr[itik], ists Theil eines Systems hingegen Hist[orie]. – ⟨Es ist meistens noch zu früh zur Hist[orie].⟩

718. Shak[speare] ein romantischer Philos[oph] vielleicht eben so sehr als rom[antischer] Poet. – Er ist ganz universell, so viel Ph[ilosophie] als P[oesie] und Eth[os] in ihm; F[antasie], S[entimentalität], M[imik] zu gleichen Theilen. –

719. $+\dfrac{M}{o}$ und $-\dfrac{M}{o}$ läßt sich nicht trennen; nur die Verwechslung von Obj[ekt] und Subj[ekt], von F[orm] und Stoff erzeugt die Verschiedenheit. $\mp\dfrac{M}{o}$ ist entweder absolut positive Mimik des absoluten Subjekts; oder absolut negative Mimik des absoluten Objekts (in der Bibel). Die muß naiv und parodisch sein, wie auch επαυτοβ[ιογραφια] als $\mp$. – Vielleicht so: 1) mystisirende Ansicht des subj[ektiven] Punkts 2) polemisirende Ansicht der subj[ektiven] Welt, Sphäre des politischen.

720. Woher kommts daß Transcendentaldichter so oft das absolute Objekt haben mimisiren wollen? – (Das ist eigentlich $+\dfrac{FS}{o}-\dfrac{M}{o}$ also Transc[endentale] Parodie; Parodie die aufhört Parodie zu sein. – ⟨Ist der Charakter des Kaliban nicht $-\dfrac{F}{o}$?⟩

721. Ist Petrarcha nicht mehr Transc[endental] als Rom[antisch], also von selbst elegisch? –

722. Der Gegenstand der rom[antischen] Lyrik ist (streng genommen ⟨absolut S[entimental]⟩) undarstellbar; ⟨absolute S[entimentalität] im strengsten Sinne⟩; das Innre ist unaussprechlich. –

723. Hat Sh[akspeare] nicht die Gränze des Transc[endentalen] im Rom[antischen] überschritten, ist er nicht **zu** transc[en-dental]?

724. Das Wesen der R[omantischen] P[oesie] eben so gut die Trennung von F[antasie], S[entimentalität], und von *positiver* M[imik] und *negativer* M[imik] als die Vermischung aller classischen Bestandtheile. –

725. $\mp \dfrac{M}{0}$ ist absolut objektive Darstellung der absoluten Objekte; $\mp \dfrac{FS}{0}$ ganz subjektive Darstellung der absoluten Objekte. –

726. Die absolute Unvereinbarkeit des Subj[ekts] und Obj[ekts] wird selbst wieder Obj[ekt] und Subj[ekt] der P[oesie] in der romantischen Lyrik. –

727. In der Transc[endental]p[oesie] herrscht Ironie, in der R[omantischen] P[oesie] Parodie, in der *absolut* eth[ischen] P[oesie] Urbanität.

728. Nur in Masse haben die Modernen absoluten Instinct; ⟨im Einzelnen mehr oder minder;⟩ die Alten im Einzelnen, im Ganzen aber nicht. –

729. Ballade und Romanze die Form für die Naturp[oesie]. –

730. Petrarcha eine Mittelgattung zwischen der Transc[endental]p[oesie] und der Rom[antischen]. –

731. Der unbedingte Roman $\sqrt[\frac{1}{0}]{\dfrac{R^{(\frac{1}{0}}}{0}}$ für die reine *absolut* eth[ische] Poesie. –

732. Das unmögliche Ideal der P[oesie] $= \sqrt[\frac{1}{0}]{\dfrac{R^{(\frac{1}{0}}}{0}} + \sqrt[\frac{1}{0}]{\dfrac{\pi\phi^{(\frac{1}{0}}}{0}} + \sqrt[\frac{1}{0}]{\dfrac{\pi\pi^{(\frac{1}{0}}}{0}}$.

733. Goethes Wesen ist $\sqrt[\frac{1}{0}]{\dfrac{M^{(\frac{1}{0}}}{0}}$ sogar mit Haß und Verachtung von *absoluter* F[antasie] und von *absoluter* S[entimentalität] – und dah[er] hat Sh[akspeare] mehr absolute Mimik als Goethe; die des lezten geht mehr auf Form, des ersten auf den Stoff. –

734. $\mu\nu\theta\text{os} - \eta\theta\text{os} - \pi\alpha\theta\text{os}$ – dramatische Kategorien. –

735. $\dfrac{F}{0}, \dfrac{S}{0}, \dfrac{M}{0}$ sind die poetischen Ideen. – ⟨Das p[oetische]

$$\text{Ideal} = \tfrac{1}{0}\sqrt{\frac{\text{FSM}^{(\frac{1}{0}}}{0}} = \text{Gott.}⟩$$

736. $\epsilon\pi\text{os} - \delta\rho[\alpha\mu\alpha] - \mu\epsilon\lambda[\text{os}]$ – die poetischen Kategorien. –

737. Mythos im Naturdasein das poetische Datum und Factum, die poetische Anschauung desgleichen Metrum und Sprache. –

738. Alle Studien müssen in der Form sehr rigoristisch sein wie alle Parodien. –

739. Hans Sachens **Form** die deutsch nazionale Naturp[oesie]-form (was den Spaniern die alte Romanze).

740. Metrische Kunstform entsteht nicht durch den Reim allein ohne bestimte Sylbenzahl und Reimordnung. –

741. ⟨Aller *absolut* eth[ischen] P[oesie] liegt der Satz zum Grunde: Ich soll Poesie werden. –⟩

742. ⟨Alle Studien und Poetisirungen zu p[oetischer] P[oesie]. Die didaktische P[oesie] eine Mittelgattung der Transc[endental]p[oesie] und der abstracten oder proph[etischen].⟩

743. In Dith[yrambischer] Fant[asie] ist außer der Beziehung auf Ein Objekt, Einheit des Enthusiasmus; in *absolutem* M[imus] Einheit der Urbanität. –

744. Die abstracte P[oesie] umfaßt die classische und progr[essive] oder Tendenzenp[oesie]. In der R[oman]p[oesie] gilt alle Eintheilung der Transc[endentalen] und der abstracten P[oesie]; – 12 R[omane]. –

745. Nur das Objektive darf parodirt werden, nicht dieses oder jenes Subjekt. –

746. Es muß eine *absolut* pol[itische] P[oesie] geben, wo das politische Ideal poetisirt wird; ⟨etwa im *absoluten* p[oetischen] D[rama];⟩ der Geist der Geselligkeit am besten in einer Satire, die romantisirt oder totalisirt wäre, oder in einem Roman. –

747. Die meisten *absoluten* R[omane] sind individuell und also Tendenz zu *absoluten* R[omanen]; darin muß der Geist der Tugend herrschen, wie der Geist der Kunst in *absoluten* p[oetischen] D[ramen] und der Wissenschaft in *absoluter* Proph[etie]. ⟨Im *absolutem* R[oman] dürfen Kunstgedichte vorkommen, aber keine andren.⟩

748. ⟨Für alle *absolut* eth[ische] P[oesie] sind Dith[yrambische] Fant[asie] und ep[ische] Sat[ire] die beste Form.⟩

749. Die pol[itische] P[oesie] eine bloße Durchschnittsp[oesie] die nichts von obj[ektiven] Indiv[iduen] enthält, sondern bloß objektive Nationalität. –

750. In jedem *absoluten* R[oman] sind alle Bestandtheile; nur ist die Dominante verschieden.

751. Die R[oman]p[oesie] ist eingetheilt nach den absoluten Elementen der P[oesie]; S[entimental], F[antastisch], M[imisch] und Path[etisch]. Die gesammte R[oman]p[oesie] $= \mp =$ elegisch. –

752. ⟨Durch das Drama wird die Versinnlichung der Poesie bewerkstelligt. –⟩

753. Elemente sind das Wesen absolut analysirt; eine kritisch historische Idee. –

754. Urbanität ist nicht im P[olitischen] R[oman] und im Hist[orischen] R[oman] sondern im M[imischen] R[oman] und im rh[etorischen] R[oman] nöthig. – ⟨Ließe sich nicht auch ein prophetischer P[olitischer] R[oman], das Ideal der Nazion in die Zukunft verlegt denken? Das Max[imum] von P[olitischem] R[oman] sind Sh[akspeare]'s historische Stücke alle zusammengenommen. Im P[olitischen] R[oman] der Geist der Nazion dargestellt. Ein Held, Eine Handlung demselben nicht wesentlich.⟩

755. Wie das antike Drama aus Ep[os] und Mel[os], so ist das moderne aus romantischer Poesie und romantischer Prosa gemischt. –

756. Sollte sich das P[olitisch-]R[omantische] Hist[orisch-]R[omantische] D[rama] nicht eben die Freiheit mit der Zeit nehmen dürfen, die sich Sh[akspeare] mit dem Raum nahm? –

Es müßte **zugleich** Jezt und Ehemals spielen. Die Oper zugleich Ehemals, Jezt und Künftig.

757. Die Eintheilung der P[oesie] in naive und sentimentale gilt, aber nur in der Transc[endental]p[oesie]. –

758. Elegisch ist $\mp$ im Geist, Parodie ist auch $\mp$ aber im Buchstaben. –

759. Die διανοια das politische Element des Dramas. –

760. In der romant[ischen] P[oesie] ist wohl nur **rohe** Transcendentalität, so wie rohe abstracte P[oesie] verwerflich. –

761. Unauflösliche Gleichung in der P[oesie] ist die absolute Vereinigung der sent[imentalen] und naiven P[oesie], der Naturp[oesie] und Kunstp[oesie], der rom[antischen] P[oesie] und rom[antischen] Prosa, der classischen und progressiven ⟨?⟩, ⟨der absoluten, universellen und der abstracten P[oesie],⟩ der ph[ilosophischen], e[thischen], pol[itischen] Poesie, ⟨der p[oetischen] und kr[itischen] pp. –⟩

762. Arten des Drama: fantastisches, sent[imentales], politisches oder historisches, und mimisches Dr[ama]. –

763. Witz ist logisch schön. –

764. Die ganze Sent[imentale] P[oesie] hat den Imperativ zum Grunde, daß Kunstschönheit und Naturschönheit verbunden sein sollen. –

765. Idee einer romantischen Kr[itik] aus der Mischung und Verbindung aller Rom[antischen] Elemente mit allen kr[itischen] Elementen. –

766. Die Trennung der Transc[endental]p[oesie] folgt gleichfalls aus dem Imperativ der Abstraction. – Die rom[antische] P[oesie] ist Emp[irisch], die Transc[endentale] ist mystisch oder polemisch, die abstracte P[oesie] wird erst zusammen mit der absoluten oder universellen kritisch. – ⟨Die abstracte P[oesie] vereinigt die absolute und universelle; die universelle R[omantische] P[oesie] ist aus der Transc[endental]p[oesie] und Abstracten P[oesie] gemischt. – Die absolute aus der Vereinigung der universellen und abstracten. –⟩ Die Transc[endental]p[oesie]

7—S.L.N.

hat wieder etwas von der classischen Naturp[oesie]. Sie ist mystisch, bakchisch, orphisch. – Correcte P[oesie] ist die negativ gebildete, in Manier und Styl negative. In Tendenz und Form ist die parodische negativ; in Stoff und Ton die polemische. –

767. Strenge Form allein ist noch nicht hinreichend, um die Publication von *absolut* eth[ischer] P[oesie] zu legitimiren. Urbanität entschuldigt sie nur; sie muß philos[ophischen] Werth haben. – Die Transc[endental]p[oesie] eigentlich *absolut* Hist[orische] P[oesie]. –

768. Je classischer ein modernes p[oetisches] Individuum, je weniger Instinct. Dieß ist die Opposizion der Natur im Einzelnen gegen die Kunst im Ganzen. –

769. Char[akteristik] nach d[en] kr[itischen] Kategorie[n] ist bloß äußre Analyse und Anatomie der sichtbaren Theile; Entdeckung der Elemente ist innre chemische Scheidung. – ⟨Element eine Hist[orische] Kategorie oder Idee.⟩

770. Geht die dramatische Form etwa schon aus der Mischung von P[oesie] und Rh[etorik] hervor? –

771. Es giebt vier Arten des prosaischen Witzes 1) der combinat[orisch] transcendentale, der fast ganz Stoff ist 2) der analytische, dahin der höhere philol[ogische] Witz und die Sokratische Ironie 3) gesellschaftlicher W[itz], Urbanität, fragmentarischer W[itz], *Nasus* der Römer 4) rh[etorischer] W[itz] aus den dreyen gemischt. –

772. ⟨Transcendental hat Affinität mit Erhaben – Abstract mit dem streng[en] Schönen; Empirisch mit dem Reizenden. –⟩

773. Das Ueberwiegen, Herrschen eines Elements kann entweder bloß mechanisch sein, oder dynamisch; im lezten Fall heißt es Dominiren.

774. Der Roman als progressive Poesie zu betrachten. – ⟨Der *absolut* M[imische] = biograph[ische] R[oman].⟩

775. Die Abstraction des Absoluten und die Tendenz des Abstracten oder Dividirten nach dem Ganzen ist ein historisches Princip; alle Tendenz, alles Streben ist also nur ein Rückkehrenwollen. –

776. Selbst das Wesen der R[omantischen] P[oesie], die Mischung ist ein pol[itisches] Princip. – Giebts einen constituirenden Theil unter den Theilen der R[omantischen] Mischung, oder gilt hier eine republikanische Verfassung? –

777. Humor = p[oetischer] Sent[imentaler] Transc[endentaler] Witz. ⟨Rein mim[ischer] Witz = der epische. Kom[ischer] Witz = ep[ischer] W[itz] + jambischer W[itz]. Aller lyrische W[itz] jambisch, aller dramatische kom[isch]. – Homer ist auch der Urquell des Witzes i.e. des epischen.⟩

778. ⟨Ironie = Selbstparodie? Parodie ist der epische Witz. Prophetischer Witz eine eigne Gattung, classischer und progressiver Witz, p[oetischer], Pros[aischer], ep[ischer], lyr[ischer], dr[amatischer], Rom[antischer], Sat[irischer] Witz.⟩

779. Sokrates hat transc[endentale] Satire; es fehlt ihm nur die Sentimentalität, um witzig zu sein. –

780. Der wahre Kritiker muß alle Arten von Witz haben. –

781. Roher ep[ischer] Witz und roher jambischer Witz findet sich oft genug in der classischen Trag[ödie], nur nicht verschmolzen; die Mischung in der Kom[ödie] inniger. –

782. Alles ist Witz und überall ist Witz. –

783. Es giebt auch so viel Arten der Liebe als es R[omantische] Arten giebt. –

784. Die Satyren der Griechen vielleicht halb Ernst und nur halb Parodie; die Ironie der Tragödie. – Bloß epischer Witz darin, ohne jambische Tendenz, die sich doch beim Euripides findet. –

785. Vibrant in kurzen Schlägen ist der rh[etorische] Witz – er geht auf die absolute Verschiedenheit der Individuen. –

786. Wenn die Geschichte Wissenschaft werden will, so hört sie auf, im Styl Hist[orisch] zu sein, dann wird der Styl k[ritisch-] ph[ilosophisch] bis sie wieder syst[ematisch] geworden ist. –

787. Trennung der Gattung[en] der ewigen Objekte durch Contrastirende Combination; Verbindung der Individuen durch eigentlichen combini ... Witz. –

788. Es müßte schrecklich naiv sein, wenn man alle Stände der Nazion jezt mit objektiver Treuherzigkeit auf die Bühne brächte. –

789. [Humor = Sent[imentaler] + philol[ogischer] Witz. –] K[ritisch-]ph[ilosophischer] W[itz] = römisches *Sal* mit modernem Phantasmus. –

790. *Absolute* F[antasie], *absolute* S[entimentalität] sind das Freye in der Poesie, *absolute* P[olitik], *absolute* M[imik] das Nothwendige. –

791. In der Kom[ödie] alle Arten des p[oetischen] Witzes verschmolzen, in der Sat[ire] unverschmolzen bei einander. –

792. In der romantischen P[oesie] sollte romantische Kr[itik] mit der P[oesie] selbst verbunden sein; dadurch wird sie potenzirt, und in ihrer Späre desto concentrirter, daß P[oesie] und k[ritische] P[oesie] verbunden, verschmolzen und gemischt sei. –

793. ⟨Für Transc[endental]p[oesie] die Transc[endentalen] Formen zu vermischen. Epische Fantasie – Satirische Fantasie – Fantastisches Epos – Dithyrambische Satire.⟩

794. Im *absoluten* R[oman] muß alles verschmolzen werden, und was nicht verschmolzen werden kann, muß wegbleiben. –

795. Alle Prosa ist kr[itisch], Hist[orisch], panegyrisch und rhetorisch. Die Rh[etorik] ist ein Gemisch von allen mit bestimmter ind[ividueller] Tendenz. –

796. Ritterthum das Ideal von romantischem Patriotism.

797. Das eigentliche Lustspiel ist wohl = $(FR + \kappa\phi R)\Delta$. Die romantische Kom[ödie] = $(SR + \phi\lambda R)\Delta$. Die romantische Trag[ödie] = $(MR + \rho R)\Delta$. –

798. Die Transc[endental]p[oesie] soll unendlich potenzirt und unendlich analysirt sein; dieses kann nur durch eine Fiction oder Surrogat ausgemittelt werden. –

799. Die Dramatisazion gehört mit zu abstracter P[oesie], insofern dadurch der Imperativ der Verbindung mit Mus[ik] und Plast[ik], d[ie] Popularisirung überhaupt befördert wird. –

800. ἐπος und *Satura* sind natürl[iche] Instinktwerke, aber absolut vollkommen in ihrer Art.

801. Alle p[oetischen] Fragmente müssen irgendwo Theile eines Ganzen sein. –

802. Ironie ist Analyse der These und Antithese. –

803. Die Rom[antische] Kom[ödie] verfliegt fast, so leicht ist sie. –

804. Tendenzen gehören zur eth[ischen] P[oesie], Studien zur ph[ilosophischen] P[oesie].

805. Die Form der Fragmente ist die reine Form der Classicität und Progressivität und Urbanität. –

806. Die Transc[endental]p[oesie] eingetheilt in die ideale und die reale. [Die] Id[eale] myst[isch] und polem[isch].

807. Jedes Dr[ama] muß nicht bloß nach reinen Principien sondern als bestimmtes Problem und Auflösung eines solchen betrachtet werden. –

808. Krieg gegen schlechte Kritiker und Theoretiker in schönen Versen macht ganz andern Effect; scheint nicht so partheilich, großmüthiger; der Grund davon liegt sehr tief, in dem Imperativ $\frac{R}{o}$ ($\kappa\pi = \pi$). ⟨*Nota.* –⟩

809. ⟨Der Begriff der Skizze gehört zur Kunstp[oesie] oder *absolut* p[oetischen] P[oesie]. Idee von Gedichten zur Totalisazion aller Studien, Tendenzen, Skizzen. – Werk, System ist wohl Studium, Tendenz pp. zugleich, alles das zusammen.⟩

810. Es muß auch eine transcendentale Prosa geben; dahin die phy[sische] faktische. ⟨Zwischensprache der Mathematik und Chemie. –⟩

811. Durchgängige Verschmelzung das Wesen der *absolut* R[omantischen] Prosa. – Die transc[endentale] ist logisch oder faktisch (thetisch). Arist[oteles] und Fichte Meister in der ersten.

812. Die reale Transc[endental]p[oesie] ist theils centripetal, theils centrifugal. –

813. Nichts ist seltner als nur Sinn für Abstraction, auch ohne Abstraction. –

814. Das R[oman]gedicht kann so oft potenzirt werden als man will, das classische und progr[essive] so oft dividirt als man will. –

815. ⟨Der logische Styl entweder dialektisch (negativ) und transc[endental] oder hermeneutisch (positiv).⟩

816. Richter lächelt nicht übers Weinen sondern weint übers Lächeln.

817. Die Transcendentalp[oesie] ist entweder biographisch oder chronographisch. –

818. Nur ein Polemiker betrachtet ein Werk als Produkt der reinen Willkühr und das ist eben das Wesen der Polemik. –

819. Richter schildert uns die Maria wie eine empfindsame Kantorsfrau, den Christus aber als einen Candidaten der Theologie. –

820. Intrigue, Situazion, Charakter, (Effekt) – sind das etwa die romantischen Kategorien? –

821. Richters Ph[ilosophie] ist *absolute* S[entimentalität] + Emp[irik], dann auch *absolute* F[antasie] nur in andrer Richtung; nämlich Hineintragung der *absoluten* S[entimentalität] in ein wirkliches *negatives absolut* F[antastisches], in die gemeinsten Verhältnisse; also wahres *negatives absolut* F[antastisches], wozu *positives absolut* F[antastisches] gehört. – Im Richter die Magister Deutschheit sehr gut dargestellt und auch geäußert. –

822. ⟨Im S[entimentalen] R[oman] herrscht der Geist der Einsamkeit.⟩

823. Die Poesie und Prosa soll im R[oman] nicht bloß vermischt sondern auch verschmolzen werden; das geschieht in geadelten Naturformen ⟨wie der fünffüßige Jambus.⟩ Ohne den Zweck der Popularität auf der Bühne ist aber diese Laxität der Form nicht erlaubt. –

824. ⟨Idee für alle R[oman]arten ist ein Maximum von Mischung derselben. –⟩

825. Sonderbar ists, daß in der alten Prosa die Elemente derselben (k[ritisch-]ph[ilosophisch], Hist[orisch], Urb[an], rh[etorisch]) getrennt sind und die Arten constituiren; in der Poesie aber nicht. –

826. Mit bloßer Rh[etorik] kann eine ph[ilosophische] Schrift ⟨gar⟩ nicht endigen. Den Schluß muß Ironie machen (annihilirend – oder ironirend.)

827. Idee einer romantischen Form wo das Ganze und Meiste p[oetisch], Einzelnes Prosa wäre; im Gegensatz der aus Prosa mit vielen untermischten Versen. – ⟨So ists ja schon im Shak[speare].⟩

828. In allen R[oman]arten muß alles Subj[ektive] objektivirt werden; es ist ein Irrthum, daß der R[oman] eine subjektive Dichtart wäre. –

829. Alle Dr[amen] welche Effect machen sollen, müssen sich dem *absoluten* R[oman] nähern; je mehr vielleicht, je besser. –

830. Die romantische Prosa muß aus der transcendentalen und abstracten zusammengesezt sein. –

831. Ließe sich Petrarcha nicht noch einmal parodiren, obgleich er sich selbst schon parodirt hat? –

832. ⟨Secundaansicht der Alten bei Richter. –⟩

833. Die Canzone offenbar fantastischer, das Sonett mehr sentimental, –

834. Eccentrisch ist dem Centralen entgegengesezt, ist centrifugal. –

835. M[imischer] R[oman] = *indifferent* F[antastisch], *indifferent* S[entimental]; davon im Petrarcha doch nur ein Keim, im Pulci eher; im D[on] Q[uixote] am vollkommensten. ⟨Nur in Rücksicht auf die Parodie der streng romantischen Form, die p[oetisch] sein sollte, noch unvollkommen. –⟩ (Hier wird zuerst das Ganze parodirt.) F[antastischer] R[oman] und S[entimentaler] R[oman] können also eben so lyr[isch] sein als ep[isch]. – Auch Dram[atisches] verschmolzen, *absolut* p[oetisches] D[rama] = F[antastischer] R[oman] + S[entimentaler] R[oman] = Guarini (mehr S[entimentales]). Im Proph[etischen] hat F[antastischer] R[oman] das Uebergewicht.

836. Ist Terzine = Canzone + Stanze? –

837. Allgemeiner Grundsatz: Wenn **alle** Bestandtheile des romantischen Gedichts verschmolzen sind, so hört es auf romantisch zu sein. ⟨Dunkel.⟩

838. Aus der Canzone viel für Dith[yrambische] Fant[asie] zu lernen. – ⟨Für das fantastische Romanzo ist aus den theologischen Dichtern viel zu lernen. –⟩

839. Der romantische Ernst ∓ FSR ist das schönste im D[on] Q[uixote]. –

840. Dante tendenzirt zugleich auf *absoluten* R[oman], auf *absolutes* p[oetisches] D[rama] und auf *absolute* Proph[etie]. Er umfaßt die ganze Transc[endental]p[oesie], insofern auch die ganze Abstracte und die ganze R[omantische] P[oesie]. –

841. Im R[oman] sollten alle Elemente desselben als nothwendig deducirt erscheinen; das fehlt selbst im D[on] Qu[ixote], da der romantische Ernst ∓ FS, die romantische Myth[ologie], nur als ein zufälliges Factum darin erscheint. –

842. Ein individueller Roman läßt sich nie vollenden, da selbst der Begriff der Gattung, sein Ideal nie vollendet werden kann. –

843. In den R[oman]arten sind Manier, Tendenz und Ton bestimmt. In den classischen Dichtarten hingegen Form, Stoff und Styl. –

844. Es giebt auch objektive Manieren; die sind aber unerreichbar. –

845. D[on] Q[uixote] ist der prosaische Pulci. –

846. Die Form im Dante ist romantisch. –

847. Alle SchäferR[omane] tendenziren auf *absolutes* p[oetisches] D[rama]. Alle sehr langen Rittergedichte auf M[imischen] R[oman] (Poetisirung der gesammten romantischen Mythologie z.B.).

848. Systematisirte Novellen hängen wie Terzinen in Proph[etie] zusammen.

849. Marino, Guarini, Cervantes sind das Ende des ersten p[oetischen] Cyclus. – Dante, Petrarcha, Pulci, Boyardo der Anfang. – Ariost und Tasso der Gipfel. – Sh[akspeare] ist Anfang, Gipfel und Ende des 2ten Cyclus, wo die R[omantische] P[oesie] erst recht Rom[antisch] d.h. recht gemischt ist. Die Engländischen und französischen Rom[ane] sind Tendenz zum dritten Cyclus; Goethe der Anfang. – Sh[akspeare] ist potenzirtes Romanzo. In dem ersten Cyclus der romantische Buchstabe, in dem zweiten der Geist. – ⟨Im zweiten Cyclus

Vereinigung der K[unst]p[oesie] und Naturp[oesie]. Im 3ten der P[oesie] und K[ritik]. 1te mehr Rom[antisch] 2te Transcendental 3te Abstract.

850. ⟨Pulci ist fantastischer, Boiardo mehr sentimental.⟩

851. M[imischer] R[oman] überwiegt in Dante's Hölle, S[entimentaler] R[oman] im Fegefeuer, F[antastischer] R[oman] im Himmel. –

852. Auch die Gesch[ichte] des Romans läßt sich nie vollenden; ist also selbst nur Gegenstand eines F[antastischen] R[omans]. –

853. Auch die prosaischen R[omane] (k[ritisch-]ph[ilosophischer] R[oman] und Hist[orischer] R[oman]) ließen sich Fant[astisch] und Sent[imental] nennen. –

854. Im Aeschylus und Aristophanes unter den Alten am meisten *absolute* F[antasie]. –

855. Es muß eine fantastische Prosa geben (Spinosa und Leibniz) und eine sentimentale, wie eine kr[itische], Hist[orische] pp. –

856. Im Ariost (und Cervantes) ist alles, p[oetischer] R[oman] – F[antastischer] R[oman], S[entimentaler] R[oman], M[imischer] R[oman], P[olitischer] R[oman] sogar. –

857. Concetti sind Sent[imentale] Eccentricität oder fantastische Urbanität. – (So sind wohl alle moderne Monstruositäten romantische Misgriffe?) –

858. Ohne R[omantischen] Rigorismus hat der Reim immer etwas gemeines, wie Adel ohne politischen Fantasmus. –

859. ⟨Wie der Contrapunkt der Musiker auf der Antithesis – so beruht die Variazion der Musiker auf der Thesis (Wiederhohlung des Themas.)⟩

860. D[on] Q[uixote] mehr eine Kette als ein System von Novellen. – Viele Romane eigentlich nur Ketten oder Kränze von Novellen. – Die Novelle ist eine romantische Rhaps[odie]. –

861. Sh[akspeare] ist gewiß nicht zu transcendental, nur ist er es vielleicht bisweilen an der unrechten Stelle. –

862. Das Romantische war noch nie im ganzen Umfang ganz Absicht. –

863. Die Trans[cendental]p[oesie] scheint wie Ebbe und Fluth wellenförmig durch die Masse der modernen P[oesie] zu gehn. –

864. Die südlichen Völker haben mehr Autorität in der Aussprache der Vokalen, die nördlichen in der Aussprache der Consonanten. –

865. ⟨Lessing hat nur Sinn für abstracte P[oesie], aber ohne Sinn fürs Classische. –⟩

866. Plato besonders in Rücksicht der dithyrambischen Prosa nachzuahmen. –

867. Panegyrisch = rh[etorisch], denn nur das ist frei rh[etorisch]. δικαν[ικον] schon angewandt auf einen bestimmten Zweck. –

868. Im Plato alle Stylarten gemischt (Log[ik] – Paneg[yrik] pp.) aber nicht verschmolzen. –

869. ⟨Diaskeue ist praktische Kr[itik] und so gehört das zur Vereinigung von P[oesie] und Kr[itik]. Müssen nicht alle solche Diaskeuen ironisch oder parodisch sein?⟩

870. Das reine ⟨eigentliche⟩ Rh[etorische] der Alten vom Hist[orischen] Styl wohl nicht verschieden. Im Rh[etorischen] Plato weit über die anderen Panegyriker. Nur nicht αγωνιος.

871. Die mythische Prosa und die legislatorische des Solon ist Naturprosa. – Plato's Dith[yrambische] Prosa = *absolut* F[antastisch-]S[entimentale] Kunstprosa. –

872. Nur die logische und dialektische Prosa zusammen machen einen Transcendentalen Styl, wohin Fichte zu wollen scheint. In Rücksicht des Thetischen und Legislatorischen haben die XII *tab[ulae]* pp. mehr Kraft. – Auch in Spinosa und Leibnitz findet sich Thetisches. –

873. ⟨Kants musikalische Wiederhohlungen desselben Themas. – Der combinatorische Witz im Kant das beste.⟩

874. Plato ist in Rücksicht der Universalität der Sh[akspeare] der griechischen Prosa. Er schreibt dialektisch, dithyrambisch, panegyrisch, anal[ytisch] logisch, mythisch und selbst thetisch (legisl[atorisch]). Nur nicht den verschmolzenen Styl des *Tacitus*, und nicht den combinatorisch kritischen. – ⟨Plato hat kein Werk gebildet, ⟨*Nota*⟩ nur Studien.⟩

875. Die gesammte römische Prosa hat einen legislatorischen (thetischen) und einen satirischen Anstrich. Daher sind die Römer in der faktischen Prosa wohl über den Griechen; daher auch die Majestät der römischen Prosa. Erst durch barbarische Combinazion erhält die Römische Sat[irische] Prosa ihren vollen Sinn. – Wie die römische Prosa zu wenig so ist die griechische zu sehr analysirt. –

876. Giebts eine eigne scholastische Prosa? – Im Gegensatz der romantischen das Willkührliche und doch Sanctionirte der Schule. Analogie der scholastischen Terminologie mit den romantischen Silbenmaaßen. Alle Term[inologie] ist combinatorisch und dieses ist die Grundlage des k[ritisch-]ph[ilosophischen] Styls. –

877. ⟨Auch die Transc[endental]p[oesie] ist barbarischen Ursprungs. –⟩

878. Die Philos[ophie] (vielleicht mehr als P[oesie]) die eigentliche Heimath der Diaskeue. – Die Erklärung nach dem Geist tendenzirt auf eine solche Transc[endentale] **höhere** Kritik. –

879. Die gesammte classische Prosa ist schwebend im Vergleich mit der scholastischen. Die Transc[endentale] Prosa darf nicht schwebend sein; – die *absolut* R[oman]t[ische] soll zugleich fix und schwebend sein. – ⟨Die scholastische Prosa ist romantischen Ursprungs. Fichte ist nicht eigentlich schwebend; er liebt nur die Veränderung in den fixis. –⟩

880. Poetische Prosa. Ep[ische] = Mythische Prosa. Lyr[ische] = paneg[yrische]. Dr[amatische] = mimische Prosa. – Eine philosophische Prosa 1) herm[eneutisch] 2) dial[ektisch] 3) Emp[irisch]. Eine politische 1) legislatorisch 2) rhetorisch (pol[itisch] + Hist[orisch] + ph[ilosophisch]) 3) Sat[irisch]. Eine historische Prosa. – Auch eine philol[ogische] mim[ische] in Uebersetzungen ⟨die ἑρμeneutische [*sic!*].⟩ ⟨Die eth[ische] Prosa ist die *absolut* R[omantische]. Die Sat[irische] k[ritische] ph[ilosophische] Prosa gehört zur höheren Politik.⟩

881. Alte Sprüchwörter zur ethischen Naturprosa. (Ethische Thesen).

882. Man muß die ganze P[oesie] kennen, um die deutsche zu verstehen.

883. Dante ist unter allen modernen Dichtern allein, encyklopaedisches Bild des Zeitalters. Sh[akspeare] ist das nicht. –

884. Die Griechische Naturp[oesie] ist das Epos, die moderne der Roman. –

885. Sh[akspeare] hat den Stoff selbst auf eine Weise construirt und diaskeuasirt, wie die Alten nicht thaten, und hat die vorige Behandlung und Poetisirung nicht bloß nach seiner Dichtart und seinem Styl umgebildet, oder weiter ausgebildet, sondern auch potenzirt; – er hat den Stoff umconstruirt, nach dem Ideal einer individuellen P[oesie], nicht nach dem Ideal einer Gattung. –

886. ⟨Im Young tollgewordene Sent[imentalität].⟩

887. Sobald Prosa geschrieben wird, so hört sie wohl auf ganz Naturprosa zu sein. –

888. Demosthenes der durchgearbeitetste der Griechischen Prosaiker. –

889. ⟨Urbilder zur Gesch[ichte] der Gr[iechischen] P[oesie] – Winkelmann, Müller, Gibbon, Goethe. –⟩

890. Die Eintheilung in Transc[endental] – Rom[antisch] – Abstr[act] geht auf alle Werke, nicht bloß auf P[oesie], betrifft gar nicht bloß den Ton und Styl, sondern die innere Construction. –

891. Durch das R[omantische] bekömmt ein Werk die **Fülle,** die Universalität und Potenzirung; durch Abstr[action] bekommt es die **Einheit,** die Class[icität] und Progress[ivität]; durch das Transcendentale aber die **Allheit,** die Ganzheit, das Absolute und Systematische. – Die drei p[oetischen] Werke: *absolutes* p[oetisches] D[rama], *absoluter* R[oman], *absolutes* proph[etisches] Syst[em] sind nicht mehr bloß abstracte P[oesie]. Sie sind **zugleich** abstract und Rom[antisch] und Transc[endental]. Poetische Dreieinigkeit. –

892. Der panegyrische Styl ist offenbar politischer Natur. ⟨Der rh[etorische] überhaupt mehr eth[ischer] Natur. Der legislatorische Styl praktisch. – Auch der dialektische Styl hat etwas Politisches an sich.⟩ Der syst[ematische] Stil nicht **bloß** Transc[endental] sondern zugleich Abstract und zugleich Rom[antisch]. –

893. Nur ein Syst[em] ist eigentlich ein Werk. Jede andre Schrift kann nicht schließen, nur abschneiden, oder aufhören; sie endigt also immer nothwendig annihilirend oder ironirend. –

894. Vielleicht ist in Plato's Republik eine Ahndung von *absolut* R[omantischem] im Styl. –

895. Bedingungen des Syst[ems] sind Ideal[e], Cyclische, Potenzirte, Classische. Jede nicht syst[ematische] Form ist ironibel. –

896. ⟨[Die vier Elemente der Prosa myth[isch] – Dyth[yrambisch] – dial[ektisch] – thet[isch].] Hist[orie] = myth[isch] +

$$\text{Dith[yrambisch]} + \text{Emp[irisch]} \quad \begin{array}{c} \text{Thet[isch]} \\ . \end{array}⟩$$
$$\text{Paneg[yrisch]}$$

897. Rh[etorische] Parodie = bittre Ironie. Parodie altdeutscher oder Ideal von pedantischer, sich selbst immer annihilirender Prosa zu Urb[anem] R[oman]. Ueberhaupt gehört der Witz, wo man naiv sich selbst immer wieder vernichtet, zu Urb[anem] Rom[an]. –

898. Rechtes Unglück, potenzirt, ist noch wenig dargestellt; so auch Glück. –

899. ⟨Für Novellen ist Verschiedenheit des Tons und des Colorits ganz wesentlich. –⟩

900. Wortspiele sind Parisosen des Witzes, musikalischer Witz, Dith[yrambische] Glosse. Ohne Sent[imentalität] nichts recht[e]s; dann sehr gut und schrecklich. –

901. Conjunktiva und Adjektiva im Hist[orischen] Styl sehr bedeutend. –

902. Erst aus dem Shak[speare] lernt man den Werth und die Bedeutung der rh[etorischen] Figuren verstehn. – Durch die wahre Lehre von den Figuren wird das Classische Sache der Absicht und Kunst; man bekommt es in die Gewalt. –

903. Der Styl im *absoluten* R[oman] muß progr[essiv] sein, das Innre classisch; der des Hist[orischen] Syst[ems] so classisch wie möglich, das Innre progressiv. –

904. Im R[oman] müssen auch die Charaktere, Begebenheiten, Leidenschaften, Situazionen potenzirt sein. –

905. Auch die Rhaps[odie], die Masse, die Skizze läßt sich figuriren und zur höchsten Einheit und Harmonie in ihrer Art construiren. –

906. Die Combination ist ein scholastisches Bild. –

907. Für die Masse ist der thetische Styl der beste. –

908. Classisch = Cyclisch.

909. ⟨*Nota.* Schriften die nicht Werke sind – **Studium. Diaskeue.** Tendenz. Fragment. ⟨Skizze.⟩ **Epideixis.** Materialie.⟩

910. Die Potenzirung ist eine moderne Figur; Combinazion des Individuums mit sich selbst. – Anfang[ende], schließende, contrirende Figuren zum syst[ematischen Styl], desgleichen cyclisirende. –

911. Jedes Individuum constituirt eine Masse. –

912. Ein Periode ist ein log[isches] oder ein gr[ammatisches] Individuum. –

913. Ist nicht jede Char[akteristik] Skizze? –

914. Methode ist logische Manier, oder Form der logischen Bewegung. –

915. Tiecks Narren sind alle ernsthaft, wenn sie auch lustig scheinen; seine Menschen aber so närrisch. –

916. Sokrates = Plato + Sophokles, Aristophanes, Goethe. – ⟨Univ[ersell].⟩

917. Tieck glaubt ungewöhnlich dadurch zu werden, wenn er die Gewöhnlichkeit umkehrt. –

918. Ein guter Uebersetzer muß eigentlich alles P[oetische] machen, construiren können. –

919. Aussicht und Hinweisung eines Werkes gehört zu dessen Tendenz; findet sich in jedem. – Das Ganze das classische Bild $\overline{αυστηρ[ον]}$.

920. ⟨Der combinatorische W[it]z ist wahrhaft prophetisch. –⟩

921. Auch das größte System ist doch nur Fragment. –

922. Jede ph[ilosophische] Rec[ension] eine Rhaps[odie].

923. Manier und Ton das Unbestimmbare, aus allem übrigen zu construirende. –

924. Jede ph[ilosophische] Rhaps[odie] muß wohl rh[etorisch] anfangen, und mit Ironie endigen. –

925. Systematische Kategorien sind die Begriffe – Methode, Mittelpunkt, Anfang, Schluß. – ⟨Centrum, Umrisse, Cyclen, Linien. – Fundament und Resultat sind syst[ematische] *facta.*⟩ Totalität ist die syst[ematische] Idee. –

926. Winkelmann und Fichte haben eine Ahndung von System. –

927. Alle Philos[ophie] die nicht syst[ematisch] ist, ist rhaps[odisch]. –

928. Bei den besten Alten ist das Rh[etorische] in der Hist[orie] durchaus historisirt. –

929. Manieren sind von Natur ein Pluralis. – ⟨Ton ist geistiger Stoff. – Der Ton ist die Aeußerung der Tendenz *en gros*; die Manier dasselbe *en detail.* –⟩

930. Jedes Syst[em] eine Rhaps[odie] von Massen und eine Masse von Rhaps[odien]. –

931. Je organischer, je systematischer. – Syst[em] ist nicht sowohl eine Art der Form, als das Wesen des Werks selbst. –

932. Episoden gehören in jede Rhaps[odie]. –

933. In jedem syst[ematischen] Werk muß ein Prolog sein, ein Epilog und ein Centrolog (oder eine Parekbase. –) Je centrischer, je systematischer. –

934. Individuum ist ein Hist[orischer] Begriff, oder vielmehr eine Hist[orische] Idee. –

935. ⟨Die Philos[ophie] des Spinosa zur Th[eorie] der Char[ak-teristik] – (in den *modis* äußert sich der Geist, die *attributa* machen den Buchstaben.) Transcendentale Char[akteristik].⟩

936. ⟨Methode ist logische Form, giebts nicht auch eine poetische Methode? –⟩

937. Die Manieren sind eine Frucht der Originalität oder der Passivität. –

938. Syst[em] ist ein *absoluter* Char[akter] und *absolutes* Indiv[iduum]. – Alle gebildeten Werke systematisiren, nur in verschiedenen Graden. – Syst[em] = Dr[amatisch], Masse = lyr[isch], Rhaps[odie] = ep[isch]. – Im Syst[em] wie im Dr[ama] absolute Verschmelzung oder absolute Trennung und Gliede-rung.

939. Es giebt von jedem Individuum eine Transc[endentale], eine R[omantische] und eine Abstracte Ansicht und **eine** syst[ematische]. –

940. Die Mathematik ist das Urbild der reinsten Rhaps[odie]. –

941. Construction steht der *absolut* anal[ytischen] Char[ak-teristik] gegenüber. Syst[em] = Const[ruction] + Char[ak-teristik] eines Individuums. –

942. Ein Mensch ist selten Masse; er läßt sich nie ganz con-struiren, sich nicht syst[ematisch] behandeln. – ⟨Eigentl[iche] Objekte der Systematik?⟩

943. $\mathrm{Syst[em]} = \dfrac{\varDelta\rho}{0}$. $\mathrm{Fr[agment]} = \sqrt[x]{\varDelta\rho}$.

944. Fragmente sagt man (sie kommen einem), Massen sammelt man, Rhapsodien dichtet man, strömt man aus. Systeme müssen wachsen; der Keim in jedem System muß organisch sein. – ⟨Masse = Körper. Fragment = Punct. Rhaps[odie] = Linie.⟩

945. Sallust unter den Hist[orikern] besonders syst[ematisch]. – Unter den Dichtern Dante, Shaksp[eare], Guarini, Aristo-phanes (?). – Es giebt Menschen, die systematisch leben; Caesar und Sokrates. –

946. Die poetische Dünnheit (Tieck und Goethe) ist den Transc[endentalen] und den Abstracten Dichtern eigen. –

947. Darin hat Tieck recht, daß in den Volksmährchen oft *absolute* F[antasie] ist.

948. Allegorie hat am meisten Verwandtschaft mit F[antastischem] R[oman]. – In Goethe's Mährchen ist *indifferente absolute* F[antasie] auf die vollkommenste Weise. –

949. Ironie und Parodie aller jezt gangbaren R[oman]formen wie Familiengemählde u.s.w. –

950. Auch Virgil hat eine syst[ematische] Tendenz. –

951. Romantische Studien ⟨Bearbeitung von Volksmährchen pp.⟩ sind nothwendig zur Vermischung der R[omantischen] p[oetischen] K[ritik] und der R[omantischen] P[oesie]. Die Novelle eine R[omantische] Tendenz, Fragment, Studie, Skizze in Prosa; – eins, oder alles zusammen. –

952. In dem rohesten Mährchen liegt oft wie in den dr[amatischen] Mysterien der Keim zu [einem] *absoluten* Syst[em], dem Stoff nach, so wie in den Mysterien der Form nach. –

953. ⟨Classisch = fix, s[yn]th[etisch]. Progressiv = bewegt, anal[ytisch].⟩

954. Die älteste Form für den Prosa Rom[an] ein Syst[em] von Novellen.

955. Die barbarische (provenzalische) P[oesie] ist der Keim der Transc[endentalen] und der R[omantischen] P[oesie] wie die classische Naturp[oesie] der classischen und der progr[essiven] K[unst]p[oesie]. –

956. Das Ende der classischen P[oesie] schon der erste Cyclus der romantischen. –

957. Ein Studium in einer ältern Manier muß zugleich mit der spätern Bildung potenzirt sein; dieß folgt aus dem Imperativ der Progressivität. ⟨Antike Stellen im Ariost wie classische Ruinen in Gothischen Kirchen (mit modernen Verbesserungen).⟩

958. Tieck ist unendlich analytisch. –

959. Nicht so wohl ein Element in der Composition aller nicht

ganz universellen und eth[ischen] Naturen, als ein Supplement ist die Gemeinheit, Alltäglichkeit = Oekonomie = *negative* Eth[ik]. –

960. Sentenzen sind immer im thetischen Styl, ethische Thesen. – (Giebts nicht auch poetische Thesen?)

961. Läßt sich die adliche und bürgerliche P[oesie] des Mittelalters nicht synthesiren? – Im Sh[akspeare] ist das geschehen. ⟨*Nota.* Nur fehlt das geistliche Element des Calderon.⟩

962. Sage + Mährchen = Rom[an]. – Novelle in der ältesten Bedeutung = Anekdote. –

963. Die Einheit durch große Antithesen und Paromoios ist syst[ematisch]. –

964. Durch die Synthesirung aller alten R[omantischen] P[oesie] muß die moderne sich ergeben. –

965. Herodot, Plutarch und Tacitus sind romantisch; Plato desgleichen. –

966. Geist einer milden Mystik für S[entimentalen] R[oman].

967. In der modernen P[oesie] Ahndung[en] (progr[essiv]) vielleicht dasselbe, was Betrachtungen in der alten P[oesie]. –

968. Was in Geist und Buchstaben F[antastischer] R[oman] und S[entimentaler] R[oman] ist, wird sogar viel romantischer durch die Prosaform. –

969. Die classische Naturp[oesie] ist R[omantisch], die progr[essive] ist Transc[endental].

970. Novellen dürfen im Buchstaben alt sein, wenn nur der Geist neu ist. –

971. Im R[oman] liegt eine so idyllisch kindliche Ansicht des Neuen als eine elegisch kindliche Ansicht des Alten. –

972. Sh[akspeare]'s ganze Form wäre wohl syst[ematisch], sein trag[ischer] und kom[ischer] Geist ließe sich recht gut in Novellen ausdrücken; in diesen alles andre gemischt, nur Trag[isches] und Kom[isches] gesondert. –

973. Eigentlich ist alle P[oesie] = R[omantisch]!

974. Es kann auch Novellen und R[omane] ohne Liebe geben. –

975. Der Buchstabe jedes Werks ist Poesie, der Geist Philos[ophie]. –

976. Der coordinirte Begriff zu Naiv ist wohl eigentlich correct; d.h. bis zur Ironie gebildet, wie Naiv bis zur Ironie natürlich. – Steht nicht die correcte P[oesie] in der Mitte zwischen der classischen und der progressiven?

977. ⟨Landschaft ganz ohne Figuren, Idyllisch R[omantisch] im großen Styl. – Arabesk[en] sind die absolute (*absolut* F[antastische]) Mahlerei.

978. ⟨Tieck hat mehr Colorit, als Ton.⟩

979. In einer Masse muß alles unterstrichen sein, wie im Fr[agment], nicht so in Rhaps[odie]. – Verse unterbrechen in der Rhaps[odie] die Continuität, in der Masse die Gleichartigkeit. –

980. In vollkommnen Fragmenten sollten wohl eigentlich poetische mit eingemischt sein. –

981. ⟨In der Philos[ophie] habe ich keinen Meister, wie es in der Kr[itik] Lessing, in der Hist[orischen] Alterthumslehre Winkelmann war.⟩

982. Tieck kehrt ein P[oe]m oft so um, wie ich ein Ph[ilosophe]m. –

983. K[ritik] ist eigentlich nichts als Vergleichung des Geistes und des Buchstabens eines Werks, welches als *Unendliches,* als Absolutum und Individuum behandelt wird. – Kritisiren heißt einen Autor besser verstehn als er sich selbst verstanden hat. –

984. Die Rom[antische] Kr[itik] muß zugleich kr[itisch], p[oetisch], polemisch, rhetorisch, Hist[orisch], philos[ophisch] sein. –

985. Dissonanz im Großen für die constr[uirten] skeptischen ächt polemischen Werke; harmonische Fugen für Syst[eme]. –

986. ⟨Historische **Ansicht[en] der Philos[ophie].** Princ[ipien] der Politik. Princ[ipien] der Historie. Brief über die Naturph[ilosophie].⟩

987. Der Verfasser der Schrift *de caussis corruptae eloquentiae* ist einer der interessantesten Gegner der P[oesie]. –

988. Neben der Steigerung auch die Senkung eine sehr brauchbare Figur. –

989. Werke als ein großes Hyperbaton, Anakoluthon, Hysteronproteron.

990. Die K[ritik] eines Gedichts soll enthalten 1) eine im Stoff p[oetische] Darstellung des nothwendigen Eindrucks 2) eine in der Form p[oetische] Darstellung vom Geist und Buchstaben des Werks. –

991. In Rücksicht auf die Poeten scheinen die alten Gedichte nur objektiv und sind höchst subjektiv. Die modernen sollen subjektiv scheinen, und objektiv sein (das kann man nur von sehr wenigen sagen). –

992. Die Antike P[oesie] ist die Elementarp[oesie]. Ep[os] ⟨m[imisch]⟩ – Lyr[ik] ⟨k[ritisch]⟩ – Dr[ama] ⟨Emp[irisch]⟩ – Sat[ire] ⟨sk[eptisch]⟩. Dieses sind nur die Elemente der p[oetischen] Form; die des Stoffs sind F[antasie], S[entimentalität], M[imik], P[olitik]. F[antastische] P[oesie], S[entimentale] P[oesie], M[imische] P[oesie], P[olitische] P[oesie] kann nur in fragmentarischer Form (Hist[orisch]) gegeben werden; romantische Fragmentenform. – ⟨als[o] M[imik] – Emp[irik] – Kr[itik] – Sk[eptik] = Elem[ente].⟩

993. Das [*sic!*] poetische Syntax, enthaltend die Gesetze der Mischung und Unterordnung der Bestandtheile. –

994. In Poëmen soll nur das Poetische construirt sein, nicht das Log[ische]. Giebts denn wohl in diesem Sinne rein p[oetische] Werke, Poesie ohne alle Logik?

995. Genialität ist das Objekt der Kr[itik]. –

996. Man kann die alte P[oesie] nur im Ganzen kritisiren, nicht im Einzelnen, weil Geist und Buchstabe identisch sind. –

997. Die Begriffe Erhaben, Schön, Edel pp. vielleicht durch Synthesis der p[oetischen] Elemente zu erklären. S[entimental] + M[imisch] = Schön. F[antastisch] + M[imisch] = Reizend.

998. In einigen Stücken von Sh[akspeare] dominirt F[antasie]

(Sommernachtstraum), in andern S[entimentalität] (Romeo), M[imik] (Kom[ödien]), P[olitik] (in den histor[ischen Stücken]). –

999. Die Kom[ödie] ist positiv, die Trag[ödie] negativ; zwei Arten der idealistischen Poesie. – ⟨Zur Transc[endental]p[oesie] gehört die Trennung des Positiven und Negativen, des Centralen und Horizontalen. –⟩

1000. Die moderne P[oesie] ist im Ganzen philos[ophisch], die alte p[oetisch]; die alte politischer, die moderne aber ächt ethischer. –

1001. Die Aufsuchung der Elemente ist eine **Destruction**. Bei der historischen Analyse ist d[as] Auffindung der Dominante (des herrschenden Princips). –

1002. In Rhaps[odien] ist Fülle und Stätigkeit das wichtigste – Ironie paßt nicht für Fr[agmente]. –

1003. Im **Homer** ist Ironie, er hat auch selbst gelächelt. –

1004. Fr[agmentarische] Rhaps[odie] ist die Form der Polemik und der Eklektik. ⟨Schleiermachers Naturform.⟩ Die Form der Kr[itik] und der Syncretik ist Fr[agmenten-]Masse –

1005. Im **Lovell** stellt die Fantasterei sich selbst dar. –

1006. Es giebt eine reizende romantische Geschmacklosigkeit (Novalis). – ⟨N[ovalis] ist der hoffnungslose Jüngling der deutschen Litteratur. –⟩

1007. ⟨Idee einer wünschenden, fantasirenden Kr[itik]. –⟩

1008. **Humor** ist wohl nichts als zugleich P[oesie] und Philos[ophie], potenzirt und combinirt poetischer Witz. –

1009. Mancher Witz mehr eine leere Form für Witz als Witz selbst. –

1010. Richters Devise: *Tout Jean Paul, toujours Jean Paul, rien que Jean Paul.* Wo Fr[iedrich] R[ichter] zu denken scheint, parodirt er doch eigentlich nur die Gedanken andrer. –

1011. ⟨Es giebt Menschen, die man eben so wenig lassen kann erziehen zu wollen, als einen schief stehenden wackelnden Tisch fest zu stellen.⟩

1012. Alle die Künstler welche die Kunst nicht fortbilden,

sondern nur das Ausländische in ihre Heimath verpflanzen, sind
eigentlich Uebersetzer. –

1013. Ganze Massen in der alten P[oesie] gehören zusammen
und sind zu betrachten als Ein Autor. –

1014. Zur syst[ematischen] P[oesie] außer Dante, Virgil, d[en]
Trag[ödien] Guar[ini's] auch D[on] Q[uixote].

1015. Die Kr[itik] ist gleichsam die Logik der Poesie. –

1016. Vorreden sind oft Theile des Werks, und im Werk erhält
man oft nur Prolegomena. –

1017. Bei einer Char[akteristik] ist die Aufmerksamkeit auf das
Practische in einem Autor eine Hauptsache; d.h. was er will,
was er lange behält, was er in andern auffaßt, wogegen er angeht
und warum das pp., ferner auf seine Potenz d.h. seine
Selbstkentniß. –

1018. Die P[oesie] ist die Potenz der Ph[ilosophie], die Ph[ilo-
sophie] die Potenz der P[oesie]. –

1019. Ein Mensch kann sehr eigenthümlich und doch nichts
weniger als originell sein. –

1020. Talent ist die Antithese von Charakter und ist unvoll-
ständiges Genie. – Virtuose ist der Inhaber eines Talents, der
Professionist eine schönen freien Kunst. – Originalität ist
doppelte Individualität, oder individuelle Genialität. –

1021. Zur ächten Parodie gehört dasjenige selbst was parodirt
werden soll. Aristophanes konnte den Sokrates wohl komödiren
aber nicht parodiren. Jedes, P[oesie], Eth[os], Ph[ilosophie] kann
nur durch seines gleichen parodirt werden. –

1022. Im größten Sinne ist die Kunst nur die Polemik der
P[oesie]; sie geht auf Absolutirung der Form; die Kr[itik]
hingegen auf Absolutirung der Materie. –

1023. D[on] Q[uixote] enthält ein System der romantischen
Elem[entar]p[oesie]. Shak[speare] enthält ein System von
R[omantischen] Dichtern und R[omantischen] Dichtarten. –

1024. Soll P[oesie] und Prosa gemischt, so muß das Ganze
⟨offenbar⟩ prosaisch sein. –

1025. Die syst[ematische] Form (des R[omans]) eine Kette von Novellen, die wie Theorema, Aporema, Problema auf einander folgt. (Die Fr[agmenten]form eine *lanx satura* von Novellen.) –

1026. ⟨Im ph[ilosophischen] R[oman] eine ph[ilosophische] Ansicht des R[omans] und eine R[omantische] Ansicht der Ph[ilosophie]. So auch im p[oetischen] R[oman].⟩

1027. Die moderne P[oesie] fängt an mit Dante, die moderne Philos[ophie] fängt an mit Spinosa. –

1028. Terzine ist Rom[antische] Rhaps[odie], Madrigale ist Rom[antisches] Fragment. –

1029. Rom[antisch] ist nur der humoristische Witz der zugleich ph[ilosophisch], e[thisch], und p[oetisch] ist, und der groteske, der zugleich combinatorisch und ironisch und Parodie ist. – Ist Witz nicht ganz identisch mit Genialität? –

1030. Ironie und Parodie sind die absoluten Witzarten; der erste der ideale, der zweite der reale. – ⟨Syst[ematischer] Witz = Ironie + Parodie.⟩ Projekte sind die einzige Indicazion von praktischem Witz. – Die Form des combinatorischen Witzes auf individuellen also ganz antisystematischen Stoff angewandt, giebt grotesken Witz. – Der Witz hat ein größeres Gebiet als Kunst und als Wissenschaft. –

1031. ⟨Vier Arten von Humor: F[antastisch], S[entimental], naiv und Sat[irisch].⟩

1032. Man redet so viel von poetischer Einheit; zur Abwechslung frage man doch auch einmal: Warum soll die P[oesie] Einheit in ihr Werk bringen. Irgend eine analytische oder oekonomische Antwort ist leicht gefunden; hilft aber nichts. Zu zeigen daß und warum das so sein soll, dürfte nicht so leicht sein; keine Nützlichkeits- sondern Nothwendigkeits-Antwort. –

1033. Der Synthese der R[omantischen] P[oesie] und Hist[orischen] Ph[ilosophie] sind gar keine Gränzen zu setzen. – Die Verbindung der Philos[ophie] und P[oesie] geschieht in der R[omantischen] P[oesie] durch Mischung, in Proph[etie] durch Verschmelzung. –

1034. Modern ist die Transc[endentale], die Abstracte und die R[omantische] P[oesie]. – Antik die Elem[entare], syst[ematische] und Absolute P[oesie]. – Sh[akspeare] ist zugleich Tr[anscendentale] P[oesie], Absolute und syst[ematische] P[oesie]. –

1035. Idee eines F[antastischen] R[omans] über Hist[orische] P[oesie] und eines S[entimentalen] R[omans] als höchste p[oetische] P[oesie].

1036. Transcendentalisirt sind schon viele Dichtungsarten bei den Modernen, so wie auch romantisirt; abstractisirt am wenigsten. –

1037. Die historisch sichtbare Eintheilung der P[oesie] in eine höhere und niedere, vornehme und gemeine bezieht sich auf die Dignitäten der Bildung. –

1038. Der Syncretism und Eklektizism müssen nach Gesetzen, es mag nun Kunst oder Instinct sein, [Statt finden]; sonst verdienen sie gar nicht den Nahmen.

1039. Witz als K[unst] und W[issenschaft].

1040. Die Alten habe ich immer als einen einzigen Autor gelesen. –

1041. Schön ist p[oetische] P[oesie]. – Die Transc[endental-] p[oesie] beginnt mit der absoluten Verschiedenheit des Id[ealen] und Re[alen]. Da ist Schiller also ein Anfänger der Transc[endental]p[oesie] und nur halber Transc[endental]p[oesie] die mit der Identität enden muß. –

1042. Sh[akspeare] ist R[omantisch] R[omantisch]. –

1043. ⟨Geschichte meines poetischen Gefühls. Sinn für negative Transcendentalp[oesie] (für *absolut* Sat[irisch-] Polem[isches]) – dann für p[oetische] Unsittlichkeit, Autonomie der P[oesie], Heiligkeit der Fülle. Vollendung – Schönheit. Aus dieser lezten wieder eine sehr polemische doch zugleich historische Ansicht der P[oesie] (polemische Musik). Erste Ep[oche] der Philos[ophie] – reine Scienz, ideale und reale aber ohne Ironie. *Absolut* Sat[irische] Anschauung. Dann von R[omantischem] [und]⟩

1044. Der reine Aesthetiker sagt, so liebe ich das Gedicht, der reine Philos[oph], so verstehe ichs. Die Frage vom Werth ist ursprünglich schon ethisch.

1045. Dante's Stoff ist Id[eal]: Re[al] nach allen möglichen drei Verhältnissen.

1046. Die metrische Form der gewöhnlichen originalmodernen aber nicht R[omantischen] regelmäßigen Lieder ist bloß Appretur zur Musik. –

1047. Nichts ist platter als die leere Form der Ironie ohne Enthusiasmus und ohne Id[eal-]Re[alismus].

1048. Es giebt jezt eine P[oesie] nach Analogie der formalen Logik und der Emp[irischen] Ps[ychologie]. –

1049. Die ch[ristliche] P[oesie] ist Symbol des absoluten Ideals. –

1050. Es giebt bei den Modernen offenbar auch eine Kirchenmahlerei; und dieses [*sic!*] ist die edelste und größte Gattung. –

1051. Das rh[etorische] D[rama] ist offenbar e[thische] P[oesie] (am meisten pol[itisch], auch eth[isch], und hat eine oekon[omische] Tendenz.)

1052. Passive Individualität macht einen R[oman] noch nicht zum e[thischen] R[oman]. Agnes von Lilien; – ein weicher Brei von Klarheit, Reinheit, Einheit und Bildung. Nordheim wie der Tempel der Vernunft in der Zauberflöte. –

1053. Die Frauen haben mehr Genialität als Enthusiasmus. – Mit Recht finden wir eine einseitig männliche Ansicht der Welt in R[omanen] pp. objektiver als eine weibliche, weil die Männer selbst objektiver sind oder doch gebildet sind. –

1054. In der syst[ematischen] P[oesie] soll nur das Ganze schön sein; die Schönheit des Einzelnen wird aufgeopfert. – Myth[os] darin = Id[eal]. Eth[os] und Path[os] = *absolut* Re[al]. – In der absoluten P[oesie] ist es grade umgekehrt. –

1055. Ist die Einheit im P[oe]m etwa jederzeit philos[ophisch], im Ph[ilosophe]m aber p[oetisch]? –

1056. Sinnliche Gegenwart ist nicht das Wesen des Dr[amas] wie G[oethe] meint; findet auch im Roman Statt. –

1057. Die Vereinigung des Kom[ischen] und Trag[ischen]

gehört vielleicht auch zu den unauflöslichen Gleichungen in der P[oesie]. –

1058. Novellen sind romantische Fr[agmente], suchen das Barokke in der Intrigue.

1059. Aufsuchung aller p[oetischen] Grotesken – wie bürgerliches Trauerspiel, ⟨ps[ychologischer] Roman,⟩ weinerliches Lustspiel pp. –

1060. Classisch ist was zugleich Absicht und Instinct hat, wo Form und Materie, Innres und Aeußres harmonirt. – Correct ist negativ und absichtlich classisch. – Alles Classische ist cyklisch; Classisch ist zugleich regressiv und progressiv. – ⟨P[oetische] P[oesie] ist regressiver. Proph[etie] progressiver. Eth[ische] P[oesie] ist gegenwärtig.⟩

1061. Einige Eintheilungen der P[oesie] macht die Sache selbst, andre sind Absicht des Künstlers; noch andre sind philos[ophische] Forderungen der Vernunft. –

1062. Jeder Periode ist Masse, Fr[agment], Rhaps[odie] oder System. Wie jeder Styl seine eigne Orthographie, so hat auch jeder seine eigenthümliche Interpunction. –

1063. Auch unter d[en] R[omanen] giebts wieder eine lyr[ische] – ep[ische] – dram[atische] Gattung.

1064. Das C[en]t[rum] in einem Werk = Instinkt + Absicht. H[ori]z[ont] = F[orm] + Mat[erie]. –

1065. Der Gegensatz des Naiven (des unendlich oder bis zur Ironie natürlichen) wäre das Groteske oder das unendlich willkührliche und zufällige (Mährchenhafte, Arabeske) ⟨spielt um Materie und Form wie das Naive um Absicht und Instinct.⟩

1066. Die älteste Universalp[oesie] ist die Naturp[oesie]. Die phy[sische] Poesie ist die Grundlage der Rom[antischen]. –

1067. Sat[ire] Transc[endentaler] Eleg[ischer] Witz. – Humor ist theils sentimental theils fantastisch. – Persifflage ist eine Rhaps[odie] von Urbanität. –

1068. Die Paradoxie ist für die Ironie die *conditio sine qua non*, die Seele, Quell und Princip, was die Liberalität für den urbanen Witz. –

1069. Ursprünglich zu Hause ist in Deutschland besonders der scholastische Witz – aber auch aller andre da nationalisirt; nur ein Deutscher kann ganz (universell) witzig sein. –

1070. Der komische Charakter als *Caricatur* eine negative αριστεια. (Findet auch im Ep[os] Statt, Thersites Iros pp.)

1071. Schein ist th[eoretisch] (eine Versetzung des C[en]t[rums] und H[ori]z[onts]), Spiel ist pr[aktische] Versetzung des Positiven und Negativen. – Witz ist logisches Spiel über praktischen Schein (in rhetorischem Schein und Glanz). – ⟨Witz und Rhetorik sind die Angeln der pragmatischen Philos[ophie].⟩

1072. ⟨Die Philos[ophie] des gesunden Menschenverstandes* (eine Grot[eske]) angewandt auf P[oesie] ohne Sinn für P[oesie] giebt die Engländische Kr[itik]. –⟩ ⟨*Eine Versetzung von Kunstph[ilosophie] und von Naturph[ilosophie].⟩

1073. Die Italiäner sprechen ihre eigne Sprache mit Caricatur.

1074. Wie Verwandtschaft und Nachbarschaft unter den Menschen leicht Feindseeligkeit erzeugt, so ists auch mit Kunst und Wissenschaft.

1075. ⟨Goethe ist ohne Wort Gottes.⟩

1076. ⟨Die Idee von Einem Mittler ist wohl unendlich grotesk.⟩

1077. Es giebt einen Witz der den Exkrementen des Geistes gleicht. –

1078. Schiller und Klopstock sind Hälften eines Ganzen, würden zusammen einen guten proph[etischen] Dichter machen. –

1079. Die französische P[oesie] ist nichts als Repräsentazion.–

1080. Wie die Ph[ilosophen] bei den Alten, so bilden die Künstler bei den Neuern einen Staat im Staate. – Am meisten aber sind die wahrhaft moralischen Menschen *in ecclesia pressa* auch gegen die Ph[ilosophen]. –

1081. R[omantische] P[oesie] ist P[oesie], die zugleich mythisch, physisch und historisch ist. –

1082. Die Satire ist die individuellste und universellste P[oesie] zugleich ⟨weit individueller als Lyr[ik], da ist nur Ein Individuum; hier soll alles individuell sein. –⟩

1083. Dith[yrambische] Fant[asie] Form der mystischen P[oesie]; R[oman] Form der Hist[orischen]. –

1084. Für die Novelle alle Arten der Prosa, besonders jedoch die Griechischen. –

1085. Dante ist Transc[endental], Petrarcha Elem[entar], Ariost absolut, Guarini syst[ematisch]. –

1086. Dith[yrambische] Fant[asie] classische Naturform für Tr[anscendental]p[oesie], wie Sat[ire] für universelle Elem[entar]p[oesie]. –

1087. Von Zeit zu Zeit erscheinen mir individuelle Gedanken, die ich selbst anfangs nicht sonderlich verstehe, die ganz fest sind und höchst klar, und die ich so allmählig charakterisiren und erkennen lerne, wie gegebne Individuen. –

1088. Der passende Stoff für ph[ilosophische] P[oesie] ist die Wissenschaft der Kunst, und die Kunst der Wissenschaft. – Die ⟨Hist[orische]⟩ Deutung der Mythologie ⟨(im Innersten p[oetische] Interpretazion)⟩ ist etwas andres und weit mehr weil die Mythologie mehr enthält als Kunstp[oesie] und Kunstph[ilosophie]. –

1089. Goethe ist nicht romantisch. – Er ist Univ[ersal]p[oetische] P[oesie] nicht Univ[ersal]p[oesie]. –

1090. Der modernen Dichtarten sind nur Eine oder unendlich viele. Jedes Gedicht eine Gattung für sich.

1091. Sat[ire] mehr ph[ilosophisch], Eleg[ie] am günstigsten für P[oetisches], Idylle mehr eth[isch]. –

1092. Die Genesis des Ideals z.B. bei bildenden Künstlern, muß nicht als math[ematische] Sammlung sondern chemisch erklärt werden, als Sättigung und Durchdringung; die Aeußerung ist eine Zersetzung. –

1093. Die moderne Fabel ist ein epigrammatisches ἐπος allegorischen Inhalts und moralischen Zwecks. –

1094. ⟨Ep[isches]⟩ Romanzo = Romanze + Novelle + Hist[orie]. Im Ariost vielleicht nur die beiden ersten. –

1095. In *Romances, Novelas,* Romanen sind die Spanier den

Italiänern weit überlegen, weil sie mehr e[thische] Bildung hatten. –

1096. D[on] Q[uixote] noch immer der einzige durchaus romantische Roman. – Die Engländer – Goethe im W[ilhelm] M[eister] – haben zuerst die Idee von einer R[oman]p[oesie] in Prosa restaurirt. –

1097. Alles in der deutschen Litteratur voll wichtiger Tendenzen, aber wenig was dauern wird. –

1098. Klopstock ist ganz ph[ilosophisch] e[thisch] p[oetisch] und ging auf *absolute* P[oesie].

1099. Die wahre romantische Komödie müßte ein Mittel sein zwischen Shak[speare] und der feinsten neuern Att[ischen] Kom[ödie] in der Form. –

1100. Einen ordentlichen moralischen Autor giebts noch nicht (⟨nur⟩ so wie Goethe Dichter, Fichte Philos[oph] ist.) – (Jakobi, Forster und Müller müßten dazu synthesirt werden.) Schiller ist ein poetischer Philos[oph], aber kein philos[ophischer] Dichter. Müller ist durch und durch e[thisch]. – ⟨Moritz war durchaus Mytholog auch in der Ps[ychologie] und Hist[orie] – ein Naturph[ilosoph]. Friedrich der Große hatte Anlage zu einem guten moralischen Schriftsteller. – Kant ist der Mytholog der grotesken Kunstphilos[ophie]. Lavater auch ein Myth[olog] der Ph[ilosophie].⟩

1101. Garve ist so ruhig und in sich selbst vollendet.

1102. Die wahre Novelle ist zugleich Romanze und Roman. –

1103. Wieland und Bürger würden zusammen einen guten Dichter machen. – Bürger als Archanalog [?] der Naturp[oesie]. –

1104. In der ersten Ordnung schrieb jeder Poet Ein großes R[omantisches] Werk; Heraklit ist vielleicht der Dante der jonischen Philos[ophie]. –

1105. Legende die Urform des Hist[orischen] Romans. –

1106. Kommen die alten Philos[ophen] in der modernen P[oesie] etwa rückwärts wieder? –

1107. *Courtoisie* ist Rom[antische] Urbanität. –

1108. Man kann auch ganze Gattungen übersetzen; die Restauration alter Formen ist eine p[oetische] Uebersetzung. – (Die Parodie ist eine witzige Uebersetzung.) Philos[ophie] wäre die combinatorische Uebersetzung zu nennen. – ⟨Idee von metamorphotischen Uebersetzungen. – Transcendentale Uebersetzungen gehn bloß auf den Geist. – Natürliche ⟨empirische⟩ Uebersetzungen und künstliche methodische. – Wilh[elm] der erste philos[ophische] Uebersetzer. Klopst[ocks] Verpflanzung der alten Metra eine mythische Uebersetzung. Das Uebersetzen spielt auch sehr um Instinct und Absicht.⟩

1109. Genialität = Enthusiasmus + Virtuosität. –

1110. D[on] Q[uixote] im hohen Grade p[oetische] P[oesie]. –

1111. Die beiden einzigen absolut universellen Gegenstände sind ⟨wohl⟩ alte P[oesie] und moderne Philos[ophie]; wer diese verbindet ist eigentlich universell. –

1112. Herder als ∓ zwischen Lavater und Garve. – Maimon ein entgeisterter Kant. – Boccaz ein prosaischer Bojardo und Ariost. –

1113. Alles was schön ist, ist hier und jezt, oder dort und da schön, nichts abstract; aber vieles Schöne kommt wieder. –

1114. Die Einheit des Akts ist die einer Masse. –

1115. Vieles was sich auf den Geschlechtstrieb bezieht, sehr kom[isch]; bei den Alten geradezu so behandelt. –

1116. Alle reine Musik muß philos[ophisch] und instrumental sein (Musik fürs Denken). – In der Oper herrscht die universelle Musik. –

1117. Die Landschaft etwa e[thische], das Portrait ph[ilosophische] Mahlerei. – Die alte Plastik im Ganzen p[oetisch], die Musik e[thisch]. Die meisten Composizionen sind nur Uebersetzungen ⟨oder Travestirungen⟩ der Poesie in die Musik. – Dürer und Holbein sehr philos[ophisch].

1118. Die Einheit der P[oesie] ist Oekonomie ⟨oder *vice versa?*⟩ Harmonie ist e[thisch].

1119. Die Char[akteristik] soll kein Portrait des Gegenstandes sein, sondern ein Ideal der individuellen Gattung. –

1120. Kant vereinigt die Licenzen des Homer und des Pindar in seiner Anordnung.

1121. ⟨Meine k[ritische] M[imik] des Lessing Philos[ophie]; des Woldemar – E[thik]; des Meister – P[oesie]. Was recht universell ist, muß in einer Abstracten Form behandelt werden.⟩

1122. Bloß gesellschaftliche Schriftsteller sind Zimmermann, Engel, Thümmel, Sturz pp. –

1123. ⟨Die Selbständigkeit als syst[ematischer] Monolog. –⟩

1124. Abstracte Tradition und universelle Willkühr sind die Principien der scholastischen Prosa, die gar nicht bloß auf Ph[ilosophie] eingeschränkt ist. – (Shak[speare's] Hist[orische] Sprache ist scholastisch.)

1125. Der Hist[orische] Stil der Griechen = Myth[os] + Rh[etorik]. – In der römischen Prosa Ph[ilosophie], E[thos] und P[oesie] synthesirt. –

1126. In einer Novelle ist die Einheit zugleich ph[ilosophisch], e[thisch] und p[oetisch]; Symmetrie, Nemesis pp. –

1127. Im Ganzen ist die spanische R[omantische] P[oesie] eine Romanze, die italiänische eine Novelle, die Engländische eine *History*. –

1128. Auch von Klopstocks grammatischer Prosa ist viel zu lernen. – ⟨Bei Voß ganz philol[ogische] Prosa. –⟩

1129. In der fließenden Rhaps[odie] kann man zu allem den Uebergang finden, zu dem Aeltesten und dem Neuesten Paradoxesten. –

1130. Die Philos[ophie] ist gar nicht bloß die Chemie sondern auch der Organismus aller W[issen]sch[aft]. – Philol[ogie] vielleicht nichts andres als chemische Philos[ophie]. – Chemisches E[thos] ist Handel. –

1131. ⟨Recension als kr[itisches] Experiment, und kr[itischer] Calcül. –⟩

1132. Die Architektur nur eine Art von Plast[ik]. Tizian mim[isch] und Raphael ein Poet. –

1133. Mährchen könnten recht tragisch bizarr sein. – Die

Italiänischen sind die Urform der Novelle. – Ist eine Romanze etwa ein lyrisches Mährchen? –

1134. Es giebt mechanische, chemische und organische Schriften; die mechanischen werden classisch construirt, die chemischen aber romantisch. –

1135. Die Kr[itik] vergleicht das Werk mit seinem eignen Ideal. –

UEBER SHAKSPEARE
BRIEFE ÜBER SH[AKSPEARE]'S KOMISCHEN GEIST

1136. Sh[akspeare] der witzigste aller Dichter. – Verschmelzung des Witzes selbst in der tragischen Diction; zwei Theile Kothurn und zwei Theile scholastischer Witz, bis zur Manier; ⟨in den Staatsreden juristische und theologische Förmlichkeit.⟩

1137. ⟨Die größte Tollheit, das repräsentative System auf Sh[akspeare] anzuwenden. –⟩

1138. Manche Dr[amen] sind durch Steigerung systematisirt; der Hamlet durch Senkung. – Das Stück schleppt sich so schwer fort, bis es endlich reißt und bricht. Hamlet ist der einzige active Mensch im Stück, ob er gleich gar nicht handelt. – Laertes hat etwas Französisches in seiner Heftigkeit; Ophelia ein schönes Bild der Erbsünde (Schwäche und Lüsternheit der Natur.) ⟨Diese Sinnlichkeit im Contrast gegen Hamlets tiefe Geistigkeit. –⟩ Das Stück beginnt mit einem Wunder und endigt mit einem ⟨höchst⟩ zufälligen Zufall. –

1139. Die Einheit des Ganzen bei Sh[akspeare] ist pittor[esk], mus[ikalisch] und Hist[orisch]. – *Delect[us] Classic[orum]* aus allen seinen Stücken. –

1140. (Ph[ilosophie] der romantischen Kom[ödie] – Vom tragischen Gebrauch des Komischen – Von der Form des Shak[speare]. –)

1141. In der Geographie und Chronologie war Sh[akspeare] bis zur Ironie gekommen. –

1142. Sh[akspeare's] Diction sehr chemisch-gemischt.

1143. Wortspiele sind gr[ammatischer] Witz, aber sehr poetisirt bei ihm – sie müssen musikalisch sein, um gut zu sein. – ⟨Es giebt einen Witz, der gar nicht lächerlich ist. W[it]z = ph[ilosophisch] p[oetisch] e[thisch]? – My[stischer] W[it]z = Enthus[iasmus].⟩

1144. Die *Clowns* noch sehr verschieden vom *Buffo*. – Das Naive, Groteske, Humor und Caricatur sind im Sh[akspeare] immer oder doch am häufigsten tragisch genommen. – Wortspiele etwas sehr Gesellschaftliches; Gespräch bis zur Ironie. – ⟨Wortspiele eine logische und gr[ammatische] Musik, worin es Fugen, Fantasien (und Sonaten) geben muß.⟩

1145. Kom[isches] $\pi\alpha\theta\sigma\varsigma$ ist der eigentliche Witz, *le mot pour rire*. – Fast alle Personen Sh[akspeare]'s sind ohne Ausnahme witzig. – In keinem Stück scheint der Witz selbst (gar nicht als Gegensatz) so tragisch gebraucht als im Lear. – Sh[akspeare]'s Centrum liegt im Witz. – ⟨Sein $\eta\theta\sigma\varsigma$ = Hist[orie]. Sein $\mu\nu\theta\sigma\varsigma$ = Philos[ophie]. Sein $\eta\theta\sigma\varsigma$ durchaus grillenhaft Hist[orisch] individuell. –⟩

1146. Das S[entimentale] und F[antastische] nie rein getrennt in Sh[akspeare]. –

1147. *Love's labour lost* die reinste Kom[ödie] – der Sturm keins der ersten; überschätzt aus falschen Begriffen von Erfindung pp. – Von der *Spanish Tragedy* am meisten im *King John*. –

1148. Ohne Novellen zu kennen, kann man Sh[akspeare]'s Stücke nicht verstehn der Form nach. –

1149. *Troilus* ist reine Kom[ödie] und von ganz eigner Gattung. –

1150. Daß Sh[akspeare] ein Waldvogel der Poesie sei, die älteste falsche Ansicht von ihm. – ⟨In mod[erner] P[oesie] so viel tiefe Absicht als in alter Philos[ophie]. –⟩

1151. Eine durchgehende Uebertreibung der eigentliche Charakter von *Winters tale*. – Das Eigne im *King John* ist das Revoluzionäre, in *Henry VIII* die Vielseitigkeit. –

1152. Sh[akspeare] hat Lieblinge unter seinen Charakteren, die ihm selbst ähneln und gern wiederkommen. –

1153. Man bedauert den Macbeth und verabscheut ihn doch; darin ist Aeschylus. Auch die Form des Ganzen im Sh[akspeare] ist witzig. – ⟨*Macbeth an earthquake of nobility.*⟩

1154. Ariost, Cervantes und Shakspeare, jeder hat auf andre Weise die Novelle poetisirt. Die wahre Novelle muß in jedem Punkt ihres Seins und Werdens neu und überraschend sein. –

1155. Man wundert sich immer, daß Sh[akspeare] am Ende eilt, Personen fallen läßt, wie er deren oft verschwenderisch aufnimmt. Und doch spielt er oft am Ende mit dem was schon da gewesen ist, führt aus was man errathen könnte oder schon weiß, und wiederhohlt musikalisch. Also dürfte es wohl nicht bloße Nachlässigkeit sein. –

1156. Adonis ist so *gentle*, zarte Milde, weicher Ueberfluß, οαριστυς, nirgends eine Härte, weicher und schmeichelnder als Ovid, ja auch Griechischer; – dieß ist ein Beweis gegen die Schlacken. – Die Liebe ist ganz naiv und durchaus witzig behandelt; das Ganze ist spielend genug. – Erst durch diese indiv[iduelle] P[oesie] lernt man den Sh[akspeare] ganz verstehen. –

1157. Höchste Liebenswürdigkeit ist Eigenschaft vollendeter Dichter. – ⟨Liebenswürdigkeit = e[thischer] Magnetismus. –⟩

1158. Epische Stätigkeit und Harmonie im Adonis. – Auch in den Sonn[etten] ist die Liebe witzig behandelt. ⟨Diese ind[ividuellen] P[oe]m[ata] mehr Pflanzen, Sh[akspeare]'s Dr[amen] mehr Krystallisazionen.⟩

1159. Sh[akspeare]'s Natur – die Prosa von der spitzfindigen Art und dann weiche Poesie in Spenser's Styl. – Das Dr[ama] für ihn Kunst, Gewerbe, Arbeit. – Jene beiden Elemente ziehn sich durch alle seine Dr[amen] hin. –

1160. Seine Werke sind weit mehr als Dr[amen]. – Seine Naturp[oesie] hat wohl gar keine bestimmte Form als die rein magnetische; vielleicht nicht die einer Pflanze aber wohl die einer Blume. – Sh[akspeare]'s Stücke sind allerdings als Experimente zu betrachten ⟨schon durch das διασκευα[stische].⟩

1161. *Ben Johnson* [*sic!*] ging auf Illusion, Spenser ist allegorisch, Sh[akspeare] war symbolisch. – Das Motivirte muß man nicht in Sh[akspeare] suchen. –

1162. Auch in der *Julia* die Liebe noch witzig behandelt. – Im *Tempest* alles Caricatur, selbst die Maske und die Diction. –

1163. Die Deutung vom Blut (in *Lucr*[*ece*] oder *Ad*[*onis*]) recht kindlich Griechisch. – ⟨Der Stoff jener Gedichte ist moralisch-erotisch – die ⟨kindliche⟩ Sophistik der Liebe. – Geschwätz der Liebe, womit gespielt, und was kindlich geschmückt wird. –⟩

1164. Es ist viel Contrapunct in Sh[akspeare]'s Behandlung der Novellen; auch Ausdruck; er wählte die Tonart selbst und die begleitenden Accorde zum Generalbaß. –

1165. *Troilus* ist wohl auch ein Mährchen. –

1166. Sh[akspeare]'s Moral geht grade auf den Mittelpunkt. –

1167. ⟨Der Roman den wir jezt so nennen eigentlich nur ein (romantischer) *Essay*.⟩

1168. *Concetti* sind spielende Liebesgedanken, Gedanken mit einer Intrigue, wo die Theile gruppirt sind und oft einen Act bilden. –

1169. Sh[akspeare]'s Kunstp[oesie] ist dasselbe was seine Naturp[oesie] in vergrößerten Dimensionen. –

1170. Die Personification versteht sich bei Concettis von selbst. –

1171. Das Symbolische liegt in der Mitte zwischen E[thos] und Gr[ammatik]. –

1172. Wortspiele sind eine allegorische Drapperie – symbolische Manieren – personificirte Verzierungen. (Das lezte, Concetti.) ⟨*Ornatus* als die Drapperie des Gedichts zu betrachten.⟩

1173. Die sehr novellischen Stücke sind früh (nach der Analogie mit der Naturp[oesie]). Die Hist[orische] Reihe nimmt die Mitte ein, die subdichotomirten kommen zulezt. –

1174. ⟨Begriff von Sh[akspeare]'s διασκ[ευη] zu suchen in Metemps[ychose], Evolution, Metamorph[ose], Anastomose. –⟩

1175. Unendlich viel Eigenthümlichkeit und doch so zart, so gar nicht schreyend; der ganze Mensch fängt so gelinde an wie ein vollendetes Werk. –

1176. Jedes Sonnett ist eine Kette von Thesen und Antithesen, und schließt endlich sehr musikalisch mit einer Synthese. Seine Stücke schließen oft wie seine Sonnette. –

1177. Durch die Bekantwerdung mit Novellen ⟨zugleich mit der Liebe⟩, oder der Anwendung derselben auf Dr[amen], scheint eine große Revoluzion in ihm vorgegangen zu sein. –

1178. Der Perikles zeichnet sich aus, durch das Alterthümliche und Rohe, dem Puppenspiel ⟨der *Morality* und Staatsaction⟩ ähnliche, durch die grellere Farbe der Charakteristik ⟨statt Chiaroscuro für Weiß und Schwarz⟩, durch größere Menge nationaler Seebegriffe. –

1179. Ließe sich nicht die Periode auffinden, wo er *Ben Johnson* [*sic!*] hat kennen lernen? –

1180. Die Kennzeichen der Aechtheit sind die Liebenswürdigkeit seiner Naturp[oesie] und ferner das Eingreifen in das System seiner Stücke. Beide sind gegen den *Puritan*. –

1181. Im *Locrin* am meisten barbarischer Kothurn, das Adlige und das Bürgerliche ganz hart neben einander. – 1593, den Adonis edirt, 1598 die Sonette sehr bekannt. – Der Styl des *Locrin* wie die alterthümliche Episode die er zum Hintergrund braucht in *Hamlet, Tempest* usw. Die Liebesgedichte scheinen alle dicht nach einander gemacht zu sein. Die rohen Dr[amen] älter. Liebe und Weiblichkeit ist darin ganz anders und zwar so behandelt, wie sie nach jener Frühlingszeit nicht behandelt werden konnten. – *Lucrece* von 1594. – *Adonis* nennt er *first heir of my invention*. –

1182. ⟨Im Sh[akspeare] sehr deutlich – Mährchen, Novellen, Historien als bestimmte Gattungen des Rom[antischen].⟩

1183. ⟨Bis jetzt hat es noch keine Gattung gegeben in der modernen P[oesie] und jedes **classische** Werk ist seine eigne Gattung. –⟩

1184. Ein Pedant namens *Hall* schreibt a[nn]o 1595 eine Satire

gegen die populäre Tragödie und die Vermischung und Unregelmäßigkeit derselben, anticipirt den *Pope*. Der Eifer gegen die
Mischung von König und Bauer hat eigentlich Etiquette zum
Grunde; man hälts für eine *Mesalliance.* –

1185. ⟨Die erste Periode der modernen P[oesie] = Abstract
mech[anisch], die zweite chem[isch], die dritte org[anisch].⟩

1186. ⟨Unter *Charles II* geht mit dem fremden Einfluß eine
ganz neue Epoche der Engländischen P[oesie] an. –⟩

1187. In den Sonn[etten] und in Perikles ist vom **Fortschreiten der Poesie** viel die Rede; vielleicht nur wenige
Jahre zwischen Locrin und Romeo. – ⟨Der Schluß des Locrin
deutet auf 1596 (denn Elisabeth kam 1558 zur Regierung).
Wahrscheinlich späterer Zusatz.⟩

1188. Gewisse rührende Situazionen liebte Sh[akspeare] bis zur
Manier ebenso wie das jugendlich Briske in ausschweifenden
oder witzigen Charakteren ⟨*Mercutio*⟩. –

1189. ⟨Neueste Ausgabe des *Malone* nach *Johnson* und
Steevens 1793.⟩

1190. *Old plays in* M[anu]scr[ipt]; *the ancient play of Timon,
the Witch of Middleton.* – Die *Merry Wives* hat er auch
ganz umgearbeitet; auch *Henry V.* –

1191. Aus *Pope* über *the two noble Kinsmen: if that play be
his, as there goes a tradition it was (and indeed it has little resemblance of Fletcher and more of our author than some of Shakspeare which have been received as genuine).* –

1192. *Troilus* a[nn]o 1609 ohne sein Wissen und Willen, ehe es
noch aufgeführt war, gedruckt. –

1193. Die Scenen von *Clowns* pp. in den ältern Quartos kürzer;
Pope will einen gesehen haben, wo die Zusätze an den Rand
geschrieben waren. – *Pope* erklärt für unächt nach dem Styl die
*wretched plays – Pericles, Locrine, Sir John Oldcastle,
Yorkshire Tragedy, Cromwell, Prodigal* und *Puritan – and a
thing called the double falshood.* ⟨Vier von diesen Stücken
(wahrscheinlich bei seinen Lebzeiten) unter seinem Namen
gedruckt. –⟩ *I should conjecture of some of the others,* (⟨*particularly*⟩ *Love's labour lost, Winter's tale, Comedy of*

errors and Titus Andronicus) that only some characters,
single scenes or perhaps a few particular passages were of his
hand. – Steevens hingegen sagt in seinem ersten *Advertisement*
p. 254, *There is perhaps sufficient evidence, that most of the plays*
in question, unequal as they may be to the rest, were written by
Shakspeare. – Capell sagt von jenen sieben auch – *another seven*
that are upon good grounds imputed to him. –

1194. Große Aenderungen in *Hamlet, Lear, Romeo* und
Richard III bei der 2ten Ausgabe. Nur dreizehn Stücke bei
seinen Lebzeiten gedruckt: – *Hamlet, Henry VI.* 1, 2, *Lear,*
Love's labour lost, Merchant of Venice, Midsummer, Much ado,
Richard II, III, Romeo, Titus, Troilus. – *Henry V, Merry*
Wives, King John, Taming auch, *but are no other than either*
first draughts or mutilated and perhaps surreptitious impres-
sions of those plays. Ferner *a first draught of 2 and 3 of*
Henry VI. Othello *one year before the folio* (1623). – ⟨1605
wurde *Hamlet* zum 2ten Mal gedruckt. *Adronicus* 1594 zuerst
gedruckt. –⟩

1195. Noch werden dem Sh[akspeare] beigelegt: *the arraign-*
ment of Paris; Birth of Merlin; Fair Em; Edward III;
Merry Devil of Edmonton; Mucedorus; the two noble
Kinsmen. ⟨Die 3te *folio* Ausgabe hat die ersten 7 unächten und
dann auch diese.⟩ *But in the Merry Devil Rowley is called his*
partner in the title page; and Fletcher in the two noble Kinsmen. –
In den frühesten Stücken mehr lateinische Brocken. – *The*
famous Victories of Henry V ein Stück das älter war als
Sh[akspeare]'s. *Falstaff* heißt darin *Sir John Oldcastle*; im Epilog
von Henry VI, 2 Anspielung auf das unglückliche Schicksal des
Stücks. – Das alte *play Leir*, wahrscheinlich von einem Latini-
sten; sehr verschieden in Manier und Styl von allen anderen
Stücken der Zeit. – *Midsummer* aus **Drayton's** *Nymphidia*
or the Court of Fairy, 1593.

1196. (*Locrin* 1595 gedruckt. *Cromwell* 1602 – *Puritan* 1607.)
1594 *Henry V* (vielleicht das alte.) ⟨*Love's labour* früher als
1598, *the date of its first impression. Richard II* schon 1597.
Henry IV 1598. *Richard III* 1597. *Dryden* sagt, *Shakspeare's*
own muse his Pericles **first** *bore* pp.⟩

1197. Der ganze Fortinbras im *Hamlet* vielleicht ein neuer Zusatz der zweiten Ausgabe. –

1198. In den kleinern Novellen St[ücken] ist Eth[os] und Path[os] ganz spielend behandelt. In den großen Novellen-st[ücken] spielt das Stück oft noch nach vollendeter Handlung, oder vielmehr es kommt nach der wichtigsten Intrigue noch eine kleinere nach. – Mit Novellen ging Sh[akspeare] viel feiner um als mit *Holingshed* [*sic!*] und Plutarch. Diese **Ad**struction, Construction und **D**estruction ⟨Re[struction]⟩ ist höchst roman-tisch. Auf absolute Erfindung ging er nicht. Alle seine Erfindung ist symbolisch – Allegorisch – Schmuck und Spiel ⟨**umbildend und umdeutend**⟩. –

1199. Shakspeare liebt das Stück im Stück – *Hamlet*, etc. *Mids[ummer Night's Dream]* etc.⟩

1200. Sh[akspeare]'s Liebe ganz Blüthe und ganz *Elektr[izität]* – oft als Krankheit dargestellt und als **Fieber**. – ⟨Eigne Dichtart, die elektrische.⟩ Auch das Sinnliche in der Liebe behandelt Sh[akspeare] **witzig**; die Unanständigkeit in den Novellen-st[ücken] so p[oetisch] leicht und zart (*Love's* [*Labour's Lost*]). Grade weil die Begattung für die meisten Menschen das aller-ernsthafteste ist, darf man im Gespräch nur ganz entfernt dar-auf anspielen. –

1201. Das Gemeine und das Göttlichste, beides muß im Dichter Statt finden. ⟨Aeußerste Ungleichheit in Hamlets Char[akter].⟩

1202. In den Sonnetten **Liebe** und **Freundschaft** wie schwesterliche Künste – aber noch ungetrennt, wie in der ⟨ersten⟩ schönen Kinderzeit der Kunst. –

1203. In der neuen Geschichte wiederhohlt sich der Ursprung der P[oesie] sehr oft. Das Cha[os] aus dem Sh[akspeare] ent-sprang, sehr interessant. – *Twelfth night* eine späte Rückkehr zur alt gewohnten Laufbahn. –

1204. Am meisten Ironie in *Merry Wives, Troilus* und *Henry VIII.* – In seinen Novellen am meisten Spenser. In *Romeo, Hamlet, Lear* am meisten Enthusiasmus pp. – Im *Tempest, Timon,* auch wohl *Othello* viel Eigensinn, Caprice. – Verwirrung, Liebe, Witz und Betrachtung ist der Geist der ersten Novellenst[ücke]. –

1205. Im Romeo giebts Stellen wie in der Musik, die ewig wirken; doch auch in Hamlet. – Sh[akspeare] hat die *old plays* (poetisch) musicirt. –

1206. ⟨Spenser's Gedicht eine Art Bibel, Centralbuch wonach auch Milton noch strebte.⟩

1207. Was Ihr Wollt unterscheidet sich nur durch Fülle und Zartheit von den kleinen Novellen. – In *Much ado* und *As you like it,* die guten und bösen Menschen besonders grell entgegengesezt. –

1208. Sh[akspeare]'s Novellen besonders eine Art von (Stoff umbildenden) Uebersetzungen. – Im *Tempest* das Sinken des Alters (?). – Im *Lear* tragische Ironie, im *Timon* moral[ischer] Satir[ischer] Enthusiasmus. –

1209. Sh[akspeare] der Classiker der Genialität d.h. derjenige Autor, woran man diesen Begriff construiren kann. (Cervantes ist doch romantischer als Sh[akspeare]. –) Die Genialität besteht in der unwillkührlichen Künstlichkeit und in willkührlicher Natürlichkeit. –

1210. Der Grund seiner Diction ist Conversationsstyl mit Scholastik gemischt. –

1211. Die vier ⟨?⟩ classischen Stücke werden auf dem höchsten Standpunkt nicht dramatisch gelesen, sondern ep[isch] oder lyr[isch].

1212. Die Modernen nicht in Masse zu studiren, wie die Alten; sondern isolirt, und in ihrer nächsten Umgebung. –

1213. Sh[akspeare]'s Geist durchaus romantisch – ein schöner Geist. Sh[akspeare] ist jugendlicher geworden – (seine erste Zeit ist herbe und hart). – Doch ist in Othello, Sturm und den römischen Stücken Alter sichtbar. – Im Antonius allmählig alles hinarbeitend Schritt für Schritt in kleinen Massen auf den einen großen Ruin, der in mehre Momente vertheilt seine eigne Wirkung verstärkt. – Im Coriolan am meisten Repräsentazion, vielseitige Fülle wie in *Henry VIII.*

1214. In den Nov[ellen] St[ücken] das Costüm italiänisch – in *Love's* [*Labour's Lost*] französisch.

1215. Sh[akspeare] hat einen bestimmten Cyclus von eignen orig[inellen] Lieblingscharakteren – der edle tapfre Bösewicht – der großherzige Libertin – der Humorist – und dann als Gegensatz der kalte arglistige und doch rüstige Bösewicht. –

1216. Alle Figuren in Pericles so einzeln und steif, ohne Perspektive.

1217. *Henry V* hat etwas vom Hamlet, grade das Reflective. – Es zieht sich eine Affinität durch die wichtigsten Charaktere wie durch die wichtigsten Stücke. *Henry VI,* 3 bereitet *Richard III* vor, und dieses schließt sich unmittelbar an jenes an. –

ZUM SPANISCHEN ROMAN

1218. Das spanische Dr[ama] und das altdeutsche vielleicht die constituirenden Theile des altenglischen. – Chevalerie und wüthender Katholizismus die Grundzüge des *Lope*. – Streben nach Polyhistorie, Philos[ophie] und Liebe für Scholastik und lateinische Sprache. – Mit unter hat er Dith[yrambischen] Schwung und *alti concetti*. –

1219. Die Schönheit der alten dr[amatischen] Mysterien besteht zum Theil in dem naiven Dualismus. –

1220. *Lope* immer roh und geschwollen. (Die Religion mannichmal wie im Klopstock.) Sein Schwung nicht aeschylisch, sondern höfische Aufgeblasenheit (in der Mitte zwischen dem Ton zur Zeit der ersten Caesaren und dem französischen Utriren.)

1221. ⟨Die Novelle so ganz rh[etorisch], daß sie sich in δικ[ανικη], επιδ[εικτικη] und συμβουλ[ευτικη] theilt. –⟩

1222. Die Franzosen des 17ten Jahrhunderts haben gerade das schlechteste der spanischen Litteratur nachgeahmt. – Was im *Pelegrino* des *Lope* nicht katholisch ist, ist ungefähr das Zeug zum *Gilblas*, Entführung, Strickleitern, Duelle pp. –

1223. Die Mischung von Prosa und Versen den Spaniern nach den Römern ganz besonders eigen. –

1224. Der Italiänische Katholizismus ist klarer, objektiver, kälter, klüger; der Spanische ist viel mythischer, so brünstig, innig, wüthend und doch zart. ⟨Man begreift daß der spanische König der katholische heißt.⟩ (Grundgedanke ihrer *Autos* und katholischen P[oesie], alles in Symbole von Chr[istenthum] und Mor[al] zu verwandeln. –)

1225. Die Fabel vielleicht identisch mit der Dr[amatischen] Moralität. –

1226. *Lope* prahlt mit Originalität und citirt dabei immer die Poetik des Arist[oteles], die er doch wohl nur aus den Italiänischen Commentaren kannte. –

1227. Im Mährchen müßten P[oesie] und Prosa ⟨jeder Art⟩ viel Sat[irischer] kühner und naiver gemischt sein als in Tieck ⟨und den Spaniern⟩. –

1228. ⟨*Fray Luys de Granada – Ciceron Christiano. Obras sueltas de Lope Vol. V. p.* 139. Unter den *epithetos recibidos* der Nationen – *los Alemanes hermosos.*⟩

1229. Der Schwulst des *Lope* erinnert oft doch bloß an den Herrn beider Indien. – ⟨Der Schwulst der Spanier ist gar nicht bloß climatisch, wie man ihn falsch genommen hat. –⟩

1230. Die Novelle muß durch und durch erotisch sein, im Mährchen und der Historie darf die Liebe untergeordnet sein. –

1231. In den spanischen Liedern Personification der innersten und zartesten Gemüthszustände und Spiel damit; im Styl sonst sehr prosaisch.

1232. Das Problem der Umgebung für ein System von Novellen ist noch nicht gelöst. –

1233. Mischung von Prosa und Versen kann in der reinen Prosa nicht Statt finden; wohl aber in der eth[ischen] P[oesie] oder ph[ilosophischen] ⟨s[ystematischen]⟩ P[oesie].

1234. Idee vom trag[ischen] Mährchen. – Der Fond der Epigr[amme] muß immer ⟨dith[yrambisch]⟩ Sat[irisch] Eleg[isch] sein. – Mährchen sollen unendlich bunt sein. –

1235. Die Spanier haben die conventionellen Leidenschaften (Ehre pp.) zuerst gut dargestellt. –

1236. Masken giebt es wohl nicht im spanischen e[thischen] Dr[ama]. –

1237. Die Geschichte eines abentheuerlichen Spitzbuben liegt tief im spanischen Roman, ein Gemeinplatz desselben. –

1238. Der ganze Lucian gehört wohl zu[m] R[omantischen], so auch Apulejus und Petronius. –

1239. Interessant ist aesthet[isches] Cha[os] und Classisch ist syst[ematische] Bildung. Das Interessante umfaßt Dith[yrambisches] und R[omantisches], F[antastisches] und S[entimentales]. – $\eta\theta o s$ herrscht im R[oman], $\pi a \theta o s$ in Dith[yrambischer], $\mu v \theta o s$ in aller k[ritischen] P[oesie]. –

1240. Ardinghello – deutsche Flucht vor der Deutschheit. –

1241. $\sqrt[\frac{1}{0}]{x^{\binom{1}{0}}}$ scheint der Geist der Dith[yrambischen] Fant[asie]; $\mp \dfrac{x}{0} \mp \dfrac{0}{x}$ der Geist des Romans. –

1242. Im *Persiles* suchte *Cervantes* offenbar den *Lope* und dessen *Peregrino* zu überflügeln. – Häufiger Dualis[mus] in der Kunstgeschichte; Cervantes und Lope, Shakspeare und Ben Jonson, Michel-Angelo und Raffael. –

1243. ⟨*Lope* von 1562–1635. *Quevedo* †1647. Der erste Band des *Lazarillo* von 1589. – D[on] Q[uixote] I – 1605. Die falsche Fortsetzung 1614. *Galatea* 1584. Im Prolog (des D[on] Q[uixote]?) Anspielung auf den *Peregrino*.⟩

1244. Sind nicht manche Schriften im alten Testament, als Ruth, Esther, das hohe Lied, auch die historischen Sachen schon romantisch? –

1245. So wie der *Persiles* südlicher wird, fließt auch die Geschichte leichter und weniger verflochten.

1246. Adam und Eva gar nichts Orientalisches sondern eine abstracte Idee. Vielleicht auch so Amor und Psyche. –

1247. Dith[yramben] sollen alle lyrischen Gedichte sein, so wie Epigramme. Satiren sind cha[otische] Dith[yramben]. – Das wahre $\epsilon\pi o s$ = syst[ematischer] Dith[yrambus] + syst[ematischer] R[oman]. –

1248. Oden sind polemisch (viele Strafpredigten des Horaz), Hymnen dem Gebet am nächsten. –

1249. Die Idylle und Elegie der Alten hat etwas sehr Rom[an-tisches]. Es giebt eigne R[omantische] Mythen bei den Alten; andre mehr Dith[yrambisch], z.B. die bakchischen. –

1250. Hymnus und Epigramm sind Antithesen wie Ode und Chor.

1251. Der org[anische] (Hist[orische]) R[oman] strebt nach einem Ideal von *absoluter* Nat[ur] und Zeitalter. – (Auch *Horatius* strebt in seiner P[oesie] nach einem solchen polit[ischen] hist[orischen] Ideal.)

1252. Gewöhnliche Anekdoten als cha[otisch] R[omantisches] nebst Volksmährchen gehören zu den Novellen. –

1253. Die ganze kr[itische] P[oesie] entsteht wenn K[ritik] Religion wird.

1254. D[on] Q[uixote] ist das polemische *Punctum saliens* – das ‘Werde Licht’ der Novellen. –

1255. Im Styl des Seneca ist (stoische) Caricatur. –

1256. Hans Sachs das Ideal eines deutschen Troubadours. –

1257. *Ahudesas* [*sic!*] passen sehr zu Novellen. –

1258. Phönix und Drache sind groteske Ideale von Physik. –

1259. ⟨**Historische Aphorismen** über Nationen, über Zeitalter und Individuen. –⟩

II

1798

GEDANKEN

1260. Schreiben die Frauen nicht leicht Orientalisch, Indisch? – Frauen als Pflanzen zu betrachten, doch eigentlich sehr Sultanisch. –

1261. Die Poesie ist die Sprache der Religion und der Götter. Das ist die reellste Definition von ihr. –

1262. Romantisch ist die Oberfläche der Erde. –

1263. Mehre versuchen auf mancherlei Art eine gute Gesellschaft zu bilden; hernach entsteht sie von selbst. Eben so mit der Erziehung der Tochter. –

1264. Sinnlichkeit ein Princip wie Rel[igion] wenn es frei gelassen würde.

1265. Als *absolut* Veget[abilisches] sind die Frauen selbst Poesie. ⟨Die Poesie der Kinder noch sehr verschieden von der der Frauen.⟩ Die Welt als chem[ischer] Proceß um alle Formen der Liebe zu bereiten. Das Unbewußtsein des Animalischen ist den Weibern nothwendig; die Einzigkeit in der Liebe nur zufällig, weil jezt das C[en]t[rum] ihrer Existenz damit verbunden ist. –

1266. Kann man aus Willkühr lieben, so darf man auch aus Willkühr hassen. Jedem Menschen ist in der Gesellschaft der Haß so nothwendig als die Liebe – wie der Krieg für die Nation. –

1267. Tod und Wollust, beides unerschöpfliche Gegenstände für die Poesie.

1268. Der Beruf ein Liebesbuch zu schreiben ist wenn einer die ganze Liebe in sich fühlt.

1269. Frau zu seyn ist eine zynische Perversion [?], Mädchen eine komische Situation.

1270. Die Kindheit und Jugend ist bei den Frauen übers ganze Leben gleich verbreitet.

1271. Ironie ist [one word illegible] universell und S[yn]th[ese] von Reflexion und Fant[asie], von Harm[onie] und Enthus[iasmus]. – Universalität, Originalität, Totalität, Individualität – nur Nüancen von jen[en]; Universalität ist das Minimum.

1272. ⟨Originalität, Universalität, Individualität – alles das vielleicht nur die Kategorien der Genialität (auch Ironie Energie Enthusiasmus Harmonie). Fantasie und Schönheit verhalten sich wie das Objektive und Subjektive.⟩

1273. Fantasie ist eine Auflösung von Construction und Reflexion. – Ironie nur im Geselligen darstellbar, ist indirekter

Enthusiasmus. – Innre Construction $= \frac{1}{0}\sqrt[\Lambda]{\dfrac{\text{Veget[abilisch]}^{(\frac{1}{0}}}{0}}$. –

Vielleicht Geist als $\dfrac{\phi v \text{ Transc.}}{0}$ – sehr sichtbar das der Charakter der phy[sikalischen] Thätigkeit – Magn[etismus] – Elektr[izität] – Galv[anismus].

1274. Die Freundschaft der Frauen hat den Zweck, die Mütterlichkeit zutheilen, gründet sich auf Gleichheit des Gemüths, nicht auf symmetrische Verschiedenheit, wie die Freundschaft der Männer.

1275. Wie dem Freunde der Natur, der überall Leben und Wärme sieht, es lächerlich scheinen muß, daß ihn friert und hungert, so dem Verständigen in der Gesellschaft der Menschen. –

1276. ⟨Man kann sich nicht ändern, man soll es aber auch nicht wollen.⟩

1277. ⟨Man soll im Handeln gar nicht eigenthümlich seyn, sondern nur im Denken und im Fühlen. – So wenig wie der Mensch eine eigne Arithmetik haben kann, eben so wenig soll er eine eigne Politik haben.⟩

1278. ⟨Es muß noch eine Mad[onna] geben wie einen Chr[istus].⟩

1279. Man rühmt die Frauen meistens nur mit dem Wein und Kindern zusammen – mit Blumen, das geht noch eher an. –

1280. Sieht man sich wieder? – Wenn man sich wirklich gesehn hat, gewiß!

1281. Nur der ist ein Mensch, der sich über die Menschheit erheben kann; d.h. die Erde und das Leben aus dem Standpunkt der Sonne und des Todes beurtheilen kann.

BEMERKUNGEN

1282. Der Künstler sieht alles nackend. –

1283. Ohne Frau wird der Mann ein Mönch oder ein Libertin, oder wenn er vielseitig ist, wechselt er zwischen beiden Zuständen. –

1284. Mangel an Verschmelzung ist das auffallendste am Menschen nach reiner unmittelbarer Anschauung; das Göttlichste und Reinste gleichwie durch grobe Ironie verdorben. –

1285. Nur mit dem höchsten Freund soll man streiten. Doch kann [man] es auch mit den andern versuchen, es ist ein philos[ophisches] Exper[iment]. –

1286. Das Wesen der Gesellschaft ist Musik und Hierarchie. –

1287. Wie die Liebe der Kern der Familie, so ist die Freundschaft der Kern der Schule; was diese für die Kunst, das ist der Orden für das Leben. –

1288. Die Männlichkeit der Weiber besteht einzig im Sinn für die Natur.

1289. Weiber. Sie reden immer als ob es ein Mann hören sollte, auch mit sich selbst – sie wundern sich über ihre Gleichgültigkeit gegen die Welt.

1290. Auch das Eigenthümliche im Ton der Kinder muß sich construiren lassen, und ist dieß der Grund alles übrigen Eigenthümlichen im Ton der Weiber, der Jugend, der Künstler, des Genies – gleichsam das Princip des Naiven. Vielleicht *absoluter* Irration[alismus] dieses Princip.

1291. Kinder. Sie ahmen die Erwachsenen nach und doch nicht. Sie sind Menschen und auch nicht. Ernsthaftigkeit im Spiel und Spielen mit dem Ernst. Sie sind offen und auch nicht offen. –

1292. Der Tod ist der erste und lezte Versuch seiner Art; so auch die Hingebung für Frauen. –

1293. Wie die Frauen die Umarmung fester umarmen als die Männer, so halten sie auch die Umarmung des Lebens, die Jugend fester. –

1294. Die Unersättlichkeit der Frauen gehört grade mit zum Idealischen, zur Qualität des Feuers. –

1295. Jede interessante Frau ist eine andre Formel für die allgemeine Dissonanz des Zeitalters, die doch auch nur eine *Nuance* für die Menschheit ist. –

1296. Wer träumen und leiden kann, der kann auch sterben. –

1297. Die Wollust ist vollendet, wenn sie bis zur Ahndung des Todes wird, und so der Tod wenn er Lust wird. – Man stirbt nur einmal aber man liebt auch nur einmal, und dieses ist Vorbild von jenem; wer dieses recht kann, kann auch jenes. –

1298. ⟨Bedeutet der heilige Geist etwa nur die Freiheit? –⟩

1299. Jedes esoterische Gedicht hat einen Geist und einen Buchstaben. – Das Irrationale nur zum Buchstaben, eben um ihn zu vernichten, um zu zeigen, daß er nur Buchstabe ist, wie das Cha[otische] in Dith[yramben]. Das entgegengesetzte der bloßen Auflösung – die willkührlichste Ueberkünstlichkeit und Unkünstlichkeit. – ⟨Die Pole umgekehrt und dith[yrambisch] gestorben, das ist künstlerisch. ⟩

1300. Wie sich in Erwartung und Sehnsucht und Neugier alles auf Liebe bezieht, so in Furcht auf den Tod.

1301. Wie Unrecht Goethe z.B. hat, künstlich leben zu wollen, immer von Entgegengesetzten zu sprechen, und nichts vom Tode zu verstehen. –

1302. Aller Ernst aus dem Phallus, aller Scherz aus dem Yoni – für Frauen und Männer *vice versa*. –

1303. Wie es der Frau mit der Liebe nur Scherz ist, ehe sie sich giebt, so dem Mädchen mit dem Leben, so lange es Mädchen ist. –

1304. Umgang. Mit der Geliebten ohne Streit, ganz Eins und im Leben immer neu. Mit dem Freunde immer in Streit, im Leben so gleich wie möglich. Das Kind suche man durch die höchste Individualität zu reizen; übrigens im Wechsel zwischen jenen beiden Arten. – Nach eben dieser Ansicht ist auch der Umgang mit einer Nation, Familie, Zeitalter, mit der Gottheit zu construiren. Gespräche mit Gott. Mit dem höchsten Freunde soll man zugleich auch so umgehen wie mit der Gottheit. – Mit der Geliebten und dem höchsten Freunde müssen wir auch noch umgehen wie mit Fremden, eben weil sie uns ewig fremd bleiben, wir müssen und sollen von dieser Voraussetzung ausgehn. –

1305. Es kann oft geschehen, daß die sich lieben, sich nicht finden – auch die sich hier nicht (sichtbar) gesehn, werden sich wiedersehn. –

1306. Groß und würdig wird die Sinnlichkeit nur, wenn die Seele derselben der Naturenthusiasmus ist, wie im Guarini. –

1307. Frauen sind nur an der Liebe krank, und müssen es seyn. Eine ganz gesunde Frau ist schon darum lächerlich und Hetäre. Am Ende muß man der Natur in den Frauen so zusehen, wie sie der Kunst in uns. –

1308. Liebe ist nicht Harmonie schlechtweg sondern Harmonie in Gährung, wie Glaube Fantasie in Ruhe. –

1309. Einige halten das für Ironie, wenn sie wissen wie viel Kinder Laura gehabt hat. –

1310. Das Gefühl kann eben so wohl vernünftig und frei seyn als der Gedanke. Jenes mehr bei den Weibern der Fall. –

1311. Kennt man wohl die Weiblichkeit, wenn man nicht den Fall eines schönen reifen Mädchens aus Liebe sah? – Sie fühlen das Befleckte des Schönsten nur einmal, dann sind sie darüber weg. Sie sind durchgängig aus der goldnen Zeit. Dahin die natürliche Continuität aller Gefühle und auch der Wollust – die treuherzige Ewigkeit ihrer Liebe. –

1312. Die tellurische, aetherische, siderische Form entspricht vielleicht dem Emp[irismus] – Id[ealismus] – Kath[o-lizismus]. – Prophetisch – ist doch wohl die höchste jener

Eigenschaften und mehr als allegorisch. ⟨Dieses hängt mit der Bew[ußtseyns]form zusammen und vermuthlich auch mit der Naturform.⟩

1313. Die P[oesie] der Orientaler ist durchaus mystisch, ganz esoterisch und gar nicht allgemein verständlich. –

1314. Enthusiastisch ist besser als Allegorisch. – **Prophetisch** ist zugleich Enthus[iastisch] und Allegorisch. Also das Höchste. – Vielleicht ist aber doch allerdings Mat[erialismus] (als *absolut* Anim[alisches]) und Re[alismus] (als Trag[isches]) erlaubt in Poesie, Sk[eptik] und My[stik] hingegen nicht brauchbar. – ⟨Sind nicht auch die alten Dichter oft proph[etisch]? – Die moderne P[oesie] ⟨Rom[antisch]⟩ Emp[irisch] Id[ealistisch] Kath[olisch]; die Griechische Mat[erialistisch] Re[alistisch] Sk[eptisch] ⟨eth[isch] kosmog[onisch] trag[isch] kom[isch];⟩ die Indische – My[stisch]. Siderisch die Construction der Begebenheiten, Charaktere pp.⟩

1315. Das Innre der Gedichte sollte vielleicht siderisch oder aetherisch seyn, das äußre durchaus tellurisch, wenigstens ist das [der] Charakter der deutschen P[oesie]. –

1316. Von den Bewußtseynsformen ist die Trunkenheit die vorzüglichste – als Rückkehr in das elementare Bewußtseyn.

1317. So wie Philos[ophie] auf einen ungewöhnlichen künstlichen Zustand des Bewußtseyns, so ist ja den allgemeinen Zeugnissen gemäß – auch Poesie ein ungewöhnlicher Zustand des Bew[ußtseyns] und setzt einen solchen voraus. Wenigstens bei den Alten wird dieß durchgängig vorausgesetzt – wenn auch die Neuern gern in dem Kreiß des gemeinen Bewußtseyns bleiben mögen. –

1318. ⟨Bewußtseynsformen der P[oesie]. Religionsformen. Naturformen. Kunstformen (oek[onomische] – mus[ikalische] – Plastische pp.). Poesieformen (Nachbildung, individuelle und generelle – Combinat[orische] – Metamorph[otische] – Parodie – Ironie – Sat[irische], cha[otische], Parod[ische], philos[ophische] Formen.) Sprachformen.⟩

1319. ⟨Die Bilder in [der] P[oesie] müssen entweder oek[onomisch] oder astronomisch seyn. – Emp[irismus] =

Hist[orische] ⟨phy[sische]⟩ also ep[ische] P[oesie]. Id[ealismus] = kosmog[onisch], did[aktisch], lyr[isch]. Kath[olizismus] = Rom[antisch].⟩

1320. Allegorisch die Religion der Neuern, hängt zusammen mit dem Witz des Romantischen. –

1321. Prophetisch soll wohl die Philos[ophie] seyn, nicht aber die P[oesie]? –

ROMANTISCHE EINFÄLLE

1322. Wenn der Scharfsinn das Messer ist, so ist der Witz wohl die Gabel. –

1323. Die Augen sind der einzige Theil des menschlichen Leibes, die der Mensch sich selbst macht. –

1324. Der philos[ophische] Roman muß so aristophanisch sein als möglich; Maximum von Uebermuth. –

1325. Man sollte eigentlich noch den Priapus anbeten und die Verecundia. –

1326. ⟨Im Caffeehause sieht man recht die Vielseitigkeit des menschlichen Lebens; einige essen, andre brechen. –⟩

1327. Eine alte Jungfer zu sein, ist ein prüder, ein Mädchen zu sein, ein coquetter Zustand. –

1328. Es ist die höchste geistige Liebe dazu [nöthig] um eine sehr schöne Frau nicht physisch satt zu werden. –

1329. Das Piquante in der männlichen Wollust liegt darin, daß sie kindlich ja weiblich scheine und umgekehrt. –

1330. Die Mädchen sollten alles sehen und wissen können, um wählen zu mögen. – Die Frauen zurückhaltend. Jezt ists grade umgekehrt.

1331. Im fünften Act wird eine Coquette meistens eine Furie. –

1332. Vieles ist zu heilig und zart, um je gesagt zu werden, auch dem Freunde; ja dem Geliebten selbst. –

1333. Die Richterschen Menschen gerathen oft unter einander, wie die Beine der Schildbürger. –

*   *   *

1334. Swifts Gulliver ist größer als er weiß ; ließe sich auf die Weltgeschichte anwenden. Lilliput = Griechen; Brobd[ingnag] = Römer; Laputa = die Gothen des Mittelalters; H[ouyhnhnm] die jetzigen. –

1335. Die P[oesie] muß mit der Bibel (als Buchform) anfangen, Ph[ilosophie] damit endigen. –

1336. R[omantische] Kunst ist eben nichts als e[thische] P[oesie]. Kennt man P[oesie] ganz und hat E[thos], so muß sich das übrige von selbst geben. –

1337. Jeder W[it]z[ige] Einfall ein R[oman] *en miniature.* –

1338. In der alten modernen P[oesie] ist Pos[itives] und Negat[ives] durchaus gemischt – Neutral im höchsten Sinne ist für uns die alte P[oesie] und die moderne; null nur die absolut negative. –

1339. Im e[thischen] R[oman] die höchste Cohäsion, Fluß, weder Lücken noch Sprung; Gespräche, Träume, Briefe, Erinnerung. Schöne Geschwätzigkeit. – *Confessions* gehören zu R[omantischen] R[omanen]. – Ließen sich nicht schönere e[thische] Geheimnisse geben? –

1340. Man kann nicht Sinn für Ein Zeitalter allein haben. –

1341. Die musikalische Wiederhohlung des Interesses an der eignen Person findet wohl nur im ph[ilosophischen] und p[oetischen] R[oman] Statt, nicht im e[thischen] R[oman]. –

1342. Sternbald R[omantischer] R[oman] daher eben *absolute* P[oesie]. –

1343. Man muß sich genau bestimmen, was in den alten Werken p[oetischer] R[oman] ist und was nicht. –

1344. Das Veraltete sehr auffallend am Sterne; die Geschwätzigkeit ist gut, weil sie aus der unendlichen Mannichfaltigkeit der Selbstanschauung entspringt. – ⟨Sollte es nicht möglich sein, jetzt einen R[oman] zu schreiben, der nicht veralten könnte?⟩

1345. Sterne ist sehr kokett; das bischen Leichtigkeit was er vor R[ichter] voraus hat, sollte man nicht zu hoch anschlagen.

1346. Weil die Weiblichkeit und die Mahlerei beide *absolut* chem[isch] sind, steht die gemahlte Madonna so weit über dem Chr[istus]. –

1347. Ewige Jugend das wesentliche Erfoderniß des R[omantischen]. – Das unzerstörbar Neue in der Novelle (nicht bloß in der Begebenheit sondern auch im Ganzen der Conversation, auch in Eth[os] und Path[os], wenn diese werden und wachsen, nicht still stehn) ist noch verschieden von dem Romantischen. Dieß lezte liegt oft in einer frischen Buntheit und leichten Unendlichkeit nach allen Seiten. – Die R[omantischen] Skizzen könnten wohl ins Unendliche fortgehn. –

1348. Der Philos[oph] charakterisirt mehr als daß er darstellt.

1349. Smollet's sonderbare Wuth gegen leblose Dinge; Haß des Schmutzes. Begeisterung der üblen Laune. –

1350. Das gesamte Leben und die gesamte Poesie sollen in Contract gesezt werden; die ganze Poesie soll popularisirt werden und das ganze Leben poetisirt. –

1351. Auch die Engländischen p[oetischen] R[omane] gehn alle auf ein *absolutes* Max[imum] von Rührung; Goethe hat diese Waare am besten gefertigt; seine Manufactur die einfachste und feinste; aber vielleicht sollte sie in Entzücken verwandelt werden. – In fast allen Romanen viel Ballast außer im M[eister] und im D[on] Q[uixote]. –

1352. Im p[oetischen] R[oman] ein $\eta^{\left(\frac{1}{0}\right)}$, im ph[ilosophischen] R[oman] ein $\frac{1}{0}\!\Big/\!\underset{\wedge}{\eta}$; im e[thischen] R[oman] beides.

1353. In dem deutschen Roman eine Engländische und französische Welt im Streite. –

1354. Manche junge Mädchen so voll Lust und Muth, daß sie um Hülfe rufen müssen. –

1355. Für die e[thischen] R[omane] ist auch Sophokles Vorbild; ernste hohe Schönheit die über den Reiz und über das Entzücken selbst erhaben ist.

1356. Nichts ist wahrer und natürlicher wie der so oft als unnatürlich getadelte Dualismus der Charaktere. In der Behandlung der gewöhnlichen R[omane] oft eine algebraische Künstlichkeit;

der Roman behandelt das feinste Leben mit der feinsten Kunst. Er ist daher eigentlich im Wesen nichts weniger als populär. Im Ausdruck – ηθος – Ton – das unendlich Kleine; alles gegenwärtig, alles bedeutsam, aber kein Charakter, sondern bloß Züge. Erfindung – unendlich groß, nie gegenwärtig, immer in der Ferne, in unendlichen Massen. Rom[an] in Form ein gebildetes künstliches Chaos. –

1357. Man findet oft nur darum das Universum in der Geliebten, weil man alles andere annihilirt hat. Manche (sehr leidenschaftliche) Liebe ist nichts als Wechselwirkung eines gleich unendlichen Egoismus. –

1358. Im Dr[ama] müßte man auch diaskeuasiren und eine Art von Mythologie bilden statt der Masken.

1359. Die Methode des Romans ist die der Instrumentalmusik. Im Roman dürfen selbst die Charaktere so willkührlich behandelt werden, wie die Musik ihr Thema behandelt. –

1360. In den *Confessions* sind solche Abgründe von Gemeinheit, als man sie selbst in den besten Romanen nicht findet. –

1361. Der Zweck der kr[itischen] Novelle ist, die P[oesie] zu verjüngen und ins Leben einzuführen, das Moderne modern zu erhalten pp. Der Zweck des e[thischen] R[omans] bloß, das Leben zu poetisiren. – Conversation ist eth[isch] myth[isch] dith[yrambisch] cha[otisch].

1362. Es giebt unendlich viele Schönheiten im Leben, die keiner mahlt und mahlen kann.

1363. Der Geist der Facultät ist nicht ungünstig für die Fabel. – Ein Mährchen kann und muß ganz mus[ikalisch] sein. –

1364. Es giebt eine witzige Moral mit Naiv[ität] und Caricatur. (So giebts auch eine witzige Kr[itik] und eine witzige Hist[orie].)–

1365. Die Novelle ist ein KünstlerR[oman], nämlich der Rom[antischen] Kunst, dann zu einem Mährchen und endlich zu einer Fabel gemacht und sublimirt. –

1366. Kr[itik] und Philos[ophie] des R[omans] sollte mit dem Roman ganz verbunden sein.

1367. Meine Notizen über den R[oman] chronologisch und zwar experimentirende Fragmente.

1368. Im *Guarini* von dith[yrambischem] Geiste. –

1369. *Corneille* ist moralischer und kritischer als *Racine.*

1370. In der weiblichen Schönheit ist mehr Suada, Harmonie und Symbolik; in der männlichen mehr Allegorie, Enthusiasmus und Energie.

1371. Der *Castle of Otranto* beweißt nur wie schlecht man nach der Kr[itik] und ihrer Bigotterie für Sh[akspeare] arbeitet, übrigens sehr wenig national, und das schlechte Deutsch ziemlich nah, aber nicht so originell. –

1372. Die *Heloise* eine aesthetische Philos[ophie] und kein Roman.

1373. ⟨Der Ardinghello ist ein aesthetisches Buch, kein Roman. Er will seine Aesthetik versinnlichen, nicht sein Leben poetisiren.⟩

1374. Die Historie der modernen P[oesie] vielleicht in der Aesthetik. –

1375. Zu den Novellen gehört ganz eigentlich die Kunst gut zu erzählen, wie zu der classischen Uebersetzung die Kunst, gut darzustellen. –

1376. Das projectirte Werk über den Menschen nichts als ein erneuerter Plato und Spinosa. –

1377. Nur durch das Mährchenhafte nicht bloß Intriguante wird die Geistergeschichte poetisch; und nur durch Allegorie wird sie gebildet und erhält einen Grund und Boden. Die Allegorie aber muß nicht bloß Hist[orisch] sondern religiös sein. –

1378. Der Roman strebt nicht nach dem Unendlichen, sondern aus dem Unendlichen heraus. –

1379. Sokrates als Ideal eines aesthetischen Philosophen; Johannes als Ideal eines aesthetischen Christen. – Im Spenser ⟨so⟩ ein frischer Duft und leichter Nebel und geistiger Hauch.

1380. Gemeine Menschen haben Andacht gegen die Alltäglichkeit und Mittelmäßigkeit und halten alles Außerordentliche für diabolisch. –

1381. Die Verwirrung in Bekentnissen ist oft von der Art, die

sich auf die Voraussetzung gründet, alle Welt kenne alle ihre
Verhältnisse. –

1382. Die Aesthetik hat einen Mittelpunkt und das ist eben
der – Menschheit, Schönheit, Kunst; goldenes Zeitalter ist das
Centrum dieses Centrums. –

1383. Abnehmende Scale des Engländischen Geistes im R[oman].
Sterne coquettirt mit romantischer Allmacht, aus Nichts zu
schaffen. Der Engländische Witz hat durchaus einen Anstrich
von ihren komischen Kupferstichen; er ist punctirt und mühsam
in Metall gegraben. –

1384. Tasso ist antiker, classischer, schöner; Ariost moderner.

1385. Homer neigt sich zu R[omantischem]; vielleicht auch
Virgil und Ovid. –

1386. Wer ohne Construction nachahmt, der ist eigentlich
ein Nachahmer im gemeinen Sinne. –

1387. Vielleicht ist der Roman eine weibliche Dichtart, wenn
man die P[oesie] als animalisches Universum betrachtet. –

1388. Virgil, Horaz, Ovid sind offenbar romantische
Naturen. –

1389. Alle lyrische P[oesie] hat eine Neigung epigrammatisch zu
werden. –

1390. Jede Nation hat ihre Romanze und eigenthümliches
Metrum dafür; im Deutschen das Hans Sachsische. – Das
Fortsetzen scheint d[em] spanischen R[oman] sehr eigen.

1391. Soll die P[oesie] Wissenschaft werden, so muß der
aesthetische Eindruck eines Gedichtes Eins untheilbar und
bestimmt sein, wie eine math[ematische] Formel, so daß man
damit beliebig rechnen und experimentiren kann. –

1392. Auch die Char[akteristik] des D[on] Q[uixote] und Sa[ncho]
behandelt Cerv[antes] durchaus mus[ikalisch] und spielend, ohne
alle Ps[ychologie], Entwicklung, ja gewöhnliche Consequenz.
Die Willkühr und das plötzlich Auffahrende im D[on] Q[uixote]
und Sa[ncho]'s *Donayres* sind das feinste in ihrem Charakter.
Der Dualismus zwischen ihnen ursprünglich und nothwendig. –

1393. *Lope* eine eigne Art von Improvisatore, ein künstlicher. –

1394. Intrigue eine solche Art Verwicklung, wie im Schach-spiel – Charten – oder Hazardspiel. –

1395. Offenbar lesen wir oft einen lyrischen Dichter wie einen Roman; so oft man lyrische Gedichte vorzüglich auf die Indivi-dualität des Dichters bezieht, betrachtet man sie romantisch. –

1396. Einen Roman muß man eigentlich gar nicht ändern, nicht corrigiren können. –

1397. Die Werke der provenzalischen P[oesie] sind vielleicht ganz überflüssig gemacht durch die Spanier und Italiäner; aber ihre Lebensart ist im höchsten Grade classisch; das Zunft-mäßige, wobei die Idee daß die P[oesie] – W[issen]sch[aft] sein soll. –

1398. In der *Diana* ist *music* so sehr *the food of love,* daß man sagen könnte, Amor habe sich daran den Magen verdorben. Doch viel südlich Schönes. – Die romantische Liebe wie die Spanier sie darstellen, ⟨auch Sh[akspeare] zum Theil,⟩ durchaus grotesk. – Nur die Spanier haben ein romantisches Leben gehabt. –

ZUR MAHLEREI

1399. Das Colorit des Dürer und Lucas von Leiden hat etwas von dem Mosaik. – Diese Schmuckmahlerei, wie Arabische Spielmahlerei. Virtuosität der Holländer in ihrer Mahlerei, Philol[ogie], ihren Gärten, Reinlichkeit. –

1400. Die Lichter in der Mahlerei sind eigentlich Blicke; diese sind gegen das Naturlicht was der mus[ikalische] Ton gegen Geräusch. Das Wesen von beiden liegt vielleicht in der abso-luten Homogeneität. Sollte es nicht im Kuß und in der Umarmung etwas ähnliches für das Gefühl geben? – Der Blick leuchtet und glänzt ohne zu flimmern und zu blenden. – Es giebt eine Manier, auch in der Musik die Lichter zu überladen ⟨-treiben⟩; das [sind] schöne Aufschreie. –

1401. Je mehr Handlung in einer Antike, je ähnlicher dem Basrelief. Das Wesen der Antike ist die Verbindung absoluter

Objektivität und absoluter Subjektivität. Das erste ist die Reinheit und Göttlichkeit, das Idealische. Das lezte ist das Classische; daß alles Einzelne dem Ganzen entspringt. Dadurch werden es Individuen, lebendig gegenwärtig Götter. – Die Heroen in der alten Plastik wohl weit synthesirter und weit interessanter. –

1402. Die Gesticulation ist eben wie der mündliche Vortrag in Interpunction, Accentuation und Intonazion eingetheilt. –

1403. Die Zeichnung als ganz auf Proport[ionen] beruhend, eine architektonische Musik. –

1404. Die Intonazion ist das Chiaroscuro der Declamazion.

1405. Imaginazion noch verschieden von Fantasie als ein mittleres zwischen Darstellung ⟨Originalität⟩ und Repräsentazion. –

1406. In der Sculptur die Gewänder zuerst artistisch behandelt. –

1407. Correggio's Grazie ist im primitiven Sinne manierirt; seine Menschen blicken Triller. –

1408. Der Versuch (*Essay*) muß haben Colorit, Manieren und Imaginazion, Drapperie und Zeichnung, Numerus und Accentuazion, Gesticulation und Effekt. Die Darstellung Chiaroscuro pp. Der Accent ist ein musikalisches Licht. – Colorit theilt sich in Glanz, Glasur, Schmelz, das Frische. –

1409. Die Mineralität der Fr[agmente] ist auffallend*; so auch die Anim[alität] der Masse. Rhaps[odie] sollte also Veget[abilisch] sein. ⟨*Das Höchste sind aber doch die Stimmen, die Lichter und Blicke, der Duft und Kuß der Bilder und Gedanken. –⟩

1410. Die Behandlung der Haare gehört auch zur Drapperie. –

1411. Symposion eine eigne Form des Griechischen *Essay*. –

1412. Jedes Metrum soll allegorisch sein, und jede Declam[azion] soll personificiren. –

1413. Gesichtspunkt ein Begriff der Perspektive. –

1414. Colorit theilt sich in Lichter, Tinten, Töne. –

*   *   *

1415. Allegorie ist Musik von architektonisirten Plasmen.

1416. Die Musik ist unter der Kunst was die Religion in der Welt und die Algebra in der Math[ematik]. Sie ist Nichts und Alles, Mittelpunkt und Umkreis; das höchste Schöne und die Willkühr. Aber hier am meisten [one word illegible].

1417. Bildung und Erfindung ist das Wesen der bildenden Kunst, und Schönheit (Harmonie) ist das Wesen der Musik, der höchsten unter allen Künsten. Sie ist die allgemeinste. Jede K[unst] hat mus[ikalische] Princ[ipien] und wird vollendet selbst Musik. Dieß gilt sogar von der Philos[ophie] und also auch wohl von der P[oesie], vielleicht auch vom Leben. Die Liebe ist Musik – sie ist etwas höheres als K[unst].

1418. Gymn[astik] = Plast[ik] + Mim[ik]? –

1419. *Montemayor.* Die Sprache fast wie Sh[akspeare]'s Prosa ohne den Witz. –

1420. Es giebt noch keine Philos[ophie] der Liebe; vielleicht ist sie nicht bloß der beste, sondern der einzige Gegenstand der R[oman]p[oesie]. –

1421. Die Liebe im M[ontemayor] sehr sophistisch behandelt ⟨überhaupt in der Novelle, das zeigt sich auch an Sh[akspeare]'s Novellen,⟩ mit viel Witz und Kunst in der Art. –

1422. Die spanische P[oesie] theilt sich viel bestimmter in Ep[os], Lyr[ik], Dr[ama] als die italiänische. –

1423. Historische Kunsturtheile d.h. Char[akteristiken] existiren fast nicht. –

1424. Unter Correctheit denkt man sich fast immer eine äußere politische und juristische Vortreflichkeit der Poesie. –

1425. Viele Menschen haben bei d[er] Abstr[action] eine ganz bestimmte Direction, Nachbarschaft, Nicht [?] Sinn für ein Nebenglied, und Sinn fürs andre.

1426. Ließe sich Shak[speare] wohl nach dem Princip der Classizität kritisiren? Romeo in einem Gespräch – Hamlet als Monolog – *Love's labour lost* in einem Briefe – der

Hist[orische] Cyklus als Masse. **Plato** muß auch so charakterisirt werden. (Also dialogisch – dialektisch – und dann mythisch. –)

1427. Mythos und *absolute* Gr[ammatik] der Geist von Chr[istenthum]. – In der religiösen Poesie wird dem Stoff d[as] Muster, eine neue originelle Form gegeben. Es giebt so gut eine historische P[oesie] als Ph[ilosophie]. –

1428. Caricatur ist das Wesen von Mim[ik]. –

1429. Der Strom des Wohllauts ist der Grund des Ariostischen Gewebes, alles andre hineingetragen, und oft weder gründlich noch wild verbunden; heroische Caricatur, Novellen, Allegorien, Stellen aus den Alten und Blüthen der Sinnlichkeit. –

1430. Der org[anische] R[oman] ist eine Novelle, d.h. ein Roman der sich ganz aufs Zeitalter bezieht. –

1431. Die Poesie der Römer ist sehr religiös. –

1432. Jedes gute Dr[ama] muß in Rücksicht der Harmonie sophokleïsch sein; das ist nicht bloß die höchste sondern die erste Foderung. –

1433. Hat der R[oman] mehr Rh[etorik] oder mehr Mus[ik]?

1434. Die Theorie des Sterbens gehört zum R[oman] wie die Theorie der Wollust und der Weiblichkeit.

1435. Die Weiber können successive Menschheit [?] in der Liebe ertragen, die Männer congestante. –

1436. Das Gaziren ist in R[omanen] sehr alt; schon in der *Diana*. –

1437. Ariosts Stanzen endigen gern witzig.

1438. Die Kindlichkeit eines Mannes entsteht aus dem Unendlichen der Hoffnung und Furcht mit Unschuld. – Vielleicht ist die Eifersucht die kindlichste Seite der Frauen, die am ersten schön naiv sein kann; die Neugier desgleichen. –

1439. *Le blanc de l'ouvrage* in der Liebe ist die Pest, gegen die man Ergötzungen herbeischaffen muß. –

1440. Die Odyssee ist das älteste romantische Familiengemählde.

1441. Eine Novelle ist eine witzige Begebenheit; auch Begebenheiten können naiv sein, Humor und Caricatur haben; grotesk, das versteht sich von selbst.

1442. Die Frauen haben mehr Genie zur Wollust, die Männer treiben sie als Kunst. Die Frauen sind immer wollüstig und sinds unendlich. –

1443. Petrarcas witzige Empfindung das Gegenstück zu den witzigen Begebenheiten des Boccaz. –

1444. Die meisten Männer sind impotent. Imp[otenz] trennt die Ehe, und so werden weit weniger Ehen gebrochen als man denkt. Wer eine Frau nicht befriedigen kann, ist impotent. –

1445. Frauen sind ganz kalt oder ganz unersättlich; die besten beides und steigen von einem allmählig zum andern. Dieß sind ihre Lehrjahre. Die Schamhaftigkeit der Frauen hängt mit der Unersättlichkeit ihrer Wollust zusammen; alles Unendliche schämt sich.

1446. In jedem e[thischen] R[oman] ein *absolutes* Ch[aos] von Charakter nothwendig; besser aber nur innerlich und in allen. Bei schlechten Schriftstellern wird daraus die beliebte Unaussprechlichkeit, und in der romantischen Neugier wird die Erfindung auch als *absolutes* Ch[aos] behandelt. – ⟨Auch im Path[os] solch ein *absolutes* Ch[aos]. –⟩

1447. Willkührliches Zusammenziehn und Entfalten im Vortrag des R[omans]; diese Elasticität der Darstellung (im Cerv[antes]) ist sehr episch. –

1448. Im Cerv[antes] ist das Ehrgefühl eigentlich schön behandelt. – Was Urbanität betrifft, so ist das feinste im M[eister] noch lange nicht so fein als Cerv[antes]. –

1449. Novellen sind myth[ische] *Concetti*. –

1450. Ein witziger Charakter ist ein solcher, aus dem sich eine unendliche Reihe von witzigen Begebenheiten entwickeln kann; D[on] Q[uixote] und Sa[ncho]. –

1451. Wenn es eine ächte Mode gäbe, so hätten die Weiber sehr Recht, ihr unbedingt zu gehorchen. –

1452. Fabel, Mährchen und Legenden können durch Kunst und Bildung zu N o v e l l e n werden. Dahin gehört auch die Poetisirung der Künste. –

1453. Romantische Prügel und witziger Dreck in Cerv[antes] bis zur Vollendung schön; auch romantische Spitzbüberei und Gemeinheit. –

1454. In vielen R[omanen] läßt man kurz vor der lezten Oelung die Neugier bis zur Wuth steigen, der Athem bleibt der Darstellung stehn. –

1455. Es ist merkwürdig in wie vielen R[omanen] die Nebenpersonen interessanter und besser dargestellt sind als die Hauptpersonen. –

1456. Die Sünde und die Kunst sind die Pole des Deutschen Romans.

1457. Die Weiblichkeit der Darstellungsart liegt eben so und noch weit mehr in dem was nicht gesagt wird, und nur von Weibern nicht, als in den Feinheiten die nur sie sagen können.

1458. Bekentnisse sind ein NaturR[cman]. –

1459. Jacques von Diderot ist nicht so wohl ein Roman als eine Persifflage dagegen. Der Herr im J[acques] ist vortreflich n u l l. D[iderot] behandelt die Neugier wie eine ganz ausgelassene und in der Rel[igieuse] wie eine sehr intriguante Coquette.

1460. Alleg[orie] Symb[ol] Personif[ication] im B u c h s t a b e n sind die rh[etorischen] Figuren der Alten. –

1461. Die Behandlung der Ferne im Persiles sehr romantisch – er hat darin etwas Aeschylus. –

1462. Im R o m a n das Produkt phy[sisch], das Werden und Machen math[ematisch], im Dith[yrambus] umgekehrt. –

1463. Nur die romantischen Classiker müssen ganz treu übersezt werden, die did[aktischen] nicht, also auch Dante nicht. –

1464. In G o e t h e's vermischten Gedichten eine Anlage zur R e l i g i o n d e s D i c h t e r s u n d K ü n s t l e r s. –

1465. Gehört nicht schon zu Rom[antischem] beides, Zauberei und Weissagung. –

1466. Die romantische P[oesie] hat sich bei allen Nationen in ein Chaos von Unbildung aufgelößt – Petrarchisches, Beaumont und Fletcher, Spanische Rom[ane] und Com[ödien] der spätern Zeit. – ⟨Durch die Theorie des Romans die ganze P[oesie] in revoluzionären Zustand versezt. –⟩

1467. Das gemeine Ideal eines correcten Gedichtes d.h. was nirgends Prise giebt, bezieht sich auf das andre von einem Fest und Pracht-Stück des ϵπος als große Oper. – So auch der gemeine Vers – Reim mit höchster Monotonie; aber volltönend, wie das Klippklapp des Reims und eine allgemeine flache Euphonie. –

1468. Das Drama soll eine göttlich spielende Ansicht des Lebens und der Menschen geben, daß es erscheint wie eine Musik, wie ein Feld voll Blumen, wie ein Gemählde mit architektonischer Kunst. Dann würde es von selbst wieder festlich werden und Shaksp[eare] mit den Alten verbinden.

1469. Das Objekt der Musik ist das Leben, das der plastischen Künste die Bildung. –

AELTERE GEDANKEN

1470. Das Glück ist ein Talent. –

1471. Die Liebe ist die intellektuelle Anschauung des Lebens. – Er sieht in ihr die Schönheit der Welt – sie in ihm die Unendlichkeit des Menschen. –

1472. Selten ist Amor ein Kind. –

1473. Die Weiber am unglücklichsten und auch am glücklichsten. –

1474. Freundschaft ist die Kunst der Selbständigkeit. – Die Freundschaft ist kein Raub an der Liebe. –

1475. Alles Leben ist Ehe (mit der Erde und Natur). –

1476. Der Schmerz macht einsam und abhängig. –

1477. Die Ruhe ist nur ungestörte Sehnsucht.

1478. Es ist eine unauflösliche Gleichung zwischen Männlichkeit und Weiblichkeit. Jeder Mann ist genialisch; Harmonie ist das Wesen des Weibes. Jeder Mann hat einen Daemon – jede Frau eine Ehe in sich. –

1479. Wollust und Gesellschaft in Harmonie ist Ehe. –

1480. Der Tod ist vielleicht männlich, das Leben ist weiblich. –

1481. Nur in der Antwort des Du fühlt das Ich seine ganze Einheit – vorher ist Chaos – Ich und Welt. –

1482. So tief man auch ins Innre dringt, so bleibt doch etwas zurück, was keine Geschichte darstellen kann. –

1483. Der Kuß ist die Rose des Lebens. –

1484. Die Wollust ist das Potenzirteste der Natur $= \sqrt[\frac{1}{0})]{} \mp \dfrac{x^{(\frac{1}{0}}}{0}$.

1485. Gespräch der Seelenkräfte wie Kinder.

1486. Des hohen Egoismus wird man erst fähig, wenn man im Mittelpunkt der Liebe ist. –

1487. Nicht je schöner, sondern je vegetabilischer, je weiblicher ein Weib ist, je lieblicher ist sie. –

1488. Eine Frau sagt oft naiv etwas andres statt dessen, was sie eigentlich will und zu sagen scheint. – Ein Mann sagt auf eine naive Weise gleich gradezu was er will. –

1489. Sollen sich denn nicht auch die G e i s t e r küssen, umarmen, befruchten, Eins werden? – ⟨ Das Einswerden ist wohl bloß Ideal der Umarmung. Die Vermischung der Indier ist weder der Freundschaft noch der Liebe Ziel, nur innigste und vielseitigste Berührung. –⟩

1490. Alle Träume der Liebenden sind buchstäblich wahr; in jedem Weibe ist das ganze Universum. Nur wenn sie vergleichen, sind sie thöricht. –

1491. Treu ist man wohl v o n s e l b s t, wenn man g a n z liebt. –

1492. Selbst Freude und Schmerz der Frauen ist vegetabilisch; sie welken oder blühen auf. –

1493. Freundschaft ist nicht möglich mit einer Frau die man nicht liebt, aber wohl Gesellschaft und zwar die höchste, schönste. –

1494. Ein schönes Gespräch muß im Gedächtnis bleiben wie eine Begebenheit.

1495. Eigentlich hassen kann man nur den Freund; müßte man die Geliebte hassen, so würde man sie auch verachten. –

1496. Erotische Mythologie der Griechen. Adonis und Lucrezia (so wie Sh[akspeare] sie behandelt) sind allgemeine Begriffe – Amor und Psyche – Narcissus – Pygmalion – Proteus – Echo – Iris – Lethe – Anadyomene – Apollo am Amphrysos.

* * *

1497. Liebe ist Wollust und Freundschaft und Gesellschaft zugleich. –

1498. Gesellschaft verhält sich zu Umgang, wie Bildung zu Erziehung.

1499. Dieß gehört nothwendig zur Liebe, daß man gegenseitig das Universum in einander findet – doch nicht so trocken definirt. Es ist ein süßes Meer von leiser Unendlichkeit. –

1500. Jede wahre Liebe ist einzig und ganz unendlich, kann ewig nur steigen. Die Liebe auch der Quell aller Poesie. –

1501. Die gute Gesellschaft besteht darin, daß sich alle im Scherz lieben. –

1502. Ohne syst[ematische] Hist[orie] (historische Prädestination) im Leben giebts keine ächte Treue. –

1503. Nichts und Alles sind auch romantische Kategorien.

1504. (Rugantino ist der zarteste und liebenswürdigste Lazarillo. –)

1505. ⟨Catull ist voll kindlicher Zärtlichkeit – Ovid ist gar nicht sentimental – Sterne hat sehr romantische Monologie.⟩

1506. Wie könnte der das Individuelle seiner Nation oder seines Zeitalters auszusprechen wagen, der seine eigne Personalität nicht hingeben kann. Lyrische Dichter. –

1507. Nur in der heiligen Einsamkeit erinnert man sich an sich und an alles. –

1508. Alles Gute ist schon da; gegen das unbedingte Fortschreiten. –

11—S.L.N.

1509. Religion ⟨des Individuums⟩ ist nur die innerste heiligste Bildung. Ohne Religion ist keine rechte Liebe möglich, eben wegen des Glaubens an syst[ematische] $\sqrt{\dfrac{\text{Hist[orie]}^{(2}}{0}}$. Ein religiöses Leben, eine lebendige Religion steht in der Mitte zwischen Aesthet[ik] und R[oman]. Sie besteht in einem Glauben an unendliche Bildung – die Heiligkeit der Natur dazu pp.

1510. Aller Tod ist natürlich; jeder stirbt aus Reife und zur rechten Zeit. – Eine teleologische Ansicht des Lebens gehört zur Aesthetischen Religion. ⟨Liebe ist schon Aesthetische Religion an sich. Constitution des ächten Lebens.⟩

1511. ⟨NB. Die innerste Ansicht der Lucinde und schon des Briefes an Dorothea – ist eine absolute Harmonie des Gefühls – also eine Art des Re[alismus], wie auch der der Bewunderung in der ersten Auffassung des Classischen und Antiken, und der Begeisterung in dem *absolut* Animal[ischen] des Alterthums und der Wollust – und der Natur. – Also drei Formen des Realismus als Anfang meiner Philos[ophie].

1512. Die Frauen bedürfen der Freundschaft nicht d.h. sie brauchen gar nicht zur Liebe gebildet zu werden. –

1513. Die Verzweiflung ist die Mutter der Tiefe.

1514. Nicht der Haß sondern die Liebe sondert das Chaos.

1515. Die wahrhafte Schöne müßte gar nicht glänzen.

1516. Adonis ein schönes Symbol hoher Wehmuth. Nur durch seinen Aufenthalt am Amfrysos ward Apollo Musaget und mit den Grazien Eins.

1517. Geld, Reichthum und Adel ganz richtiger Maaßstab für allen nicht originellen religiösen Werth, für Personen die nicht Individuen sind.

1518. Wollust, Freundschaft, Gesellschaft, Liebe herrscht in getrennten Gattungen des R[omans] (jezt zu vereinigen). –

1519. ⟨Im Tibullus ist eben die Charakterlosigkeit, der reine elegische Fluß in ihm ist schön. –⟩

1520. ⟨Im Cha[os] wechselt + und — , im Syst[em] ist beides verschmolzen.⟩

1521. Einbildungskraft ist verschieden von Fantasie. Jene bezieht sich nur auf Witz und Vernunft, ist ein philos[ophisches], kein p[oetisches] Vermögen.

1522. Die Gleichheit der Religion ist das stärkste, ja das einzige Band der Ehe. – Die Ehe ist etwas ganz religiöses – nicht bloß ein Institut für Kinder; das heißt sie herabwürdigen. Nur zwischen Geistlichen ist eine Ehe möglich; die Ehe geht gar nicht bloß auf dieses sogenannte Leben. Ehe ist Liebe und Gegenliebe, beides vollkommen. –

1523. Die Vernichtung der Nemesis ist Ziel der Liebe, so auch die des Todes. Die Nemesis ist ein Schein von geistigem Tod. –

1524. Nur Weiber sind warm; man muß mit Bewußtseyn müßig gehn. – Jeder hat ein Paradieß; Thätigkeit heißt der Engel der uns daraus vertrieb. Müßiggang ist die hohe Schule der Selbstkentniß. – Unschuld ist Müßiggang – durch sie wird die Welt erhalten. – Alle Nützlichkeit und Thätigkeit ist höllisch und teuflisch.

1525. Gedichte und Witz als Linderung der Gluth. –

1526. Niederträchtig ist es, daß die Menschen glauben, wer liebe, sei blind. –

1527. Mädchen müßten verführt werden; eine Hochzeit ist ein häßliches Opfer.

1528. Nichts ist ruchloser als wenn man die Unschuld genießt.

1529. ⟨In der Ilias viel Geist der Männlichkeit und Freundschaft. Das Kriegerische darin ist allegorisch zu nehmen.⟩

1530. ⟨Im Shak[speare] die Liebe durchaus cha[otisch] behandelt. Ph[ilosophischer] R[oman] + F[antastischer] R[oman].⟩

1531. Der Daemon die eigentliche Rom[antische] Relig[iöse] Idee – läßt sich sehr gut romantisiren. –

1532. Was man Freundschaft nennt, tiefere und umfassendere Gesellschaft zwischen Zweyen mit gleichmäßiger Liebe – das ist nur eine Abart wie Gesellschaft und Wollust ohne Liebe. –

1533. Classisch ist Petrarca in der Reflexion, dem Dualismus der Liebe und in dem edeln und schönen ἕν καὶ πᾶν. –

1534. Ovidius durchaus romantisch. Lucian nicht auch?

1535. ⟨Phaeton wohl eigentlich ein komischer Mythus.⟩

1536. Die Musik ist recht eigentlich die Sprache der Liebe.

1537. ⟨Im R[oman] ist die Poesie ganz Kunst, im Dith[yrambus] so sehr als möglich W[issen]sch[aft].⟩

1538. Immer war es ein adliches Rel[igiöses] Aesth[etisches] gebildetes Leben, aus dem [der] R[oman] entsprang und wohin er wieder wollte. Er geht also in sich selbst zurück. – Die Engländischen R[omane] sind ein System für sich, die französischen und die deutschen bilden nur ein Ganzes.

1539. Das Glück ist wohl eben das Werk der Lebenskunst. – In dem Italiänischen Verstande liegt vielleicht die Idee das Glück machen zu können. –

1540. Die Moral geht auf die Verschiedenheit des E[thischen], wie Log[ik] auf die Einheit des Philos[ophischen]. – Adel, Ehre, Sitte Hauptb[egriffe] der Moral (Tugend – Tapferkeit; die Nebenbegriffe von Edel sind wohl Groß und Schicklich, ⟨Fein⟩). –

1541. Um die Idee von Glück und Klugheit dreht sich der ganze Boccaz. – Sich seiner Klugheit zu freuen, ist sehr aesthetisch, und das liegt doch selbst bei den gemeinsten italiänischen *beffe* zum Grunde. Die rechte Wuth der Rache steht in Beziehung auf jene *beffe*. Nur wer sie erlitten, und jene Idee von egoistischer Klugheit [hat], fühlt sie. – Was der Spanier thut, der an seiner Ehre beleidigt ist, ist nicht Rache sondern Zorn und Wuth. –

1542. Sehr bewundrungswürdig ist am *Petrarca* die Objektivität, das *Crescendo*. Merkwürdig die Trennung des F[antastischen] und S[entimentalen] in Canzonen und Sonetten und schön die Einheit, Laura alles für ihn, Madonna im Himmel, Roma auf Erden.

1543. Die Schönheit der Welt findet der Mann erst im Weibe, die Unendlichkeit des Menschen die Frau im Manne. –

1544. Jeder R[oman] ist mehr oder weniger eine Relig[iöse] Schrift. –

1545. ⟨Feste sind das Kunstwerk und Kennzeichen, die ἐπιδειξις des Priesters. –⟩

1546. Sonderbar daß die Dichter auch im Geistigen der Liebe selbst das Individuelle so scheuen und so abstract sind. –

1547. Alle im Scherz zu lieben ist das Wesen der guten Gesellschaft. –

1548. Syst[ematische] Historie ist das Princip der ächten Treue. –

1549. Liebe ist die Kunst des Egoismus; nur durch Liebe wird man ein Individuum. –

1550. Männer lieben in Kindern und Frauen meistens nur die Gattung – Frauen achten den Grad des Mannes.

1551. Aechter Haß ist das innerste Wesen der Männlichkeit. –

1552. Alle Personen in der *Heloise* sind eigentlich beschäftigt, *Confessions* zu machen. Das die eigentliche Handlung des Buchs.

1553. Petrarca der Erfinder ⟨Meister⟩ der Liebe, nämlich er hat ihr die Form gegeben, die noch besteht. –

1554. Einen Roman muß man lange vorbereiten, aber schnell schreiben – die Knospe öffnet sich durch Einen Blick der Morgensonne. –

1555. Sehr R[omantisch] ists im Styl, ein Chaos von Substantiven zu häufen, mit lauter und wie im Petr[arca]. –

1556. Der Stand der Natur muß in die Welt der Schrift wieder eingeführt werden. –

1557. Der wahre Gegenstand der Fantasie ist Leben, ewiges Leben – aber hier mit Aether der Freiheit. –

III

1798—1801

1558. Die mystische Synthesis der Individuen in der Liebe besteht im Zusammenstreben; das ist das Geheimniß des Todes. –

1559. Freundschaft ist eine Verbindung für die Erde und Liebe für die Ewigkeit. Wie soll die gegenseitige Einwirkung auf den Geist seyn? Sie ist bildend aber unbewußt – schaffend, heilend, eben so sehr als bildend – erregend. Stetige Steigerung ins Luftige, Uebergang aus dem Tellurischen ins Aetherische.

1560. Lovell (und Werther) tragische Gesch[ichten] vom Untergang der Poesie in der jetzigen Zeit (aus Mangel an Religion). –

1561. Sollte die Ehe nicht eben so die Gemüther neutralisiren müssen, als sie für die Körper ein eigentliches Verbrennen ist? – Sie ist also durchaus religiös, gleichsam ein großes Symgebet. –

1562. Liebe ist die Verbindung werdender Menschen*; die Ehe aber vollendeter. Treue in dieser das Wesentliche – (Sittlichkeit**) die gegenseitige Bestimmung – daher all die romantischen Geschichten – in allen der Glaube an eine wunderbare gegenseitige Bestimmung. – ⟨**D.h. sich selbst ganz als Mittel zu gebrauchen. Damit dieß in der Frau herrschend und bleibend sei, muß der Mann absolut treu sein.⟩ ⟨*Die Liebe müßte also mit der Bildung zugleich enden.⟩

1563. Die Wollust gehört mehr zur Ehe als zur Liebe, wenigstens die tiefe Indische. – Freundschaft hat mehr Verwandtschaft mit der Liebe. –

1564. Liebe und Ehe sind verschieden, aber vollendete Liebe geht in Ehe über, und so umgekehrt.

1565. Die Vermischung und Verflechtung sehr heterogener Bestandtheile und selbst aller Mythologien ist eine nothwendige Aufgabe des Romans. Eine antiquirte Mythologie kann nur im Roman behandelt werden. – Auch die Verbindung mehrerer Mythologien ist nur im Roman möglich. Diese aber nothwendig, da alle unsre Europäischen Mythologien doch nur halb sind – und zerstückt. –

1566. Der Roman ist Poesie in Verbindung mit Wissenschaft, daher mit Kunst; daher die Prosa und die Poesie der Poesie. –

1567. Das Orphisch-bakchische ist grade das antikste und modernste zugleich in der ganz[en] alt[en] P[oesie].

1568. ⟨*NB. NB.* Alarkos in drei Acten nach der schon construirten Weise – dann noch 2 allegorische vorn und hinten; 5 zusammen.⟩

1569. *NB.* Nach meiner Ansicht findet für das jetzige Zeitalter gar keine lyrische P[oesie] als Gattung für sich Statt; diese stets in Rom[ane] zu verweben. –

1570. Accente verhalten sich zu Vokalen wie Hauche zu Consonanten. –

1571. Terzine und Romanze dem Antiken und Orientalischen am nächsten. – Sonett die Grundlage des Italiänischen. – Die *Glosa* ist das spanische Sonett.

1572. Auch bei der Stanze und Canzone sollte man immer sehr auf das Dur und Moll, auf Bunt und Dunkel [achten]. – ⟨Es giebt Moll- und Durconsonanten. Kein ∓ Consonant.⟩

1573. In dem Gespräch über Poesie **drei** Personen hinreichend – eine mystisch mythologisch – eine ironisch gesellig – eine gebildet künstlerisch. Eckardt-Walther-Werner?

ZUR POESIE, 1799

1574. Das Wesen der P[oesie] besteht allerdings im $\mu\nu\theta\sigma\varsigma$. – $\eta\theta\sigma\varsigma$ und $\pi\alpha\theta\sigma\varsigma$ findet auch in anderen Künsten Statt. – Durch den $\mu\nu\theta\sigma\varsigma$ wird die Poesie eben so unendlich. –

1575. Plastik und Architektur nur dem Grade nach verschieden.

1576. Die Minnesinger weit origineller als Petrarca's Vorgänger. Dazu die *relics of ancient poetry* – das sind die eigentlichen Antiquitäten der modernen Poesie. – Die Volkssagen immer noch sich selbst gleich. –

1577. Mahomet allein verstand sich auf den Himmel. –

1578. Es giebt bis jetzt eigentlich noch keine classischen Dichter. –

1579. Hans Sachs ist vielleicht der einzige classische *Troubadour.* Die Minnesinger sind noch gar nicht recht veraltet. Der Adel ist den Minnesingern sehr wesentlich. – Die Minnesinger sind voll von dieser süßen kindlichen Wonne. (*Corti d'amore.*) –

1580. Wieland ist nicht einmal parodibel. – Richter, Tieck und A[ugust] W[ilhelm] sind Zeitgenossen und classisch. Das kann man von den Philos[ophen] nicht sagen. – Vielleicht kann es in Deutschland gar keine classischen Schriftsteller vor der Stiftung der Religion geben.

1581. Es giebt auch eine reine Mimik, wie Instrumentalmusik, und das ist die Bouffonerie.

1582. Licht und Schatten ist das Positive und Negative, ∓ der Mahlerei, Colorit das Absolute; die Perspective ist Dignität, Potenz. Im Portrait ist etwas sehr Absolutes.

1583. Der Meister ist Philos[ophie] des Univ[ersums], geht auf die οντως οντα – historische Philos[ophie]. –

1584. Der Mensch ist allerdings der höchste Gegenstand der Mahlerei, auch der höchsten, aber der Mensch als Pflanze. – Die Madonna mit dem Kinde – Staude mit Frucht. –

1585. ⟨Plato und Aristoteles der große Dualismus der Eklekt[ik] und Synkr[ektik].⟩

1586. Das Wesen des Sentimentalen besteht wohl in der poetischen Reflexion über sittlichen Dualismus; das fantastische in potenzirter Combinazion und Abstraction. –

1587. Ewige Jugend, frische Farbe und hohes Gefühl sind Eigenschaften des Cervantes. –

1588. Sk[epsis] ⟨im heftigsten Gefühl⟩ über den Wert des Lebens = indirecte Liebe. –

1589. Cerv[antes] ist eigentlich immer jünger geworden, wenigstens war er am jüngsten in der Mitte seiner Laufbahn. – Im Cerv[antes] reimen sich auch die Gedanken, und das ist das Wesentlichste. – Im Cerv[antes] oft ein Concert von Witz, von Reim, Gefühl und Liebe. Die schöne Würde dieser spanischen Liebe und romantischen Prosa liegt außer dem Spielenden, auch in der Allgemeinheit, welche beides adelt. – Dadurch wird die Sache selbst in milden Wiederschein verwandelt, auch bekommt es dadurch einen geselligen Anstrich. – Außerdem auch eine gewisse Sorgfalt, wie sie im edlen einfachen Anzuge geliebt wird. – Dabei aber doch Eigenheit und Willkühr. –

1590. Lope's Lieder fliegen noch zarter hin wie die vom Cerv[antes]. Er ist oft wilder, leichter, bunter, ja sogar tiefer aber immer roher. –

1591. Iphigenie das größte unter Goethes vermischten Gedichten. –

1592. Das Portrait ist eben so abgöttisch mit der Individualität der Menschen wie die Landschaft mit der der Natur.

1593. Gleich gemein ist der Gesellschaftsgeist der französischen P[oesie] und das Wesen von Natur und Einsamkeit bei den Engländern. – Goethen ausgenommen ist die gesamte zweite Periode der modernen P[oesie] etwas Elendes gegen die ältere von Dante bis Cervantes und Shakspeare.

1594. Alles Bedingte und Bedingende im Styl ist unromantisch. –

1595. Was in der jetzigen Musik recht modern ist, das athmet auch den Geist jener so weit verbreiteten Gottfühlerei. –

1596. Tendenz bei den Deutschen, alle National Mythol[ogie] zu romantisiren. –

1597. Die männliche Schönheit ist nicht bloß *absolut* Anim[alisch] sondern auch *absolut* Miner[alisch] und das ist selbst in den alten Statuen ausgedrückt. Weniger vielleicht das Veget[abilische] der Frauen, selbst in ihren Mahlereien. –

1598. Schiller hat die Kantische Philos[ophie] auf den Matthison angewandt. –

1599. Die Verschmelzung des Ritterthums und der liebens-
würdigen Häuslichkeit im Oberon vielleicht das Beste und
Kühnste im Wieland. Sein Ritterthum ist eine Mischung von
falschem Ariost, Crebillon und Geßner. –

1600. Die lyr[ischen] Gedichte von Shaksp[eare] sind wohl
classische Idyllen. –

1601. In Goethe's Elegien ist das Antike die Hauptsache, das
Sinnliche allegorisch und die Geliebte gar nichts. – Mit der
Metam[orphose] der Pflanzen beginnt eine neue Epoche. –

1602. Die lateinischen Dichter der ersten Periode der Modernen
waren das für sie, was jetzt die Uebersetzungen aus den Alten
[sind]. –

1603. Boccaz ist darin daß er zugleich ein Italiäner und kein
Italiäner ist, eben so abstract wie Petrarca. –

1604. Alle römischen Hist[oriker] sind sehr romantisch; Livius,
Sallust pp. –

1605. Auch die Iphigenie allmählig entstanden und adstruirt
wie Meister. –

1606. Die Musik ist eigentlich die Kunst dieses Jahrhunderts. –

1607. Die Leute wissen oft gar nicht zu zählen – Rafael, Correggio, Tizian – das macht gar keinen Gegensatz. Rafael und
Correggio machen einen Gegensatz – auch stehn beide ganz
allein. – In Dürer und Holbein vielleicht eine größere **Anlage**
als in Rafael und Correggio. –

1608. Idyllen, Dramen, Romanzen sind die Plastik, Mimik,
Musik des Lebens. –

1609. Novellen haben am meisten von Studien. – Soll man in der
Poesie Studien machen? –

1610. Alles muß mit Religion anfangen und endigen. –

1611. Die P[oesie] des jetzigen Zeitalters bezieht sich durchgängig auf Philos[ophie] – und insofern hat sich auch die deutsche
durch die vollendete Trennung in G[oethe] und F[ichte] selbst
vernichtet. Die ältere Ph[ilosophie] und P[oesie] berühren sich
gar nicht, sind aber beide sehr religiös. – Auch die Moral soll

ganz aufhören. Alle P[oesie] und alle Ph[ilosophie] soll moralisch sein.

1612. Die höchste P[oesie] etwa wie Licht. Die organische Oberfläche der Erde ist die Romanze der Natur. – Das ideale C[en]t[rum] der P[oesie] voll Liebe und Ideen. Aus der Liebe und dem Chaos muß die Poesie abgeleitet werden.

1613. Die Allegorie der Schönheit bedeutet nicht bloß die Menschheit, sondern die Gottheit. Die Natur ist Liebe zur Materie geworden, wie das Universum objektiv gewordene Vernunft. – ⟨auf die Menschheit und Bildung. Wir sind uns selbst ein Geheimniß.⟩

1614. Dr[amen] sind unendlich viele möglich, lyr[ische] Gedichte] bestimmt viele. Das ἕν καὶ πᾶν des επος ist göttlich. –

1615. Die neue Poesie durchaus prophetisch. –

1616. Der Schauspieler muß ein Priester sein, oder ein Knecht und Seiltänzer. –

1617. Die goldnen Zeitalter von August an in absteigender Linie. επος ist jetzt das herrschende. – Elegie und Idylle zur Offenbarung der Liebe. –

1618. Originalität, Universalität, und Individualität vielleicht die Kategorien der Poesie. – Besser μυθος – ηθος – παθος. – ⟨Das Romantische, – das Didaktische oder der Enthusiasmus – das Classische und das Universelle.⟩

1619. Bedeutend daß die Gleichnisse der alten P[oesie] so oft ins Gebiet der Natur hinüber spielen; bei andern, ⟨neuern,⟩ oft ins Gebiet der Kunst. – Die Diction der modernen P[oesie] ist artistisch, die der Alten physisch. Eben so ists mit dem Metrum, und selbst mit der Form der Dichtarten. ⟨Man kann und darf die antiken [Dichtarten] gar nicht ohne die modernen betrachten.⟩

1620. Die *Historie* als K[unst] ist auch ein Theil der angewandten Poesie. –

1621. Aus den classischen Formen bildeten sich immer neue und die alten metamorphosirten sich.

1622. Die jetzigen (Rom[antischen]) ⟨Natur⟩ Formen sind Confessionen – Reisebeschreibungen – Volkssagen –

und orientalische Mährchen. (Briefsammlungen – Familiengemählde – KünstlerR[omane]). –

1623. Der Styl ist wohl nur das Architektonische in der Diction. Ton oder Tendenz das Plastische. –

1624. Auch die rom[antische] P[oesie] muß mythologisch sein und darin besteht eigentlich das Gebildete und Genialische zugleich. –

1625. Staatsaction ist das deutsche Drama. –

1626. Romantische Formen der Alten sind die Sokratischen Dialoge – Memorabilien – Symposien – Idyllen – Elegien – Satiren – Göttergespräche – Plutarch[ische] Biographien – Annalen pp. –

1627. Das Reflective im Petrarca und dessen abstracte Individualität ist classisch für alle didakt[ische] Poesie. – Die Aeneide als Versuch einer neuen Mythologie ist didaktisch. –

1628. Goethe ist nur indirekt romantisch. –

1629. Formen der Poesie aus andern K[ün]sten – Portrait – Landschaft – Stilleben – Blumenstück – Fuge – auch aus dem poetischen Leben – Olympische Spiele, Maskerade, Saturnalien, Bakchanal, Turnier, Erndtefest, Krieg, Revoluzion. –

1630. Die Kategorien des Witzes – Grotesk, Humor, Caricatur[4], Naiv[I], Ironie[2], Urbanität[1], Parodie[3], das Burleske[II], Barokke[VI] und Bizarre[III]. ⟨Alle diese spielen um F[orm] und Mat[erie]. Einige gehn bloß auf die Form.⟩

1631. Ein Hauch von Göttlichkeit zieht sich durchs ganze Alterthum, Enthus[iasmus] und Class[icität] sind die Ideen desselben. –

1632. Bizarr ist das poetisch Wilde oder Tolle. –

1633. Ovid ist mehr Fant[astisch], Horaz mehr Sentim[ental]. –

1634. Grundsatz: Die Materie der Poesie muß universell sein. –

1635. Die Tendenz eines Gedichtes muß dem Zufall überlassen bleiben. –

1636. Von Studien findet sich sehr wenig im *Cervantes* und

Shaksp[eare]. Dieses ist etwas ganz neues und beginnt mit Goethe. –

1637. Guarini als Tendenz des höchsten Schauspiels ganz einzig. –

1638. Die Römer haben nur einen kurzen Anfall von Poesie gehabt und eigentlich war sie ganz falsche Tendenz. – Virgil eine falsche Tendenz von Mythologie die gemacht werden sollte.

1639. Guarini noch ein Mittelpunkt zwischen Cerv[antes] und Shak[speare]; Rom[antisches] und Dram[atisches] ganz in eins verschmolzen. –

1640. Die Kategorien der Genialität sind Individualität, Originalität, und Universalität. –

1641. Gegen die Rh[etorik] hat die P[oesie] eine eigentliche Antipathie, wie es scheint. –

1642. Das romantische Fragment in Miniatur ist das Madrigal. –

1643. Die innerste Form des R[omans] ist Math[ematik], Rh[etorik], Mus[ik]. Das Potenziren, Progr[essive], Irrationale; ferner die rh[etorischen] Figuren. Mit der Mus[ik] versteht sichs von selbst. –

1644. Das italiänische ἔπος in Stanzen ist überwiegend arabesk. –

1645. Enthusiasmus und Harmonie sind die Seele der Poesie – und dann das Classische. Tendenz der Poesie zum Leben und zur Liebe. –

1646. Die Idee der Harmonie bei der Bildung führt zum laxen schlechten Wesen.

1647. Das Objekt der Historie ist das Classische. – Angewandte Poesie ist Historie. – Die höchste P[oesie] ist selbst Historie. – Die am meisten Fant[astische] P[oesie] erscheint nicht. –

1648. Das Did[aktische] vielleicht so national bei den Deutschen wie das Rom[antische] bei den Spaniern. – ⟨Aber auch die ältesten und größten Romanzen sind deutsch.⟩

1649. Die Theorie der P[oesie] umfaßt die Elemente – Mysterien – Ideen – Tendenzen ...

1650. Böhme ist der einzige außer Dante der das Chr[istenthum] *katholisch* genommen hat. –

1651. Die altdeutsche P[oesie] der Urquell des Romantischen. –

1652. Der individuellste und am meisten Rom[antische] (unter den römischen Dichtern) ist *Catullus*; ⟨nebst ihm *Tibull.* –⟩

1653. Die bisherigen Rittergedichte sind alle nur Arabesken. –

1654. Das Potenziren und Math[ematik-]ähnliche ist offenbar nur Genialität und Form der Genialität. –

1655. Das Romantische für P[oesie], was das Absolute für Mystik, das Primitive für Philos[ophie]. –

1656. Individualität und Universalität [sind] die Agenten der P[oesie], der ursprüngliche Dualismus derselben. –

1657. Alle P[oesie] ist repräsentativ. Dahin gehört auch die Allegorie. Repräsent[ation] vielleicht nur das Negative zur Allegorie. –

1658. Die Erregbarkeit, das Leben der P[oesie] ist die Fantasie; das Sentimentale ist Excitatur der Fantasie. –

1659. Die Tendenz der P[oesie] ist allegorisch, ihr Produkt ist classisch. –

1660. Die **Liebe** ist nichts abgesondertes von Harmonie und Enthus[iasmus]. –

1661. Neben der Fantasie ist auch das **Gefühl** eine Kraft der Poesie. –

1662. Die P[oesie] deducirt wie in F[ichte]s Bestimmung. 1) Wer mit Geist und Vernunft philosophiren will, wird Idealist. 2) Das Hohle des Id[ealismus] führt zur P[oesie]. 3) Daraus ergiebt sich dann die ewige Potenzirung und die Moral von selbst. –

1663. Das Charakterisiren ist nicht möglich ohne Idealismus. –

1664. Historie ist so wenig ohne Poesie möglich wie Physik. – Zum System des Menschen kommt man nicht ohne P[oesie]. – Alle Theol[ogie] [ist] P[oesie]. –

1665. Die P[oesie] hat zwei Ideale, wo in Einem die **Kunst** herrscht, in dem andern der **Witz**. –

1666. Für den gemeinen Standpunkt ist die Poesie idealisch, ja

auch für Historie und Physik. Für den Philos[ophen] ist sie das
Centrum des Realismus.

1667. Die theologische Deduction der P[oesie] wäre daß Gott
selbst ein Dichter ist.

1668. Für den Mystiker kann Poesie nur durch das Medium der
Mythol[ogie] deducirt werden – als Stütze der Kosmologie – oder
auch polemisch als Gegengewicht der Ontologie – aus Rückkehr
zum Ganzen. –

1669. Freude und Schmerz – Leidenschaften zu charakterisiren,
ist Sache der P[oesie], sie zu bilden aber Sache der Philos[ophie]. –
Das Charakterisiren ist ein potenzirtes Grammatisiren.

1670. Die Pictur sollte ganz astrologisch sein (Landschaft selbst
eine Tendenz dazu) und Musik ganz Religion. – Idealische
Landschaften sollte der Mahler mahlen – und idealisch sinnliche
Menschheit. –

1671. Die Mimik ist offenbar eine übersetzende Kunst. –

1672. Verstand und Willkühr müssen eben darum in der
P[oesie] chaotisirt werden, weil sie die Agenten der Philos[ophie]
sind. Witz ist eben so unzertrennlich von Fantasie und hat seine
Heimath ganz in der Poesie. –

1673. Der P[oesie] fehlt es grade an Principien, der Ph[ilosophie]
an einem Organon; die erste soll Wissenschaft werden, die
andre Kunst. –

1674. Jede Romanze muß ein eigenes Individuum sein – ein
Original für sich. – In jed[em] Rom[an] und Dr[ama] – Gott und
der Teufel, gutes und böses Princip. –

1675. Das irrationale x macht es möglich, daß es unendlich
viele Dramen einer Gattung, eines Styls und Tons geben kann.
Es sind Approximationen einer unendlichen Aufgabe.

1676. Die Poesie neigt mehr zur Bibel, die Philos[ophie] zum
Journal. Die Ph[ilosophie] [?] ist die K[unst], Journale und
Bibeln zu machen.

1677. Der Confess[ions]Roman soll nicht die Individualität
eines Individuums, sondern einer Familie darstellen. –

1678. Der Gang der lyrischen Poesie ist besonders idealistisch –

das Fortschreiten durch Thesis, Antithesis und Synthesis – das Cyklische – das Potenzirte. In der Elegie ist das Negative und Positive am sichtbarsten. – Im Ep[os] sehr das *absolut* Veget[abilische] – *absolut* Miner[alische] – *absolut* Animal[ische] und *absolut* Elem[entare]. – In den Jamben hat das Negative eine bestimmte Richtung. Die Satire ist universell im Negativen, sie jambisirt nach allen Seiten. – Epigramm und Gnomon sind positiv. – Das Ep[os] hat sich bei den Alten ins Did[aktische] verlohren, von da entblühte Lyr[ik] und Dr[ama]; dann wieder Ep[isches] und Did[aktisches]. –

1679. Ist nicht Arist[ophanes] eine centrifugale Explosion. Diese Komödie läßt sich gar nicht trennen von der Tragödie. Sie ist die Potenz derselben, das Negative, das Nicht-Ich zum Ich. –

1680. Lyr[ik] ist nur eine Progression, Dr[ama] eine Construction. – In modernen Arabesken herrscht das bunt mineralische. –

1681. *Absoluter* Irration[alismus] ist das eigentlich unterscheidende d[es] Rom[antischen]. –

1682. Parekbase und Chor jedem Roman nothwendig (als Potenz).

1683. Der Roman ist offenbar *absolutes* Syst[em], ein Buch im höchsten Sinne.

1684. Geometrie ist ins innerste Wesen der Poesie verflochten. Das Algebraische ist falsche Tendenz d[es] barbarischen. Auch an Tieck zeigt sich die Leerheit desselben. –

1685. Die Mythologie erst durch Religion aus Mystik zu deduciren. –

1686. Alle realistischen K[ünste] und W[issenschaften] sind P[oesie]. – Allerdings fehlt es der Poesie des Sh[akspeare] und Cerv[antes] selbst noch in den innersten Principien. –

⟨ZUM ROMAN. NOTIZEN BEI DER LEKTÜRE 1799⟩

1687. Der Amadis und die andren spanischen R[omane] für den Ariost, was Historien und Novellen für den Shak[speare]; die Wolle zu ihrem Gewebe. – Im Persiles die Idee jene alt-

spanischen R[omane] durch S[yn]th[ese] mit dem Griechischen
zu veredeln. Der 2. D[on] Q[uixote] in Rücksicht der kleinen
Massen so etwa wie *Vidriera,* hat etwas von Nachlese.

1688. Der Grund der Novelle die A n e k d o t e. Alles andre
spätere Umbildung. Die meisten Nov[ellen] sind wahr. –

1689. Die Materie (der Geist) d[es] R[omans] soll sentimental
sein, die Form (der Buchstabe) fantastisch. – Welches ist die
Grundkraft der Poesie? Fantasie nicht, die ist etwas höheres.

1690. Es giebt ein altväterisches Rom[antisches] Cha[os], wo es
kein Steigen und kein Fallen giebt, alles ist gleich und bunt wie
ein Teppich und könnte nach allen Seiten ins *Unendliche*
fortgesetzt werden. So im Amadis, Bojardo; auch im Ariost liegts
zu Grunde.

1691. Die besten Heldensagen altdeutsch. – Die spanischen
R[omane] schon ein Gemisch von diesen und von Mährchen und
Novellen. –

1692. Die Vernunft darf im Gebiete der Poesie durchaus nicht
r e i n erscheinen, sondern immer mit einer Epid[eixis] von etwas
über oder gegen die Vernunft. Das M ä h r c h e n muß ganz
Fantasie und Allegorie sein, die R o m a n z e ganz Musik und
sentimental. –

1693. Sehr merkwürdig ist, daß die italiänische P[oesie] sich
ganz auflößt in die Idee des goldnen Zeitalters und des Hirten-
lebens. –

1694. Das Wesentliche der orientalischen Erzählung liegt im
Fatalismus, der aber im *Detail* als Optimism erscheint. – So muß
es auch in der Erzählung sein, so lange die Menschen das ἐν καὶ
πᾶν darin sind und nicht bloß allegorisch gebraucht werden,
welches sich durch die symmetrische und musikalische Construction kund giebt. –

1695. Poesie ohne Kunst ist Mythologie, und der Kern aller
Mythologie ist die Idee der Natur. –

1696. Daß Pulci, Bojardo, Ariost, Tasso ihre Gesänge v o r l a s e n,
so wichtig als daß Sh[akspeare]'s Werke aufgeführt wurden. –

1697. Das H e r o i s c h e ist poetisch weil es den Geist der Natur ausdrückt. – Eben deswegen auch das Pastorale. Daher ist die Weiblichkeit und die Vergötterung derselben so ganz Poesie. –

1698. Nur genialische Menschen können lieben, denn nur sie haben Sinn für Originalität. –

1699. Jedes Gedicht, jeder Roman soll eine festliche Verschwendung sein, eine aristoph[anische] Komödie und ein Glücksspiel wie Trag[ödie]. –

1700. ⟨Unter den spätern Dichtarten liegt im Idyll, Epigr[amm], Dr[ama] keine Idee, wohl aber in Ep[os], Did[aktikon] und Elegie. Der praktische und der historische Standpunkt für Dichtarten darf nicht vermengt werden.⟩

1701. Vorurtheil, die Lebensfülle der alten Bildner aus dem Anblick des Nackten abzuleiten. Die Religion des Lebens war es! –

1702. Alles Genießen ist ein Essen und Begatten, es giebt aber auch ein vegetabilisches Athmen und Blühen statt jener. – Alles läßt sich so nehmen und behandeln und die Kunst der Wollust besteht eben darin, und ist also weit mehr als Kunst. Sinn fürs Unendliche im Veget[abilischen], Anim[alischen] ⟨Eigentliche Poesie des Lebens.⟩

1703. In G[oethe]'s Meister ist nur die Form d[er] Bedeutsamkeit, aber keine wirkliche p[oetische] Bedeutung. –

1704. Gnome, Sylfen, Salamander, Nixen müssen keinen moralischen Charakter haben, sondern die Menschheit nach dem Charakter des Elements classisch individualisirt. –

1705. Der Fatalismus nimmt wie es scheint in jedem, im Mährchen, in der Novelle, Legende und Romanze einen andren Charakter an. – Jedes Mährchen muß glücklich enden. –

1706. Im Ariost ist das schönste, daß die sinnliche Fülle nicht als schwere Masse sondern als leichtes Spiel erscheint. – Nicht sehr originell. Jeder *Canto* eine Masse zum Vorlesen; darin classisch. Die moderne P[oesie] durchaus für Lektüre* bestimmt, wie die alte für Schauspiel, Gesang, Rhaps[odie] pp. – *Darin liegt auch schon der Keim zu ihrem mystischen Charakter. – *Invitto Alfonso* im Ariost bis zum Ekel. Er und Tasso haben nur [one word illegible] vom goldnen Zeitalter weg. –

1707. Die Naturp[oesie] der romantischen Periode getrennt von der Kunstp[oesie]. Dante und Petr[arca] verachten die *fole de' Romanzi*. Sehr merkwürdig daß alle diese nur ein Werk dichten, ἑν καὶ πᾶν. *Guarini* hat viel vom innersten Geist der Liebe. –

1708. Ein wahres Romanzo giebts noch nicht. –

1709. Alle jene** haben außer der Kunst auch eine witzige Construction. Das ist vielleicht das größte und wesentlichste was sie von den Alten am meisten unterscheidet. Vielleicht sind sie künstlicher als die Alten. – Alle diese Dichter liegen auf der menschendarstellenden Seite des Romans. –

** Dante	1265–1521	Tasso	1544–1595
Petrarca	1504–1374	Guarini	1538–1613
Boccaccio	1513–1574	Cervantes	1545–1616
Ariosto	1475–1534	Shaksp[eare]	1564–1616

1710. Die Reflexion am Schluß ist kein Grund gegen den Fant[astischen] Charakter der Canzone. Eben dadurch wird das Visionhafte in ihr dem Lyr[ischen] näher gebracht. – Die Canzone etwa weiblich, das Sonett männlich? –

1711. Bloß Opfer von Gefühlen, statt der alten sinnlichen. Jedes Gebet soll daher Gesang sein, Poesie.

1712. Dante ist der Mythologe der katholischen Religion. Er hätte gleich von selbst sollen Pabst werden. –

1713. *Conti* übertreibt noch mehr die Vergötterung, steht in der Mitte zwischen Petr[arca] und den Cinquecentisten. Eine fast spanische Neigung zur Sonderbarkeit in der Form, dazwischen rohe und platte Lückenbüßer. –

1714. Im Mährchen sollte Andeutung der Zukunft Statt finden. –

1715. Die spanische Litteratur in jener Zeit Ergänzung der italiänischen, wie jetzt d[ie] engländische d[er] französischen.

1716. Auch äußerliche Erscheinung, Lärm, Glanz, Musik ist in Cerv[antes'] Komödien viel gegeben; fast wie Gozzi darin; oft auch ebenso leicht und decorationsmäßig. –

1717. Die *Baños de Argel* Nachbildung des *Lope de Rueda,* der Schäferstücke schrieb. Von Schäfereien ging das spanische Dr[ama] aus. Auto's vermutlich sehr modern. *Celestina (Selvagia – Eufrosina* pp.) diese ganze Gattung besonders bei den Portugiesen blühend. Wie Cerv[antes] die *Comedias* nimmt, sieht man recht deutlich aus den *Entremeses,* eine Reihe Gemählde nach einander ganz lose, dann wie ein Blitz die Entwicklung oder vielmehr das Ende, Musik und der Vorhang fällt. Bildung und Verstand ist das Herrschende in II D[on] Q[uixote] und Parodie der Bildung, des verständigen Gesprächs, der ernsten Geschichte, der edlen Gesellschaft. –

1718. Die Masken sind nur im Exoterischen national, das Esoterische in ihnen ist universell. –

1719. Wie man den Cerv[antes] und Sh[akspeare] nie zu Ende denkt, so bleibt Guarini ewig dem Gefühl neu. –

1720. *Lope's* Drama ganz berechnet auf die Convention der *Cortesanos – point d'honneur* das ἐν καὶ πᾶν. Familiengemählde der großen Welt, im Prinzip nicht besser als die französische Tragödie. – Im rohesten *old play* der Engländer das Schauspiel eigentlich größer genommen.

1721. Eine besondere Eigenheit des *Lope* ist das Stehlen. ⟨Schule des *Lope de Vega.*⟩

1722. Cerv[antes'] Novellen sind ein Gegensatz gegen die italiänischen wie D[on] Q[uixote] gegen die RitterR[omane]. –

1723. Guarini wollte eine neue vollkommne Gattung und S[yn]th[ese] des Antiken und Modernen machen. – Guarini's Grundform das Madrigale und ein festliches Gelegenheitsschauspiel, musikalisch und antik. Durch den Anreiz der *Aminta* entstand die große S[yn]th[ese] beider – *Pastor fido.* – Einige Sonette des Guarini haben etwas von dem Styl in den Chören. –

1724. Für die Arabeske ist Cerv[antes] was Goethe für das Studium. –

1725. Das romantische ἔπος der Italiäner das immer nur Tendenz geblieben ist, bildet fast eine continuelle Reihe aus dem Burlesken ins Altepische, wird immer ernster und größer oder doch schwerer genommen. –

1726. Bei Sh[akspeare] ist das Studium in (alle Werke) das Ganze verschmolzen. –

1727. Die Hauptperson in II D[on] Q[uixote] ist der erste Theil. Es ist durchgängig Reflexion des Werks auf sich selbst. Vielleicht lassen sich die *Novelas* auffinden, die in den II D[on] Q[uixote] sollten. Die im I. sind die kühnsten, hellsten, dunkelsten, schönsten. –

1728. Daß der Roman zwei Centra wünscht, deutet darauf, daß jeder Roman ein *absolutes* Buch sein will, auf seinen mystischen Charakter. Dieß giebt ihm einen mythologischen Charakter, er wird dadurch eine Person.

ZUR POESIE

1729. Harmonie des Antiken und Modernen scheint Geist meiner gesammten Poesie.

1730. Was sich der Darstellung ewig entzieht wie das Licht, läßt sich eigentlich nur in der Elegie darstellen. –

1731. Altes Metrum und modernes ist so ein absoluter Gegensatz wie Chr[istenthum] und Mythologie, ⟨wie Sculptur und Mahlerei.⟩

1732. In allen romantischen Compositionen herrscht indirekte Liebe. –

1733. Zu einer Theorie der Dichtkunst wäre das Erste eine Deduction derselben, dann ein Ideal. – Dann Maximen sowohl der Beurtheilung als Hervorbringung. – Die Kritik soll die Werke nicht nach einem allgemeinen Ideal beurtheilen, sondern das individuelle Ideal jedes Werkes aufsuchen. –

1734. Die Diction der Alten ist nach der Weise der Sculptur, der Architektur und etwa des Basreliefs, Münzen usw. Die der modernen ganz pittoresk. –

1735. Die Caesur ist ein Wendepunkt im Verse, ein innrer Dualismus. –

1736. Die alte Kirchenmusik ist gebunden wie Terzine, Canzone und Sonet. – Die jetzige wie die freiere Romanze. –

1737. In der Musik müßte sich der Idealismus aufs vollkommenste ausdrücken lassen. Sie muß nur Gott bedeuten. Die ganze Musik muß wohl Eins werden.

1738. Es muß Grundsatz sein, in der modernen P[oesie] außer den großen Meistern nur die Antiquitäten zu studiren, nicht die Ausartungen, die sind in der Griechischen P[oesie] am vollkommensten. –

1739. Das schlechteste Drama läßt sich durch Potenzirung, Parodie und Erweiterung herrlich brauchen. –

1740. Milton gehört eben in die Zeit, wo er berühmt wurde. Denn nur daß das geschah, ist ein Factum der Kunstgeschichte.

1741. Vielleicht existirt keine falsche P[oesie] als das französische Drama und der engländische Roman; das italiänische Epos ist eben auch nur eine falsche Tendenz. In allen diesen ist denn doch eine Geschichte, es ist eine Idee, eine Erfindung darin und läßt sich noch viel daraus machen. –

1742. Wie das Dr[ama] sich ins *Unendliche* potenziren läßt, so geht das Romanzo auf einen Durchschnitt, ein vollkommenes Centrum; der Roman hingegen geht ganz aus einander ins Breite, Populäre. –

1743. *Confessions*, Arabesken und daß Frauen Romane schreiben, ist der ganze Gewinn vom sogenannten Roman des Zeitalters.

1744. Den altromantischen Roman kann man vom Drama eigentlich nicht trennen, als durch die Ecken des Buchs. –

1745. Der Dichter soll nur Ein Epos machen können, aber unendlich viele Dramen. Lyr[ik] etwa in der Mitte – eine rechte Durchschnittsform, grade für ihn, für sein Gefühl, und in dieser beliebig viele, die dann doch alle nur Eins sind. –

1746. Als lyrische Gedichte von Petrarca sind nur die episodischen über Italien, oder die moralischen zu betrachten. –

1747. Nur wer sonst schon Dichter ist, kann lyrische Gedichte machen. –

1748. Die Vorbilder von Petrarca lange nicht so wichtig als die von Cerv[antes] und Shaksp[eare]. –

1749. Gozzi hat eigentlich nur Ein Drama geschrieben; so die meisten übrigen. –

1750. Die Form der Lyr[ik] originell, des Dr[amas] individuell, des Ep[os] universell. – Im Ep[os] muß alles Path[os] zu Eth[os] verschmelzen. Das Motivirte entsteht aus der Durchdringung des Eth[os] und Path[os] und hängt zusammen mit der Individualität. – Ep[os] = objektive P[oesie], Lyr[ik] = subjektive, Dr[ama] = Obj[ektiv-]Subj[ektive]. –

1751. Müßte man nicht auch den Dante und Petrarca dramatisiren können?

1752. Ohne Eth[os] und Path[os] giebts keine Dr[amatische], ja auch keine Rom[antische] Poesie, aber wohl eine didaktische. – Vielleicht theilt sich die romantische P[oesie] wieder in moralische und in mythologische. – Dante ist der Anfang des Rom[antischen] aus dem Did[aktischen]. –

1753. Die gesamte Poesie der Römer und der Alexandriner hat einen didaktischen Ton. Die geringeren dramatischen Dichter der Modernen sind doch wenigstens Virtuosen der Poesie. ⟨Die did[aktischen] und lyr[ischen] gelehrten Dichter aller Nationen weder Dichter noch Virtuosen.⟩

1754. *Lope de Vega* und *Ben Jonson* mögen wohl die größten Virtuosen gewesen sein, die es in der P[oesie] gegeben hat. – In allen nicht Dr[amatischen] Werken scheint *Lope* nicht originell zu sein. –

1755. Der Roman kann episch, lyrisch, dramatisch sein. – Das Drama ist Kunst des Virtuosen, Ep[os] und Lyr[ik] Genie des Poeten. Das Drama ist systematisch, wie jene didaktisch und romantisch. –

1756. Es ist indirekte Mythologie in allen Gattungen – Metamorphose im Dr[ama] – das Romantische des ἔπος, das Didaktische der Lyr[ik] und andre Arten und Aeußerungen von Mythologie. –

1757. In Cerv[antes'] ersten Gedichten das Romantische seines Lebens, der Krieg in der *Numancia*, Liebe in der *Galatea*. – Nur ein solcher Krieger konnte den Krieg so darstellen. – *Numancia* später als die *Baños*. –

1758. Darin daß sie mehr auf den Effekt sahen, zeigt sich der größere Leichtsinn der Spanier gegen die größere Gründlichkeit des Engländischen Dr[amas].

1759. Dem ep[ischen] und lyr[ischen] Gedicht bleibt die Wahl zwischen Rom[antischem] und Did[aktischem]. –

1760. Cha[os] und ερως ist wohl die beste Erklärung des Romantischen. –

1761. Vom Roman kann man nur fodern was das *Wesen* der Poesie ist, Naiv – Grotesk – Fant[astisch] – Sent[imental]. –

1762. Die Art wie die Vornehmen noch zur Zeit des Cerv[antes] die Poesie trieben, ist viel mehr ein Nachbild von dem Wesen der *Troubadours* und Minnesinger als des (gelehrten) 15–1600 Zeitalters der Italiäner. ⟨Gegensatz der spanischen Adlichen und der italiänischen Künstler.⟩

1763. Marlowe's *Eduard II* war Sh[akspeare] vor Augen bei *Richard II*. – Nicht ohne Genie, aber ohne alle Kunst und Stil. Nachlässig, verworren und doch schon glatt und gefällig in der Diction. Sh[akspeare] hat sich selbst seinen alten Styl gemacht, vor ihm gabs keinen solchen. Nur die Mannichfaltigkeit der alten Dramen scheint ihm zu Nutze gekommen zu sein.

1764. Tendenz der Franzosen zum Dr[ama], wie der Italiäner zum Epos.

1765. Cervantes könnte leicht der eigentliche Hauptstifter der spanischen Bühne sein. – In der Geschichte seiner Poesie Dualismus wie in dieser selbst. Er hat sich umgewandt wie Goethe – von der Natur zur Kunst. –

1766. So tief wie in Cerv[antes] und Sh[akspeare] das Mim[ische] wurzelt, so tief in Goethe das Lied. –

1767. Das ist objektiv in Goethe's Gang, daß er so aus der gemeinen Prosa in die höchste P[oesie] gestiegen ist. –

1768. Im Orient werden eigentlich nichts geschrieben als Romane.

1769. Nur in der zweiten Periode scheints, hat Sh[akspeare] die Fähigkeit gehabt, fremde Nationalität zu ahnden und darzustellen.

1770. *Kyd* (unter den alten Engländern) sehr spielend, weitschweifig, langweilig; eine Art von Schlechtigkeit und Nachlässigkeit als im *Marlowe* und auch im *Lyly*. –

1771. Charakter des Romans. 1) Vermischung des Dr[amatischen], Ep[ischen], Lyr[ischen]. 2) Entgegensetzung gegen das Didaktische. 3) Rückkehr zur Mythologie und selbst zur classischen Mythologie. –

1772. Man kann in der romantischen P[oesie] nichts unterscheiden, als die Tendenz; diese geht auf den Geist nicht auf den Buchstaben. –

1773. Guarini ist ein Poet, mehr als Tasso und Ariost. –

1774. Die *Spanish Tragedy* erinnert an *Hamlet*; ähnliche Situazion. – Aber wohl erst in der zweiten Periode bildete er sich nach solchen Meistern; in der ersten schrieb er vielleicht für irgendeine herumziehende Truppe auf dem Lande nach den damaligen Verhältnissen. Der alte *King John* ohne Zweifel von Shaksp[eare]. – *George a Greene* fast unläugbar von Shaksp[eare]. Die Art wie das Altenglische genommen ist, ganz die seinige, wie im *Oldcastle* und *Locrin*. – *Cromwell* und *Prodigal* nicht grade zur ersten Manier. *Gorboduc* eine erbärmliche Schulübung. –

1775. Cervantes geht ganz seinen Weg für sich und ist durchaus aus und in sich selbst verständlich; er hat gar keine Umgebung. –

1776. Bei den Spaniern die einzelnen Elemente des Romantischen, bei den Deutschen der volle Strom in einem untheilbaren Strahl.

1777. Sollten nicht auch unter den Minnesingern nur einige Große sein? –

1778. Flemming und Weckherlin strömen tief und voll aus dem kräftigsten Leben ihres Selbst, des Biblischen, der Zeit, der Nation, so weltlich als geistlich. –

1779. Die Beurtheilung eines Kunstwerkes nach einem Ideal kann nur auf den moralischen Geist desselben gehn, wenn sie nicht charakt[eristisch,] historisch ist; etwas andres ist die

Darstellung des Eindrucks auf Winkelmanns Weise. –
Diese giebt die absolute aesthetische Würdigung. –

1780. Die *descriptive poetry* und die Romane pp. alles nur
unbewußte Arabesken. –

1781. Die ganze falsche P[oesie] beruht auf dem Wesen der
Litteratur und steht in Verbindung mit der jetzigen Palingenesie
der Kunst. – Das litterarische Wesen und Unwesen über Poesie
hat wenigstens ein Theorie der Dichtkunst, die Ueber-
setzungskunst, nebst mancherlei Studien vorbereitet. –

1782. Man muß auch interessant schlechte Gedichte
studiren, um den Eindruck zu schärfen und zu bestimmen. –

1783. Die Stanze hat vielleicht Boccaz zuerst gebildet und
erfunden. –

1784. Die Rh[etorik] vielleicht etwas viel höheres als die andre
K[unst] und identisch mit *Encycl[opaedie]*. –

1785. Durch die Italiäner stehn wir mit den Alten in
Berührung. –

1786. Poesie ist der ursprüngliche Zustand des Menschen und
auch der letzte. Alle orientalische Ph[ilosophie] nur P[oesie]. Die
höchste Moral wird Poesie. Nur durch Poesie kann ein Mensch
sein Dasein zum Dasein der Menschheit erweitern. Nur in ihr
sind Alle Mittel jedes Einen. – Der Witz ist die Rückkehr
zur Poesie. –

1787. In der ersten Epoche der romantischen P[oesie] dominirt
offenbar Ep[os] und Lyr[ik], in der zweiten Dr[ama],
desgl[eichen] Arabeske. –

1788. *Arnault Daniello* als der höchste Troubadour beim Dante;
andre zogen den *Gherart de Limoges* vor. Nicht bloß in *versi
d'amore,* sondern auch in *prosa di Romanzi.* –

1789. Das did[aktische] Gedicht dem Dr[ama] gradezu entgegengesetzt, mit Ep[os] und Lyr[ik] noch einigermaßen ver-
träglich. Diese vier bilden die classische P[oesie]. Da gilt
Meisterschaft und Virtuosität; nicht so in Mel[os], Chor[os] –
Trag[ödie], Kom[ödie] – Myth[os], Iamb[us] – die man unter
dem Nahmen der primitiva zusammenfassen könnte. –

1790. Die Diction der P[oesie] darf nicht bloß plastisch sein: das Ursprüngliche darin ist die Allegorie der Natur, auf Pantheismus; die Bilder der höchsten Wahrheit, die der Haufe für Bilder hält. – ⟨Diction gränzt durch Allegorie und Witz unmittelbar an Mythologie. –⟩

1791. Die romantische P[oesie] zugleich die classische und die primitive. –

1792. Es giebt eine Liebe zu Stellen die auf das Primitive in der Diction und also auf das höchste geht. –

1793. Allegorie geht von Gr[ammatik] zu P[oesie], wie Dialekt[ik] von Log[ik] zu Moral. –

1794. Das Pathos in Trag[ödie] und Kom[ödie] und das Ethos in Mel[os] und Chor[os] gehört zu den Mysterien, die nicht in den Kreiß der Theorie fallen. –

1795. Ausdrücke die wie ein Schein aus der Urwelt uns in die Seele blitzen. –

1796. Die große Astrologie darf sich an eine falsche Empirie schließen und bleibt doch was es ist. –

1797. Poesie als das Primitive ist das C[en]t[rum] aller Rh[etorik] und Hist[orie]. –

1798. Religion fürs Innre was Familie fürs Aeußre. –

1799. Historie und auch Rh[etorik] offenbar nichts andres als P[oesie] – haben alle ihre Kraft von da. Herodotus, Thukydides, Tacitus sind hohe Gedichte; die Historie ist ins *Unendliche* höherer Organisazion fähig. Freilich ist Hist[orie] und Rh[etorik] nicht auf P[oesie] beschränkt, aber ihre Quellen und ihr Ziel ist P[oesie]. –

1800. Poesie muß und kann ganz mit dem Leben verschmelzen. – Was in der höchsten Potenz dargestellt ist, nicht um eines dikan[ischen] oder log[ischen] Zweckes [willen], das ist Poesie; so Platon, Thukydides pp.

1801. Am nächsten ist doch noch Ariost der Idee vom Mährchen.

1802. Die alte P[oesie] besser die idealische als die classische zu nennen. –

1803. Das Genie, die reelle Kraft im Menschen. –

1804. Das Wesentliche im Roman ist die chaotische Form – Arabeske, Mährchen. –

1805. Plato und die alte Historie noch zur primitiven Poesie. – Mythologie = primitive P[oesie]. *Lucretius* nicht zur classischen P[oesie] sondern zur primitiven. –

1806. Wie die idealische P[oesie] der Griechen in zwei Massen, so zerfällt auch die classische in die alexandrinische und römische, die dem Princip nach verschieden sind. – Die Römer materieller, weniger formell als die Alexandriner. –

1807. Harmonie ist das C[en]t[rum] der Plastik, Enthusiasmus hingegen der Musik.

1808. Spiel und Fest im höchsten Sinne ist Allegorie. –

1809. Es giebt eine zweifache Deduction der Poesie. Für den practischen Menschen von Seite des Spiels, der Feste, des Scheins, der Allegorie. – Die andre für den Philos[ophen] von Seite der Fantasie und ihrer Orgien. – Also Deduction der P[oesie] das Erste; es muß gezeigt werden daß Philos[ophie] und E[thos] dahin zurückspringen und daß sie auch von da ausfließen. – Aus der Orgie der Fantasie und Myst[ik] der Alleg[orie] vereint geht Mythologie hervor. – Plato hat selbst die Absicht, Philos[ophie] als wahre P[oesie] und höchste Musik aufzustellen. –

1810. In der classischen P[oesie] muß man nur nach dem Maaß der classischen Gediegenheit und correcten Gelehrsamkeit eintheilen; darum gilt *Propertius* hier mehr als *Tibull*.

1811. Gab es nicht schon zur Alexandrinischen Zeit romantische Ged[ichte]? –

1812. Soll die classische P[oesie] sein was sie kann, so muß sie durchaus mythisch sein. –

1813. Der Witz ist die Kraft der Allegorie. –

1814. Der Quell und der Grund der Mor[al] ist P[oesie], und das Ende und Ziel der P[oesie]. –

1815. Die romantische P[oesie] ist eigentlich die P[oesie] selbst, wie die idealische. –

1816. Das Chr[istenthum] ist, man stelle sich wie man auch will, doch nichts als eine Poesie der Vernunft. –

1817. Zum Romantischen gehört es noch, wie P[oesie] in den edeln Ständen blühte (als höhere Sprache des edeln Lebens), bei den Deutschen zur Zeit der Minnesinger, bei den Spaniern zur Zeit des Cervantes, bei den Italiänern zur goldnen Zeit.

1818. Das Schöne ist eben zugleich gut und wahr. –

1819. Die primitive, die idealische ⟨classische⟩, die classische ⟨correcte⟩ und die romantische P[oesie] haben jede ihren eignen Standpunkt der Beurtheilung und der Ansicht. – Die idealische P[oesie] muß man auf ein Ideal beziehn, aber nicht auf das Ideal eines Gedichts, sondern der Menschheit, der Bildung, des Lebens überhaupt. –

1820. Die einzige gültige Beglaubigung eines Priesters ist die, daß er Poesie redet. –

1821. Der Ursprung des Menschen ist das Geheimniß aller Geheimnisse. Daher Mysterien ein sehr schicklicher Nahme. –

1822. Chr[istenthum] ist nur Symbol des Göttlichen im Menschen; in nothwendiger Beziehung auf Adam und Eva, auf den Satan – auf Madonna, Apostel und Märtyrer. Der heilige Geist ein Symbol der Natur – der Vater des Universums – alle Engel zum Geist. –

1823. Im Cerv[antes] und Shak[speare] grade die Verschmelzung und Versetzung des großen Spiels und großen Ernstes bewunderungswürdig. –

1824. Es liegt eine unendliche Dualität im Sonett – immer wieder von neuem. Eben darum eignet sich das Sonett zum mystischen Gedanken, zum Gebet. Die *Sestina* nur eine Canzone in der Annäherung zur Terzine, zum Dunkeln. – Die Stanze läßt sich auch lyr[isch] brauchen und zu einer Art von Canzone bilden, wie beim Cerv[antes]. –

1825. Das Eigenthümliche der Form der *Novelas* des Cerv[antes] ist, daß sie so neu, frisch, lebendig sind, gegenwärtig, lokal, in der Mode. Dann entweder ins Witzige oder ins Ernste geschieden, welches Ernste aber oft glücklich endet. –

1826. Alle Bildung ist nur Nachbildung; alle Gemeinschaft und Einheit der Menschen ist in und durch Natur. – Die Natur und nur sie übt heilige Herrschaft. – Auch die Herrschaft der Vernunft ist heilig, aber freilich nicht die der Vernünftler. –

ZUR POESIE 1800

1827. Poesie ist durchaus C[en]t[rum] in jeder Hinsicht. –

1828. Cerv[antes'] Novellen theilen sich sehr richtig in tragische und komische. –

1829. Homer ist eigentlich nicht episch sondern mythisch. –

1830. Die Canzone ist zugleich Stanze und Sonett.

1831. Die Regeln des Reims beruhn auf einer Tradition wie die Regeln der Harmonie bei den Musikern. –

1832. In der Idylle wird nicht sowohl die Freude als der Gegenstand derselben dargestellt. – Im Sonett herrscht mehr der Gedanke, in der Canzone mehr das Gefühl. *Ballata* pp. sehr gesellig, nicht so die Sestina. – Das Edle der Volksliederform im Spanischen classisch. –

1833. Gefühl mit Ironie darüber ist in den schönsten Sonetten von Petrarca. Dieser hat etwas Epigr[ammatisches]. –

1834. Auch der Dualismus, der Gegensatz in der italiänischen Metrik zwischen Sonett und Canzone – zwischen Terzine und Stanze gehört zur Künstlichkeit. –

1835. Die Romanze und die *Coplas* – Sage und Lied die Form[en] der Naturp[oesie]. – In der Romanze außer der Assonanz auch die Freiheit der Quantität wohl ursprünglich einheimisch. –

1836. In der Diction ist die Tendenz der spanischen und der italiänischen Arten ganz entgegengesetzt. Je classischer die italiänischen, je besser. Die spanischen sehr edel und zierlich, allgemein; aber so schlicht und prosaisch wie nur möglich. –

1837. Cerv[antes] braucht die Romanze zum Herzlichen, innigen, kindlichen, bunten Gebet (auch Liebeslieder in diesem Ton) und wieder zum Humoristischen, wo er sogar leichtfertig ist wie sonst nie. –

1838. Tiecks Gedichte Lieder die auf halbem Wege zu den großen schönen Formen stehn geblieben. –

1839. Die *Coplas* sind ein kunstloses Lied, auf eine bestimmte Situation, das um zu sein was es sein soll, noch die Hülfe der Musik erwartet. Im *Villanc[ico]* ist die Musik schon in der Poesie enthalten durch den Refrain. –

1840. Es ist in der Melodie etwas dem Reim ähnliches – Wiederkehr ganz ähnlicher Individuen von Klang und Klangzusammensetzung. Melodie und Harmonie machen erst zusammen den Gegensatz von Rhythmus. –

1841. Das Abstracte der Diction der modernen P[oesie] im Gegensatz der alten wichtig – für das Wortspielende aller modernen P[oesie]. –

1842. Was zum Geist gehört (Dichtart, Diction) muß aus antiker und moderner P[oesie] verschmolzen, der Buchstabe streng auseinander gehalten werden. Jedes Werk der P[oesie] muß ἓν καὶ πᾶν sein – der ganze Dichter und die ganze Natur. Dadurch wird es ein Werk *ad intra*, wie das Schauspiel *ad extra*. –

1843. *Petrarca* ist der mannigfaltigste in den Canzonen; fast jede ist eine andre Gattung. In den Sonetten ist er im Gegentheil darum so groß, weil er darin nur Einen Styl hat. –

1844. Die entschiedenste ⟨und größte⟩ Trennung in der P[oesie] ist die in Werke und Studien; zu den letzten gehören auch die Dramen. Poesie in der höchsten Potenz ist Historie. –

1845. Livius hat etwas vom RitterRoman [*sic!*] und auch Plutarch gränzt ans Romantische! –

1846. Zu dem alten Enthusiasmus muß die P[oesie] wieder auf dem Wege des großen Witzes gelangen, und durch die Wuth der Physik. Das einzige Princip der Poesie ist der Enthusiasmus. –

1847. Novellen haben Affinität mit Dr[amen], wie Romanzen mit Lyr[ik], nicht Identität. –

1848. In die Mitte zwischen Vernunft und Liebe fällt der Witz. Die Liebe allein ist das schlechthin Unvorstellbare, und sie ists die sich in der Mitte zwischen Licht und Erde entwickelt. Sie ist Char[akter] der Menschheit.

1849. Enthusiasmus ist erhaben, Harmonie ist schön; reizend ist nichts als Zugabe und Abart. –

1850. In den Princ[ipien] der P[oesie] (oder dem Organon) 1. Deduction 2. Ideal der P[oesie] 3. Maximen derselben.

1851. Im Shaksp[eare] sind die Charaktere nicht bloß Repräsentanten. Diese Manier gilt auch nur in den romantischen Werken, wo die Personen nur Hieroglyphen sind, nicht im Schauspiel.

1852. Aus Religion und Phy[sik] zusammen quillt Poesie. –

1853. Alle didaktische P[oesie] ist kosmogonisch oder gnomisch.

1854. Archit[ektur] ist eine musikalische Plastik, Orchest[ik] eine plastische Mimik.

1855. Allegorie ist der philos[ophische] Begriff der P[oesie]. –

1856. In *Romeo* und *Love's labour lost* zeigt sich die Tendenz selbst des Rom[antischen] im Sh[akspeare] zu Trag[ödie] und Kom[ödie].

1857. Alle epischen Gedichte sind fortbildend, sich anschließend. Romanzen nur in andren Werken, sie können kein Werk bilden. –

1858. Die schöne Mitte ist in der Poesie, ja sie ist es selbst.

1859. Merkwürdig wie die musikalische und pittoreske Ansicht des Lebens so romantisch ist. – Im Ep[os] dagegen die Ansicht des Lebens plastisch.

1860. Die Moral der Sokratiker und auch der Cynismus zur P[oesie] als E[thos] des Künstlers; desgleichen die Heldenmoral. Es giebt auch einen moralischen Witz, dessen Tendenz cynisch ist – der herrscht in der alten Satire. –

1861. Eine aristophanische Komödie ist gar nicht möglich, wenn nicht eine Tragödie schon ganz organisirt. Was sie leistet, kann in Arabesken weit besser geschehn. –

1862. Im Ariost eigentlich Novelle, Mährchen und selbst etwas Arabeske mit dem Rittergedicht vereinigt. Tasso ist nicht ohne idyllischen Anstrich. –

1863. Das wahre Urvolk sind die Titanen. –

1864. Die Poesie muß jetzt und will jetzt durch Encyclopädie und durch Religion reformirt und centrirt werden. –

1865. Wie der Anfang der Geschichte durch Natur, so muß das Ende durch Vernunft zu Stande gebracht werden. –

1866. Das prosaische Conversationsdr[ama], das trag[isch] idyllisch[e] und das Hans S[achsische] *absolut* kom[ische] als vorläufige Studien zu billigen. –

1867. Sage, Mährchen, Novelle gehn auf das wirkliche Leben; Arabeske, Schäfergedicht, Legende sind alle nur p[oetische] P[oesie] – Darstellung der Kunst, der Poesie, künstlerischer Menschen und des poetischen Lebens. –

1868. Eine Satire kann nur in Terzinen recht wüthend sein, in Hexam[etern] bekommt sie nothwendig einen parodischen und fröhlichen Anstrich. –

1869. Auch das historische Dr[ama] leidet in gewissem Sinn die aristophanische Behandlung – das Enthusiastische des Hinwurfs – die Ironie pp. –

1870. Die *Encyclopädie* wird in der Poesie harmonische Ausbildung, die Religion Enthusiasmus. Das abgeschmackteste und tiefste Vorurtheil ist eben das, die P[oesie] so leicht zu nehmen, sich keine Mühe um sie geben zu wollen, und das zur Maxime zu machen.

1871. *Villani* vielleicht zum *Macchiavelli* wie die alten italiänischen Dichter zu denen der goldnen Zeit. –

1872. Cerv[antes] ja die ganze spanische P[oesie] gehört mit zur italiänischen und romantischen. – Shakspeare steht allein, und die altdeutschen Gedichte auch noch ganz besonders. –

1873. *Sirventes* solche Gedichte, wo der Dichter sich als *servo d'amore* betrachtet. – Künstlerlieder. –

1874. Die lyrische P[oesie] strebt offenbar nach dem Natürlichen wie Dr[ama] nach dem Künstlichen. –

1875. Die Stanze besteht nur aus zwei verwebten Terzinen nebst dem Schluß. *Serventeses* heißen solche verwebte Terzinen. Stanzen hat *Thibault de Champagne.*

1876. Als *Emporio de conceptos* genannt *la comedia de querer por solo querer de Antonio de Mendoza.* –

1877. Die Komödie nichts, wo sie nicht aristophanisch ist; diese muß sich rein aus Nichts schaffen lassen. –

1878. Vielleicht schöpften die Deutschen mehr bei den Nordfranzosen; die Spanier bei den Provenzalen. –

1879. Das Madrigal ist nur ein Fragment von Canzonen. –

1880. Alle Dichtarten sind ursprünglich – Naturpoesie – eine bestimmte, lokale, individuelle. (Es kann unendlich viele Dichtarten geben.) Das Individuelle bleibt darin, auch nach der Umbildung d[urch] Künstler. Die Formen sind einer unendlichen Umbildung fähig. Alle Griechischen und alle romantischen Formen verliehren sich ins Dunkel und sind nicht von Künstlern gemacht. –

1881. Der Reim muß so chaotisch und doch mit Symmetrie chaotisch sein als möglich. Darin liegt die Deduction der romantischen Sylbenmaaße. (In der lyr[ischen] Stanze vielleicht esoterische Revolutionsgesinnung.) –

1882. Bildung ist eine mythologische Idee. –

1883. Der Geist der alten Rhythmen ist gymnastisch, so afficirt er die Sprache.

1884. Auch die Verderber des Geschmacks ein Mißverständniß wie die goldnen Zeitalter. – In Spanien die Auflösung der Poesie viel merkwürdiger als in Italien. –

1885. Vorurtheil daß man in der Poesie so bloß das Vortreflichste genießen will; auch die Alexandriner sind dem Kenner nützlich. –

1886. Die Canzone ist eigentlich noch eben so vernachlässigt als die Terzine.

1887. Der Dichter soll idealisch sein; weiter kann der Moralist nichts sagen – aber wenn er es nicht schon ist, wird er es dadurch wahrlich nicht werden. –

1888. Die *Versi politici* der Griechen *Trochaici octon[arii] catalect[ici]*, 15sylbige. ⟨Politische *i.e.* allgemein wie πολιτικη, eine öffentliche Dirne.⟩

1889. *Allacci* führt auch außer den ep[ischen] Gedichten Tragödien an.

1890. Es giebt eine arabeske, eine idyllische, eine Legenden- mäßige (alterthümlich würdige) und eine Novellen Prosa; die letzte ist die höchste. –

1891. Alle Liebesbücher haben etwas von falscher Tendenz – *Ameto, Galatea.* Die Bildungsbücher nicht minder; Meister. –

1892. Es würde der Poesie sehr vorteilhaft sein, wenn Soldaten sie liebten und übten, wenn Frauen und Künstler, Bildner wie bei den Italiänern, Musiker wie bei den Griechen, Schauspieler wie bei den Engländern. –

1893. Alles von Musen pp. ist abgenutzt für Kunstsymbolik – sie muß ganz von den Künsten selbst hergenommen werden. –

1894. Die Idee eines Apostels, eines Märtyrers, eines Hiero- phanten sind für den Künstler von der höchsten Bedeutung. –

1895. In den Novellen, Mährchen, Romanzen ist die Einheit historisch – in Lyr[ik] und Dr[ama] ist die Einheit technisch. –

1896. Es ließe sich vielleicht eine Tonleiter der Vokale und Diphthonge auffinden für den Reim – so daß dieser nicht so ganz dem Zufall überlassen bliebe.

1897. Die eigentliche Grundform des mythologischen Gedichts ist *absolutes* Cha[os]. –

1898. Roman, Epos, Elegie, Fantasie, Vision – sind die Elemente zur Form der mythologischen P[oesie].

1899. Die Poesie ist Theosophie; keiner ist ein Dichter als der Prophet. –

1900. In der Novelle muß die Geschichte so nichts sein wie nur möglich. Epid[eixis] über und aus Nichts eine artige Geschichte machen zu können.

1901. Die Historie besonders als Kunst steht in viel näherm Verhältniß mit P[oesie] – Rh[etorik] dagegen mit Philos[ophie].

1902. Die Asiaten sind (auch nach der Ansicht der Griechen) ursprünglich Theosophen und Mythologen, das eigentliche Urvolk; ihm hat sich Gott zuerst offenbart. Dieses steht mit der

Ansicht der ersten Menschen als Titanen gar nicht in Wider-
spruch. – Gewissermaßen noch die jetzige jüdische Religion – der
Grund jener centralen Hoffnung des Messias, Idee daß das Volk
(Gottes) zerstreut sei, Idee von einem Volk κατ' ἐξοχην.

1903. Alle spanischen Sylbenmaaße im höchsten Grade musikalisch. Alle italiänischen Sylbenmaaße mehr pittoresk – oder
wie F u g e n zu leichter melodischer Musik. – Sollte nicht auch
ein Pitt[oreskes] Princip in der Versification sein – wie ein
musikalisches in der Diction? Oder ist es ein Irrthum, daß die
Wortspiele eine Musik sind? – Vielleicht das Wortspiel, der Reim
selbst, schon etwas viel höheres was an W[issenschaft] und
Mythol[ogie] gränzt, der P[oesie] ganz allein eigen. –

1904. *Mena* (fälschlich) als Erfinder der *coplas d'arte mayor*
genannt; dieses Alexandriner, nur mit der Freiheit der männlichen Endung auch in der Mitte. –

1905. Lyr[ische] und Dr[amatische] P[oesie] durchaus nicht
myth[ologisch], sondern *absolut* Relig[iös] – aber alle Rom[an-
tische] = *absolut* Mythol[ogisch]. –

1906. Shak[speare's] Jugendgedichte zeigen nicht bloß seine
Schönheit sondern auch seine Tiefe in Rücksicht der Absichtlichkeit und Allegorie.

1907. Lyr[ik] offenbar in Beziehung auf Magie, Revoluzion und
Hierarchie. –

1908. Sehr merklich ist der Primat des W i t z e s für Rom[anti-
sches], der Religion hingegen für Dr[amatisches] und
Lyr[isches]. – Dr[amatische] und lyr[ische] ist sentimentale
P[oesie]; Rom[antische] [ist] fantastische. –

1909. Religion haben heißt poetisch leben, G e f ü h l ist das
Wesen derselben. Der Religion sind die Worte so fremd als dem
Witz natürlich. –

1910. M y t h o l o g i e ist positive Theosophie. Ohne diese ist auch
keine Kunstlehre zu denken. –

1911. Das Ideale paßt mehr für Dr[amatisches], Lyr[isches] –
nicht so für Rom[antisches], da vielleicht Realität und Allegorie
das Wesentliche. –

1912. Die Stanzen können den alkäisch männlichen und den sapphisch weiblichen Charakter annehmen. – Die spanische Romanze ist wahrscheinlich der S[yn]th[ese] mit dem hebräischen Parallellism und andern Orientalismen fähig. Unter allen italiänischen Maaßen kann nur die Terzine proph[etisch] sein. – Die zwei Zeilen der Romanze müssen als eine gedacht werden und jedesmal eine lange Pause – zwei große Zeilen correspondiren wieder, und darin ist die Form des Parallell[ism] schon gegeben.

1913. Der Charakter der deutschen Sylbenmaaße scheint eine Annäherung zu den Antiken in Rücksicht der Füße.

1914. Der Stoff des Drama muß nicht romantisch bestimmt werden (wo etwa das Nationale den Vorzug verdient) sondern religiös. Nichts ist religiöser im Stoff als wenn eine edle Menschenmasse sich in sich entzündet. –

1915. Frauen, Krieger, Künstler sollten Dichter sein. –

1916. Der innre Grund der Formverschiedenheit der P[oesie] ist noch zu entdecken. Die objektive hat mehr Dualismus in der Form; die romantische mehr Potenzirung. Jene beruht auf dem Spiel des Obj[ektiv-]Subj[ektiven], diese auf dem der Form und Materie.

1917. ⟨Der Geist der dr[amatischen] Poesie ist praktisch, der der Rom[antischen] ist theoretisch.⟩

1918. Kom[ödie] als Synth[ese] von Lyr[ik] und Trag[ödie]; das giebt eine ganz neue Ansicht.

⟨ZUR LITTERATUR⟩

1919. Das Revoluzionäre der französischen Litteratur und die gute Manufactur der englischen müssen wir uns zu eigen machen. –

1920. Compendium der deutschen Litteratur – Theorie des Lebens – Principien der Schriftstellerei – Versuch einer litterarischen Constitution.

1921. In *Journals* soll sich der Autor zur Popularität bilden, d[er] Leser zur Bildung und Universalität. – Die Leser sollten

zuerst auf die Person sehn, dann auf die Sache; Creditsystem –
sie haben gleich zuviel Zutrauen zu sich. –

1922. Demosthenes, Cicero und die revoluzionären Redner sind
die Classiker der Gelegenheitsschriften. – Die Gelegenheitsschrift
hat eigentlich wohl Fichte erfunden unter uns. –

1923. Durch Mythologie wird Kunst und Wissenschaft zur
P[oesie] und Ph[ilosophie]. –

1924. Die Bestimmung der deutschen Litteratur ist durch
Universalität zur Religion zu gelangen und eine Palingenesie
derselben zu bewirken. –

1925. Vielleicht ist keine andre Recension einer philos[ophischen] Schrift möglich, wie ein Auszug – aber ein genetischer, der zugleich den Standpunkt giebt, den einzig möglichen
– das C[en]t[rum] der Schrift. –

1926. Voß für P[oesie], was Kant für Moral – Forster nur
eine Tendenz wie Jacobi pp.

1927. Es ist nur ein Täuschung, daß Rousseau z.B. nicht zur
deutschen Schule gehöre. Diese Trennung existirt wirklich
nicht. –

1928. Die Gelehrten sollen nicht bloß Denker und Künstler,
auch Gesetzgeber und Priester sein. ⟨Dichter oder
Gesetzgeber, das sind die beiden adlichen Kategorien des
Gelehrten, Denkers.⟩

1929. Die Kritiker leisten selten so viel als sie könnten. Sie
und die Poeten wachsen immer; es beruht da am meisten auf
einem Menschen. Die Philosophen sind mehr ephemerisch, nur
Spinosa ausgenommen.

⟨ZUR POESIE. 1800⟩

1930. Hülsen will den Indifferenzpunkt der Menschheit isolieren, Schelling den positiven Schleiermacher zus ... [illegible].

1931. Die Geschichte ist das Höchste, denn sie ist die S[yn]-th[ese] der Gottheit und der Menschheit. –

1932. Die Vokale sind offenbar das Farbige in der Sprache. Mollconsonanten – *b, d, l, m, n, q, w.* Durconsonanten – *r s z c f v p g h* pp. – Die Diphthonge sind negativ – die Vokale positiv, $\mp$ *au a* $\overset{u\ \ddot o}{\mp}$ $-$

1933. Die Form des Sonetts ist Construction, der Terzine hingegen Progression. – Canzone und Stanze wohl nur Annäherung aus dem italiänischen ins spanische Metrum. Die Stanze muß bunt sein, muß Farbe haben, die Canzone doch mehr oder weniger mus[ikalisch]. –

1934. Fantasie als Synth[ese] der Natur und der Liebe, die Wurzel beider. Die gegenüberstehenden Buchstaben von so entgegengesetztem Charakter deuten schon auf Dualität. – Die romantische P[oesie] ist die negative Seite, die dr[amatische] ep[ische] lyr[ische] die positive. Die Elegie ist $\mp$ und Mythologie ist X. – Mythologie ist nur das Hypomochlion der Poesie. Religion und Funke von oben, rein darstellbar nur in der Elegie. Mit dem übrigen zugleich wird das $\mp$ Hypomochlion zum Aequator.

⟨LEIBNITZ⟩

1935. ⟨Die wahre Analysis ist die, welche das Universum aus dem Universum entwickelt. Eine echte Idee von Staat ist wohl anwendbar aufs Universum – so wie eine von Kunstwerk auf die Natur. Man sollte die Philos[ophie] durchaus rückwärts studiren, nicht genetisch wie die Poesie, sondern palingenetisch. – Palingenesie aller Systeme ist der Geist der historischen Philos[ophie]. – Ein Ideal des besten Chaos hat Leibnitz einigermaßen gegeben.⟩

1936. ⟨Offenbar sind Raum und Zeit Media des Endlichen und des Unendlichen. Aber eben darum stehen sie auch im Wege allem was Tr[anscendental] ist, und ihre Vernichtung ist wohl ein wesentlicher Charakterzug des Tr[anscendentalen]. –⟩

1937. ⟨Vielleicht ist jeder schöpferischer Gedanke ein System für sich und ist da nicht an einen andern künstlichen Zusammenhang zu denken. Es giebt Princ[ipien] unter den Gedanken; es sind aber immer Monaden. –⟩

GEDANKEN

1938. Idyllen antik, Romanzen modern. –

1939. Es giebt nichts positiveres als die unmittelbare Anschauung der Gegenwart, die aber unendlicher Potenz fähig ist. – In heiliger Stimmung ist mir das Leben auf der Sonne Gegenwart, an die sich die Rückkehr in den Aether als Hintergrund der Zukunft schließt. – Soll die Anschauung groß sein, so muß das Gefühl neutralisirt werden und das geschieht grade in der elegischen Stimmung. Die Anschauung darzustellen, ist die Ph[ilosophie] nicht fähig. Jeder Punkt der Gegenwart ist durch Vergangenheit gebunden, individuell bestimmt und wird durch Zukunft abgerissen. – Diese unmittelbare Anschauung des Lebens ist das einzige Positive der Erkentniß. – ⟨Das εϖος die Dichtart der Anschauung.⟩

1940. Man kann nichts anschauen als sich selbst; jede Selbstanschauung ist eine Construction der Gottheit. – Während der Anschauung muß man sich seiner Eigenthümlichkeit nur erinnern, nicht sie fühlen. –

1941. Gefahr übermütig zu werden, weil das Gesindel mich so sehr verabscheut. –

1942. Schmerz und Lust nur das X im [Dreieck] der Gefühle und Triebe – Neid indirekter Haß. – Hoffnung etwa als ∓ der Triebe.

1943. Die Ursprache war wohl mehr Bild als Gesang – aber in dies[en] wird sich die letzte Sprache auflösen. ⟨Darin liegt das Zauberhafte und Objektive der Sprache der Hieroglyphen. Durch P[oesie] wird die Sprache vernichtet.⟩

1944. Vielleicht sind wir auf der Erde ewig zu Gold und Worten verdammt.

1945. Reflexion das Vermögen der Schönheit, wie Fantasie das der Natur. – Poesie ist durchaus mehr Geschichte, Philos[ophie] aber Wissenschaft. –

1946. Zu bloßen Novellen können nur einzelne Geschichten genommen werden, nicht solche die im System erst ganz schön sind, wie die Griechischen Metamorphosen pp.

1947. Es giebt eine (naive) Ansicht der Natur, fern von aller Beziehung und Deutung, bloß unmittelbares Gefühl wie im Cerv[antes] z.B. Es muß eine ähnliche des Menschen geben. –

1948. Jede Scene in einer Tragödie ein Gemählde. –

1949. Ironie, Energie, Enthusiasmus, Originalität, Universalität, Harmonie offenbar nur die Kategorien der Genialität. –

1950. Wie Märchen und Idyllen sich auf Fantasie und Schönheit, so beziehen sich Arabesken und Novellen auf Erfindung und Umbildung. – Allerdings ist die neue attische Komödie durchaus Novelle. – Wie die Operette romantisch, so vielleicht die Novelle dramatisch ihrer Natur nach. –

1951. Die Alten habe ich lange geliebt, in Ermangelung der Natur. –

1952. Was würdet ihr erst sagen, wenn ich alles kund machte? –

1953. Gesänge gehn auf Gefühl, wie Elegien auf Anschauung. –

1954. Die spanische Komödie ist eine bestimmte Form wie das italiänische Sonett oder das Rittergedicht und etwa Novelle; wo jeder noch so verschiedne Geist die selbe Construction und Form wählt. –

1955. Es giebt nur zwei ursprüngliche Begeisterungen, die der Liebe und der Natur. – Welches sind die Zeichen, daß die Begeisterung nur nachgesprochen sei? –

1956. Alle Romane zugleich Sinngedichte und Lehrgedichte. –

1957. Die tiefe naive Natürlichkeit in Sh[akspeare]'s Darstellung des Menschen gehört ganz zum Rom[antischen]. Ihr innerster Sinn bezieht sich vielleicht mehr auf die Natur als auf die Menschheit. Selbst in Mährchen macht dieß den hohen Reiz. – Objektive Ansicht des Menschen. Im Dr[ama] subjektive.

1958. Auch Architektur und Basrel[ief] chaotisirt zu der Form des Mährchens; sie geben ihm das Groteske. –

1959. Hieroglyphen sind religiöser Witz. – ⟨Sarkasmus der politische Witz – Festivität Jovialität, der gesellige.⟩ Urbanität = moralischer Witz. Ironie = philos[ophischer], Parodie

= p[oetischer], Caricatur = mim[ischer] Witz – Humor musikalischer Witz, Groteske pitt[oresker] Witz. ⟨Phy[sischer] Witz = Combinatorisches Genie.⟩

1960. Problem: die Deutschen Masken aufzufinden. –

1961. Das Princip der romantischen Prosa ganz wie das der Verse – Symmetrie und Chaos, ganz nach der alten Rh[etorik]; im Bocc[az] diese beiden in S[yn]th[ese] sehr deutlich.

1962. Im Dr[ama] eine S[yn]th[ese] von rh[etorischer] und pitt[oresker] Einheit, im Rom[an] mus[ikalische] und rh[etorische]. Die rh[etorischen] Figuren das Wesentliche im Rom[an]; im Drama der Effekt. – Im Dr[ama] vielleicht bloß Eth[os] Myth[os] Path[os] nach ihren Bedingungen, die Form der P[oesie] also ohne Phy[sik] – mit andern Worten Hist[orischer] Geist und Materie und Einheit. Weil in Historie alles ἐν καὶ πᾶν ist, kann im Dr[ama] wohl keine andre Einheit sein als die rhetorische. –

1963. In romantischen Sylbenmaaßen sollte man gleich vollendet dichten. Aendern kann man nur in Elegien, in antikem Maaß. –

1964. Esoterische und exoterische Poesie muß nun auch in der Poesie ganz getrennt sein. –

1965. Wie der Charakter aller spanischen Formen, die großen Rom[ane] ausgenommen, mus[ikalisch] ist, so wohl der der Terzinen Hist[orisch] oder philos[ophisch]. Vielleicht alle nicht mus[ikalischen] Metra = rh[etorisch]. Dahin auch die künstliche Versetzung der Reime.

1966. Jakobi für Deutsche was *Faublas* für Franzosen und *Miss Burney* für die Engländer. –

1967. Wird vielleicht in der nächsten Menschheit eine Mythologie entstehen – läßt sie sich selbst und auch ihr Verhältniß zu dem [*sic!*] der goldnen Zeit errathen? – Bis jetzt giebts nur eine Mythologie – die alte griechische; doch auch die orientalische.

1968. Goethe's Werke sind dem mechanischen Kunstwerk viel ähnlicher wie die Alten und Sh[akspeare] und die romantischen. –

1969. In der spanischen P[oesie] die ersten Anfänge Natur-p[oesie] – dann in der Aneignung der Kunstpoesie plötzliche Blüthe, goldne Zeit und eben so schnelle Entartung fast zu einer Zeit. Beides im Ital[iänischen] fast nichts dagegen. Cerv[antes] als ἓν καὶ πᾶν in der Mitte aller übrigen, einzig und ganz anders. –

1970. Alle romantische Kunst in Sh[akspeare]'s Umbildung, in Dante's Schöpfung und Cerv[antes'] Erfinding umfaßt. –

1971. Die Mitte der Menschheit so wunderbar wie Anfang und Ende und damit die christliche Ansicht der Wunder gerecht-fertigt. Sie sind der Heiligenschein um das Zeitalter Christi. –

1972. Es gab fast unendlich viele Kosmogonien bei den Alten; nur ei ne kann die rechte seyn, um auszudrücken das bestimmte Geistesverhältniß, dessen Niederschlag unsre Welt ist. Nur in der alten Mythologie läßt sich diese eine aussprechen. –

1973. Es giebt auch eine Form des Enthusiasmus wie der Allegorie, und diese sind eben das Eigenthümliche der Poesie. Die bloß musikalische oder plastische Einheit wohl falsche Tendenz oder nur in gewissen niedern Sphären erlaubt. – ⟨Die Mimik ist eine durchaus arabeske Kunst.⟩

1974. Die feinen Züge und die großen Striche geben den Meister auch im Einzelnen zu erkennen, vor allem aber die weise Sparsamkeit. Es ist doch nur Verstand. – Ist etwa Genie die Verbindung von Talent und Verstand? – Verstand selbst nichts andres als die Rückkehr zum Genie, zur Natur.

1975. Was ist eigentlich das Wesen jenes Durchsichtigen das Goethe so hat und auch so liebt?

1976. Ehre, Adel, Tugend für Dr[ama] wie Kunst und Witz für Rom[an]. –

1977. Die weibliche Männlichkeit in Sh[akspeare]'s Adonis und Sonetten sehr mystisch und schön. –

1978. Eine eigne Art des Naiven entsteht für ganze Nationen und Zeitalter aus dem Unbewußtsein der eigentlichen Natur, gänzl[ichem] Mangel an Ideen darüber, bloß das kindliche Gefühl und Anschauung aus der Mitte der Menschheit. Diese naive Ansicht der Natur ist das Eigenthümliche der spanischen Poesie im Gegensatz der italiänischen. –

1979. Die spanische P[oesie] hat wildgewachsene Alterthümer wie sie die italiänische nicht hat, genialische Ausartung desgl[eichen] und ist nicht im Cerv[antes] eine harmonische Vollendung wie sie doch eigentlich kein Italiäner hat? –

1980. Bei den Römern herrscht vielleicht in der Satire schon Mode.

1981. Die spanische Poesie gleichsam eine potenzirte Naturp[oesie] – glückliches Zusammentreffen der arabischen, portugiesischen, valencianischen, und wieder der nordfranzösischen Naturp[oesie]. – Alles das nun befruchtet durch die italiänische Kunstp[oesie]. Die Dialekte der romantischen P[oesie] ähnlich mit den Griechischen. – Die katholischen Schauspiele das allercentralste. –

1982. ⟨ *Villena* † 1434. *Juan de Mena* † 1456. *Garcilasso* † 1536. *Boscan* † 1544. *Diego de Mendoza* † 1575.⟩

1983. Was die Optik für den Mahler, müßte vielleicht die Geometrie für die Plastik sein können.

1984. Das Colorit der Prosa durch Vokale, der Ton durch Consonanten – der Styl im Rhythmus, Numerus und Periodenbau, die Manier in dem Reimähnlichen – der Charakter in den rh[etorischen] Figuren, die nicht bloß im Einzelnen sondern im Ganzen herrschen müssen, z.B. eine Schrift, die ganz Antithesis, ganz Crescendo, Steigerung, ganz Ellipsis, Hyperbaton wäre.

1985. Das Unterscheidende in der Form der P[oesie] liegt in der Idee daß alle Gedichte Ein Gedicht sein sollen. Diese Idee läßt sich aber nur aus der Beziehung der P[oesie] auf die Religion begreifen. –

1986. Es giebt zwei ganz verschiedene Arten zu reimen; wenn die Worte gleichartig und wenn sie ungleichartig, wenn sie fremd oder gemein sind.

1987. Rh[etorik] : P[oesie] = Dial[ektik] : Philos[ophie]. –

1988. Eine neue Plastik nur durch Geometrie möglich – wie ein bestimmter Tiercharakter leise angedeutet wird in den alten Göttern, so eine bestimmte Fläche – vielleicht war dieß die Tendenz im spätern aegyptischen Styl, die nur nicht erreicht ward. –

1989. Die wahre Aesthetik ist die *Kabbala.* –

1990. Das Große in der Musik ist mechanisch, grade der Geist der Kirchenmusik, die Fuge; sie geht wie Schraube, Hebel pp. –

1991. Menschenkentniß doch insofern zu rechtfertigen, daß der Dichter die Fantasie haben muß, aus dem Ideal die Menschen zu errathen, wie sie in bestimmten Verhältnissen sein müssen. –

1992. Die italiänische P[oesie] schließt sich zunächst an die römische an, so wie diese an die moderne. In der Spanischen und im Sh[akspeare] all[es] Mysterien in Form und Materie; dort das äußre Leben, die schöne Bildung, Kunst der Sprache. – Die Italiäner überall dem Classischen am nächsten und mystischer als die Spanier. – Das Satir[ische] *absolut* Urbane der römischen P[oesie] und [der] Alex[andrinischen] schließt sich an die alte P[oesie] an – das goldne Zeitalter an das eigentlich Moderne und Französische. –

1993. Virgils beide Gedichte beziehen sich auf die beiden Hauptbegriffe der römischen Nation – *bellum et pax* – im *Horat[ius]* hat man dann *urbs* dazu. Also ist das recht eigentlich der Durchschnitt der römischen Nation. – ⟨Wie hier die Blüthe des römischen Lebens so in Pindar die des hellenischen, in den altfranzösischen Ritterbüchern die des Mittelalters.⟩ *Catull* und *Martial* schließen sich der Gattung nach an die französische gesellschaftliche Poesie. –

1994. Theoretisch angesehn ist die gewöhnliche Praxis lächerlich und dem liegt freilich zum Grunde, daß sie eigentlich keine Realität hat. –

1995. War das vorige Leben leichter und luftiger oder wirds das folgende sein? –

1996. Bocc[accio]'s Florio wird am Ende viel reifer im Styl, in der Behandlung der Wahrheit der Novelle näher. Die Episode von *Questions d'amour*, deren viele aus Novellen entstehen, zeigt den Ursprung des *Decameron*. Es ist eine S[yn]th[ese] von beiden in einer Umgebung der dem Bocc[accio] eigenthümlichen Form von Gesellschaft. Dieser Uebergang macht recht sichtbar, wie der Roman eigentlich nichts darstellen kann als die Liebe.

Selbst in den Arab[esken] wird der eigentliche Sinn das sein, daß das andre Leben eine nichtige Täuschung sei. –

1997. Wie unter denen des Cerv[antes] und Sh[akspeare] so muß es auch unter den Novellen des Bocc[accio] eine Centralnovelle geben.

1998. In der Geschichte des Orlando alles Verwirrung und Mannigfaltigkeit. Amadis, sentimentale Monotonie. – Rinaldo von Montalban durchaus schön und groß, die ganze Menschheit. –

1999. Die Form der natürlichen Dinge ist das eigentliche Wesen des Symbolischen, der höhern Poesie. – Der andre Factor (außer Phy[sik] und Math[ematik]) der p[oetischen] Form ist *absolute* Rh[etorik]. –

2000. *Filocopo* ist während des Schreibens ganz anders geworden. Daß das glückliche Ende immer noch länger aufgehalten und noch glücklicher gekrönt wird, gehört sehr zum Charakter der Geschichte. – Auch der *Ameto* ist erst während des Machens gemacht. *Lya* aus dem Dante, der überhaupt viel Einfluß darauf hatte. Seine eigentliche Erfindung ist eben der *Decamerone*. Diese geometrische Form der schönen Geselligkeit, als Umgebung und Basis eines Werks, einer Sammlung von Geschichten. – Der *Decamerone* bewegt sich aus dem abstract Tragischen ins florentinisch Lokale und Komische. –

2001. ⟨Kein sichtbares Oberhaupt der Kirche; das Centrum ist fließend.⟩

2002. Die Kreuzzüge ein großer chem[ischer] Prozeß.

2003. In der Trag[ödie] muß wohl alles auf Ehre beruhen. –

2004. Die *Yorkshire Tragedy* eine unvergleichlich tragische Novelle.

2005. Die Factoren von Rh[etorik] sind Witz und Polemik. –

2006. Die französischen Rittergeschichten sollte man rückwärts in den Styl des Heldenbuchs und der Niebelungen übersetzen und ganz ins historische hineinarbeiten. –

2007. Die Scenen im Dr[ama] müssen sich zum Act fügen wie große, vielstimmige Musik. Der Mythos im Ganzen muß als Gemählde vor uns treten. – Das $\eta\theta\circ\varsigma$ mehr plastisch.

2008. Homer ein eben solcher Abgrund von Natur wie Shaksp[eare] von Kunst und doch von Form der Poesie. –

2009. Mit Absicht ists noch nie geschehn, daß ein Gedicht Naturform hatte oder auch Kunstform. –

2010. Jeder große Künstler scheint d r e i Epochen zu haben. –

2011. Die philos[ophische] W e r k b i l d u n g geht antithetisch zu Werke – also entsteht da ein Q u a d r a t wo sie aus sich heraus bildet, systematisch. – Oder sie ist bloß anbildend, chaotisch nach Gelegenheit wie bei Fichte. – Jedes Q u a d r a t von Werken hat außerdem noch ein C e n t r u m. –

2012. Der W i t z ist schon ein Anfang zur Universellen Musik. –

2013. Jedes Gedicht soll das Universum darstellen, der unbefangene Blick giebt uns aber eigentlich kein Bild sondern eine Fülle von Bildern. Jedes Naturwesen ist Symbol des Ganzen. –

2014. Außer Religion und Kunst giebt H i s t o r i e den Schriftstellern oder Gelehrten ein solides Fundament; alle diese sollen nicht länger getrennt sein. –

2015. Im *Mena* ist etwas vom alten Styl sichtbar. –

2016. Das k ü n s t l i c h e L e s e n besteht darin, daß man mit andern ließt, nämlich auch das Lesen andrer zu lesen sucht. –

2017. In den spanischen Liedern ist vieles Altfränkisch, moralisch – Allegorisch, was in H a n s S a c h s i s c h e n Versen sehr gut zu machen wäre.

2018. In dem wahren Sonett müßte das erste Quartett P r ä m i s s e, das zweite M a j o r u n d M i n o r sein, und die Terzetts C o n c l u s i o n. –

2019. In der Griechischen und Römischen Sprache die Bestimmung (Biegung) der Worte, ihre Bestimmbarkeit – Tendenz nach W a s s e r. – Ihre Stellung – nach E r d e, fester Zusammenhang. In den orientalischen Sprachen die Vokale wie F e u e r – die Consonanten wie Luft. In der katholischen Sprache nun noch das $\mp$ Princip; jenes aber sind die Elemente. –

2020. Tasso, Lope und Ben Jonson Dichter vom bösen Princip, Antidichter. – Poesie durchaus das positive Element.

2021. In Goethes Werk[en] keine Einheit, keine Ganzheit; nur hie und da ein Ansatz dazu. Die besten p[oetischen] P[oesien]. –

2022. Voß und Richter am parodibelsten – Schiller mehr in der Indifferenz nämlich der reine Nullpunkt. – ⟨Desfalls zum bösen Princip in der P[oesie].⟩

2023. Iphigenie dem Faust ebenso entgegengesetzt wie Egmont dem Tasso. –

2024. Große Rh[etorik] muß auch im Ganzen figurirt sein. –

2025. Mim[ik] ist vielleicht die Antikunst, Architektur = *absolute* K[unst]. –

2026. Die jetzige Neigung der P[oesie] zum Dr[ama] bloß aus Hang zum bösen Princip zu erklären. –

2027.   Petr[arca]

$$\frac{0}{1}$$

— Shaksp[eare]   + Dante

Cerv[antes]

$$\frac{1}{0}$$

2028. *Absoluter* Rom[an] und *absolutes* Ep[os] die höchsten Arten. Architektur bei jedem Volk der Gipfel desselben, ganz individuell – Mus[ik] überall möglich. Pictur in zwei großen Meistern, – Plastik ἐν καὶ πᾶν bei den Griechen. Da ist nur Uebersetzung möglich. Styl [?] Mahlerei und Musik bleiben übrig für die methodische Ausbildung. –

2029. In Goethe finden sich alle Formen der Anbildung, der innern Durchbildung und etwa auch der äußern Ausbildung eines Werks. Von der symbolischen Form fast nichts. Im Meister etwa Elliptisches und Vegetabilisches. Das ist aber grade das Zufällige und Irreguläre. –

2030. In d[en] alten italiänischen Versform[en] ist der Syllogismus, der philos[ophische] Periode das Fundament. –

2031. Form der Lichtblüthe in Dante, Pindar. Wasser, Anim[alisches] in Shaksp[eare] und Homer. – Wo Wasser ist auch Erde und Luft. Wo Licht, Finsterniß, Feuer und die sieben Farben. –

2032. Homer und Sophokles so einzig bei den Alten wie Dante und Shakspeare bei den Neuern. Aristophanes, Pindaros und Aeschylus gehören zu den mittleren wie bei den Neuern Boccaz, Cervantes, Guarini, Petrarca.

2033. Goethe's Liebe überall dieselbe – Faust und Marg[arete] – Egmont und Clärchen – Wilhelm und Mignon. Selbst im Tasso. Absolutes Nichtverstehn und doch nicht von einander können; dieß die Liebe doch nicht Liebe. –

2034. Romanzen sind lebendige Volksgedichte. Das Volk muß leben und zwar Poesie leben, wie Araber, Indier. –

2035. Die Novelle ist die Poesie der guten Gesellschaft, daher Anekdote. –

2036. Im *Lazarillo* Ansicht der guten Gesellschaft von der schlechten; denn die gute beruht auf Gleichheit, ja etwas Cyn[ismus]. –

2037. Durch und während des Reimens soll man dichten – organisch Poesie erzeugen.

2038. Es giebt nur zwei Systeme von Consonanten – Dur und Moll – dazu für die Reime die gestoßnen und gedehnten. Die Vokale dichotomirt; die hellen *a i ä ü ei o?* die dunklen *u e eu au o ei?* Auch die Wahl der Worte dichotomirt 1) universelle – Dur, Mischung, Fremdartiges 2) gleichartiges – Moll. ⟨Gelinde Consonanten, dunkle Vokale zu Terzinen.⟩

2039. Im Aether muß das Gute und Böse Princip recht grell neben einander liegen. Der Aether = heiliger Geist; alle Geister nur Fragmente von diesem. Durch diesen wäre vielleicht ein geistiger Connexus mit den Abgeschiedenen oder mit der Sonne möglich. – Sonne werden ist Verbrennen, aber ein höheres

verklärtes Verbrennen. Alles will Sonne werden; die letzte
Sonne ist selbst Gott.

2040. Jedes Dr[ama] muß eine combinatorische und ganz eigne
Form haben. –

2041. Zwischen Eleg[ien] und Stanz[en], Ital[iänischen] und
Copl[as] d'arte may[or] und Rom[anzen] Troch[een] in der
Mitte die deutsche Naturform, neu zu construiren von
Hans Sachs und Heldenbuch, von beiden.

2042. ⟨Reflexion Vermögen der Schönheit wie Fantasie
Vermögen der Natur. Die P[oesie] mehr Geschichte, Philo-
s[ophie] mehr Geschichte; Kunst und Natur die Centra der
Moral.

Kunst	Natur	Schönheit
Alexandr[iner]	Homer	Pindar
Aristophanes	Aeschylus	Sophokles⟩
(Euripides?)	(Lucretius)	

2043. Poesie der Schönheit = Poesie des Lebens. – Liebe und
Recht der große Dualis[mus] der Tragödie. –

2044. Im Construiren liegt das Wesen des Dr[amas]. Im
Ep[os] wird deducirt; im Rom[an] combinirt. –

2045. Der wahre prosaische Periode soll dramatisch construirt
sein. –

2046. Form und Materie sind die Kategorien der Schönheit,
Objekt und Subjekt aber der Darstellung.

2047. Die Elemente des Romans sind Legende, Romanze und
Novelle; Legende als ∓ das wesentlichste Glied. –

2048. Die höhere Poesie theilt sich in Poesie des Lichts (Orientalische), Poesie der Kraft und Poesie der Liebe.

2049. Euripides ist zu betrachten als Versuch einer S[yn]-
th[ese] von P[oesie] und Philos[ophie]. – Die Antidichter der
Griechen im spätern Athenischen Dr[ama] zu suchen. –

2050. Zwei ganz verschiedene Arten der tragischen Auflösung
im *Estremeño* und *Curioso* des Cerv[antes]. – Tragische Tollheit

und tragische Dummheit. Der Quell von Cerv[antes'] Novellen in *Galatea* zu suchen, und dann im D[on] Q[uixote].

2051. Adonis ist die Centralnovelle des Shaksp[eare]. –

2052. Portugiesisches Metrum ist die Wurzel des Reims. – Ist der Reim orientalisch oder modern? –

2053. Es hat zwei Homere gegeben – einen Ursprünglich[en] Ergänzer ⟨und von diesem erst der Unterschied von νοστος und αριστεια, das Ende der Ilias und Odyssee. –⟩ ⟨Camoëns Ep[os] zugleich νοστος und αριστεια (zugleich Odyssee und Ilias).⟩

2054. Zur negativen Poesie ganz besonders *Gongora*; *Marino* vielleicht wegen der falschen Süßigkeit. – Im Cerv[antes] sichtbar die Tendenz auf ein System von Werken; Bocc[accio] schlechthin nur falsche Tendenz – in dem kleinsten Gedicht von Petr[arca] mehr Tiefe und Künstlichkeit. – ⟨Dante – Cervantes – Shakspeare. – Boccaccio, Guarini, Petrarca.⟩ Pulci, Ariost nur Tendenz; das spanische Theater desgleichen.

2055. *Fiametta* wohl das eigentliche Werk des Boccaccio. *Decamerone* nicht frei von falscher Tendenz. – Cervantes ein Sinnbild und Exempel ewiger Jugend. Gar kein Sinken sichtbar. – ⟨Petrarca 1304–1374. Boccaccio 1313–1374. Anfang der Pest 1348.⟩

2056. In der Hist[orie] Menschengeschichte und Erdgeschichte absolut Eins wie im Herodot. Sie bezieht sich ganz auf Poesie. **Deutsche Poesie** – Sh[akspeare] – Böhme – Burgund. – Es giebt überall nur drei Historiker – Herodotus (legend[är]) – Thukydides (ep[isch]) – Tacitus (trag[isch]). –

2057. Die επεα der Spanier zu betrachten als Uebergang von der Romanze zum Dr[ama]. – Ep[os] hat mehr Tendenz zum Mährchen, Dr[ama] zum Idyll.

2058. Alle große Motive sind individuell und doch objektiv. Also müssen sie auch in der Fabel liegen? – Die Motive und die Situazionen müssen in einer großen Fabel witzig construirt, und neu und ganz individuell sein. –

2059. Das Erfundne in historischen Gedichten muß den Charakter des Ganzen ausdrücken, so ists auch historisch wahr, nur in einem höhern Sinne. – Visionen sind gleichsam ultraepisch. –

2060. Die Naturform des Dr[amas] ist die des Todes, oder besser der Naturgeist; daher Dr[ama] = Tr[agödie]. Die andre Form = ⊂· nicht bloß die sichtbare Handlung, sondern auch der unsichtbare Pol, der im Sophokles durch Schicksal, im Shaksp[eare] durch *absolute* Ps[ychologie] und Ironie [gegeben ist]. – Aeschylus arbeitet alles ins Mythologische – sogar der Orestes in den Eumeniden, ganz zur mythologischen Poesie. –

2061. Wurzel von Idylle und Lyr[ik] zugleich ist offenbar Elegie – Poesie der Liebe, wie $\begin{cases} \text{Arabeske} \\ \text{Satura} \end{cases}$ des Witzes; die beiden Pole der romantischen P[oesie]. –

2062. Gesetz der Diction ist Charakter – Characterisiren – aber potenzirter als in Philos[ophie] – Charakter der Sprache in der gedichtet wird, Charakter der P[oesie] überhaupt, Charakter des besondern Gedichts, der Sphäre woraus es genommen ist pp. –

2063. Die Form der P[oesie] muß religiös sein, – Opfer – Fest, Orgien – Tempel. – ⟨Sinnbild die dritte religiöse Form.⟩ Im Ep[os] ist das Opfer deutlicher ausgedrückt als im Dr[ama]. – Der religiöse Charakter durchaus nur einer, der prophetische d.h. der philosophische. – ⟨Orgie = ⊂· Opfer = △ Tempel = □⟩

2064. Eine Stadt ist auch ein Denkmahl der Architektur – ein Garten nicht minder – ein Denkmahl desgleichen ein Tempel. –

2065. Im Dr[ama] ist das Trag[ische] nicht so ernst als im Ep[os]. – ⟨Ep[os] = Subj[ektiv-]Obj[ektiv]. Dr[ama] = Obj[ektiv]. Lyr[ik] = Subj[ektiv]. –⟩ Lyrik vielleicht aus dem Grunde in der Mitte zwischen Dr[ama] und Ep[os] weil es die drei religiösen Formen der romantischen P[oesie] in sich faßt – Fest, Opfer und Sinnbild. –

2066. Die Charakteristik im Sh[akspeare] durchaus romantisch. Arabeske Ansicht der Gemeinheit, Individualität – zart allegorisch und beides verschmolzen in der Seltsamkeit des durch die Legende gegebnen. –

2067. Die Metaphern müssen allerdings insofern in Betracht gezogen werden, daß sie dem Ganzen entsprechen müssen. – Metaphern aus der fabelhaften Naturgeschichte z.B. schicken sich für Rom[ane] im engern Sinn, nicht fürs Lyr[ische] Dr[amatische] Ep[ische], nicht fürs Antike. –

2068. In Trag[ödien] das Pathos idealisch, damit das Ganze ein würdiges Opfer sei. – Die Plastik ist tragisch. –

2069. Duplicität zum Rom[an]. – Die algebraischen Grundformen – Nullität, Identität, Duplizität. ⟨Die sogenannte Ironie ist algebraische Grundform.⟩

2070. Sebastian Bachs Musik ist kubisch. – Es giebt eine kubische und eine transcendentale K[unst] und W[issenschaft]. –

2071. Die revoluzionäre Poesie und die romantische noch ganz getrennt. Die Rom[antische] auch cha[otisch] aber in sich organ[isirt]. Die revoluzionäre durchaus ☉. Lucinde nur Uebergang aus der revoluzionären in die romantische. –

2072. Die Grundform der französischen P[oesie] – *pièce fugitive* und dann die Repräsentation wie bei den Römern, Satir[isch] und Deklamatorisch. –

2073. Das alte Französisch ist erst das wahre Kauderwelsch, das böse Princip der romantischen Sprache[n]. Provenzalisch dagegen die Quelle des Portugiesischen, Spanischen, Italiänischen. –

2074. Guarini gleichsam die S[yn]th[ese] von *Galatea* und *Numancia*. –

2075. Hat sich vielleicht auch Hans Sachs nach dem *Marot* gebildet, wie Flemming und Weckherlin nach *Ronsard?* –

2076. Goethe's Tasso nach Racine's *Berenice*, einiges von dem poetischen Ton vielleicht aus Tasso's *Aminta* selbst.

2077. Die Form des Ganzen grade sehr schlecht im Ariosto.

2078. Nur im Dr[ama] sollte die individuelle Form und Nachbildung individueller Manieren nicht Statt finden; an sich ist sie in der romantischen P[oesie] gut. Im Dr[ama] nur eine Grundform. –

2079. Alle romantische P[oesie] im engern Sinn cha[otisch]. –

2080. ⟨ Die gothische Baukunst könnte vielleicht ein Mittelglied der Griechischen und aegyptischen sein.⟩

2081. Die spanischen Lieder nicht bloße Naturform, sondern romantische Kunstform, so auch das italiänische *Romanzo.* –

2082. Wie die Franzosen die Engländische Philos[ophie], so haben die Engländer unläugbar die französische P[oesie] adoptirt. *Boileau* ein *badaud,* er zwang sich Satiren zu machen, weil er glaubte, er müsse das Fach cultiviren. –

2083. Wie das Kindische das Beste in der französischen P[oesie], so das Tolle in der Engländischen. Was man französische P[oesie] nennt, ist eigentlich Pariser Poesie. ⟨Aber noch außer Pariser Wesen scheint ein besondrer Provinzialismus in der französischen P[oesie] zum Grund zu liegen.⟩ Die französische Tragödie Intriguenstücke, die Komödie Charakterstücke. –

2084. *Marot* bildete sich wohl auch schon nach ältern aus der Picardie oder Normandie. – *Rabelais, Racine, Diderot* wahrscheinlich die einzigen kunstähnlichen Dichter der Franzosen; jede Epoche hat also einen aufzuweisen. –

2085. Alle Liederformen der Spanier in eine zu vereinigen, das Anbilden aber nur wie zum Scherz ist der Grundcharakter; damit hängt die *ahudesa* zusammen. –

2086. ⟨In der Landschaft und im Porträt ist die Mahlerei der Form nach ganz in bloße Naturp[oesie] versunken. Die ursprüngliche Form der Pictur ist Arabeske, und der Plastik das Ideal.⟩

2087. An der provenzalischen P[oesie] fehlt uns vermuthlich noch ein wesentliches Glied zur Construction der romantischen. Das Französische selbst nur ein verstümmeltes Provenzalisch. –

2088. Außer dem Schauspiel und dem Gesang kann man auch den Roman, die Erzählung in Prosa zur Naturp[oesie] zählen, überall wo es Müßiggang und Lectüre giebt; ist nur auf gewisse Stände eingeschränkt. –

2089. Das Wiederhohlen des Tons im Reim nur Reducirung auf die Natursprache. Alle Thiere wiederhohlen immer einen Ton;

Wasserfälle, Donner desgleichen. – In den besten Quellen müßten Reim und Assonanz verbunden sein. –

2090. Die Unvollendung der Poesie ist nothwendig. Ihre Vollendung = das Erscheinen des Messias, oder die Stoische Verbrennung. Hat die Fantasie den Sieg davongetragen über die Reflexion, so ist die Menschheit vollendet. –

2091. Was ist der eigentliche innerste Grundcharakter der romantischen Poesie? – ⟨Die witzige Constr[uction] des Fantastischen reicht noch nicht ganz zu; vielleicht aber der pict[orielle] und mus[ikalische] Charakter, der freilich bewußtlos ist aber doch unverkennbar. Mangel der innern organischen Fortbildung, wie in der Griechischen Poesie; alles einzeln und bewußtlos.⟩ Der [Grundcharakter] der jetzigen ist Kunst (Gelehrsamkeit) und dadurch Zurückführung auf Theosophie. –

2092. Petrarca ist nur die Ergänzung des Dante; Tasso der Nachklang des Camoëns, Boccaz Vorgänger und Ergänzung des Cervantes. –

2093. Wie in der Geschichte jede moderne Nation nur einen kurzen Silberblick hatte, so auch in der Poesie.

2094. Der Charakter der griechischen Poesie ist titanisch, der indischen etwa hieroglyphisch. –

2095. Nur die romantische (unsre eigne) Naturp[oesie] interessirt uns näher; nicht so die Griechische pp. –

2096. Die Intriguenstücke der Spanier haben viel Aehnlichkeit mit dem *L'hombre* oder gar mit dem Pharaospiel. –

2097. Die moderne Poesie ist erotisch. Das witzig Fantastische in ihr nur Annäherung zum Orientalischen. Vielleicht ist das Prinzip der romantischen P[oesie] zwiefach; sie ist erotisch und dann kunstähnlich d.h. pittoresk, musikalisch pp. Hier unterscheidet sie sich doch wohl nur durch Vollständigkeit von der Griechischen.

2098. Die ächte orientalische P[oesie] hieroglyphisch – die unächte fantastisch, wie die unächte antike correct oder classisch im schlechten Sinne ist. –

2099. *Lope* nur Vorgänger des *Calderon* und übrigens spanischer

Voltaire. – Goethe hat etwas von *Racine* und *Voltaire,* Tieck vom *Calderon.* Tasso ein beßrer *Racine, Calderon* zu den besten. –

2100. Das innre Umbilden ist plastisch; das bloß auf äußre Erscheinung gehn ist mimisch.

2101. Der Charakter der orientalischen Sprache[n] vielleicht das Auseinandertreten der Pole. Daher Diphthonge und Di[phthong-]Consonanten (Analogie des Deutschen), dahingegen die Griechische auf ein Mittelmaaß geht. Der Parallellism dem Rhythmus etwa entgegengesetzt; Zahl der Sylben und Quant[itäten] frei, aber Bilder und Gedanken einer Regel unterworfen. Alles Bild. Zwischen diesem und dem Deutschen oder dem Eleg[ischen] die Prosa in drei Epochen 1) Classisch ohne Farbe 2) auf Vokale und Consonanten berechnet, rom[antisch] pict[oriell] und mus[ikalisch] 3) Synthesis von beiden, groß romantisch. –

2102. Camoëns scheint durchaus auf einem höhern Gesichtspunkt zu stehn als die spanische Poesie. Die portugiesische schon eine S[yn]th[ese] der italiänischen und der spanischen P[oesie]. Der Hauptcharakter der italiänischen von Dante bis Ariost ist falsche Tendenz und Virtuosität. –

2103. Die harmonische Ausbildung (μεσοτης), die Fantasterei und der Alexandrinismus sind die ursprünglichen Krankheiten der Poesie. Fant[asterei] und Al[exandrinismus] beides Formalpoesie, ohne die Materie derselben; im Al[exandrinismus] objektiver, in Fant[asterei] subjektiver. – Jetzt auch die Krankheiten der Philos[ophie] in der P[oesie] sichtbar; Monotonie und Kunstlosigkeit durch Isolirung und Nicht Entfaltung des Höchsten (Hülsen) pp. – Nur die negativen Dichter der jetzigen Zeit sind interessant. –

2104. Wie Goethe von den Franzosen, so manche romantische Dichter von den Römern ausgegangen. Beide Nationen nur ein Beweiß, daß es große Nationen geben kann ohne Poesie, trotz aller Mühe und Einbildung.

2105. Es giebt ein reines Lustspiel, ganz fern vom Aristophanes. – Im Shaksp[eare] Tendenz dazu; das Ideal im Indischen

zu suchen. Wie Trag[ödie] und Lyr[ik] die Grundform[en] der
Griechischen P[oesie], so vielleicht Rom[an] und Kom[ödie] die
der indischen. Homer auch nur eine Tendenz. –

2106. Die Grundquellen der Poesie sind Zorn und Wollust*
und zwar die einzigen. Scherz und Ironie müssen von jenen
durchdrungen sein, um wahre Poesie zu werden. Jenes sind die
Elemente des Lebens. Bildung rein zur Kunst und diesem
entgegengesetzt – herrscht im zweiten Grade der Poesie. –
⟨*[Zorn und Wollust] die Pole, Witz die Indifferenz.⟩

2107. Kr[itik] und Pol[itik] die Faktoren der Historie. Ich für
Historie, was Goethe und Fichte für P[oesie] und Philos[ophie].

2108. Die vergeblich gesuchte Einleitung in die Philos[ophie] ist
die P[oesie].

2109. In der Griechischen P[oesie] überwiegt das Lyrische. –

2110. Nur die Construirenden gehören zur Kunst, also nur
Cerv[antes] und Cald[eron]. –

2111. Die Würde des Handels und der mechanischen Kunst
liegt tief im Geist der italiänischen Novelle.

2112. ⟨*Simeon Logethet* – a[nn]o 900, enthält einen starken
Vorrath von metaphrasirten oder zierlich ausgearbeiteten
Heiligengeschichten. – *Cfr. Fabric[ii] Bibl[iotheca] Graec[a]
Vol. VI. p. 509. Joh. Moschus* (+ 610) berühmter Legenden-
schreiber. Sein ⟨?⟩ *Limonarium* in *Coterlerii monum[enta]
eccles[iae] Graec[ae] tom. II. 341. Cfr. Phot[ii] cod[ices] 199
Fabr[icii] Bibl[iotheca] Gr[aeca] Vol. IX p. 21. Fabricii Poet[ae]
vett[eres] Christiani 4° Parma 1788. Romae 1789.*⟩

2113. Dante, Böhme und Shakspeare machen ein Dreieck,
zusammen der moderne Homer. –

2114. Es giebt **wandernde** Völker – Phönicier, Gälen,
Griechen und Römer – und feste, Indier und Aegypter. –

2115. Es giebt dreierlei Prosa – classisch durchgebildete – modern
witzige – und orientalisch farbige. –

2116. Die moderne P[oesie] vielleicht bis jetzt Paarweise zu
construiren – Dante und Petrarca – Shakspeare und
Calderon – Cervantes und Ariosto – Boccaz und Guarini

– Tasso und Camoëns. – Bocc[az], Guar[ini] und Tasso streben nach einer Verbindung des Antiken und Modernen. Dante und Petr[arca] nach der Darstellung des Unsichtbaren. –

2117. Es muß eine indische Mahlerei gegeben haben und zwar sehr groß. Reine Pict[ur] nichts als Arab[eske]. Man müßte hieroglyphisch mahlen können, ohne Mythologie. Eine philosophische Mahlerei. –

2118. Die Araber sind die göttlichsten Scythen oder Tataren. Sie lassen sich noch gegenwärtig darstellen. Der Persische Charakter ⟨in Mythologie⟩ vielleicht schon eine Mischung des indischen und aegyptischen auf scythischer Wurzel. Der reine Kampf des Guten und Bösen skythisch, nordisch, amerikanisch. –

2119. Die Fabel hat allgemeine Gesetze. Das ηθος und παθος muß der Willkühr und Individualität überlassen werden. – Charakteristik, Fabel, Diction, Metrum begreift die ganze Th[eorie] der P[oesie]. –

2120. Dem Idealisiren steht wohl gegenüber das Fantasiren (Musik), in der Mitte das Symbolisiren. –

2121. Tiecks Gedichte sind der Form nach Wortspiele und das ist die Grundform der romantischen P[oesie]. Sein Charakter ist mythisch. Goethes Charakter ist künstlerisch, daher die Bildung. Die Form seiner Werke ist anbildend. Beide haben noch Bezug auf die Fantasten und auf die Anempfinder. –

ANNO 1801

2122. In der Poesie muß die orientalische Sprache überwiegen als die unbestimmtere, in Philos[ophie] die hellenische. ⟨Ist denn die indische unbestimmt?⟩

2123. Giebt es eine Natursprache, so ists die älteste; daher die Tendenz der Poesie in das Alterthum der Sprache zurück. –

2124. Die siderische Form muß in der Poesie durchaus die herrschende seyn – warum nicht die der künftigen ⟨Feuer⟩ Lichtblumen?

2125. Plastik soll bloß aufs Gefühl wirken, aber kann es nur durchs Auge. –

2126. Die Naturformen sind die tellurischen, die siderischen und die aetherischen. In der Plastik herrscht die tellurische. –

⟨*Tellurisch*	*Siderisch*	*Aetherisch*
Stein	Feuer	Luft
Thier	Tod	Pflanze
Wasser	Wollust	Licht
Kosmog[onie]	Aurora	Fantas[ien]
1	2	3

1 Wehmut
2 Zorn
3 Scherz⟩

2127. 7 = Irration[ales]. – Form des Auges, der Zeugung pp. –

2128. Die Grundverschiedenheit der Poesie von der Philos[ophie] besteht in der Trunkenheit – Enthusiasmus nebst als Harmonie [*sic!*]; Diese nebst den Syllogismen zur Philos[ophie].

2129. In der Alliteration ein sehr plastisches Princip. –

2130. Die Methode oder die Form der P[oesie] im Ganzen gegen Ph[ilosophie] ist die historische, der Ton enthusiastisch. –

2131. Sind nicht einige Consonanten männlich, andre weiblich, die einen alkalinisch, die andren Säuren? –

2132. In der Poesie sollte man wo möglich nur Verba, Substantiva und Adjektive gebrauchen.

2133. Spiel – Fest – Trunkenheit – sind ursprünglich religiöse Formen. – Fest = Harmonie = Chor. Wehmuth = Tod + Spiel. Spiel noch sehr vom Scherz verschieden. Zorn = Trunkenheit + Feuer. Fest = Wollust + Scherz ⟨Spiel?⟩. –

2134. In der spanischen Dichtart, die Echo heißt, ist der tiefste Quell des Reims sichtbar.

2135. Permanente Gattung[en] des Dr[amas] 1) Mythische chr[istliche] Komödien nebst allegorischer Einmischung 2) historische Tragödien. Die *Autos* eine schöne Tendenz zur mythischen Komödie.

2136. Die Vokale vielleicht nicht bloß Licht sondern auch das bindende und verschmelzende Wasser in der Sprache. – Die Consonanten drücken allerdings Stein und Luft aus. – ⟨Oder Consonanten = Wasser + Stein. Vokale = Licht + Luft.⟩

2137. Die älteste Form Interjection und zwar die der Wollust vorzüglich. – Zorn. – Auf diese Weise ließe sich die ganze ursprüngliche Sprache construiren.

2138.

Subst[antiva]	Interj[ektionen]		Verba
r	ch	g	l
s	p	b	m
h	t	d	n
z	f	w	h
Vokale	Worte		Consonanten Reihe
Licht	Sylbenstimmen Diphthonge und H.		

2139. Kategorien des Komischen: Caricatur, Humor, Groteskes, Barokkes, Bouffonerie, Satire, Parodie, Ironie, Bürleskes, Naives.

2140. Müßte es nicht eine besondere Poesie für Kinder geben, Frauen und die drei Potenzen der Männer? –

2141. Nur die Griechen, die Aegypter, die Araber haben ein eigenthümliches Leben gehabt; alles in einem Styl, schön und originell.

2142. Tugend + Kunst = Bildung, Ideal der hellenischen Mythologie. –

2143. Die Form des romantischen Lebens ist die witzige. – Witz ist zwischen Kunst und Tugend – Liebe und Fantasie – die reinste Indifferenz, daher so äußerst philos[ophisch]. Liebe ist auch schon eine Indifferenz zwischen Sehnsucht und Fantasie. –

2144. Ursprünglich arabisch nur die Romanzen, das Mährchen wahrscheinlich persisch. – ⟨So enthusiastisch und

praktisch wie bei den Arabern, ist es nicht mehr möglich. –>
Gute und böse Geister sehr nothwendig zum eigentlichen
Mährchen, sonst wird es reine Hieroglyphe.

2145. Die Chinesen haben auch originelles Leben, dem
aegyptischen als Miniatur grade entgegengesetzt. –

2146. Eine eigne Mythologie, aber auf die nordische gegründet,
ist die magische des Mittelalters – auch diese ist im Dr[ama]
einzuführen! Der andre Pol der christlichen Mythologie ist eine
eben so willkührliche Fiction von Riesen, Zwergen, Feen
durcheinander, wie ganz willkührliche Allegorie.

2147. Dante ist noch subjektiver als Camoëns. Ueberhaupt sind
die romantischen Dichter **zu** romantisch im Ep[os] und
Dr[ama], d.h. nicht zu sehr, aber so daß es dem Ep[os] und
Dr[ama] im Wege steht. –

2148. Die Idylle hat nur eben den einzigen Guarini gehabt;
noch nicht solche Epochen wie das Rittergedicht.

2149. ⟨Die Herausgeber des *Romancero* reden von einer *poesia
Gallega*; diese sei nebst dem *Portuguesa* und *Provenzal* die
Quelle des *Castellana* und alle drei sämtlich in *amoretes* und
devociones beschäftigt. –⟩

2150. ⟨*Epitome de las hist[orias] Portuguesas por Manuel de
Faria y Sousa* 1779. Chronik des *Palmerin* von England 1786. 4°,
Vol. I–III.⟩

2151. Die Geschichte des 16ten und 17ten Jahrhunderts – eine
eigne Masse. Boshafte satanische Mittelzeit zwischen der
aegyptischen und chinesischen Stufe. Die gothische ⟨fränkische⟩
alte Zeit ist ein Vorbild der Greuel des 16ten und 17ten
Jahrhunderts.

2152. In der constantinopler Geschichte gleichsam das chine-
sische Princip fixirt. –

2153. Vielleicht schon vor dem Einbruch der Deutschen das
Lateinische in Dialekte getrennt. An der ganzen Südküste
wenigstens dem Grund nach das Provenzalische. – Auch damals schon die gälisch Redenden in die nördlichen Berge zurück-
getrieben. In der Aussprache hat das Spanische vielleicht

manches vom Baskischen. Könnten Altfranzösisch und Altspanisch nicht einerlei sein? –

2154. So wie erst nach der Zerstörung des Ganzen die romantischen Dialekte aus dem Lateinischen, so ists auch wohl mit dem Deutschen. In dem ältesten Deutsch die entgegengesetzten Pole mehr vereinigt. Zusammenstellung der deutschen Worte, die es im Spanischen und im Italiänischen giebt. Am wenigsten Deutsches wohl im Provenzalischen und Portugiesischen.

2155. Camoëns eigentlich fantastisch, Rom[antisch] schön; Dante alterhaben.

2156. Sh[akspeare]'s dritte Manier aus Rückkehr in die erste und Erstarrung der zweiten. –

2157. Portugiesisch und Provenzalisch nur Ramificationen eines Stammes.

2158. Die italiänische P[oesie] offenbar ein Streben ins Römische zurückzukehren. –

2159. Die provenzalischen Rittergeschichten vielleicht sämtlich allegorisch (Melusina – Titurel – Parcival.)

2160. Die dritte Epoche der deutschen P[oesie] (1. Burgundisch 2. schwäbisch) ist Jakob Böhme. –

2161. Dante's Tendenz geht auf die Darstellung des Himmels und der Mutter Gottes. –

2162. Giebt es nicht auch byzantinische neuGriechische Ritterbücher? – Moralitäten auch im Portugiesischen noch viel vorhanden. –

2163. Offenbar ist das spanische Auto ganz vollendet von den Portugiesen angenommen, welche es früher gehabt haben.

2164. Cerv[antes] hat auch drei Perioden 1) Galatea 3) Persiles; die 2te der D[on] Q[uixote] ein Herausgehn aus sich selbst. –

2165. Thukydides durchaus mit zum ep[ischen] Gedicht. –

2166. Auch in den deutschen Sylbenm[aaßen] liegt ein System. –

2167. Das südliche burgundische arelatensische Reich vielleicht eine noch höhere Blüthe des frühern Portugal und Aragonien. –

2168. Situazion der pictorielle Bestandtheil des Dr[amas], Pathos der mus[ikalische], Chor der plastische. –

2169. *Saynetes* sehr schlüpfrig, jetzt besonders in *Cadiz* und *Barcellona*; am letztern Ort im Dialekt der Provinz.

2170. Catalonisch nach Fischer dem Provenzalischen sehr ähnlich; Valencianisch = Languedocisch. –

2171. Furcht ist das dritte und zwar das negative Princip der Menschheit – Wollust oder Liebe das mittlere.

2172. Alle Form der P[oesie] ist witzig; nur wo die Materie wieder rein herrscht, darf sie fehlen. In Kosmogonie pp. Ironie ist philos[ophisch] witzig – Satire classisch witzig oder republikanisch (moralisch) – Caricatur plastisch – Naiv der Grund von allem. – Humor und Burleske als bloßer Spaß und bloße Caprice zu verwerfen. –

2173. Die παρεκβασις hat gleichsam die Form der Wollust. Das Wiederhohlen des Themas ist das entgegengesetzte dazu. –

2174. ⟨*Myssipo de Macedo* ein gutes episches Gedicht der Portugiesen.⟩

2175. ⟨Die Terminologie ist gleichsam eine Welt von Worten. – Die Sprache ist nicht Natur, sie ist Welt oder Mensch. –⟩

2176. ⟨Der älteste Archaism wäre, das Wort wieder auf die Sprache der Augen und der Hand zurückzuführen. –⟩

2177. ⟨Die Diction muß auch nach Naturprinc[ipien] bestimmt werden und nicht nach Kunstprincipien. –⟩

2178. Welt ist Verwicklung der kleinlichen Verhältnisse, Furcht, Schwäche, Krankheit, Vernunft, Unvernunft alles zusammen. ⟨NB. Darum heißt es: die Furcht der Welt.⟩ Allerdings eine nothwendige Bedingung aller immanenten ⟨i.e. aller nicht mythischen⟩ Poesie. Sonderbar daß diese Gemeinheit eben da Statt findet, wo sonst das Paradies war. Welt = Gemeinheit. –

2179. Es giebt eigentlich nichts fürchterlicheres als die Furcht, nichts Schreckliches als das Erschrecken selbst.

	Kirche	
? Furcht	Welt	Zorn
	Wollust	

2180. In Mährchen wird mehr die Welt dargestellt als in Idyllen.

2181. Die Musik kann auch tellurisch und aetherisch sein, oder nur das letzte. Die Mahlerei nur siderisch.

2182. Die ursprüngliche Freude ist über Fantast[isches] des Körpers und über Organ[isches] der Seele. Also Wollust und Gedanken. Jede Freude ist ein Vorbote des Himmels. Aller Schmerz hängt mit der Furcht zusammen (mit Krankheit – unterdrücktem Zorn) – zugleich aber wohl auch mit der Tollheit. – Die höchsten Schmerzen sind vielleicht nur eine Vernichtung der Freude, ein Tödten des Fleisches – sehr wahr. –

2183. Wollust ist nur ein Element der Liebe, denn sie ist in der Gegenwart befangen, wie Leidenschaft auf die Zukunft geht.

Gegenwart		Zukunft
Wollust	Erinnerung	Leidenschaft
Weiblich	Liebe	Männlich

⟨Die immanente Erinnerung hilft dem Menschen nicht. Er soll sich selbst [?] zu der Menschheit erweitern.⟩

2184. Das Christenthum könnte sich noch in vier Religionen theilen, die des Jehova – der Maria – des Chr[istus] und des heiligen Geistes. Der letzte noch ganz zu fantastisiren. Chr[istus] = Kunst. Christus und Maria bilden die mittlere Sphäre. –

2185. Sehnsucht = Andacht = Heiligkeit = Demuth. – Furcht = Sterben = Tod. Tellurisches im Ganzen = Tod, im Gegensatz der Luft. – Die Wollust ist siderisch *i.e.* solarisch. – Jetzt ist die siderische Epoche; diese, das Saturnische und Mavortische muß vereinigt werden, um die Menschheit zu vollenden. – Sehnsucht = Tod?

2186. Wo ist die Vollendung unsers Bewußtseins der gesamten Menschheit zu suchen – In der Vollständigkeit der Erinnerung. Offenbar ist das die Tendenz der Kunst und der Wissenschaft. – Wird es aber in der Form der Anschauung vielleicht sein oder

der Ahndung? – ⟨Künftig muß K[unst] und W[issenschaft]
Eins werden, wie jetzt P[oesie] und Ph[ilosophie]. ⟩

2187. Die tellurischen Planeten bilden vielleicht das Schicksal –
ja auch die fernsten Sterne in Masse – ferner die Tiefe und die
Luft. – Die Frau durchaus siderisch anzusehn, aber mehr
solarisch; der Mann nur saturnisch oder mavortisch-kometisch. –

2188. Wenn Chr[istus] wiederkömmt, wird er Eins sein mit
Maria. –

2189. Ist nicht das unglückliche Schicksal der Dichter in der
neuen Zeit schon in den Italiänern, Spaniern, Shakspeare
sichtbar? Auch im Böhme, auch in der Mahlerei. –

2190. ⟨Goethes P[oesie] durchaus p[oetische] P[oesie]. In der
ersten Epoche ist sie tragisch, ein Erschrecken darüber, in der
dritten ein Auslachen seiner selbst, in der zweiten ists schön. –

2191. Sh[akspeare] durchaus ein chaotischer Charakter. ⟨Eine
besondere Naturform die chaotische.

Siderisch

Tellurisch   Aetherisch

Chaotisch

Zum Siderischen – Licht, Pflanze, Thier und Stein. Mathe-
m[atik] ist Princip des Chaotischen. Die math[ematische] Form
entsteht durch das Irrationale, Potenzirte, Combinatorische,
Progressive pp. Dazu Thier, Pflanze, Wasser, das Ganze quali-
ficirt in Wollust.⟩

COMMENTARY

COMMENTARY

In the Commentary, the following abbreviations are used:

Ath.F.	*Athenäums-Fragmente* (cited from Minor).
Car.	*Caroline. Briefe aus der Frühromantik*, ed. Georg Waitz and Erich Schmidt, Leipzig, 1913.
Gesch.d.a.u.n.Litt.	F. Schlegel, *Geschichte der alten und neuen Litteratur*, Vienna, 1815.
Jonas-Dilthey, iii	*Aus Schleiermachers Leben. In Briefen*, ed. Jonas and Dilthey, vol. iii, Berlin, 1861.
Kluckhohn, *Auffassung*	Paul Kluckhohn, *Die Auffassung der Liebe im 18. Jahrhundert und in der Romantik*, Halle, 1931.
L.N.	F. Schlegel, *Literary Notebooks* (plain figures refer to the text, figures with asterisks to the commentary).
Lüdeke	*Ludwig Tieck und die Brüder Schlegel. Briefe*, ed. H. Lüdeke, Frankfurt, 1930.
Lyc.F.	*Lyceums-Fragmente* (cited from Minor).
M.	F. Schlegel, *Prosaische Jugendschriften*, ed. J. Minor, Vienna, 1906.
N.ph.Sch.	F. Schlegel, *Neue philosophische Schriften*, ed. J. Körner, Frankfurt, 1935.
Walzel	*Friedrich Schlegels Briefe an seinen Bruder August Wilhelm*, ed. O. Walzel, Berlin, 1890.
Windischmann	F. Schlegel, *Philosophische Vorlesungen aus den Jahren 1804 bis 1806. Nebst Fragmenten ...* ed. C. I. H. Windischmann, Bonn, 1836–7.

F. Schlegel's *Sämmtliche Werke* are quoted in the first edition, his *Lucinde* in the edition of the Insel-Bücherei, A. W. Schlegel's *Sämmtliche Werke* in Böcking's edition. Fichte is cited in the edition by J. H. Fichte, Herder in Suphan's edition, Goethe in the Weimar edition and Schiller in the *Horenausgabe*.

Novalis' *Fragmente* are quoted from Carl Seelig's edition of his *Gesammelte Werke* (Herrliberg-Zürich, 1945–6), with reference to the number of the volume and of the *Fragment*, not the page number. The edition by Kluckhohn and Samuel was not conveniently accessible to me.

Schlegel's notebooks *Zur Poesie. 1802. I* and *II, Zur Poesie. 1803. I* and *II,* and *Zur Poesie und Litteratur. 1808, 1810* and *1812,* are quoted from the manuscripts in the Stadtbibliothek Trier, the notebooks *Zur Poesie und Litteratur. 1811. I* and *II,* and *Zur Poesie und Litteratur. 1817–20* from the manuscripts in the Westdeutsche Bibliothek at Marburg.

The notebooks *Fragmente zur Geschichte der Griechischen Poesie* and *Studien des Alterthums* are quoted from the manuscripts lent me by Professor Hermann Kunisch, the philosophical notebooks from transcripts prepared by Dr. Ernst Behler and Schlegel's letters to Novalis from transcripts prepared by Dr. Max Preitz.

1. *Lyc.F.* 6: 'Man tadelt die metrische Sorglosigkeit der Götheschen Gedichte. Sollten aber die Gesetze des deutschen Hexameters wohl so consequent und allgemeingültig sein, wie der Charakter der Götheschen Poesie?' Windischmann (ii, 413; 1797): 'Beide [Goethe und Kant] sind ... nicht liberal und nicht rigoristisch genug, weil es an Totalität fehlt.'

2. *Cf. L.N.* 142. Schlegel was greatly impressed by Schiller's essay *Über naive und sentimentalische Dichtung,* but the terms 'naiv' and 'sentimental' have a somewhat different meaning in his writings from that which Schiller attached to them. In March 1798, he wrote to his brother that he had rejected Schiller's terminology 'weil sie irrig ist, und voll von krasser Ignoranz' (Walzel, p. 362). Schlegel attempted definitions of 'das Sentimentale' in his preface to *Die Griechen und Römer* (M. i, 81), in *L.N.* 184, 253, 426 and 1586 and in *Gespräch über die Poesie* (M. ii, 370 ff.).

3. Shakespeare is 'sentimental' according to *L.N.* 3, 6, 142, 150, 240, 272, 284, 501, 505, 577, 718, 998, 1146, 'naiv' according to *L.N.* 258, 1957, and both 'naiv' and 'sentimental' according to *L.N.* 253. For Schiller, Shakespeare was a typical naive poet. This difference is not unrelated to the different meaning Schiller and Schlegel attached to 'das Naive', but is mainly due to their radically different views of Shakespeare.

4. For Schlegel's view of the 'Roman' as a 'Mischgedicht', *cf. L.N.* 20, 55, 65, 69, 162, 185, 188, 274, 289, 325, 377, 434, 491, 582, 776, 794, 823, 824, 837, 1033, 1565, 1566, 1569, 1755, 1771. These notes are of fundamental importance for both F. and A. W. Schlegel's theories of romantic poetry. *Cf.* e.g. A. W. Schlegel, *Vorlesungen über dramatische Kunst und Litteratur* (ed. Amoretti, Leipzig, 1923, ii, 114): 'Die antike Kunst und Poesie geht auf strenge Sonderung des Ungleichartigen, die romantische gefällt sich in unauflöslichen Mischungen; alle Entgegen

gesetzten: Natur und Kunst, Poesie und Prosa, Ernst und Scherz, Erinnerung und Ahndung, Geistigkeit und Sinnlichkeit, das Irdische und
Göttliche, Leben und Tod, verschmelzt sie auf das innigste mit einander.'
A similar view of the novel was held by Herder: 'Keine Gattung der
Poesie ist von weiterem Umfange, als der Roman; unter allen ist er auch
der verschiedensten Bearbeitung fähig: denn er enthält oder kann
enthalten nicht etwa nur Geschichte und Geographie, Philosophie und
die Theorie fast aller Künste, sondern auch die Poesie aller Gattungen
und Arten – in Prose. Was irgend den menschlichen Verstand und das
Herz interessiret, Leidenschaft und Charakter, Gestalt und Gegend,
Kunst und Weisheit, was möglich und denkbar ist, ja das Unmögliche
selbst kann und darf in einen Roman gebracht werden, sobald es unsern
Verstand oder unser Herz interessiret. Die größesten Disparaten läßt
diese Dichtungsart zu: denn sie ist Poesie in Prose." (*Humanitätsbriefe*,
1797; Suphan, xviii, 109 f.)

5. *Cf. L.N.* 24.

6. *Philosophische Fragmente II* (1797): 'Angst ist ein Hauptzug in
seinem [Jacobis] Charakter, Weichlichkeit und absolute Eitelkeit.' (*Cf.*
Windischmann, ii, 419.) Schlegel to Caroline, 20.10.1798 (*Car.*, i, 464):
'Der Eindruck ist mir nun ewig, Jacobi sey in der Weichlichkeit gebildet
bis zum Künstlichen, und auf seine eigne Eitelkeit eitel.' Windischmann
(i, 472): '... abergläubische Aengstlichkeit und große Eitelkeit, woraus
man sich denn auch diese [Jacobis] Philosophie zu erklären hat.'

9. Novalis (iii, nr. 980; 1798): 'Schlegel hat recht, der echte Roman
muß eine Satire sein.'

11. That the problems of philosophy should be approached historically
was one of Schlegel's favourite and most characteristic notions. *Cf. Zur
Schönheit in der Dichtkunst* (*N.ph.Sch.*, p. 363), Schlegel's letter to his
brother of March 1798 (Walzel, p. 366), *Ath.F.* 325, his *Disputationsthese*
'Non critice sed historice philosophandum' (*Car.*, ii, 584 f.), *Transcendentalphilosophie* (*N.ph.Sch.*, p. 207), *Gesch.d.a.u.n.Litt.* (ii, 220) and
above all his Cologne lectures on philosophy (Windischmann, i, 80 f., 87 f.,
237, 311 f.).

14. 'Charakteristik': *Cf.* a.o. *L.N.* 579, 620, 625, 627–32, 672, 684, 990,
1119, 1423, 1779, 625*, 990*, *Lessings Geist* (Leipzig, 1804), i, 39 ff. The
notion of criticism as 'Darstellung des Eindrucks', i.e. as a poetic activity,
is one of the roots of Schlegel's concept of 'Poesie der Poesie'. – Poetic
prose had been condemned as 'sehr unpoetisch' by A. W. Schlegel
(*Sämmtliche Werke*, vii, 55, 102); Schiller's *Über naive und sentimentalische Dichtung* contains an attack on Geßner's poetic prose (*Horenausgabe*, xii, 117). *Cf. L.N.* 40, 41, 596, 602, 608, 823.

15. *Cf. L.N.* 74. – Neither of these plans was carried out, but there are
numerous aphorisms on 'wit' both here and in the *Athenäum*. In later

years, Schlegel changed his view on the part played by wit in literature. *Cf. e.g. Zur Poesie und Litteratur. 1808. I* (leaves 4 and 29): 'Auch der Witz, wie der Pantheismus nur eine Stufe des Übergangs für die deutsche Litteratur. Beide haben eine große Verwandtschaft da aller wahre Witz auf das Spiel mit dem Absoluten sich bezieht. Die ausschließlichen Witzlinge der deutschen Litteratur – Tieck, Jean Paul, Adam Müller pp. ⟨ein Theil des frühen Novalis und meiner eignen Schriften⟩ – stehn daher im Grunde auf einer Stufe mit den Pantheisten.' 'Der Witz ist ein Mysterium der Gesellschaft, was gar nicht in die Litteratur eindringen sollte.'

18. 'Philorh[etorische]', in the Ms. 'philoρ.' On romantic prose, *cf.* *L.N.* 19, 20, 23, 168, 585, 586, 602, 811, 830, 1961 *et al.*

20. 'Totalität' corrected from 'Universalität'. For the attempted classification of the 'Roman' *cf. L.N.* 340, 340*.

22. *Cf. L.N.* 28, Windischmann (i, 437 ff.). A summary of Schlegel's study of Spinoza will be found in L. Wirz, *F. Schlegels philosophische Entwicklung* (Berlin, 1939), pp. 16 ff.

23. *Cf. L.N.* 32, 263, 573, 586, 602, 973, 27*, 32*, 973*.

25. For the subject of reading, *cf. L.N.* 633, 640, 2016, *Zur Philologie* (*Logos*, xvii, 50), *Lyc.F.* 27, *Ath.F.* 391, *Georg Forster* (M. ii, 125), *Ueber Lessing* (M. ii, 150 f.), *Lessings Geist* (i, 23).

27. Greatly influenced in this respect by Hemsterhuys, Schlegel saw in the erotic a cosmic force which far transcends the domain of the sexual. (*Cf.* Kluckhohn, *Auffassung*, p. 229.) His explanation of romantic poetry as erotic (*L.N.* 27, 1760, 2097) therefore required only a slight modification to become an essential part of his later, catholic poetics. *Cf. Zur Poesie und Litteratur. 1812* (leaf 5): 'Auch moderne Gegenstände ließen sich wohl durch das beseelende Liebesgefühl romantisch behandeln, besonders im Lustspiel und bürgerlichen Schauspiel.' *Gesch. d.a.u.n.Litt.* (ii, 128): '[Das Romantische] beruht allein auf dem mit dem Christenthum und durch dasselbe auch in der Poesie herrschenden Liebesgefühl ... In diesem Sinne, da das Romantische bloß die eigenthümlich christliche Schönheit und Poesie bezeichnet, sollte wohl auch alle Poesie romantisch seyn.'

30. The difficulties of using Greek myths in modern tragedies were discussed by Schlegel in the *Studiumaufsatz* (M. i, 162). For the role of the chorus in tragedy, *cf. Gesch.d.a.u.n.Litt.* (ii, 155 f.): 'Der lyrische Bestandtheil, und der Chor ist das Wesentlichste im Trauerspiel der Alten ... Den Chor der Alten aber hat Racine in seiner Athalie, obwohl mit Aenderung und selbstständiger Aneignung, aber wie mir es scheint, für diesen Zweck sehr glücklich, und mit hoher Poesie wieder eingeführt. Wäre das französische Trauerspiel auf diesem Wege .... weiter fortgegangen, so würde es dem der Alten viel ähnlicher an Schwungkraft und Hoheit geworden seyn ...'

32. *Fragmente zur Geschichte der Griechischen Poesie* (p. 11; 1796):
'Herrschaft der tragischen Dichtart bei den Griechen ⟨wie Satire und
Roman bei den Römern und Modernen⟩.' – *Ath.F.* 146: 'Wie der Roman
die ganze moderne Poesie, so tingirt auch die Satire … die ganze römische
Poesie, ja die gesammte römische Litteratur, und giebt darin gleichsam
den Ton an …' *Gespräch über die Poesie* (M. ii, 372): 'Wie unsre Dichtkunst mit dem Roman, so fing die der Griechen mit dem Epos an und
löste sich wieder darin auf.' – A. W. Schlegel similarly considered the
Roman 'das erste in der neueren Poesie …, eine Gattung, welche das
Ganze derselben repräsentiren kann' (*Vorlesungen über schöne Litteratur
und Kunst, Deutsche Litteraturdenkmale*, xix, 241).

34. *Cf. L.N.* 269.

36. *Lyc.F.* 63: 'Nicht die Kunst und die Werke machen den Künstler,
sondern der Sinn und die Begeisterung und der Trieb.'

39. Windischmann (ii, 421): 'Abstraction und besonders praktische ist
wohl am Ende nichts als Kritik.' *Cf. ibid.*, ii, 413, *L.N.* 622, *Ath.F.* 121.

42. *Cf. L.N.* 311, 335. Later on, Schlegel wished to confine rhetoric in
poetry to the stage play; *cf. Ath.F.* 36 (cited in *L.N.* 335*).

45. 'Parisose', Greek rhetorical figure in which a sentence is divided into
two parts of approximately equal length. 'Paromoios', a parisosis the
parts of which contain similar words. *Cf.* Aristotle, *Rhetoric*, III, 9 and
Schlegel's *Nachschrift zum Kunsturtheil des Dionysios über den Isokrates*
(M. i, 200): 'Wie viel Betrachtungen kann es nicht allein erregen, daß
die Parisosen sich zum strengen Reim etwa so verhalten, wie der prosaische Numerus zum eigentlichen poetischen Metrum; so daß man die
älteste hellenische Kunstprosa mit eben so viel Recht gereimt, wie
rhythmisch nennen könnte.'

51. In the *Studiumaufsatz* (M. i, 106 ff.), Shakespeare was celebrated as
the modern Sophocles. *Cf. L.N.* 271, 1153, 1181*.

53. From here on, the entries in the manuscript are not divided into
paragraphs, and the arrangement of the printed text is that of the editor. –
For Socratic irony, *cf. L.N.* 517, 771, *Lyc.F.* 42, 108 and Windischmann
(i, 32 f.).

54. Albrecht von Haller? The name is almost illegible.

55. *Cf. L.N.* 339, for the mixture of 'Kunstpoesie' and 'Naturpoesie' also
Ath.F. 116 and *Philosophische Fragmente. Erste Epoche II* (July 1797):
'Der wahre Roman muß mit allen Gattungen der Naturpoesie und der
gemischten Kunstpoesie auch die reinste und vollständigste, allumfas-
sendste Gattung der Kunstp[oesie] verbinden; er muß dram[atisch] sein.'

57. 'Liberalität', here as almost always with Schlegel in the sense of
tolerance; *cf. Ath.F.* 441.

58. Shakespeare's *Romeo and Juliet*. The spelling 'Petrarcha' occurs
regularly with Schlegel until the late autumn of 1798.

59. *Cf. L.N.* 133. *Lyc.F.* 32 : 'Die chemische Klassifikation der Auflösung in die auf dem trocknen und in die auf dem nassen Wege, ist auch in der Litteratur auf die Auflösung der Autoren anwendbar, die nach Erreichung ihrer äußersten Höhe sinken müssen. Einige verdampfen, andre werden zu Wasser.'

61. 'Sind': in the Ms. 'ist'.

63. Pietro Bembo (1470–1547), Italian humanist, cardinal.

65. The concept of 'das Gesellschaftliche' was adopted by Schlegel from Fichte's *Über die Bestimmung des Gelehrten* (1794): 'Der Mensch ist für die Gesellschaft bestimmt; unter diejenigen Geschicklichkeiten, welche er ... in sich vervollkommnen soll, gehört auch die Gesellschaftlichkeit ..., eine Geschicklichkeit zu geben, oder auf andere, als auf freie Wesen zu wirken, und eine Empfänglichkeit zu nehmen ... Empfänglichkeit und Mittheilungsfähigkeit.' (Fichte, *S.W.*, vi, 308, 311, 330.) Schlegel admired Fichte's gift of popular expression ('Mittheilungsfähigkeit') all the more as he knew himself to be deficient in this respect. It was this part of 'Gesellschaftlichkeit' with which he was most concerned. *Cf.* his essay on Georg Forster (M. ii, 119 ff.).

67. *Ath.F.* 244: 'Die Komödien des Aristophanes sind Kunstwerke, die sich von allen Seiten sehen lassen. Gozzi's Dramen haben einen Gesichtspunkt.' *L.N.* 67 bears out Minor, who ascribed *Ath.F.* 244 to Friedrich in spite of Varnhagen's assertion to the contrary.

68. Pantalone, the old, debauched doctor, and Truffaldino, the cheeky servant of the old Italian comedy, usually speak in the Venetian dialect.

71. *Gespräch über die Poesie* (M. ii, 383): 'Ein wahres Kunsturtheil ... ist immer ein kritisches Factum, wenn ich so sagen darf. Aber auch nur ein Factum, und eben darum ists leere Arbeit, es motiviren zu wollen ...' In *Ath.F.* 82, whose original version will be found in Schlegel's letter to his brother of 28 November 1797 (Walzel, p. 320), all philosophical demonstrations are rejected: 'Leibniz behauptete, und Wolf bewies. Das ist genug gesagt.' – For the last sentence of *L.N.* 71, *cf. L.N.* 125, 125*.

73. *Lyc.F.* 35: 'Mancher redet so vom Publikum, als ob es jemand wäre, mit dem er auf der Leipzigermesse im hôtel de Saxe zu Mittage gespeist hätte. Wer ist dieser Publikum? – Publikum ist gar keine Sache, sondern ein Gedanke, ein Postulat, wie Kirche.' *Cf. L.N.* 77, 176, 262, 420, 637, *Lyc.F.* 70, 85, 86, 112, *Ath.F.* 275 and the passage from *Zur Philologie* quoted in *L.N.* 639*. Some of these passages, particularly *Lyc.F.* 86, appear to be directed against the following passage from Herder's *Humanitätsbriefe*: 'Der Schriftsteller schreibt für Leser; sind diese verdorben, so schreibt jener und der Verleger verlegt für ihren verdorbenen Geschmack. Die vielen schlechten Schriftsteller Deutschlands schreiben alle für ihr Publikum und kennen es sehr gut; eben so auch die Verleger. Leser zu bilden muß also der Kunstrichter erste Bestrebung seyn; die Schriftsteller werden selbst wider Willen folgen.' (1797; Suphan, xviii, 173; *cf.* also *Humanitätsbrief* 57, *ibid.*, xvii, 284 ff.)

74. None of these plans was carried out; for the 'Theorie des Romans', *cf. Brief über den Roman* (M. ii, 374).

76. *Cf. L.N.* 846, 1752.

78. *Gesch.d.a.u.n.Litt.* (i, 31): 'Die beyden Heldengestalten Achilles und Ulysses ... sind so allgemeine Charaktere und Ideen, daß wir sie fast in allen Heldensagen wieder finden' etc. For 'technische Objektivität' see *Studiumaufsatz* (M. i, 135, 150).

83. *Cf. L.N.* 413, 424, *Lyc.F.* 23 (cited in *L.N.* 413*) and *L.N.* 424*.

85. *Cf. L.N.* 111, 243.

86. In an influential essay, 'On the Meaning of "Romantic" in Early German Romanticism' (*MLN*, xxxi, 385 ff., xxxii, 66 ff.), A. O. Lovejoy denies that there is any important connection between 'romantische Poesie' and 'Romanpoesie' in Schlegel's writings, partly on the grounds that Schlegel considered Shakespeare as the romantic poet *par excellence*, and that Shakespeare did not write *Romane*, but plays. *L.N.* 86, 357, 484, 505, 703 and 754 show that Schlegel thought of Shakespeare's plays as 'romanhaft', which refutes Lovejoy's argument. Such views were in the air at the time. In his *Humanitätsbriefe* (1796; Suphan, xviii, p. 107 f.), Herder wrote: 'Das wahre Feld der Englischen Poesie ... ist die einkleidende Prose ... Auch hier gab den Engländern ein Engländer, Shakespeare Art und Weise. Er hatte Charaktere und Leidenschaften so tief aus dem Grunde geschildert, die verschiedenen Stände, Alter, Geschlechter und Situationen der Menschen so wesentlich und energisch gezeichnet, daß ihm der Wechsel des Ortes und der Zeit, Griechenland, Rom, Sicilien und Böhmen durchaus keine Hindernisse in den Weg legten, und er mit der leichtesten Hand dort und hier hervorgerufen hatte, was er wollte. In jedem seiner dramatischen Stücke lag also nicht nur ein Roman, sondern auch ein in seiner Art aufs vollkommenste nicht etwa beschriebener sondern dargestellter philosophischer Roman fertig, in dem die tiefsten Quellen des Anmuthigen, Rührenden, wie andern Theils des Lächerlichen, Ergetzlichen geöfnet und angewandt waren. Sobald also jene alten Ritter- und Liebesgeschichten, von denen zuletzt Philipp Sidney's Arkadia sehr sehr berühmt war, einer neueren Denkart Platz machten: so konnte man in England kaum andre als Romane in Shakespear's Manier, d.i. Philosophische Romane erwarten.' Similarly, A. W. Schlegel called Shakespeare's plays 'Romanspiele' in his Jena lectures of 1798, and suggested in his Berlin lectures of 1803–4 that 'die großen modernen Dramatiker, ja die ganze Form unsrer Schauspiele nach dem Prinzip des Romans beurtheilt werden müssen' (*Vorlesungen über philosophische Kunstlehre*, Leipzig 1911, p. 220; *Vorlesungen über schöne Kunst und Litteratur, Deutsche Litteratur-Denkmale*, xix, 241).

87. *Cf. L.N.* 191.

92. *Lyc.F.* 115: 'Die ganze Geschichte der modernen Poesie ist ein fortlaufender Kommentar zu dem kurzen Text der Philosophie: Alle Kunst soll Wissenschaft, und alle Wissenschaft soll Kunst werden; Poesie und Philosophie sollen vereinigt seyn.' *Cf. L.N.* 93, 99, 110, 218, 313, 618, 1088, 1673, Windischmann (ii, 420), *Ath.F.* 302, *Europa* (i, 1, 55), Novalis (ii, nr. 383, 396, iii, nr. 796). In the *Studiumaufsatz* (M. i, 89) Schlegel had still condemned the tendency of modern poetry to amalgamate art and science, poetry and philosophy.

93. *Cf. L.N.* 110.

96. *Ath.F.* 116: 'Die romantische Dichtart ist noch im Werden; ja das ist ihr eigentliches Wesen, daß sie ewig nur werden, nie vollendet seyn kann. Sie kann durch keine Theorie erschöpft werden, und nur eine divinatorische Kritik dürfte es wagen, ihr Ideal charakterisiren zu wollen.'

97. *Lyc.F.* 30: 'An die Stelle des Schicksals tritt in der modernen Tragödie zuweilen Gott der Vater, noch öfter aber der Teufel selbst. Wie kommts, daß dieß noch keinen Kunstgelehrten zu einer Theorie der diabolischen Dichtart veranlaßt hat?'

101. *Cf. L.N.* 105. The expressions 'Geist' and 'Buchstabe', which had already been overworked in the religious controversies of the eighteenth century, became fashionable in philosophical circles towards the end of the century through Fichte's essay *Über Geist und Buchstab in der Philosophie* (1794; *S.W.*, viii, 270–300).

103. *L.N.* 103 and 572 led to *Lyc.F.* 78: 'Mancher der vortrefflichsten Romane ist ein Compendium, eine Encyclopädie des ganzen geistigen Lebens eines genialischen Individuums; Werke die das sind, selbst in ganz andrer Form, wie Nathan, bekommen dadurch einen Anstrich vom Roman. Auch enthält jeder Mensch, der gebildet ist, und sich bildet, in seinen Innern einen Roman. Daß er ihn aber äußre und schreibe, ist nicht nöthig.' *Cf. L.N.* 107, 578, the commentary on these entries and *Gespräch über die Poesie* (M. ii, 374): 'Sie werden sich ... leicht ... überzeugen, daß das Beste in den besten Romanen nichts anders ist als ein mehr oder minder verhülltes Selbstbekenntniß des Verfassers, der Ertrag seiner Erfahrung, die Quintessenz seiner Eigenthümlichkeit.' When he reviewed Jacobi's *Woldemar* in 1796, Schlegel had still considered it wrong for a novelist to express or represent his own individuality.

104. *Ath.F.* 272: 'Warum sollte es nicht auch unmoralische Menschen geben dürfen, so gut wie unphilosophische und unpoetische? Nur antipolitische oder unrechtliche Menschen können nicht geduldet werden.'

105. *Zur Poesie. 1803. II* (leaf 16): 'Klopstock war mit der Laxheit und Veränderung der alten Sylbenmaaße vielleicht weit mehr auf dem rechten Weg als Voß.'

107. *Ath.F.* 250: 'Wer Fantasie, oder Pathos, oder mimisches Talent hat, müßte die Poesie lernen können, wie jedes andre Mechanische.' *Cf. L.N.* 255, 268.

109. In later years, Schlegel was much more appreciative of Klopstock's *Messias*, and recognised it as one of the great landmarks in the history of German poetry. See his *Gesch.d.a.u.n.Litt.* (ii, 246, 262 ff.) and his review of Körte's *Gleim* (*Österreichischer Beobachter*, 8.2.1811, p. 148): 'Klopstock, der einzig in seiner Größe, der eigentliche Stifter und Schöpfer der neuern deutschen Geistesbildung wurde ...'

111. *Cf. L.N.* 243.

115. Goethe, *Wilhelm Meister* (*W.A.* I, xxii, 178): 'Der Romanheld muß leidend, wenigstens nicht im hohen Grade wirkend sein; von dem dramatischen verlangt man Wirkung und That. Grandison, Clarisse, Pamela, der Landpriester von Wakefield, Tom Jones selbst sind, wo nicht leidende, doch retardirende Personen, und alle Begebenheiten werden gewissermaßen nach ihren Gesinnungen gemodelt. Im Drama modelt der Held nichts nach sich, alles widersteht ihm, und er räumt und rückt die Hindernisse aus dem Wege, oder unterliegt ihnen.' Fielding is attacked also in the *Gespräch über die Poesie* (M. ii, 368). For the role of intrigue in the *Roman cf. L.N.* 235, for Goethe's empiricism *cf. L.N.* 232.

116. The lack of a theory of ugliness had already been deplored by Schlegel in the *Studiumaufsatz* (M. i, 148). The essay contains the tentative beginnings of such a theory.

117. *Cf. L.N.* 123, 126, 131, *Lyc.F.* 81. In point of fact, Schlegel was no longer publishing sharply critical reviews even at the time of the *Athenäum.* The mildness of his catholic period, in which he even refrained from replying to bitter personal attacks, is already indicated here. His final renunciation of polemics is to be found in *Signatur des Zeitalters* (*Concordia*, i, 17): 'Zur Polemik ... ist die Zeit ganz vorüber, und es kann auf diesem Wege keine Hülfe mehr gefunden werden; ja kaum vermag diese, auch noch so geistreich behandelt, noch dem Nachdenkenden einiges Interesse einzuflößen, während der wichtige Moment für die Aufstellung eines Positiven, was allein helfen kann, unbenützt und inhaltsleer verstreicht.'

120. According to *L.N.* 55, 65 etc., this *genre* is the *Roman. Cf.* also *L.N.* 582 and 583.

124. Previously, Schlegel had defined the beautiful as the 'reizende Erscheinung des Guten' (*Deutsche National-Litteratur*, cxliii, 264), the 'angenehme Erscheinung des Guten' (M. i, 133, 148), and simply as the 'Erscheinung des Guten' (*N.ph.Sch.*, p. 370). Such definitions were in the air since Kant had explained the beautiful as the 'Symbol des Sittlichguten'. Schiller defined it as 'Freiheit in der Erscheinung' (*Briefw. zw. Schiller u. Körner*, ed. Geiger, Stuttgart, n.d., iii, pp. 18 and 31), Humboldt as 'die Form des Verstandes in der Erscheinung' (*Ansichten über*

Aesthetik und Literatur. Seine Briefe an Chr. G. Körner, ed. Jonas, Berlin, 1880, p. 24). *Cf.* J. Körner in *N.ph.Sch.* (pp. 350 f.), *Ath.F.* 108 and *L.N.* 1818.

125. *Zur Philologie* (*Logos*, xvii, 30): 'Nur **klassische** Werke sollen kritisirt und philologisirt werden.' *Ath.F.* 404: '... die Kritik, deren Stoff nur das Klassische und schlechthin Ewige seyn kann, was nie ganz verstanden werden mag.' *Cf. L.N.* 623, 662, 665, 667, 673.

127. In a review of the *Horen* in Reichardt's *Deutschland* (vol. iv, 1796, pp. 350 ff. = M. ii, 33 ff.), Schlegel had shown that Woltmann had plagiarised Gibbon in his essay, 'Theoderich, König der Ostgothen'. For the quarrel which ensued, see Walzel (p. 309[1]). *Cf. L.N.* 497 and Schlegel's review of Schiller's *Musenalmanach* for 1796 (M. i, 5): 'Glücklicher ist Woltmann in der Kunst. Uebrigens ist er seiner alten Vorliebe für die Elfen treu geblieben.'

130. *Ath.F.* 152: 'Cicero war ein großer Virtuose der Urbanität, der ein Redner, ja sogar ein Philosoph seyn wollte, und ein sehr genialischer Antiquar, Litterator, und Polyhistor altrömischer Tugend und altrömischer Festivität hätte werden können.'

132. 'Stay sober and remember to be mistrustful' (Epicharmus, 119 *Ahr.*).

135. *Cf. L.N.* 245.

137. 'Parekbase', digression. *Cf. L.N.* 383.

138. *Lyc.F.* 67: 'Die unbedingte Willkühr, deren Schein dem Witz das Romantische und Pikante giebt ...' *Blütenstaub*, nr. 29: 'Humor ist eine willkührlich angenommene Manier. Das Willkührliche ist das Pikante daran.' *Cf. L.N.* 382, 399, 535, 540. As can be seen from Walzel (p. 367), the *Blütenstaub-Fragment* is none the less by Novalis.

139. The plan was not carried out.

140. 'P[oe]s[ie]', in the Ms. πσ, corrected from φ.

141. 'Sittliche' corrected from 'Gebildete'.

145. Schlegel had adopted the terms 'Stil' and 'Manier' from Goethe's essay, *Einfache Nachahmung der Natur, Manier und Stil*. In all probability, he had also seen Schiller's letter to Chr. G. Körner on this subject (*Briefw. zw. Schiller und Körner*, ed. cit., iii, 57). In his *Studiumaufsatz* (M. i, 109, 135), Schlegel had defined these terms somewhat differently. In the course of 1797, he abandoned his opposition to 'das Individuelle' and 'das Manerirte' (*cf. L.N.* 398, 399 and *Lyc.F.* 88).

146. With Schiller (*Horenausgabe*, xii, 93), the elegiac is based on the contrast between 'Wirklichkeit' and 'Ideal', not 'Wirklichkeit' and 'Schein'.

148. Herder had expressed his dislike of Sulla in the *Ideen zur Philosophie der Geschichte der Menschheit* and in the *Humanitätsbriefe*

(Suphan, xiv, 158 and xviii, 269). The remark concerning original sin may be due to a passage in the *Humanitätsbriefe* in which Herder states that he can see nothing good in the 'Hypothese von einer radicalen bösen Grundkraft im menschlichen Gemüth und Willen'. In a footnote, however, Herder explains: 'Von der sogenannten Erbsünde ist hier nicht die Rede: denn diese ist eine Krankheit.' As regards Herder's aversion to Fichte, Schlegel could only have known of it by word of mouth.

150. *Cf.* Schlegel's remarks on the self-destruction of 'interessante Poesie' in the *Studiumaufsatz* (M. i, 110). For the attempted classification of poetry, *cf. L.N.* 202, 230, 231.

152. Windischmann (ii, 419): 'Jacobi ist ein barbarischer Universalist, ein regressiver Sentimentalist, wie Schiller.'

154. Written some thirty years earlier, Diderot's novel was published posthumously in 1796. A German translation by Cramer was published in 1797 in Riga. *Cf. L.N.* 384, 384* and *Ath.F.* 124: 'Wenn man einmal aus Psychologie Romane schreibt oder Romane liest, so ist es sehr inkonsequent, und klein, auch die langsamste und ausführlichste Zergliederung unnatürlicher Lüste, gräßlicher Marter, empörender Infamie, ekelhafter sinnlicher oder geistiger Impotenz scheuen zu wollen.' – A small bundle of loose papers from Schlegel's Paris period contains the remark: 'Diderot so wichtig, so einzig als Rousseau; eben so verblendet, durch seine Zeit und Nation. Durch den fanatischen Partheigeist, die historische Oberflächlichkeit, den Hang zu Declamation und Witzelei, ist der Sinn für die Wahrheit bei den Franzosen erloschen und erstorben, und damit die letzte Wurzel der Sittlichkeit in ihrem Geist.' In the *Gesch.d.a.u.n.Litt.* (ii, 204), Diderot is attacked as the author of 'moralische Abhandlungen in Form eines Lustspiels'.

155, 158. *Cf.* Schlegel's letter to his brother of 26 August 1797 (Walzel, pp. 292 f.): 'Das Gedicht ist offenbar mit der Absicht gedichtet, so sehr altes Griechisches homerisches ἔπος zu seyn, als bey dem romantischen Geist, der im Ganzen lebt, möglich wäre. Bey sehr großer Aehnlichkeit im Einzelnen ist also absolute Verschiedenheit im Ganzen. Durch diesen romantischen Geist ist es weit über Homer, dem es aber an ἦθος und Fülle wieder weit nachsteht. Man könnte es ein romantisirtes ἔπος nennen. Aber freylich in ganz anderm Sinne, als das Romanzo der Italiäner. Auch wo es am antiksten und naivsten ist, und am homerischsten scheint, läßt sich doch ein Bewußtseyn, eine Selbstbeschränkung wahrnehmen, die höchst unhomerisch oder vielmehr überhomerisch sind.' Goethe's poem had only just appeared. *Cf. L.N.* 488.

156. *Cf. L.N.* 263.

159. Adrian van der Werff (1659–1722), painter and engraver, is mentioned here as a representative of realism. On seeing some of his work in Dresden in July 1799, Steffens wrote to Caroline that 'der kleinliche

Fleiß ... des van der Werft [*sic!*], der alles, was er hervorbrachte, sofort in niedliche Steinpüppchen verwandelte, mich eigentlich ärgerte.' (*Aus Schellings Leben. In Briefen*, ed. G. L. Plitt, Leipzig, 1869, p. 269.)

160. *Cf. Gespräch über die Poesie* (M. ii, 342), where Antonio says of the English, 'die Grundsätze ihrer Kritik und ihres Enthusiasmus wären im Smith über den Nationalreichthum zu suchen.' For further attacks on English criticism, see *L.N.* 198, 1072, *Lyc.F.* 69, *Ath.F.* 389. Schlegel did not produce the 'Komische Auswahl', but his Antonio in the *Gespräch über die Poesie* finds more to laugh about in books of serious intent than in most contemporary satire (M. ii, 370).

163. *Cf. L.N.* 253, 253*, *Lyc.F.* 125: 'Schon Sophokles glaubte treuherzig, seine dargestellten Menschen seyen besser als die wirklichen. Wo hat er einen Sokrates dargestellt, einen Solon, Aristides, so unzählig viele andre?'

164. *Gesch.d.a.u.n.Litt.* (ii, 131 f.): 'Ueberhaupt kann es im höheren Drama und Trauerspiel, keine für alle Nationen gültige Norm geben ... Für das Trauerspiel und höhere Drama wenigstens muß, weil es so ganz mit dem innern Leben und eigenthümlichen Gefühl zusammenhängt, jede Nation sich selbst die Regel geben und ihre Form erfinden.'

165. *Cf. e.g.* Johnson's *Preface to Shakespeare* (1765).

168. *Cf. L.N.* 185. Schlegel's notebooks abound with jottings for a theory of prose (see especially *L.N.* 584 ff.), but he never wrote them up.

171. This observation was probably prompted by the following passage from *Wilhelm Meister*: 'Wenn einer nur das Schöne, der andere nur das Nützliche befördert, so machen beide zusammen erst einen Menschen aus ... Das Schöne muß befördert werden, denn wenige stellen's dar, und viele bedürfen's.' (*W.A.* I, xxiii, 217.)

172. *Cf. L.N.* 176, 179, 205, *Georg Forster* (M. ii, 134), *Fragmente zur Geschichte der Griechischen Poesie* (p. 19; December 1796 or January 1797): 'Das Correcte ist das durch Reflexion castigirte Kunstwerk. In der Reflexion pflegt sich aber das Kunstwerk nicht so abgesondert zu äußern als in der Production; dem Kunstsinn mischen sich hier gewöhnlich Forderungen und Ansprüche des moralischen, logischen und politischen Sinnes bei. – Auf der einen Seite ist also das Correcte der Tod des Classischen; auf der anderen Seite ist es mehr, da in demselben nicht bloß classisch[e] aesthetisch[e] sondern politisch[e] universell[e] Vollkommenheit gefordert wird. Z.B. in urbanen Werken, selbst in historischen. Daher haben auch die Römer eine höhere Stufe der Correctheit erreicht als die Alexandriner. – In der niedrigsten Art der Correctheit behaupten die Franzosen den ersten Rang; sie ist bei ihnen allgemein herrschend.' *Ath.F.* 253: 'In dem edleren und ursprünglichen Sinne des Wortes Korrekt, da es absichtliche Durchbildung und Nebenausbildung des Innersten und Kleinsten im Werke nach dem Geist des

Ganzen, praktische Reflexion des Künstlers, bedeutet, ist wohl kein moderner Dichter korrekter als Shakspeare.' In spite of Varnhagen's assertion to the contrary and the passage in A. W. Schlegel's essay on Bürger to which Minor draws attention in a footnote to *Ath.F.* 253, this *Fragment* may thus safely be ascribed to Friedrich. – A different meaning is ascribed to *das Korrekte* in *L.N.* 766 and 1060.

178. Tasso is also called 'sentimental' in *L.N.* 184, 336, 429, *Gespräch über die Poesie* (M. ii, 371) and *Gesch.d.a.u.n.Litt.* (ii, 102). *Ibid.* (ii, 99): 'Er gehört im Ganzen mehr zu den Dichtern, die nur sich selbst und ihr schönstes Gefühl darstellen, als eine Welt in ihrem Geiste klar aufzufassen, und sich selbst darin zu verliehren und vergessen im Stande sind.'

186. *Fragmente zur Geschichte der Griechischen Poesie* (p. 25; December 1796 or January 1797): 'Nicht N a t u r und K u n s t sondern das Classische und das Progressive sind die Kriterien der Antike und der Moderne. – Die gesammte Bildung der Neuern ein angefangenes nie vollendbares Werk der menschlichen Kunst.' – The antimony of the 'plastic' and the 'musical' had been adopted by Schlegel from Plato's *Ion*. (*Cf. Über die Diotima*, M. i, 62.) In a letter of 15 December 1793 he had attempted to divide German poets into 'musikalische' and 'bildende' (Walzel, p. 156). Subsequently, he may have been stimulated by Schiller's *Über naive und sentimentalische Dichtung*: Schiller considers sentimental poetry to be 'musical' (*Horenausgabe*, xii, 83, 100), Schlegel regards music as a sentimental art (e.g. *L.N.* 252).

188. The method suggested in the first marginal note is that of Fichte's *Wissenschaftslehre*. – On the assumption that philosophy could only have a bare assertion as its starting point Schlegel first concluded that it must start in the middle, 'like an epic poem' (*Ath.F.* 84, Windischmann, ii, 407, 420). He then believed to have found such a starting point in poetry (*L.N.* 2108), and finally saw it in a criticism of all previous philosophies (Windischmann, i, 237). For the end of a 'logical' work *cf. L.N.* 826, 893 and 924. *L.N.* 188, 193 and 256 led to *Ath.F.* 252. The role which is allotted to the *Roman* in *L.N.* 188 explains why, according to *Ath.F.* 252, a philosophy of this *genre* should be the culmination of the philosophy of poetry.

190. *Cf. L.N.* 256.

193. *Ath.F.* 252: '... Die Philosophie über einen Gegenstand kann nur der brauchen, der den Gegenstand kennt, oder hat; nur der wird begreifen können, was sie will und meynt. Erfahrungen und Sinne kann die Philosophie nicht inokuliren oder anzaubern. Sie soll es aber auch nicht wollen. Wer es schon gewußt hat, der erfährt freylich nichts neues von ihr; doch wird es ihm erst durch sie ein Wissen und dadurch neu von Gestalt.' *Cf.* also *L.N.* 256, 291 and *Lyc.F.* 123 (cited in *L.N.* 256*).

195. *Cf. L.N.* 582.

16—S.L.N.

196. Fichte, *Grundlage der gesammten Wissenschaftslehre*, 1794; *Grundlage des Naturrechtes nach den Principien der Wissenschaftslehre*, 1796. *L.N.* 196 is in the margin by the side of *L.N.* 197, but seems to have been written earlier.

201. Schlegel probably meant to say that Dryden (*e.g.* in the *Essay on Dramatic Poesy*) asserted the superiority of English drama over Greek drama, just as the French asserted the superiority of French drama over Greek drama.

203. *Cf. Studiumaufsatz* (M. i, 114 f.) and Schlegel's letter to his brother of February 1794 (Walzel, p. 170): 'Das Problem unsrer Poesie scheint mir die Vereinigung des Wesentlich-Modernen mit dem Wesentlich-Antiken; wenn ich hinzusetze, daß Goethe, der erste einer ganz neuen Kunst-Periode, einen Anfang gemacht hat, sich diesem Ziele zu nähern, so wirst Du mich wohl verstehen.' Contrast *L.N.* 264.

204. *Lyc.F.* 29: 'Anmuth ist korrektes Leben; Sinnlichkeit die sich selbst anschaut, und sich selbst bildet.' *Cf. L.N.* 223.

206. In the margin by the side of *L.N.* 200. '*Potenzirte* Polem[ik]' etc., in the Ms. 'Polem² — $\lambda o \gamma^2$ — $\eta \theta^2$ — π^2.'

207. *Cf. L.N.* 223 and *Lyc.F.* 28: 'Sinn (für eine besondere Kunst, Wissenschaft, einen Menschen, u.s.w.) ist dividirter Geist; Selbstbeschränkung, also ein Resultat von Selbstschöpfung und Selbstvernichtung.'

211. 'Künstlerische' corrected from 'künstliche'.

212. 'Werk' corrected from 'Welt'.

214. *Cf. L.N.* 391, 391*.

223. '*Potenzirten* Thierheit', in the Ms. 'Thierheit²'. (*Cf. L.N.* 204.) *Ath.F.* 100: 'Poetischer Schein ist Spiel der Vorstellungen, und Spiel ist Schein von Handlungen.' For the marginal note, *cf. L.N.* 207*.

230. *Gespräch über die Poesie* (M. ii, 371): 'Die Mahlerey ist nicht mehr so fantastisch, wie sie es bey vielen Meistern der venetianischen Schule, wenn ich meinem Gefühl trauen darf, auch im Correggio und vielleicht nicht bloß in den Arabesken des Raphael, ehedem in ihrer großen Zeit war. Die moderne Musik hingegen ist, was die in ihr herrschende Kraft des Menschen betrifft, ihrem Charakter im Ganzen so treu geblieben, daß ichs ohne Scheu wagen möchte, sie eine sentimentale Kunst zu nennen.'

232. *Cf. L.N.* 115, 1089 and *Gespräch über die Poesie* (M. ii, 352 f.).

235. *Cf. L.N.* 252, 230*.

236. *Ath.F.* 149: 'Der systematische Winkelmann ... legte durch die Wahrnehmung der absoluten Verschiedenheit des Antiken und des Modernen, den ersten Grund zu einer materialen Alterthumslehre.' *Zur*

Philologie (*Logos*, xvii, 16): 'Der Unterschied des Klassischen und Progressiven ist historischen Ursprungs. Darum fehlt er den meisten Philologen. Mit Winkelmann fängt auch in dieser Rücksicht eine ganz neue Epoche an. ⟨Mein Meister.⟩ Er hat den unermeßlichen Unterschied eingesehn, die ganz eigne Natur des Alterthums.' *Ibid.* (xvii, 28): '[Winkelmann] hatte gar keinen Witz, und fühlte doch die absolute Verschiedenheit des Antiken und Modernen.'

239. For the first sentence, *cf. L.N.* 336, 501 and *Gespräch über die Poesie* (M. ii, 371), for the second sentence, *L.N.* 1603. In his essay on Boccaccio (M. ii, 411), Schlegel asserts that, on the contrary, Petrarch, like Ariosto and Boccaccio, is typically Italian.

241. Not carried out.

246. *Cf. L.N.* 474 and *Zur Philologie* (*Logos*, xvii, 60): 'Meine Ansicht der Griechen insbesondre, nicht bloß der Römer, die ich später kennen lernte, ist wohl *absolute* K[ritik] ohne Ruhm zu melden. ⟨ Übrigens *absolute* Rh[etorik] darin ...⟩' If *L.N.* 246 refers to the *Studiumaufsatz*, it forms an odd contrast with entries from the same year in the notebook *Studien des Alterthums*: 'Das Studium der Griechischen Poesie ist einmal die individuellste und naivste aller meiner Schriften und mags bleiben.' 'Die Poesie ist noch nie so absolut prosaisch gepriesen und kritisirt worden als von mir im Studium. – Ich kann mich jetzt wohl frei klassisch stimmen, bin es aber doch nicht mehr passiv und aus Natur. – Also erst jetzt bin ich in einem liberalen Verhältniß zum Alterthum.'

253. $\frac{\mu\mu}{o} \eta\theta^{(\frac{1}{6}}$, read 'absolut mimische unendlich potenzirt ethische'.

For the remark on *Romeo and Juliet*, *cf. L.N.* 258, 424, and contrast *L.N.* 998. – Schiller, *Über naive und sentimentalische Dichtung* (*Horenausgabe*, xii, 115): 'Jede Poesie nämlich muß einen unendlichen Gehalt haben, dadurch allein ist sie Poesie; aber sie kann diese Foderung auf zwei verschiedene Arten erfüllen. Sie kann ein Unendliches sein, der Form nach, wenn sie ihren Gegenstand mit allen seinen Grenzen darstellt, wenn sie ihn individualisirt; sie kann ein Unendliches sein, der Materie nach, wenn sie von ihrem Gegenstand alle Grenzen entfernt, wenn sie ihn idealisirt; also entweder durch eine absolute Darstellung oder durch Darstellung des Absoluten. Den ersten Weg geht der naive, den zweiten der sentimentalische Dichter.' Preface to *Die Griechen und Römer* (M. i, 81): 'Nicht jede poetische Aeußerung des Strebens nach dem Unendlichen ist sentimental: sondern nur eine solche, die mit einer Reflexion über das Verhältniß des Idealen und des Realen verknüpft ist ... Nicht jede poetische Darstellung des Absoluten ist sentimental. Im ganzen Gebiet der klassischen Poesie ist die Darstellung des einzigen Sophokles absolut. Das Absolute wird aber auch z.B. im Aeschylus und Aristophanes dargestellt.'

256. *Cf. L.N.* 190, 193, 291, *Ath.F.* 252 (quoted in *L.N.* 193*) and

Lyc.F. 123: 'Es ist eine unbesonnene und unbescheidne Anmaaßung, aus der Philosophie etwas über die Kunst lernen zu wollen. Manche fangen's so an, als ob sie hofften hier etwas Neues zu erfahren; da die Philosophie doch weiter nichts kann und können soll, als die gegebnen Kunsterfahrungen und vorhandnen Kunstbegriffe zur Wissenschaft machen, die Kunstansicht erheben, mit Hülfe einer gründlich gelehrten Kunstgeschichte erweitern, und diejenige logische Stimmung auch über diese Gegenstände zu erzeugen, welche absolute Liberalität mit absolutem Rigorismus vereinigt.'

259. *Cf.* the passage from *Zur Philologie* cited in *L.N.* 236*.

261. *Lyc.F.* 116: 'Die Deutschen, sagt man, sind, was Höhe des Kunstsinns und des wissenschaftlichen Geistes betrifft, das erste Volk in der Welt. Gewiß; nur giebt es sehr wenig Deutsche.' *Cf. Lyc.F.* 38, *Ath.F.* 26.

263. *Cf. L.N.* 23, 282, 573, 586, 602, 809, 893, 973, 1844, 23*, 27*, 368*, 973*, *Gespräch über die Poesie* (M. ii, 366).

268. *Cf. L.N.* 107, 107*.

269. Contrast *L.N.* 34.

272. $\dfrac{SatSent}{0}$, probably 'absolute satirische Sentimentalität'. *Cf.* p. 13 above and *L.N.* 284.

274. Read: 'Der Roman sollte sein eine Poesie, die absolut ethisch in unendlicher Potenz, die absolut philosophisch in unendlicher Potenz und absolut politisch in unendlicher Potenz wäre.' *L.N.* 188 conveys the same meaning in more familiar terms.

275. Read: 'Absolute unendlich potenzirte Philosophie am besten in einem absolut und unendlich potenzirt satirisch-sentimentalen Studium; und absolute unendlich potenzirte Poesie in einer alten Tragödie die zugleich Komödie wäre. ⟨Reine Philosophie = Skeptisch = Satirisch-Sentimental. Im absolut Sentimental-Satirischen liegt auch absolute Polemik.⟩'

276. *Cf. L.N.* 309, 1385, 1388, 1385*.

277. *Cf. L.N.* 154, 338, 575.

279. 'Nemesis' is not used in its normal sense of retributive justice, but in that of the longing for such justice, the indignation caused by the good fortune of the wicked etc. For this sense the word, see Aristotle, *Rhetoric*, Bk. ii, ch. 9, or Lessing, *Hamburgische Dramaturgie*, ch. 79. *Cf. L.N.* 1523 and *Philosophische Fragmente. Erste Epoche. II*: 'Der Unwille über das Glück des Bösen und das Unglück des Guten ist sittlich und heilsam. Aber er hat Grenzen, die bestimmt werden müssen und die durch jene Dichtung [that the wicked are punished in hell and the virtuous rewarded in heaven] überschritten werden.' In the course of his conversion to catholicism, Schlegel radically revised his views on this subject. In *Zur Philosophie. 1806. II*, he wrote: 'Es fehlen jetzt die

mächtigen Haupttriebräder des menschlichen Lebens; die Ruhmsucht der Alten führt doch am Ende zur Habsucht und Zerstörung oder zur Eitelkeit. – Die Furcht vor der Hölle und die Hoffnung des Himmels sind unersetzliche Triebfedern.'

280. *Cf. L.N.* 297.

282. *Cf. L.N.* 1844, 1844*.

283. $\frac{\pi^{(\frac{1}{0}}}{0}$, 'absolute unendlich potenzirte Poesie'; $\frac{\mu}{0}$, 'absoluter Mimus'; $\frac{\kappa}{0}$, 'absolute Kritik'; ρ, 'Rhetorik'; $\pi\rho$, 'Praxis', 'Praktik' or 'Praktisches' (not 'progressiv', as J. Körner suggests in *Romantiker und Klassiker*, p. 78 and in *Logos*, xvii, f.n. 91; the correct interpretation can be worked out from a number of passages in the philosophical notebooks in which such expressions as '$\pi\rho$ [= praktische] Abstraction' occur). 'IdSent' probably means 'sentimentale Idylle', 'Sat$\phi\sigma$' 'philosophische Satire', 'SatWNInd' probably 'individuelle naive wissenschaftliche (witzige?) Satire'. Considerable doubt is thrown on these interpretations by *L.N.* 293, where Schlegel appears to make a distinction between 'SentSat' and 'SatSent', but this entry is incompatible with other statements. According to *L.N.* 293, an author who is 'SatSent' is 'fix'; according to *L.N.* 300, Jacobi is 'SatSent'. He should therefore be 'fix', but according to an entry in the philosophical notebooks of the same time (Windischmann, ii, 419), he is 'regressiv'.

285. *Ath.F.* 255: 'Soll er [der Dichter] nicht bloß Erfinder und Arbeiter sondern auch Kenner in seinem Fache seyn, und seine Mitbürger im Reiche der Kunst verstehn können, so muß er auch Philolog werden.'

288. *L.N.* 288 and 447 lead to *Lyc.F.* 89: 'Sollte es nicht überflüssig seyn, mehr als Einen Roman zu schreiben, wenn der Künstler nicht etwa ein neuer Mensch geworden ist? – Offenbar gehören nicht selten alle Romane eines Autors zusammen, und sind gewissermaßen nur ein Roman.'

289. *Cf. L.N.* 363, 418, 491, 695. For a detailed and extremely well-documented account of Schlegel's attitude to *Wilhelm Meister*, see Josef Körner, *Romantiker und Klassiker* (Berlin, 1924).

292. *Cf. L.N.* 309.

293. *Philosophische Fragmente. Erste Epoche. II* (1797): 'Wie im classischen Gedicht alle Menschen, Charaktere und Leidenschaften, kurz der Stoff classisch ist, so sollten alle Personen im Roman fortschreitend sein; Max[imum] von Progressivität ist sein Ideal.' *Ath.F.* 116: 'Die romantische Poesie ist eine progressive Universalpoesie.' *Cf. L.N.* 774.

298. $\frac{\text{IdSent}}{0}$, $\frac{\text{SatSent}}{0}$, 'absolute idyllische' and 'absolute satirische Sentimentalität' or 'absolute sentimentale Idylle' and 'Satire'.

311. *Cf. L.N.* 42, 335, 440, 335*.

312. *Cf. L.N.* 348.

313. = the first sentence of *Ath.F.* 255.

317. *Studiumaufsatz* (M. i, 157): 'Die wissenschaftliche Bildung der Griechen war im Ganzen sehr weit hinter der unsrigen zurück, und der dramatische Dichter mußte mit Schonung philosophiren, um populär zu bleiben. Daher sind die philosophischen Sentenzen des tragischen Chors fast immer unbestimmt und verworren, sehr oft trivial, und nicht selten grundfalsch.'

320. *Cf. L.N.* 275, 298.

321. $\frac{\pi o\lambda(\frac{1}{0}}{o}$, 'absolute unendlich potenzirte Politik'; $\frac{\eta\theta}{o}$, 'absolutes Ethos'. *Cf. L.N.* 274.

322. *Cf. L.N.* 1750, 2065, *Zur Poesie und Litteratur. 1808. I* (leaf 12): 'Die epische P[oesie] ist doch die Wurzel des Ganzen und grade das Mittlere zwischen der ganz innerlichen lyrischen und ganz äußerlichen dramatischen Poesie.'

324. *Cf. L.N.* 327, 971.

325. *Cf. L.N.* 115, 478. The use of intrigue in drama was attacked by Schlegel also in *Gesch.d.a.u.n.Litt.* (ii, 156).

328. 'haben' corrected from 'darin sein'.

330. *Cf. L.N.* 1615, 1899 and *Ath.F.* 249: 'Der dichtende Philosoph, der philosophirende Dichter ist ein Prophet. Das didaktische Gedicht sollte prophetisch seyn, und hat auch Anlage, es zu werden.'

335. *Ath.F.* 258: 'Alle Poesie, die auf einen Effekt geht, und alle Musik die der ekzentrischen Poesie in ihren komischen oder tragischen Ausschweifungen und Übertreibungen folgen will, um zu wirken und sich zu zeigen, ist rhetorisch.' *Ath.F.* 36: 'Niemand beurtheilt eine Dekorazionsmahlerey und ein Altarblatt, eine Operette und eine Kirchenmusik, eine Predigt und eine philosophische Abhandlung nach demselben Maßstabe. Warum macht man also an die rhetorische Poesie, welche nur [!] auf der Bühne existirt, Foderungen, die nur durch höhere dramatische Kunst erfüllt werden können?' *Cf. L.N.* 42, 311, 440, *Gespräch über die Poesie* (M. ii, 366).

338. According to *L.N.* 336, Ariosto's *romanzo* is fantastic; according to *L.N.* 359, the fantastic *romanzo* must appeal to sensuality. This accounts for *L.N.* 338.

340. The classification of the *Roman* provided here replaces that attempted in *L.N.* 20, but Schlegel did not remain satisfied with it for any length of time. He first modified it by substituting the 'kritische Roman' (*L.N.* 489, 505, 511, 547, 700, 706) for the psychological one, which he condemned in *L.N.* 1059 as a 'poetic grotesque', then replaced both types of the prose novel by the 'mimische Roman' and the 'politische Roman' (*L.N.* 754, 774, 835, 847, 851, 853, 856), and finally introduced the concept of the 'ethische Roman' (*L.N.* 1052, 1339, 1341, 1352, 1355, 1361, 1446). For the 'poetische Roman', *cf. L.N.* 387, 562, 700, 1026, 1341, 1351, 1352 *et al.* and the entries on the *romanzo*; the two terms are synonymous. The description of the 'sentimentale Roman' of *L.N.* 340 is repeated in *L.N.* 433. The 'Eine Roman' mentioned in the last sentence of *L.N.* 430 is the 'vollkommene' or 'absolute Roman', which combines all subspecies and is described in *L.N.* 289, 363, 377, 418 etc.

346. *Gespräch über die Poesie* (M. ii, 384): 'Ludoviko. Halten Sie es etwa für unmöglich, zukünftige Gedichte a priori zu construiren? Antonio. Geben Sie mir Ideen zu Gedichten und ich getraue mir, Ihnen jenes Vermögen zu geben.' Schlegel really tried to write poetry in this way. His normal procedure seems to have been first to think of a possible subject, very briefly to jot it down and then to try to construct from purely theoretical considerations the form that was best suited to present it. These considerations, however, mostly remained inconclusive. His notebooks contain hundreds of rhyme schemes for poems of which, as far as can be determined, not a single line was ever written, and he could ponder over a poetic project for years on end without being able to make up his mind as to whether it was to be a play, a novel or a cycle of poems.

351. *Cf. L.N.* 377.

353. A. W. Schlegel, *Vorlesungen über schöne Kunst und Litteratur* (*loc. cit.*, xix, 203 f.): 'Mein ehemaliger Gedanke: Leben des Petrarca mit Einflechtung der Gedichte an den gehörigen Stellen. Dieß könnte niemals gelingen. Die Sammlung von Petrarca's Gedichten ist schon Roman. Es giebt ja dergleichen in Briefen, warum nicht in Canzonen und Sonetten? ... Wesen des Romans, das Poetische im Leben überhaupt aufzufassen, also auch einer speciellen Biographie. Wozu die störenden prosaischen Umgebungen?' *Cf. L.N.* 522, 1395, 1533, 1707, 1746.

356. [Fabel], deleted.

357. *Cf. L.N.* 347, 2066, *Zur Poesie. 1802. II* (leaf 12): 'Beim Drama sind die Charaktere zu idealisiren; nicht auf Shakspeare's Art zu individualisiren.'

362. Contrast *L.N.* 2098.

363. *Cf. L.N.* 491.

366. *Cf. L.N.* 948.

368. Read: 'Vieles was man für ein absolutes Poem hält, ist nur ein unvollkommenes oder negativ potenzirtes oder negatives Poem.' *Cf. L.N.* 409, 909 and *Lyc.F.* 4: 'Es giebt so viel Poesie, und doch ist nichts seltner als ein Poem! Das macht die Menge von poetischen Skizzen, Studien, Fragmenten, Tendenzen, Ruinen und Materialien.'

369. *Cf. L.N.* 396, 1614.

371. *Cf. L.N.* 384.

372. The logical step which is missing here is provided by *L.N.* 359. *Cf.* also *L.N.* 288, 288*.

373. If the 'absolut synthetisches Gedicht' in this entry is replaced, on the authority of *L.N.* 377, by the 'absolute Roman', we arrive at the triad of true ideals discussed in *L.N.* 380, 747, 840 and 891.

374. *Cf. L.N.* 389, 456, 389*, *Gesch.d.a.u.n.Litt.* (i, 187): 'Irgend eine Dreyfachheit der Grundkraft findet in den Begriffen vieler Völker, wie in den Systemen der meisten Denker Statt. Es ist die allgemeine Form des Daseyns, welche die erste Ursache allen ihren Wirkung mitgetheilt hat, der Stempel der Gottheit, wenn man so sagen darf, der den Gedanken des Geistes, wie den Gestalten der Natur aufgedrückt ist.' A. W. Schlegel, *Vorlesungen über schöne Litteratur und Kunst* (*loc. cit.*, xvii, 351): 'Die Dreyheit gleichsam die geheimnißvolle Einheit. Ahndung des allgemeinen Natur und Intelligenz Gesetzes: These, Antithese und Synthese.'

376. *Cf. L.N.* 852, 1366, *Gespräch über die Poesie* (M. ii, 374): 'Eine solche Theorie des Romans würde selbst ein Roman seyn müssen ...'

378. $\frac{\psi^{(\frac{1}{0}}}{0}$, 'unendlich potenzirte absolute Psychologie'. *Studiumaufsatz* (M. i, 103): 'Es giebt Erkenntnisse, welche durch historische Nachahmung wie durch intellektuelle Bezeichnung durchaus nicht mitgetheilt, welche nur dargestellt werden können; individuelle idealische Anschauungen, als Beyspiele und Belege zu Begriffen und Ideen.'

380. Windischmann (ii, 419; 1797): 'Alle Ideen sollen Individuen werden, und alle Individuen zugleich Ideen seyn.'

382. *Cf. L.N.* 138, 138*.

384. *La Religieuse, Jacques le Fataliste*, novels by Diderot. For *La Religieuse, cf. L.N.* 154, 154*. *Jacques le Fataliste* had become known in Germany through Grimm's *Correspondance littéraire* and impressed Schiller, who published an episode from it in his *Thalia* (1785). A German translation of the novel, *Jakob und sein Herr*, appeared in 1792, and in 1796 the original appeared in book-form. *Cf. L.N.* 1459, *Lyc.F.* 3, 15.

387. *Cf. L.N.* 562.

389. Windischmann (ii, 419): 'Gott ist ein Individuum; daraus läßt sich die Dreieinigkeit ableiten.' *Ath.F.* 232: 'Da alle Sachen die recht Eins sind, zugleich Drey zu seyn pflegen, so läßt sich nicht absehen warum es mit Gott grade anders seyn sollte.'

391. 'Kein Held' corrected from 'keine Helden'. *Ath.F.* 118: 'Es ist nicht einmal ein feiner, sondern eigentlich ein recht grober Kitzel des Egoismus, wenn alle Personen in einem Roman sich um Einen bewegen wie Planeten um die Sonne, der dann gewöhnlich des Verfassers unartiges Schoßkind ist, und der Spiegel und Schmeichler des entzückten Lesers wird.'

399. *Cf. L.N.* 138*.

407. 'Arabesk', *cf. Gespräch über die Poesie* (M. ii, 368 f.), Joachimi-Dege, *Die Weltanschauung der deutschen Romantik* (Jena, 1905, pp. 222 ff., 228 ff.) Goethe had drawn attention to the type of decorative painting or relief called *arabesque* in a short essay ('Von Arabesken', *Teutscher Merkur*, February 1789, pp. 120 ff. = *W.A.* I, xlvii, 235 ff.), and Herder introduced the term into literary criticism: 'Es giebt mehrere Gattungen angenehmer Conversationspoesie, die ohne Reimen nichts sind. Der gesuchte, so wie der ungesuchte, der versteckte so wie der klingende Reim sind in ihnen Kunstmäßig geordnet. Man sollte sie Arabesken nennen: denn eben auch den Arabern galt der Reim für ein Siegel des vollendetsten Ausdrucks.' (*Humanitätsbriefe*; Suphan, xviii, 43.) Schlegel used the term in a wider sense and also applied it to prose forms.

409. *Cf. Lyc.F.* 4 (cited in *L.N.* 368*).

411. 'Absoluter Vereinigung' corrected from 'unbed[ingter] Vereinigung'.

413. *Lyc.F.* 23: 'In jedem guten Gedicht muß alles Absicht, und alles Instinkt seyn. Dadurch wird es idealisch.' The terms 'Formularpoesie' (*L.N.* 413), 'Formularwitz' (*L.N.* 532), 'Formularroman' (*L.N.* 455) and 'Formularphilologie' (*Zur Philologie, Logos*, xvii, 39) were coined by Schlegel in analogy to Fichte's term, 'Formular-Philosophie': 'Der Formular-Philosoph denkt sich dieses und jenes, beobachtet sich selbst in diesem Denken, und nun stellt er die ganze Reihe dessen, was er sich denken konnte, als Wahrheit hin, aus dem Grunde, *weil* er es denken konnte ... *Eine leere Formular-Philosophie* ... [glaubt] genug gethan zu haben ... wenn sie nachgewiesen, daß man sich irgend etwas denken könne, ohne um das Object (um die Bedingung der Nothwendigkeit dieses Denkens) besorgt zu sein. Eine reelle Philosophie stellt Begriff und Object zugleich hin, und behandelt nie eins ohne das andere.' (*Grundlage des Naturrechts, S.W.*, ii, 5 f.)

415. Schlegel planned a large number of dithyrambic fantasies, and the remark about the study of the Persian religion seems to refer to one of these projects. What Schlegel meant by the term may be seen from the 'Dithyrambische Fantasie über die schönste Situation' in *Lucinde. Cf. L.N.* 793*.

418. *Cf. L.N.* 491.

420. *Lyc.F.* 119: 'Sapphische Gedichte müssen wachsen und gefunden werden. Sie lassen sich weder machen, noch ohne Entweihung öffentlich mittheilen ... Und sind lyrische Gedichte nicht ganz eigenthümlich, frey und wahr: so taugen sie nichts, als solche ... Gäbe es aber auch noch eine Natur so konsequent schön und klassisch, daß sie sich nackt zeigen dürfte, wie Phryne vor allen Griechen: so giebts doch kein Olympisches Publikum mehr für ein solches Schauspiel. Auch war es Phryne. Nur Cyniker lieben auf dem Markt ...,'

421. *Cf. L.N.* 458.

424. *Cf. L.N.* 83, 83*, for the marginal note also *L.N.* 1067. *Ath.F.* 305 : 'Absicht bis zur Ironie, und mit willkührlichen Schein von Selbstvernichtung ist eben so wohl naiv, als Instinkt bis zur Ironie.' *Ath.F.* 51 : 'Naiv ist, was bis zur Ironie, oder bis zum steten Wechsel von Selbstschöpfung und Selbstvernichtung natürlich, individuell oder klassisch ist, oder scheint. Ist es bloß Instinkt, so ists kindlich, kindisch, oder albern ; ists bloß Absicht, so entsteht Affektazion. Das schöne, poetische, idealische Naive muß zugleich Absicht und Instinkt seyn ... Absicht erfordert nicht gerade einen tiefen Calcul oder Plan. Auch das Homerische Naive ist nicht bloß Instinkt : es ist wenigstens so viel Absicht darin, wie in der Anmuth lieblicher Kinder, oder unschuldiger Mädchen. Wenn Er auch keine Absichten hatte, so hat doch seine Poesie und die eigentliche Verfasserin derselben, die Natur, Absicht.'

425. 'Studium gehabt' corrected from 'Kentniß gehabt'.

429. 'Streng' corrected from 'prächtig'.

434. According to *L.N.* 1082, this combination of individuality and universality is to be found in satire.

435. 'Romantisches Fragment', fragment of a *Roman* ; *cf. L.N.* 353, 522, 1395, 1642, 353*. The 'prophetic' character of *terza rima* is discussed by A. W. Schlegel in the *Vorlesungen über schöne Litteratur und Kunst* (*loc. cit.*, xix, 196 f.). *Cf.* also F. Schlegel's letter to his brother of 19 September 1797 (Walzel, p. 297) : 'Für prophetische Gedichte, wie Prometheus, ziehe ich aber die Terzine dem Hexameter weit vor. Sie hat nicht nur mehr Pracht, Romantisches, sondern auch mehr biblischen Geist, und Geist der scholastischen Philosophie.'

439. *Lyc.F.* 93 : 'In den Alten sieht man den vollendeten Buchstaben der ganzen Poesie : in den Neuern ahnet man den werdenden Geist.' For other definitions of 'Geist' see *L.N.* 441, 515, *Zur Philologie* (*Logos*, xvii, 51), *Ath.F.* 339.

447. *Cf. Lyc.F.* 89 (cited in *L.N.* 288*).

448. That fantastic works may deal with the future is suggested also in *L.N.* 700 and 852. *Cf. Ath.F.* 138.

449. *Cf. L.N.* 700, 756.

450. For other definitions of the *Novelle*, see *L.N.* 962, 1058, 1102, 1430, 1441, 1449 and the essay on Boccaccio (M. ii, 411 ff.).

454. ' *Unendlichkeit*', in the Ms. $\frac{1}{0}$.

455. 'Formularromane', see *L.N.* 413*.

456. *Cf. L.N.* 389.

463. *Il Pastor Fido*, pastoral play by Guarini. For F. and A. W. Schlegel's attempts at reviving interest in Guarini, see Leonardo Olschki, *G. B.*

Guarinis Pastor Fido in Deutschland (Leipzig, 1908, pp. 21 ff.). F. Schlegel mentioned Guarini in the *Gespräch über die Poesie* and in the essay on Boccaccio (M. ii, 349 f., 410), and wrote about him at somewhat greater length in the *Gesch.d.a.u.n.Litt.* (ii, 104 f.). The synthesis of classical and modern elements in Guarini is mentioned also in *L.N.* 1723 and in A. W. Schlegel, *Vorlesungen über schöne Litteratur und Kunst* (*loc. cit.*, xviii, 252).

464. Conversely Novalis (*Allgem. Brouillon*, iv, nr. 3066): 'Der Roman ist völlig als Romanze zu betrachten.'

473. *Gesch.d.a.u.n.Litt.* (ii, 130): 'Nicht dem Alten und Antiken, sondern nur dem unter uns fälschlich wieder aufgestellten Antikischen allein ... ist das Romantische entgegengesetzt: so wie auf der andern Seite dem Modernen, d. h. demjenigen, was die Wirkung auf das Leben fälschlich dadurch zu erreichen sucht, daß es sich ganz an die Gegenwart anschließt, und in die Wirklichkeit einengt, wodurch es denn, wie sehr auch die Absicht und der Stoff verfeinert werden mag, der Herrschaft der beschränkten Zeit und Mode unvermeidlich anheim fällt.' *Cf. L.N.* 1347, *Gespräch über die Poesie* (M. ii, 372).

474. [Für ihre Prosa noch *absolute* Rh[etorik]], deleted in the Ms. *Cf. L.N.* 246, 246*.

475. 'Briefe an Alle', not carried out.

477. K. A. Böttiger had got in touch with Schlegel in connection with the latter's essay, *Über die Grenzen des Schönen*; early in 1795, he began to act as an intermediary between Schlegel and Wieland. In March 1797 he published a review of Schlegel's essay *Über die Diotima* which annoyed Schlegel, who, however, could not afford to break with his critic while he wished to remain a contributor to Wieland's *Attisches Museum*. His overt behaviour to Böttiger remained polite and respectful, and he even published a flattering review of Böttiger's specimen of his planned edition of Terence. (*Cf. Archiv für Litteratur-Geschichte*, xv, 399 ff., 418 f. and *Briefe von und an F. und D. Schlegel*, ed. Josef Körner, Berlin, 1926, pp. 14 ff.; Schlegel's review is reprinted on pp. 313 ff. above.) In his letters to his brother, however, Schlegel gave free vent to his irritation. In 1799, A. W. Schlegel publicly attacked Böttiger in the *Athenäum* ('Reichsanzeiger').

480. *Ath.F.* 82: '... eine Definizion, die nicht witzig ist, taugt nichts.'

483. Quoted from Joseph Warton, *An Essay on the Genius and Writings of Pope* (vol. ii, pp. 1 f. in the edition of 1806; the first edition, 1756, was not available to me). Warton's chronology is wrong; Franco Sacchetti (1335–1400) published his tales *after* Boccaccio.

485. Romeo, Shakespeare's *Romeo and Juliet*. Dorinda, shepherdess in Guarini's *Pastor Fido*.

487. *Cf. L.N.* 728.

488. *Cf.* Schlegel's letter to his brother of 28 August 1797 (Walzel, p. 293): 'Man vergleicht es [*Hermann und Dorothea*] viel mit Vossens Louise ... Ich wüßte aber nicht in welcher Rücksicht diese Vergleichung interessant seyn könnte, es müßte denn die vom absoluten Gegensatz zwischen Geist und Buchstaben seyn.' *L.N.* 101, 105 and 118 show in what sense this remark is intended. – Novalis also compared the two poems and found *Hermann und Dorothea* more romantic (ii, nr. 872; 1798).

490. 'Diabolisch', perhaps in the original sense of the word, 'slanderous'; but *cf. L.N.* 2022, 2022*.

491. '[das] class[ische] Ep[os]', in the Ms. '*ἐπ* class'.

495. Windischmann (ii, 409): 'Wenn der Philosoph nur wirklich alle wirklichen und möglichen Angriffe widerlegt, so ist sein System das wahre ... Das Widerlegen aller andern und der vollendete innere Zusammenhang sind die eigentlichen Kriterien des Systems.'

496. Schlegel had reviewed the second edition of Jacobi's *Woldemar* (Königsberg, 1796) in *Deutschland* (vol. iii, nr. 9, pp. 185 ff. = M. ii, 72 ff.).

497. *Cf. L.N.* 127, 127*.

500. *Unendlichkeit*, in the Ms. $\frac{1}{0}$.

505. Similarly, Schlegel writes in *Ath.F.* 253 of Shakespeare's 'Parodie des Buchstabens ... des romantischen Drama'.

512. Schlegel made Tieck's personal acquaintance towards the middle of October 1797. The relations between the two are discussed by H. Lüdeke in *Ludwig Tieck und die Brüder Schlegel. Briefe* (Frankfurt, 1930), by J. Körner in his review of this book (*Zeitschrift für deutsche Philologie*, lvi, 367 ff.) and by Edwin H. Zeydel in *JEGP* (xxvii, 16 ff.). Schlegel's highly critical attitude to Tieck's writings gradually changed to admiration in the course of 1798, largely as a result of his study of *Franz Sternbald* (*cf. L.N.* 1342, 1342*), but his later notes on Tieck are again more critical: 'Die Tiecksche P[oesie] ist ganz die Fantasie – wie Goethe's P[oesie] ein künstlerischer Empirismus. Schiller in der Mitte zwischen beiden. Klopstock die des Ideals, aber freilich meist des verfehlten. ⟨Aber der Oktavian Kampf zwischen der Goetheschen und der Tieckschen P[oesie].⟩ Nach jener bloß fantastischen P[oesie] erscheine nun die P[oesie] der Liebe (die Genoveva die einzige Episode in jener fantastischen P[oesie] zu dem Geist der Liebe hin).' (*Zur Poesie und Litteratur. 1808. I*, leaf 13). – 'Schon in der Genoveva ist das durch und durch Immoralische der Tieckschen Ansicht klar.' (*Ibid.*, leaf 21; written towards the end of 1809). – 'Tieck ein Mozart der Poesie, grade wie er ihn schildert. – Es ist nicht Tiefsinn bey Tieck, was die Fantasie beherrscht, sondern bloß Scharfsinn, oder Spitzfindigkeit, Willkühr und Witz.

Tiecks Dichtungen sind allerdings Ein Wort, aber nicht das Wort des Lebens, sondern ein unverständliches Zauberwort.' (*Zur Poesie und Litteratur, 1812*, leaf 12.) When Schlegel wrote about Tieck in the *Gesch.d.a.u.n.Litt.* (ii, 331), he barely hinted at these reservations, and allowed the impression of praise to prevail.

515. '*potenzirter* Charakter', in the Ms. 'Charakter²'. *Zur Philologie* (*Logos*, xvii, 51): 'Ist Geist etwa Sinn in der zweiten Potenz?'

518. π², 'potenzirte Poesie' or 'Poesie der Poesie'. *Cf. L.N.* 579, 622, 792, 808, *Ath.F.* 238 and 247. The notion underlying Schlegel's 'Poesie der Poesie' was generalised and taken to its extreme by Novalis. In his *Allgemeines Brouillon* (iii, nr. 1501, 1513), he wrote: 'Der Vortrag der Mathematik muß selbst mathematisch sein. (Mathematik der Mathematik) ... Wenn der Vortrag der Mathematik mathematisch, so muß ja wohl auch die Physik physikalisch vorgetragen werden können usf.' – A. W. Schlegel, *Vorlesungen über schöne Litteratur und Kunst* (*loc. cit.*, xvii, 20): 'Die vollkommen anschauliche Kunstgeschichte wäre ..., wiewohl in prosaischer Form, eine Poesie in der zweiten Potenz, und die Entfaltung der Künste ließe sich vielleicht am tiefsten in einem großen Gedicht darstellen.'

520. Schlegel also complained of Tieck's dullness in a letter to his brother (18.12.1797; Walzel, p. 335) and in a letter to Rahel Levin (2.6.1800; *Briefe von und an F. und D. Schlegel*, p. 30), and of the dullness of *William Lovell* in *Ath.F.* 418. – ἰσχνὸς χαρακτήρ, the 'plain', 'sober' style, whose greatest master was supposed to be Lysias. *Cf.* Schlegel's preface to Lysias's *Epitafios* (M. i, 186).

522. 'Romantische Fragmente', see *L.N.* 435*.

524, 525, 529. π², 'Poesie der Poesie'. – Schlegel re-read Tieck's *William Lovell* early in November 1797 (Walzel, p. 306; Lüdeke, p. 29). *Ath.F.* 418: 'Daß alles Nebenwerk und Gerüste darin [in *William Lovell*] gemein oder misglückt ist, wie der große Machinist im Hintergrunde des Ganzen ... Das ganze Buch ist ein Kampf der Prosa und der Poesie, wo die Prosa mit Füßen getreten wird und die Poesie über sich selbst den Hals bricht.' *Zur Poesie. 1803. I.* (leaf 13): 'Lovell im Grunde nur der Form nach vom Meister verschieden – beide beschreiben den Untergang der Poesie.' *Cf. L.N.* 1560.

528. Novalis, *Heinrich von Ofterdingen* (Seelig, i, 260): 'Die Liebe ist selbst nichts als höchste Naturpoesie.'

531. 'Der ernsthafte Tieck ...': *Cf.* Schlegel's letter to his brother of November 1797 (Walzel, p. 306), where he asserts the superiority of *William Lovell* to *Der gestiefelte Kater*.

532. 'Formularwitz': *Cf. L.N.* 1009, 413*. For Schlegel's views of the pun, *cf. Zur Poesie. 1802. II* (leaf 12): 'Die ursprüngliche Form der Poesie ist das Wortspiel; es giebt davon eine eigne Art für jede besondre

Kunst?' [*sic!*] *Ibid.* (leaf 20): 'Das Gedicht ist ein höheres oder ein tieferes Ich das sich aus dem Ich ablößt = $\sqrt{\text{Ich}^{(x}}$. Es ist in der That ein fast selbständig beseeltes Wesen. — Sein Leib das Wortspiel (die körperliche Einheit), die Witzesform. Die höhere Einheit vielleicht eben nur die Gleichförmigkeit eines göttlichen Bewußtseyns, die sich als Styl, Ton, Colorit ausdrückt (Lichtblume, Wasserthier, Feuerluft). Diese Seeleneinheit absichtlich nur im Novalis.'

533. SatMim $\dfrac{\text{Ind } \eta\theta}{\text{o}}$, 'mimische absolut individuelle absolut ethische Satire' or 'satirische ... Ethik'.

535. *Cf. L.N.* 138 and *Lyc.F.* 67 (cited in *L.N.* 138*).

539. Not carried out.

544. ἐπαυτοβιογρ[αφία], autobiography of the inmost self. Schlegel was planning a work with the title 'Ich. Ein episches Portrait'; this project probably led to the 'Lehrjahre der Männlichkeit' in *Lucinde. Cf. L.N.* 553, 692, 719, 720, 726. — For the concept of the ego as the absolute subject, see Fichte, *Grundlage der gesammten Wissenschaftslehre* (*S.W.*, i, 97).

546. Probably: 'Begriff von absolutem Witz, von unendlich radicirtem und unendlich potenzirtem absolutem Witz', etc.

553. $\dfrac{\text{FS}}{\text{o}}$, 'absolut Fantastisch-Sentimentalisches'; $\mp$, 'indifferent'; $\dfrac{P}{\text{o}}$, 'absolute Rhetorik'; F, 'Fantasie'; S, 'Sentimentalität'; M, 'Mimus'.

554. The predicate ('gleich'?) is lacking.

556. For the concept of 'Transzendentalpoesie', see *Ath.F.* 238.

561. $\mp \dfrac{\text{FS}}{\text{o}} \ldots$, 'indifferentes absolut Fantastisch-Sentimentales + absoluter Mimus + Prophetie + poetische Poesie + ethische Poesie. — Negative absolute Fantasie und Prophetie präponderiren.' *Cf. L.N.* 1027, 1752. For 'poetische Poesie', *cf. Lyc.F.* 100; one has the impression that Schlegel first thought of the phrase and then tried to assign a meaning to it. A little-known passage in *Europa* (i, 1, 120), in which the corresponding concept in the field of painting is discussed, probably affords the best clue to what he had in mind: 'Giebt es nun musikalische Mahler, giebt es andre, die mehr im Geiste der Plastik oder selbst der Architektur gemahlt haben, so sehe ich nicht warum nicht auch Mahler vorzugsweise pittoresk seyn können, so daß der Charakter der Mahlerei sich in ihnen, statt in das Gebiet andrer Künste auszuschweifen, vielmehr noch inniger zusammendrängte und gleichsam potenzirte.'

568. '*Positiv* m[imisch]', '*negativ* m[imisch]', in the Ms. $+ \mu$, $- \mu$. For a brief survey of Schlegel's Leibnitz-studies, see Joseph Körner, *N.ph.Sch.* (pp. 79 ff.).

571. Schlegel was to discover such 'romantische Romane' in Cervantes' *Don Quixote* and Tieck's *Franz Sternbald*. See *L.N.* 1096, 1342.

572. *Cf. L.N.* 103*.

573. *Cf. L.N.* 263, 586, 602, 973, 27*, 32*, 973*.

576. For the expression 'Lebenskunstlehre', *cf. Blütenstaub* Nr. 5 and Novalis' jotting from 1798 (iii, nr. 1120): 'Philosophie des Lebens enthält die Wissenschaft vom unabhängigen, selbstgemachten, in meiner Gewalt stehenden Leben und gehört zur Lebenskunstlehre oder dem System der Vorschriften, sich ein solches Leben zu bereiten.'

579. π^2, 'Poesie der Poesie'. *Cf. L.N.* 622, 792, 808, *Ath.F.* 116: 'Die romantische Poesie ... soll ... Poesie und Prosa, Genialität und Kritik ... bald mischen, bald verschmelzen.'

581. *Cf. L.N.* 1622, 1626, *Gespräch über die Poesie* (M. ii, 375): 'Welche Reisebeschreibung, welche Briefsammlung, welche Selbstgeschichte wäre nicht für den, der sie in einem romantischen Sinn liest, ein besserer Roman als der beste von jenen [englischen Romanen in der Art Richardsons]? ... Die Confessions von Rousseau sind in meinen Augen ein höchst vortrefflicher Roman.' – *Gesch.d.a.u.n.Litt.* (ii, 208 f.): 'Ein anderer Vergleich, welcher den französischen Romanen in ihrer eigenen Litteratur nachtheilig ist, und unstreitig auch der Entwicklung der Gattung sehr im Wege steht, ist der außerordentliche Reichthum an historischen Denkwürdigkeiten, Bekenntnissen, anziehenden Anekdoten- oder Brief-Sammlungen, die alle mehr oder minder sich der Natur des Romans etwas annähern. Mir ist nicht bekannt, daß irgend eine Erzählung von Marmontel ein so allgemeines Interesse erregt hätte, als seine Denkwürdigkeiten; und welcher andere französische Roman könnte wohl eine solche Wirkung hervorbringen wie Rousseau's Bekenntnisse!' Xenophon's *Cyropaedia* is called a 'politischer Roman' also in the *Gesch.d.a.u.n.Litt.* (i, 75). Once again there is a close parallel in Herder's *Humanitätsbriefe* (1796; Suphan, xviii, 110): 'Homers Gedichte selbst sind Romane in ihrer Art; Herodot schrieb seine Geschichte, so wahr sie seyn mag, als einen Roman; als einen Roman hörten sie die Griechen. So schrieb Xenophon die Cyropädie und das Gastmahl; so Plato mehrere seiner Gespräche; und was sind Lucians wunderbare Reisen? Wie jeder andern haben also auch der romantischen Einkleidung die Griechen Ziel und Maas gegeben.' All five of the Greek authors mentioned by Herder were called 'romantisch' by Schlegel (*L.N.* 965, 1238, 1385, 1534). This may, of course, be a coincidence, but there is no doubt that Herder's *Humanitätsbriefe* exerted a far greater influence on Schlegel than would appear from his review of Parts 7 and 8 of the work. None of the passages to which there are important parallels in Schlegel's later writings was pointed out in this review, in spite of the fact that it largely consists of odd comments on odd passages. It may be conjectured that Schlegel read Herder's work in the most cursory fashion in 1796, solely for the purpose of reviewing it, and that he reread it carefully in 1797. His review certainly shows every sign of having been written in haste, whereas one cannot but feel that Schlegel had Parts 7 and 8 of the *Humanitätsbriefe* fresh in his mind in 1797.

584. 'Nathan', *cf.* M. ii, 159 f.

593. *Cf. L.N.* 600, 871.

596. *Cf. L.N.* 601.

597. *Cf. L.N.* 655, *Ath.F.* 166: 'Nazionen und Zeitalter zu charakterisiren, das Große groß zu zeichnen, das ist das eigentliche Talent des poetischen Tacitus. In historischen Porträten ist der kritische Suetonius der größere Meister.'

598. *Cf. L.N.* 613, 613*.

610. *Cf. L.N.* 979, *Ath.F.* 395: 'In der wahren Prosa muß alles unterstrichen seyn.' Schleiermacher to A. W. Schlegel (15 January 1798; Walzel, p. 346): 'So fällt mir doch noch ein, daß Schlegel auch gegen das Sperren ist.' Bold type is condemned by Schlegel in a letter to his brother of December 1797 (Walzel, p. 340).

612. For the distinction between 'Narrheit' and 'Dummheit', *cf. Lyc.F.* 15, 81, 92, *Ath.F.* 79, 278, *L.N.* 427, 690, *Gespräch über die Poesie* (M. ii, 370), *Philosophische Fragmente. Erste Epoche. II* (1797): 'Der Unterschied von Torheit und Narrheit besteht bloß darin, daß die letzte willkührlich ist wie die Dummheit.' *Ibid., Erste Epoche. III* (Winter 1800/01): 'Der Dumme denkt, was er sieht, der Narr sieht, was er denkt.' *Ibid., Zweite Epoche. II* (1800): 'Dumm ist, wer nicht glaubt, was er sieht. Ein Narr ist, wer willkührlich dumm ist und es nicht glaubt, daß er es ist; er ist aus List dumm.' – *Lucinde* (Inselbücherei, p. 46): '... daß vollendete Narrheit und Dummheit im großen das eigentliche Vorrecht der Männer sei, mutwillige Bosheit hingegen mit naiver Kälte und lachender Gefühllosigkeit eine angeborene Kunst der Frauen.' – For the greater sensuality of women, *cf. L.N.* 1294, 1294*.

613. *Ath.F.* 116: 'Die romantische Poesie ... soll ... die Poesie lebendig und gesellig, und das Leben und die Geselligkeit poetisch machen.'

614. *Zur Poesie. 1803. I* (leaf 11): 'Unsittlich darf ein Gedicht wohl sein, wenn es nur sittlich ist; auch unwahr, wenn es nur wahr ist. Es ist entbunden von d[en] negativen Bedingung[en], von dem bloß negativ Sittlichen und Wahren; aber das Positive muß es enthalten. Es ist also höher als beides.'

616. At this time, Schlegel was planning 'Prophetische strafende Visionen' in *terza rima* and a poem with the title 'Das Zeitalter. Eine prophetische Satire' in elegiac form. He was still considering the first of these projects in Paris. For the second project, *cf. L.N.* 1088*.

621. That Forster is to be judged as a 'gesellschaftlicher Schriftsteller' is the main thesis of Schlegel's essay about this author (M. ii, 119 ff.).

622. $\frac{\pi^2}{0}$, 'absolute Poesie der Poesie'. *Cf. L.N.* 579.

624. *Cf. L.N.* 236, 236*, on Winckelmann's mysticism also *L.N.* 190, 256 and *Zur Philologie* (*Logos*, xvii, 19): 'Durch aesthetischen Mystizismus hat Winkelmann gefehlt und darin allein ist man ihm gefolgt.' *Ibid.* (p. 54): 'Ohne Mystizism wäre Winkelmann nicht zum Ganzen gelangt.'

625. *L.N.* 625, 629 and 672 are the sources of *Ath.F.* 439: 'Eine Karakteristik ist ein Kunstwerk der Kritik, ein visum repertum der chemischen Philosophie. Eine Rezension ist eine angewandte und anwendende Karakteristik, mit Rücksicht auf den gegenwärtigen Zustand der Litteratur und des Publikums. Übersichten, litterarische Annalen sind Summen oder Reihen von Karakteristiken. Parallelen sind kritische Gruppen. Aus der Verknüpfung beyder entspringt die Auswahl der Klassiker, das kritische Weltsystem für eine gegebne Sphäre der Philosophie oder der Poesie.'

627. '*Potenzirte* Hist[orie]', in the Ms. 'Hist²'.

629. *Cf. L.N.* 625*.

630. *Cf. L.N.* 646, 673, *Ath.F.* 242: 'Kann man etwas andres charakterisiren als Individuen?'

633. *Cf. L.N.* 640.

634. 'k[ritischer] M[imus]', in the Ms. κμ; *cf. L.N.* 620, 635, 641, 644, 646, 650.

635. 'classischer P[oesie] und Ph[ilosophie]', in the Ms. 'π und φ claß'.

639. 'erfodern', in the Ms. 'erfodert'. *Lyc.F.* 68: 'Wie viel Autoren giebts wohl unter den Schriftstellern? Autor heißt Urheber.' *Zur Philologie* (*Logos*, xvii, 59): 'Autor, Publikum pp. sind litterarische Begriffe. – Autor, Urheber, Erfinder, Urschriftsteller. Dieß zu bestimmen, wer es sey oder nicht sey, keine gemeine Sache; eben so Publikum.' *Philosophische Fragmente. Erste Epoche. II* (1797 or 1798): 'Nicht jeder, der etwas schreibt, ist oder soll ein Autor sein. (So wenig jeder, der ein Pferd hat, ein Reiter ist.)'

640. *Ueber Lessing* (M. i, 151): '... Studium, d. h. uninteressirte, freie, durch kein bestimmtes Bedürfniß, durch keinen bestimmten Zweck beschränkte Betrachtung und Untersuchung, wodurch allein der Geist eines Autors ergriffen und ein Urtheil über ihn hervorgebracht werden kann.'

643. Perhaps a protest against Fichte's remark recorded in *L.N.* 617.

644. ἐπίδειξις, set speech, oration meant for display. Aristotle (*Rhetoric*,

17—S.L.N.

i, 3), the Stoics and the Hermagoreans divided rhetoric into the γένος δικανικόν, συμβουλευτικόν and ἐπιδεικτικόν. Schlegel used all three terms frequently. *Cf.* his preface to Lysias' *Epitafios* (M. i, 191, 187): 'Die alten Rhetoriker theilen die Beredsamkeit in die gerichtliche, in die berathschlagende, und in die panegyrische oder epideiktische, welche man eine festliche Beredsamkeit nennen könnte.' '... die epideiktische oder panegyrische Art [von Reden], deren Zweck es ist, die Geschicklichkeit des Redekünstlers vor einer Panegyris von Zuhörern oder von Lesern glänzen zu lassen.' The plan was not carried out.

645. 'Gipfel d[es] Char[akters]': J. Körner reads 'Gipfel der Charakteristik' (*Neue Rundschau*, vol. xxxvi, p. 1301). *Cf. L.N.* 647, 652, 653, *Lyc.F.* 83.

650. 'Pass[iver] k[ritischer] M[imus]', in the Ms. 'κμ paß'. For the concept of intellectual intuition see *e.g.* Fichte, *Zweite Einleitung in die Wissenschaftslehre* (*S.W.*, i, 463 ff.) or *System der Sittenlehre* (*ibid.*, p. 47). *Cf. L.N.* 1939, 1940, 1939*.

655. *Cf. L.N.* 597, 597*.

656. '*Potenzirte* K[ritik]', in the Ms. 'κ²'.

657. 'Lessing', probably Schlegel's own essay *Ueber Lessing* (*Lyceum*, i, 2, 76 ff. = M. ii, 140 ff.).

660. ∓, 'Indifferenzpunkt'.

661. 'Mein Caesar', the essay 'Caesar und Alexander', which Schlegel had submitted to Schiller for publication in the *Horen*, in spring 1796. Schiller rejected it, and the essay was only published in a revised version in Schlegel's *Sämmtliche Werke* (iv, 263 ff.).

662. *Cf. L.N.* 125, 125*.

663. *Cf. L.N.* 672, 625*.

667. *Lyc.F.* 20: 'Eine classische Schrift muß nie ganz verstanden werden können. Aber die, welche gebildet sind und sich bilden, müssen immer mehr draus lernen wollen.'

670. A revision of Kant's *Critique of Judgment* was one of Schlegel's earliest philosophical plans. He criticised the work in a letter to his brother in October 1793, and wrote early in 1795 that he planned an 'Ergänzung, Berichtigung und Vollendung der Kantischen Philosophie' for which he would require greater maturity, but perhaps not very much time. In March 1796, he offered Niethammer a 'Revision der Aesthetik seit Kant' for the *Philosophisches Journal*. (Walzel, pp. 123 ff., 211, 230; *Archiv für Litteratur-Geschichte*, xv, 426, 429.) None of the projects noted in this entry was carried out.

672. 'Die P[oesie]' etc.: The correct reading may be 'die p[oetische], die Hist[orische], die philos[ophische]'. However, the sentence has only one comma in the Ms., after 'Philos[ophie]'. *Cf. L.N.* 625*.

676. 'Naturphilosoph', a 'natural' philosopher in contrast to the trained specialist who uses a specifically philosophical terminology and what Schlegel called 'streng wissenschaftliche Methode' (*Lessings Geist*, i, 5). For this use of the word, *cf*. Josef Körner (*N.ph.Sch.*, p. 5[2]), *Lyc.F.* 82, *Ath.F.* 82, *Ueber die Philosophie* (M. ii, 317).

677. *Cf*. Schlegel's review of the *Horen* (1796, 4. Stück; M. ii, 11): 'Er [Goethe] ist auch wohl zu sehr Dichter, als daß er sich seiner Schöpfer-kraft ganz entäußern, und mit der treuen Enthaltsamkeit eines bescheidnen Forschers die Werke eines andern Dichters erklären könnte.'

682. '*Potenzirter* K[ritik]', in the Ms. 'κ^2'.

684. *Cf. L.N.* 990.

690. '*negativ*', '*positiv*', in the Ms. $-$, $+$.

691. 'Condensirt und dann potenzirt' seems to be the verbal equivalent of Schlegel's formula $\sqrt[x]{a^{(x}}$. The explanation of this formula in Windisch-mann (i, 506) is not helpful.

692. Dante is named as the representative of *Transcendentalpoesie* also in *Ath.F.* 247. '*Negativ absolut* ...', in the Ms. $-\dfrac{FS}{o}$, $+\dfrac{FS}{o}$, $+\dfrac{M}{o}$.

695. *Cf. L.N.* 750.

698. '*Unendliche*', in the Ms. both times $\dfrac{1}{o}$. *Cf. L.N.* 798.

703. 'R[oman]arten': Schlegel writes 'Rarten', without lifting the pen. *Cf. L.N.* 824, 828, 843.

704. *Cf. L.N.* 755.

713. In the Ms., the marginal note stands next to *L.N.* 718, not on the same page as the beginning of *L.N.* 713. *Cf. L.N.* 723, 861.

719. $\mp\dfrac{M}{o}$, 'indifferente absolute Mimik'. *Cf. L.N.* 544, 553, 725.

720. $+\dfrac{FS}{o}$, 'positiv absolut fantastisch-sentimental'; $-\dfrac{M}{o}$, 'negativ abso-lut mimisch'; $-\dfrac{F}{o}$, 'negativ absolut fantastisch'.

723. *Cf. L.N.* 713, 760, 861.

724. '*Positive* M[imik]', '*negative* M[imik]', in the Ms. $+$ M, $-$ M.

732. R, 'Roman'; $\pi\phi$, 'Prophetie'; $\pi\pi$, 'poetische Poesie'. *Cf. Ath.F.* 247.

734. For Schlegel's use of the three terms, *cf*. Aristotle, *Rhetoric* (ch. I, ii; II, i–xviii) and *Poetics* (ch. VI *et passim*). In the *Rhetoric*, *ethos* is discussed with reference to the character of the orator while in the *Poetics*, it refers almost always to the character of the persons in a play.

Schlegel uses the term with reference to the character or the general attitude to life of the poet as these are expressed in his works, rather than with reference to the character of the persons represented in his works. (*Cf. e.g. L.N.* 1145.) *Mythos* is the plot of a work. (*Cf. L.N.* 2119.) Aristotle's list of the six constituents of a play in the *Poetics* includes *mythos* and *ethos* but not *pathos*. The three terms do not form a triad with Aristotle as they do with Schlegel. *Cf. L.N.* 1618.

735. $\sqrt[1]{0}/\dfrac{\text{FSM}(\frac{1}{0}}{0}$, 'absolute Fantasie, Sentimentalität und Mimik in unendlicher Kondensation und unendlicher Potenz.'

745. *Cf. Lyc.F.* 81.

751. Above 'Path[etisch]', Schlegel tentatively jotted down the abbreviation 'P'. In the margin of the next page of the Ms., by the side of *L.N.* 754, there is the entry 'P = Path. oder = Pol.? oder Parod.?' 'Path.' and 'Parod.' are deleted, and the abbreviation P is used in Schlegel's notebooks solely for 'Politik' or 'politisch'.

759. διάνοια, one of the six constituents of a play discussed in Aristotle's *Poetics*: the cast of thought or sentiment of the piece.

760. *Cf. L.N.* 766, 830.

763. In *Lyc.F.* 42, irony is defined as 'logische Schönheit'. *Cf.* also *L.N.* 1071.

766. *Cf. L.N.* 830, 976.

768. *Cf. L.N.* 728.

774. *Cf. L.N.* 293, 293*.

777. *Ath.F.* 156: 'Der komische Witz ist eine Mischung des epischen und des jambischen. Aristophanes ist zugleich Homer und Archilochus.' *Cf. L.N.* 789, 1008.

778. In *Lyc.F.* 108, Socratic irony is called a 'stete Selbstparodie'; in *Lyc.F.* 126, 'Witz' is called a 'prophetisches Vermögen'.

781. *Cf. L.N.* 777*.

787. 'combini ...': the rest of the fairly long word is illegible; neither 'combinirend' nor 'combinatorisch' are possible readings.

789. [Humor ... W[itz]]: deleted in the Ms.

792. *Ath.F.* 116: 'Die romantische Poesie ... soll ... Poesie und Prosa, Genialität und Kritik ... bald mischen, bald verschmelzen.'

793. In connection with these remarks, Schlegel jotted down the following projects: '**Der Roman.** Eine Satire. **Die Fantasie.** Ein Dithyrambus, oder vice versa. Die Kritik-Dith[yrambische] Fant[asie]!! Die Satire, eine Dith[yrambische] Fant[asie]. Die Poesie. Eine proph[etische] Satire. Die Philosophie. Eine Dith[yrambische] Fant[asie].'

In the margin, but a little higher on the same page, there is the entry: 'Die Poesie. Eine Dith[yrambische] Fant[asie].' The project 'Die Philosophie' probably became *Ueber die Philosophie. An Dorothea* (*Athenäum*, 1799, ii. 1, 1 ff. = M. ii, 317 ff.). The form of this essay is quite compatible with Schlegel's concept of a 'dithyrambische Fantasie'.

797. Read: 'Das eigentliche Lustspiel ist wohl fantastisch-romantisches und kritisch-philosophisches Drama. Die romantische Komödie ist sentimental-romantisches und philologisch-romantisches Drama. Die romantische Tragödie ist mimisch-romantisches und rhetorisch-romantisches Drama.' When Schlegel called romantic comedy 'philological', he was probably thinking both of the puns and of the literary satire it might contain.

798. *Cf. L.N.* 698.

808. 'Imperativ $\frac{R}{0}$ $(\kappa\pi = \pi)$', read 'Imperativ des absolut Romantischen: Die kritische Poesie soll poetisch sein.' *Cf. L.N.* 579, 622. Schlegel himself was planning works of this type at the time, e.g. a 'Harmonische Plattlehre in prophetischen Terzinen'.

812. *Cf. L.N.* 999. For the terms 'centrifugal' and 'centripetal', see Fichte, *Grundlage der gesammten Wissenschaftslehre* (*S.W.*, i, 273 ff.).

814. 'R[oman]gedicht': Schlegel writes 'Rgedicht', in one word. In view of Schlegel's repeated assertions that the *Roman* is 'progressiv' by its very nature (*L.N.* 293, 774, *Ath.F.* 116 etc.), the distinction between 'Romangedicht' and 'progressives Gedicht' in *L.N.* 814 is somewhat surprising.

816. Early in November 1797, Schlegel borrowed a copy of Jean Paul's *Blumen-, Frucht- und Dornenstücke ... des Armen-Advokaten Siebenkäs* (Lüdeke, p. 29). In the same month, he wrote to his brother that he would probably comment on this novel in a *Fragment* rather than in a review (Walzel, p. 316). He now wrote *L.N.* 816, 819, 821 and 832 and finally *Ath.F.* 421.

819. *Ath.F.* 421: 'Seine Madonna ist eine empfindsame Küstersfrau, und Christus erscheint wie ein aufgeklärter Candidat.'

820. *Cf. L.N.* 1503.

821. In the Ms., the abbreviations $\frac{S}{0}, \frac{F}{0}, -\frac{F}{0}, +\frac{F}{0}$.

823. That iambics come closer to prose than any other metre was stated repeatedly by Greek critics. (*Cf.* e.g. Aristotle, *Rhetoric*, III, i, 9 and *Poetics*, IV.) A similar statement was made by A. W. Schlegel in *Etwas über William Shakespeare* (*S.W.*, vii, 59). A combination of iambics and prose was used by Schlegel in the chapter 'Sehnsucht und Ruhe' of his *Lucinde* (pp. 88 ff.). The chapter begins in ordinary prose and continues in fairly regular iambics.

826. *Cf. L.N.* 893 and 924.

827. Some eighteen months later, Schlegel intended to employ this form in the second part of *Lucinde*. Contrast *L.N.* 1024.

835. In the Ms. the abbreviations MR, ∓ F, ∓ S etc.

849. The whole entry is marked from top to bottom with a wavy line and the words 'sehr roh' are written in the margin.

852. *Cf. L.N.* 448, 700.

869. *Cf. L.N.* 878.

870. ἀγώνιος, of or belonging to a contest.

872. For the thetic style and the Twelve Tables, *cf. Ath.F.* 82.

873. *Cf. Ath.F.* 220: 'Kant der Kopernikus der Philosophie hat von Natur vielleicht noch mehr synkretistischen Geist und kritischen Witz als Leibnitz: aber seine Situazion und seine Bildung ist nicht so witzig; auch geht es seinen Einfällen wie beliebten Melodien: die Kantianer haben sie todt gesungen.' *Ath.F.* 322: 'Das beständige Wiederhohlen des Themas in der Philosophie entspringt aus zwey verschiedenen Ursachen. Entweder der Autor hat etwas entdeckt, er weiß aber selbst noch nicht recht was; und in diesem Sinne sind Kants Schriften musikalisch genug. Oder er hat etwas Neues gehört, ohne es gehörig zu vernehmen, und in diesem Sinne sind die Kantianer die größten Tonkünstler der Litteratur.' Schlegel refers to Kant's 'Episoden und Wiederholungen' also in *Ueber die Philosophie* (M. ii, 332).

874. *Ath.F.* 165: 'Im Plato finden sich alle reinen Arten der Griechischen Prosa in klassischer Individualität unvermischt, und oft schneidend neben einander: die logische, die physische, die mimische, die panegyrische, und die mythische. Die mimische ist die Grundlage und das allgemeine Element: die andern kommen oft nur episodisch vor. Dann hat er noch eine ihm besonders eigne Art, worin er am meisten Plato ist, die dithyrambische. Man könnte sie eine Mischung der mythischen und panegyrischen nennen, wenn sie nicht auch etwas von dem gedrängten und einfach Würdigen der physischen hätte.' Windischmann (i, 371): 'Im Phädon bediente er sich ganz der Sprache, des Gewandes der Mysterien; im Phädrus, worin er seine Ideen über die Liebe, die Erinnerung freilich mehr mythisch, poetisch als scharf philosophisch untersuchend vorträgt, herrscht die rhetorische Form; im Parmenides ist sie mehr rein dialektisch; im Theätetus mathematisch; in der Republik politisch; in dem Timäus endlich, wo er sich mit der Kosmogonie beschäftigt, ist die Behandlung poetisch-physikalisch.' *Cf. L.N.* 22, 866, 868, 870, 871, 894, 894*.

875. 'erhält': in the Ms. 'enthält'.

877. *Cf. L.N.* 955.

883. Herder writes quite similarly that Dante's epic contains 'eine Art von Encyklopädie des menschlichen Wissens über Himmel und Erde' (*Humanitätsbriefe*; Suphan, xviii, 65); but remarks of this kind can be found in most books about Dante.

884. Contrast *L.N.* 55 and 887, *cf. L.N.* 2088.

885. *Cf. L.N.* 356, 463, 1198, 1208, 1687, 1970, *Ath.F.* 383.

889. F. Schlegel, *Geschichte der Poesie der Griechen und Römer* (Ersten Bandes erste Abtheilung, Berlin, 1798 = M. i, 231 ff.). The bulk of this work was written in Berlin between the end of August 1797 and the beginning of May 1798. Extensive unprinted notes for this work are preserved in notebooks in the Stadtarchiv Trier and in the possession of the Görres-Gesellschaft; at the time of writing, some of them are being prepared for publication by Dr. Ernst Behler. (F. Schlegel, *Schriften und Fragmente*, Stuttgart, 1956.)

894. *Cf. L.N.* 965. Schlegel to his brother, March 1799 (Walzel, p. 410): 'Nur die Prosa dieser beyden [Plato and Cervantes] halte ich für romantisch. Weniger die im Meister.' *Philosophische Fragmente. Zweite Epoche. I* (1798?): 'Warum ist Plato romantisch? Die Universalität macht es.'

896. The first sentence is deleted.

900. *Cf. L.N.* 1143, 1144.

909. *Cf. L.N.* 368, 368*.

917. *Ath.F.* 418: '... daß das Ungewöhnliche darin [in *William Lovell*] oft nur ein umgekehrtes Gewöhnliches ist.'

918. *Ath.F.* 393: 'Um aus den Alten ins Moderne vollkommen übersetzen zu können, müßte der Übersetzer desselben so mächtig seyn, daß er allenfalls alles Moderne machen könnte; zugleich aber das Antike so verstehn, daß ers nicht bloß nachmachen, sondern allenfalls wiederschaffen könnte.'

919. αὐστηρόν, harsh, severe. With Dionysius (*Demosth.*, ch. 36; *Compos. verb.*, ch. 21, 24) the ἁρμονία αὐστηρά is the 'harsh composition' that is best suited to the simple, unadorned style.

920. *Lyc.F.* 126: 'Die Römer wußten, daß der Witz ein prophetisches Vermögen ist; sie nannten ihn Nase.'

943. $\frac{\Delta \rho}{o}$, 'absolut dramatisch'; $\sqrt{\Delta \rho}$, 'radicirt' or 'condensirt dramatisch'.

945. *Cf. L.N.* 1014, 1085.

948. '*Indifferente absolute* F[antasie]', in the Ms. $\mp \frac{F}{o}$. *L.N.* 948 belongs to *L.N.* 947.

949. Schlegel himself was planning parodies of this type.

955. In the seventeen-nineties, a number of German critics began to realise how important a role Provençal poetry had played in the history of European literature. A. W. Schlegel had been interested in Provençal poetry since the mid-nineties, and in 1796, Herder called it the 'Morgenröthe der neueren Europäischen Cultur und Dichtkunst' (*Humanitätsbriefe*, Suphan, xviii, 34). It seems unlikely that Schlegel knew very much about Provençal poetry before he left Germany for Paris, where he gained access to Provençal manuscripts. He drew public attention to it in the second issue of *Europa*.

957. For the remark about Ariosto, *cf. L.N.* 1429.

959. '*negative* Eth[ik]', in the Ms. — ηθ.

962. *Zur Poesie. 1803. I* (leaf 21): 'Die eigenthümlichste Form der Poesie ist wohl das Mährchen = Roman + Drama.' *Zur Poesie und Litteratur. 1808. I* (leaf 10): 'Jeder Roman sollte ein Mährchen sein und eben so auch jedes epische Gedicht, aber freilich ein Mährchen im höchsten Sinne.''

965. Similarly, Schiller found the beginnings of *das Sentimentalische* in the historians of antiquity (*Über naive und sentimentalische Dichtung*, *Horenausgabe*, xii, 74). Schlegel endorsed this view in the preface to *Die Griechen und Römer* (M. i, 80). *Cf.* also the passage from Herder's *Humanitätsbriefe* cited in *L.N.* 581*. Further passages in which Latin authors are called romantic are *L.N.* 1238, 1385, 1388, 1534, 1604, 1652, 1845.

967. A. W. Schlegel, *Vorlesungen über dramatische Kunst und Litteratur* (Leipzig, 1923, i, 13): 'Die Poesie der Alten war die des Besitzes, die unsrige ist die der Sehnsucht; jene steht fest auf dem Boden der Gegenwart, diese wiegt sich zwischen Erinnerung und Ahndung.'

971. *Cf. L.N.* 324, 327; the former suggests the reading 'R[oman]', the latter the reading 'R[omantischen]'.

973. *Cf. L.N.* 23, 263, 573, 586, 602, 23*, 27*, *Ath.F.* 116: 'Die romantische Dichtart ist die einzige, die mehr als Art, und gleichsam die Dichtkunst selbst ist: denn in einem gewissen Sinn ist oder soll alle Poesie romantisch seyn.' Antonio in the *Gespräch über die Poesie* (M. ii, 372 f.): 'Wie unsre Dichtkunst mit dem Roman, so fing die der Griechen mit dem Epos an und löste sich wieder darin auf. Nur mit dem Unterschiede, daß das Romantische nicht sowohl eine Gattung ist als ein Element der Poesie, das mehr oder minder herrschen und zurücktreten, aber nie ganz fehlen darf. Es muß Ihnen nach meiner Ansicht einleuchtend seyn, daß und warum ich fodre, alle Poesie solle romantisch seyn; den Roman aber, in sofern er eine besondre Gattung seyn will, verabscheue.' Tieck as reported by Köpke, *Ludwig Tieck* (Leipzig, 1855, ii, 173, 237): 'Ich weiß zwischen poetisch und romantisch überhaupt keinen Unterschied zu machen.' 'Es hat mich immer verdrossen, wenn ich von der romantischen

Poesie als einer besondern Gattung habe reden hören ... Poesie ist und bleibt zuerst Poesie, sie wird immer und überall dieselbe sein müssen, man mag sie nun classisch oder romantisch nennen. Sie ist an sich schon romantisch.'

976. *Cf. L.N.* 1065 and *Ath.F.* 51 (cited in *L.N.* 424*).

978. After 'mehr', the word 'Sinn' is deleted.

981. Schlegel also called Winckelmann his master in *Zur Philologie* (*Logos*, xvii, 16).

983. *Ath.F.* 401: 'Um jemand zu verstehn, der sich selbst nur halb versteht, muß man ihn erst ganz und besser als er selbst, dann aber auch nur halb und grade so gut wie er selbst verstehn.' *Philosophische Fragmente. Erste Epoche. II* (1797): 'Um jemanden zu verstehn, muß man erstlich klüger sein als er, dann ebenso klug und auch ebenso dumm. Es ist nicht genug, daß man den eigentlichen Sinn eines konfusen Werkes besser versteht, als der Autor es verstanden hat. Man muß auch die Konfusion selbst bis auf die Prinzipien kennen, charakterisiren und selbst construiren können ... Kants Konfusion ist im eigentlichen Sinne des Wortes unendlich.'

986. The projected *Ansichten der Philosophie* were mentioned by Schlegel in a letter to his brother of 28 November 1797: 'Dagegen ist mir aber der Gedanke gekommen, daß es gut seyn könnte, von einer Reihe annalistischer Rhapsodien über die Philosophie die erste ... in die Ouvertüre der Parzen [i.e. the first issue of the *Athenäum*] zu geben. – Ich habe ... schon lange einen Gedanken gehabt, so etwas zu schreiben, wie Schelling in seiner Uebersicht eigentlich schreiben sollte, aber nicht schreibt ... Der Titel wäre etwa: Historische Ansichten der Philosophie. Erste Rhapsodie etc.' (Walzel, pp. 320 f.; *cf. ibid.*, pp. 330, 333, 337, 349, 351, 378.) On 28 May 1798, in an unprinted letter to Novalis, he mentioned his intention of writing 'philosophische Rhapsodien, eine Charakteristik der Philosophie des Zeitalters, historische Ansichten der Philosophie'. Schlegel's notes on philosophy cover many hundreds of pages, but only two pages of tentative beginnings were written under the actual heading 'Historische Ansichten der Philosophie' (*Philosophische Fragmente. Erste Epoche. II*). A notebook with the title *Principien der Historie* (1797) is in the possession of the Görres-Gesellschaft. A projected 'Brief über die Naturphilosophie', intended for publication in the *Athenäum*, was mentioned by Schlegel in a letter to his brother of November 1797 (Walzel, p. 315). The project was carried out under the title *Ueber die Philosophie. An Dorothea* (*Athenäum*, ii. 1, 1 ff. = M. ii, 317 ff.).

987. The author of the work is unknown.

990. *Cf. L.N.* 14, 1779 and *Lyc.F.* 117: 'Poesie kann nur durch Poesie kritisirt werden. Ein Kunsturtheil, welches nicht selbst ein Kunstwerk ist, entweder im Stoff, als Darstellung des nothwendigen Eindrucks in seinem

Werden, oder durch eine schöne Form, und einen im Geist der alten römischen Satire liberalen Ton, hat gar kein Bürgerrecht im Reiche der Kunst.'

996. *Cf. L.N.* 1013.

999. *Cf. L.N.* 1064 and Windischmann (ii, 417): 'Von Vorstellung und Gegenstand muß Eins das Centrum, das andere der Horizont seyn, oder beide sich gegenseitig und wechselsweise möglich, nothwendig und wirklich machen. Dieß dürfte schon über Fichte hinausseyn; Schelling ahnt's.'

1006. 'Reizende' is deleted, then restored in the Ms. The marginal note stands next to *L.N.* 1012 in the Ms., close enough to *L.N.* 1006 to justify the reading 'N[ovalis]'. At other times, Schlegel seems to have called Tieck the hopeless youth of German literature (Schleiermacher to August Wilhelm, 15 January 1798; Walzel, p. 346).

1013. *Cf. L.N.* 1040.

1018. *Cf. L.N.* 1662.

1020. *Jakobi's Woldemar* (M. ii, 88): 'Was ist Genie anders, als die gesetzlich freie innige Gemeinschaft mehrerer Talente?' *Ath.F.* 119: '... Genie ist ... ein System von Talenten.' *Cf.* also *L.N.* 1974 and *Deutsches Museum*, i (1812), 274 f.

1023. *Ath.F.* 242: '... Giebt es nicht Individuen, die ganze Systeme von Individuen in sich enthalten?'

1024. Incompatible with *L.N.* 827 and Schlegel's later plans for the continuation of *Lucinde*.

1025. Similarly, A. W. Schlegel called the *Fragmente* a 'cynische lanx satura im Styl des alten Lucilius oder Horaz' (*Ath.F.* 259).

1028. 'Terzine' corrected from 'Stanze'.

1029. *Lyc.F.* 9: 'Witz ist unbedingt geselliger Geist, oder fragmentarische Genialität.'

1040. *Gespräch über die Poesie* (M. ii, 358): 'Alle Gedichte des Alterthums schließen sich eines an das andre, bis sich aus immer größern Massen und Gliedern das Ganze bildet; alles greift in einander, und überall ist ein und derselbe Geist nur anders ausgedrückt. Und so ist es wahrlich kein leeres Bild, zu sagen: die alte Poesie sey ein einziges, untheilbares, vollendetes Gedicht.'

1041. Josef Körner (*Romantiker und Klassiker*, p. 79) reads: '... nur halber Transc[endental]p[oet] die ...' *Cf. Ath.F.* 238: 'Es giebt eine Poesie, deren Eins und Alles das Verhältniß des Idealen und des Realen ist, und die also nach der Analogie der philosophischen Kunstsprache Transcendentalpoesie heißen müßte. Sie beginnt als Satire mit der absoluten Verschiedenheit des Idealen und Realen, schwebt als Elegie in der Mitte, und endigt als Idylle mit der absoluten Identität beyder.'

1043. The 'und' at the end of this entry is deleted and the sentence is left unfinished. Schlegel displayed his 'sense for poetic immorality' most clearly in his enthusiastic defence of Aristophanes, which was based on his belief in the 'autonomy of poetry': 'Nichts verdient Tadel in einem Kunstwerke,' he wrote in 1794 in *Vom ästhetischen Werthe der Griechischen Komödie* (M. i, 15), 'als Vergehungen wider die Schönheit und wider die Darstellung.' 'Vollendung' and 'Schönheit' are qualities which Schlegel found around the year 1795 above all in the plays of Sophocles. 'Polemische Musik' refers primarily to Schlegel's attack on modern poetry in the *Studiumaufsatz* (completed in autumn 1795), the 'poetische Musikalien' whose 'revoluzionäre Objektivitätswuth' he ridiculed in *Lyc.F.* 66. This stage in Schlegel's development was followed by the year in Jena, where he devoted much time to philosophical studies and contributed aggressive reviews to Reichardt's *Deutschland*.

1045. The same meaning is implied by *L.N.* 692, as can be seen from the definition of 'Transcendentalpoesie' in *Ath.F.* 238. *Cf.* also *L.N.* 851.

1047. The concept of 'Ideal-Realismus' is to be found already in Fichte's *Grundlage der gesammten Wissenschaftslehre* (*S.W.*, i, 281), but both Schlegel and Schelling searched for a more far-reaching synthesis of idealism and realism than that suggested by Fichte. (*Cf.* Josef Körner, *N.ph.Sch.*, pp. 31 ff., 52 f.) The clearest explanation of the concept is probably that provided by Schelling in his *System des transzendentalen Idealismus* (*Sämmtliche Werke*, ed. K. F. A. Schelling, Stuttgart and Augsburg, 1856 ff., iii, 428).

1052. Caroline von Wolzogen's *Agnes von Lilien* had appeared anonymously in the *Horen* (1796, 10. Stück ff.). The Schlegels liked the first instalment, and Caroline even believed Goethe to be the author. According to a rumour spread by Schiller and A. v. Humboldt, F. Schlegel was guilty of the same error, but this would appear to be untrue. (*Cf.* M. Sommerfeld, *Euphorion*, xxiii, 584 ff.) Schlegel reviewed the first instalment with considerable caution, but freely attacked the second one (M. ii, 39 f.). After reading this second instalment, he believed Schiller to be the author: 'Hier zerbricht man sich den Kopf über den Verfasser von Agnes. Erst war es Goethe. Daß das nicht sey, kann nun wohl jeder aus der Fortsetzung mit Händen greifen. Einige sind seltsam genug gewesen, auf die Frau von Wollzogen [*sic!*] zu rathen. Mir scheint der Gedanke, sich so verstellen zu wollen, ziemlich Schillerisch.' (Letter to Chr. G. Körner of 30 January 1797; *Briefe von und an F. und D. Schlegel*, p. 13.) In an unpublished letter to Novalis of March 3, he wrote: 'Das dritte Stück soll noch schlechter seyn wie das zweyte.' On March 10 he wrote: 'Die Agnes ist wahrscheinlich von Schiller.' Early in 1798, the novel was reprinted in book-form, and Schlegel probably looked at it again. Aphorisms about it by Friedrich are mentioned in Wilhelm's letter to Schleiermacher of 22 January 1798, but Wilhelm vetoed their publication even before he had seen them: remarks that might offend Goethe were taboo in the *Athenäum*. (Jonas-Dilthey, iii, 73; *cf.* Walzel, pp. 345, 364, 366, 378, 385.)

1053. *Cf. L.N.* 1478.

1056. Goethe, *Über epische und dramatische Dichtung*: 'Der Epiker und Dramatiker sind beide den allgemeinen poetischen Gesetzen unterworfen ... ihr großer wesentlicher Unterschied beruht aber darin, daß der Epiker die Begebenheit als vollkommen vergangen vorträgt und der Dramatiker sie als vollkommen gegenwärtig darstellt.' (*W.A.* I. xli. 2, 220.) Goethe sent the essay to Schiller together with his letter of 23 December 1797, but it remained unpublished till 1827.

1063. Novalis (iii, nr. 1052): 'Sind Epos – Lyra – und Drama etwa nur die drei Elemente jedes Gedichts – und nur das vorzüglich Epos, wo das Epos vorzüglich heraustritt und so fort?' *Cf. L.N.* 1755, 1771, 1771*.

1065. *Cf. L.N.* 413, 413*. *Ath.F.* 305: 'Absicht bis zur Ironie, und mit willkührlichem Schein von Selbstvernichtung ist wohl eben sowohl naiv, als Instinkt bis zur Ironie. Wie das Naive mit den Widersprüchen der Theorie und der Praxis, so spielt das Groteske mit wunderlichen Versetzungen von Form und Materie, liebt den Schein des Zufälligen und Seltsamen, und kokettirt gleichsam mit unbedingter Willkühr.'

1068. *Lyc.F.* 48: 'Ironie ist die Form des Paradoxen. Paradox ist alles, was zugleich gut und groß ist.'

1070. ἀριστεία, prowess; those rhapsodies of the *Iliad* in which the prowess of a hero is described.

1072. *Ath.F.* 389: 'Wenn jede rein willkührliche oder rein zufällige Verknüpfung von Form und Materie grotesk ist: so hat auch die Philosophie Grotesken wie die Poesie ... Es fehlt der Litteratur nicht an chinesischen Gartenhäusern. So zum Beyspiel die Engländische Kritik, die doch nichts enthält, als eine Anwendung der Philosophie des gesunden Menschenverstandes, die selbst nur eine Versetzung der Naturphilosophie und Kunstphilosophie ist, auf die Poesie ohne Sinn für die Poesie ...'

1076. *Ath.F.* 234: 'Es ist sehr einseitig und anmaßend, daß es grade nur Einen Mittler geben soll. Für den vollkommnen Christen, dem sich in dieser Rücksicht der einzige Spinosa am meisten nähern dürfte, müßte wohl alles Mittler seyn.'

1078. 'proph[etischen]', in the Ms. 'πφ'. Josef Körner, who quotes this observation in *Romantiker und Klassiker* (p. 78), erroneously prints 'πρ'.

1079. The French passion for 'representation' was discussed at length by Herder in the *Humanitätsbriefe* (Suphan, xviii, 52 ff. and 148 f.); the first of these passages was mentioned by Schlegel in his review of the *Humanitätsbriefe* (M. ii, 45).

1081. *Gespräch über die Poesie* (M. ii, 372): 'Die romantische Poesie ... ruht ganz auf historischem Grunde, weit mehr als man es weiß und glaubt.

Das erste beste Schauspiel, das Sie sehn, irgend eine Erzählung, die sie lesen; wenn eine geistreiche Intrigue darin ist, können Sie fast mit Gewißheit darauf rechnen, daß wahre Geschichte zum Grunde liegt, wenn gleich vielfach umgebildet.' *Cf. L.N.* 2130 and *Gesch.d.a.u.n.Litt.* (i, 81, 283, 288; ii, 114 f.).

1088. In connection with these considerations, Schlegel made the following plans: 'Also **drei Elegien**; eine **energische** vom Zeitalter, eine mystisch allegorische, und eine charakteristische (?). ⟨**Geist – Natur – Bildung** ein elegisches System.⟩ Die Eleg[ische] Form für Tr[anscendental]p[oesie] die Beste. – ⟨**Darstellung des Zeitalters** in Elegischer **Form** – mit **Vorblick und Rückblick**. Eine systematische Elegie von p[oetisch] p[oetischem] Stoff. Ich als ἐπαυτοβιογρ[αφία] ist universell genug wenn der Autor selbst romantisch ist. **Allegorische Elegien** und **didaktische Romanzen**.⟩' Plans for the *Darstellung des Zeitalters* occupied Schlegel for many years. A few months after the entry just quoted, he thought of writing a group of aphorisms with this title, and in spring 1799, he considered an essay on the subject. More than two decades later, he realised something like his early project in 'Signatur des Zeitalters' (*Concordia*, Heft 1, 1820, pp. 3–70; Heft 3, 1820, pp. 164–90; Heft 6, 1823, pp. 343–98. Reprint by W. E. Thormann, 1926).

1089. *Cf. L.N.* 232, 341, 1628, 2021, 2190. *Zur Poesie. 1802.* I (leaf 21): 'Goethe = p[oetische] P[oesie]. Die **Kunst** in ihm durchaus nur falsche Tendenz.' *Zur Poesie. 1803.* I (leaf 13): '**Goethe's Charakterdarstellung** als p[oetische] P[oesie] paßt schon zu den neuen Verhältnissen unsrer Poesie. (Wo sie nicht falsche Tendenz ist.) ⟨**Tasso** bleibt sein bestes.⟩' A view of Goethe incompatible with *L.N.* 1089 is presented in *Gesch.d.a.u.n.Litt.* (ii, 316): 'Sein [Goethes] Gefühl zog ihn jederzeit mehr zum Romantischen als zu dem eigentlich Heroischen hin; und es dürfte auch wohl dieses Romantische, in dem weitesten Sinne des Wortes, welches die Spiele der Fantasie und des Witzes mit den Gefühlen und Anschauungen, wie das Leben sie giebt, und in einem reich begabten Gemüthe hervorruft, in allen Abstufungen und Mischungen verbindet, die eigentliche Sphäre dieses Dichters seyn.'

1096. *Cf. L.N.* 1342*.

1100. *Ath.F.* 449: 'Wir haben noch keinen moralischen Autor, welcher den Ersten der Poesie und Philosophie verglichen werden könnte. Ein solcher müßte die erhabene antiquarische Politik Müllers mit Forsters großer Oekonomie des Universums und mit Jakobi's sittlicher Gymnastik und Musik verknüpfen ...' *Philosophische Fragmente. Zweite Epoche. I*: 'Seneca, ein eigentl[ich] **moralischer** Autor. ⟨Vielleicht auch einer oder der andere von den späteren Sophisten (Antonius).⟩' 'Naturphilosoph', *cf. L.N.* 676*.

1101. *Ath.F.* 317 shows how this is meant: 'Wenn Nichts zuviel so viel bedeutet als Alles ein wenig: so ist Garve der größte deutsche Philosoph.'

At this time, an essay was circulating among Schlegel's Berlin acquaintances in which he attacked Garve (*Briefe von und an Friedrich von Gentz*, ed. F. C. Wittichen, Munich and Berlin, 1909, ii, 56; *cf.* Jakob Minor, M. ii, p. vi).

1105. *Cf. L.N.* 2047.

1108. A classification of translations was also attempted by Novalis in *Blütenstaub* nr. 68. Schlegel and Novalis differ in their views on 'mythical translations'. The *Blütenstaubfragment* has points of resemblance with *L.N.* 918 and 1208. For *L.N.* 1108 *cf.* also Novalis (iii, 833): 'Klopstocks Werke scheinen größtenteils freie Übersetzungen und Bearbeitungen eines unbekannten Dichters durch einen sehr talentvollen, aber unpoetischen Philologen zu sein.'

1117. *Ath.F.* 392: 'Viele musikalische Komposizionen sind nur Uebersetzungen des Gedichts in die Sprache der Musik.'

1119. *Cf. L.N.* 1135, 1733, 1779 and *Ueber Goethe's Meister* (M. ii, 177).

1121. *Lessing*, see *L.N.* 657*; *Woldemar*, see *L.N.* 496*; *Ueber Goethe's Meister* (*Athenäum*, i. 2, 147 ff. = M. ii, 165 ff.).

1122. Schlegel to Schleiermacher, August 1798 (Jonas-Dilthey, iii, 91): 'Was Engel betrifft, so freut mich daß Du endlich sein Verdienst anerkennst. Ich habe es nie in etwas anderm gesucht, als in dem Anstande mit dem er die Nullität zu behandeln und zu verzieren weiß.' *Philosophische Fragmente. Erste Epoche. II* (1798): 'Garve hat die rechten Gegenst[ände] für Essays, Lessing den Geist und die Form, Zimmermann, Thümmel, Engel den Stil, Ton und Kolorit.' *Ibid., Zweite Epoche. I* (1798): 'Wer dürfte wohl einer gebildeten Frau den unbedeutenden Zimmermann, den langweiligen Engel, den albernen Thümmel zur Lektüre empfehlen? – Nur für den Autor sind sie classisch.' In a review in the *Oesterreichische Beobachter* of 26 January 1811 (p. 11), Schlegel mentions Engel, Thümmel, Sturz and Gerstenberg as authors who show that 'die in geschickter Hand zu allem bildsame deutsche Sprache auch diesen leichten Geist und Ton der feineren Geselligkeit recht wohl auszudrücken vermag.'

1123. Schlegel was working on an essay *Ueber die Selbständigkeit* in the summer of 1798, as is shown by the letters he wrote to Schleiermacher from Dresden; but Schleiermacher seems to have known of this project before Schlegel left Berlin. In August 1798, Schlegel wrote: 'Die Selbständigkeit wird der Form nach ein Symposion, nämlich ein innerliches.' In September, he intended to publish the essay in the fourth issue of the *Athenäum*, and on 20 October, he wrote to Caroline that he was about to complete it – it would 'fertig werden wie ein Donnerwetter'. (Jonas-Dilthey, iii, 81, 82, 86, 88, 89; Walzel, p. 392; *Car.*, i, 462.) However, no essay with this title was ever published by Schlegel, and no manuscript seems to have been preserved.

1136. On 31 October 1797, F. Schlegel suggested to his brother and to

Caroline that they should jointly write about Shakespeare's wit. In November, he mentioned this plan as a 'Abhandlung vom komischen Geist Shakespear's', and in December, he suggested an exchange of letters on this subject. On December 18, he wrote: 'Das Wenige was ich über Shakespear's Witz aufgeschrieben habe, wäre leicht genug abgeschrieben, wenn es nur eben so leicht gefunden wäre. – Vor dem Februar könnte ich Dir wohl den ersten ordentlichen Brief darüber nicht schreiben.' (Walzel, pp. 305, 313, 325 f., 334, 337.) He now began to procrastinate (*ibid.*, pp. 344, 351), and though he repeatedly avowed his good intentions, he did not seriously begin to prepare himself for the project till July 1798 (Jonas-Dilthey, iii, 86). In October, he found himself still unable to live up to his promises (*Car.* i, 463), and during the next few months, he was preoccupied with his work on *Lucinde*. In May 1799, he wrote that a first letter on Shakespeare was nearly ready for printing (*Car.*, i, 542), but he was still working on it in July and in September (Walzel, p. 424, *Car.*, i, 553, Jonas-Dilthey, iii, 121). By this time, however, his interest in Shakespeare had begun to lag, and the project came to nothing. The notes *L.N.* 1136 ff. were made in July 1798.

1138. For the remark on Ophelia, *cf.* Goethe: 'Ihr ganzes Wesen schwebt in reifer süßer Sinnlichkeit.' (*Wilhelm Meister, W.A.* I, xxii, 78.)

1140. Schlegel to his brother, 17 February 1798 (Walzel, pp. 353 f.): 'Für die Shakespear-Briefe hab ich mir folgenden Plan entworfen ... 1) eine Ouvertüre von mir 2) eine Charakteristik **aller romantischen Komödien** von Dir ... 4) Von Dir. Über den tragischen Gebrauch des Komischen im Shakespear.'

1147. 'Sturm', *cf. L.N.* 1208. *The Spanish Tragedy* (1589?), by Thomas Kyd. Shakespeare's *King John*, 1596, printed in 1623.

1148. A. W. Schlegel, *Vorlesungen über philosophische Kunstlehre* (Leipzig, 1911), p. 214: 'In ihr [der Novelle] liegt der Ursprung des Shakespearschen romantischen Dramas, das man nicht verstehen kann, wenn man nicht vorher die Novellen studiert.' Cf. *Ath.F.* 383.

1150. 'Waldvogel der Poesie', *cf.* Milton, *L'Allegro* (ll. 133–4): '... Or sweetest Shakespear fancies childe, Warble his native Wood-notes wilde ...' A. W. Schlegel quotes this passage when he attacks the conception of Shakespeare as a 'crude genius' in his *Vorlesungen über dramatische Kunst und Litteratur* (Leipzig, 1923, ii, 118; *cf. ibid.*, 130).

1153. *Cf. L.N.* 51, 1181*. '*An earthquake of nobility*', *King John*, V, ii, l. 42.

1155. *Cf.* Samuel Johnson's *Preface* to his Shakespeare-edition: 'It may be observed, that in many of his [Shakespeare's] plays the latter part is evidently neglected. When he found himself near the end of his work, and in view of his reward, he shortened the labour to snatch the profit.' (Vol. i, p. 195 of the edition cited in *L.N.* 1189*.)

1156. Schlegel read Shakespeare's poems in Dresden in July 1798, in *A Complete Edition of the Poets of Great Britain*, 13 vols. (London, 1793 ff.) (Lüdeke, p. 40). ὀαριστύς, intimate conversation between lovers. The poem of this title ascribed to Bion was published in translation in the *Athenäum* (iii, 2, 218 ff.). 'Treue und Scherz' in *Lucinde* is just such a conversation. Kluckhohn (*Auffassung*, pp. 365 f.) suggests Retif's *Paysan perverti*, Scheffner and Crebillon as possible sources of 'Treue und Scherz', but does not mention Bion.

1157. Schlegel to Tieck, 27 July 1798 (Lüdeke, p. 40): 'Ich weiß mir fast nichts, was ich so ganz nach meinem innersten Gemüth liebenswürdig finde als Adonis und die Sonnette.'

1159. For Spenser's influence on Shakespeare, *cf. L.N.* 1204 and *Gespräch über die Poesie* (M. ii, 351). *Gesch.d.a.u.n.Litt.* (ii, 137): 'Die Bewunderung Shakspeare's, der sich in seinen lyrischen und idyllischen Gedichten ganz an dieses Vorbild anschloß, kann Spensern in unsern Augen noch einen höheren Werth leihen. Hier in dieser Gattung, welche Shakspeare'n für die eigentliche Poesie galt, während er die Bühne, deren er Meister war, nur als eine gemeinere Beschäftigung und Anwendung derselben, wie für den großen Haufen zu betrachten scheint, lernt man den großen Dichter erst ganz nach der ihm eigenen Gefühlsweise kennen ... Eben weil dieses Gefühl so ganz innig und tief ist, und fast bis zum Eigensinn zart, spricht es nur Wenige an.'

1174. In the Ms. 'Metemψ', 'Metamorφ'.

1177. *Cf. Gespräch über die Poesie* (M. ii, 351).

1178. *Pericles, Prince of Tyre*, the only one of the seven apocryphal plays a large part of which (Acts III–V) is still ascribed to Shakespeare. Schlegel read the apocrypha in July 1798, in an edition of Isaac Reed (*The plays of William Shakspeare ... revised ... by the editor of Dodsley's Collection of Plays*, 1793), and thought it 'im höchsten Grade wahrscheinlich, daß sie alle von Shakspeare sind, die meisten noch älter als die erotischen Gedichte' (Lüdeke, p. 40).

1180. *The Puritan or The Widow of Watling Street* (1607), not by Shakespeare.

1181. Schlegel to Tieck, 27 July 1798 (Lüdeke, p. 40): 'Ich habe eine große Vorliebe für den Aeschylus jeder Art, sollte sie auch noch so Gothisch und Barbarisch seyn. In dieser Hinsicht hat Locrin sehr großen Reiz für mich, wegen des Kothurns, und die grelle Lustigkeit dazwischen ist sehr grandios.' A similar remark occurs in the *Gespräch über die Poesie* (M. ii, 351), where the play is also ascribed to Shakespeare. Shakespeare called *Venus and Adonis* 'the first heire of my inuention' in the Dedication of the poem.

1184. Joseph Hall attacked Marlowe's *Tamburlaine* in *Virgidemiarum* (Lib. I, Sat. III, London, 1597, pp. 6 ff.) on the ground that 'vile Russetings

Are match't with monarchs, & with mighty kings' in this play. Nothing
was published by Hall in 1595.

1186. For the influence of this observation on A. W. Schlegel, see Josef
Körner, *Die Botschaft der deutschen Romantik an Europa* (Augsburg,
1929), p. 28.

1187. In the epilogue of *Locrine*, Queen Elizabeth is referred to as 'that
renowned mayd, That eight and thirtie yeares the scepter swayd' (*The
Tragedy of Locrine, The Malone Society Reprints*, 1908, ll. 2276–7).

1189. *The Plays of William Shakspeare in Fifteen Volumes. With the
Corrections and Illustrations of Various Commentators, to which are added
Notes by Samuel Johnson and George S. Steevens. The Fourth Edition*
(London, 1793). As the page reference in *L.N.* 1193 shows, Schlegel made
excerpts from vol. i of this particular edition.

1190. '*The ancient play of Timon*', the source of Shakespeare's *Timon*,
written around 1585. *The Witch*, by Thomas Middleton. Shakespeare's
Merry Wives of Windsor, cf. Pope's *Preface* (reprint in *The Plays of
William Shakspeare, ed. cit.*, i, 112 f.).

1191. Pope, *loc. cit.* (p. 115): 'We may conclude him [Shakespeare] to be
... conversant of the ancients of his own country, from the use he has
made of Chaucer in *Troilus and Cressida*, and in the *Two Noble Kinsmen*,
if that play be his, as there goes a tradition it was ...' Schlegel has a
comma after 'tradition' which obscures the meaning. The play is believed
to have been written jointly by Shakespeare and Fletcher.

1192. *Cf.* Pope (*loc. cit.*, pp. 118 f.).

1193. 'Die Scenen ...' cf. Pope (*loc. cit.*, pp. 119 f.). 'Die *wretched plays*
...', Pope (*ibid.*, p. 122). 'Vier von diesen Stücken ...', *cf.* Malone's
footnote to Pope's *Preface* (*ibid.*, p. 133). '*I should conjecture* ...', G.
Steevens, *Advertisement to the Reader* (*ibid.*, p. 254, as stated by
Schlegel himself). Capell, *Introduction* (*ibid.*, p. 264); the passage quoted
by Schlegel refers, however, to the seven plays named in *L.N.* 1240.

1194. 'Große Änderungen ...', Capell (*loc. cit.*, p. 257). 'Nur dreizehn
Stücke ...', Capell (*ibid.*, pp. 256 f.). The second edition of *Hamlet*, 1604
(not 1605).

1195. 'Noch werden ... *Kinsmen*', Capell (*ibid.*, p. 267[2]). '*The Famous
Victories* ...', Capell (*ibid.*, pp. 303 f.). 'Das alte *play Leir* ...', Capell
(*ibid.*, pp. 304, 307). '*Midsummer* ...', Capell (*ibid.*, p. 313).

1196. '*Shakespear's own Muse her* [*sic!*] *Pericles first bore*', Dryden,
'An Epilogue', *Miscellany Poems*, 1684.

1197. Incorrect.

1198. Raphael Holinshed's *Chronicles of England*, the most important
source of Shakespeare's historical plays.

1208. *Cf. L.N.* 1213, 1213*.

1211. According to his letter of 4 February 1799 (*Car.*, i, 495), the four plays Schlegel considered 'classisch ... und groß unter den romantischen' were *As You Like It, Love's Labour's Lost, Romeo and Juliet* and *Hamlet*. *Cf. Zur Poesie. 1802. I* (leaf 4): '*As you like it* vielleicht das vollkommenste Stück von Shakspeare.' In *Gespräch über die Poesie* (M. ii, 352), on the other hand, Schlegel referred to *Henry V* as the peak of Shakespeare's achievement, and in *Zur Poesie und Litteratur. 1808. I* (leaf 34), he called *Romeo* and *King Lear* 'die höchsten Stücke von Shakspeare' and 'der ganze Inbegriff seiner Größe'.

1213. *Gespräch über die Poesie* (M. ii, 352): 'Für die letzte Epoche [in Shakespeares Schaffen] erwähnen wir den Sturm, Othello und die römischen Stücke; es ist unermeßlich viel Verstand darin, aber schon etwas von der Kälte des Alters.'

1218. Schlegel to Tieck, 27 July 1798 (Lüdeke, p. 41): 'Glauben Sie aber, daß Ihrem Geiste jede kritische Geburth nur durch die Zange entrissen werden kann, so geben Sie mir nur einen Wink, und Sie sollen unverzüglich eine *epistola critica de novellis hispanis* von mir erhalten.'

1221. For the Greek terms, see *L.N.* 644*.

1222. *Gil Blas*, novel by Le Sage.

1226. *Cf. L.N.* 1721.

1228. Fray Luys was called the 'Christian Cicero' because of his excellent style. Lope de Vega, *El Peregrino en su Patria* (*Colección de las obras sueltas*, Madrid, 1776, v, 139): 'Tienen ya las naciones sus epithetos recibidos en el mundo, cuya opinion una vez recibida es imposible perderla. A los Scythas llaman crueles, a los Italianos nobles ... y a los Alemanes hermosos.' The Germans were called beautiful because of their fair hair, which was rare in Spain.

1243. *Lazarillo de Tormes*, the first great picaresque novel. The earliest known edition dates from 1554, not from 1589. Schlegel had borrowed Lope's *Peregrino*, Cervantes's *Galatea* and vol. ii of Balthasar Gracián's work (*cf. L.N.* 1257*) from the library of Göttingen University; he returned them in March 1800 (*Briefe von und an F. und D. Schlegel*, pp. 24, 466). In the prologue of *Don Quixote*, there are literary allusions which are believed to refer to *El Peregrino* as well as to other works.

1245. *Notizen* (M. ii, 315): 'Der dunkelfarbige Persiles dagegen zieht sich langsam und fast schwer durch den Reichthum seiner sonderbaren Verschlingungen aus der Ferne des dunkelsten Norden nach dem warmen Süden herab, und endigt freundlich in Rom, dem herrlichen Mittelpunkt der gebildeten Welt.'

1257. *Agudeza* [*sic!*], witty saying or repartee, subtility. Vol. ii of Gracián's works, which Schlegel had borrowed (see *L.N.* 1243*), contains a treatise on this subject, *Agudeza y arte de ingenio*. *Cf. Gesch.d.a.u.n. Litt.* (ii, 107): 'Die schärfste Präcision ist ihr so zur andern Natur geworden, daß während die Prosa in andern Sprachen gewöhnlich aus Nachlässigkeit verworren wird, die spanische Prosa nur vor dem einzigen Fehler sich zu hüten hat, daß sie nicht aus allzugroßer Genauigkeit und Schärfe in das Spitzfindige fällt; jene Eigenschaft, welche sie mit dem eignen Nahmen der Ahudeza [*sic!*] bezeichnen.'

1259. Not carried out.

1260. Schlegel himself called women 'vegetabilisch'; see *L.N.* 1265, 1487, *cf. L.N.* 1487*. Novalis (iii, nr. 1373) quotes from Schlegel's 'Papiere': 'Der Mann ist mehr mineralisch, die Frau mehr vegetabilisch.' As Schlegel used to show Novalis above all his notes on philosophy and physics, the source of this remark may be the following entry under the heading *Zur Physik. Im Sommer 1798 in Dresden angefangen*: 'Die weibliche Gestalt ist ganz Blüthe und Frucht – der Blumen- und Fruchtkelch herrscht in ihrem Leibe. Die eckigere Organisation des Mannes ist vielleicht mehr miner[alisch] ... Das Weib nähert sich auch durch seine mindere Lokomotivität der Pflanze.' Ritter and Schelling held similar views (Kluckhohn, *Auffassung*, pp. 517, 524 ff.).

1261. *Von der Schönheit in der Dichtkunst* (*N.ph.Sch.*, p. 376): 'Der Künstler ein wahrer Sprecher Gottes.' *Studiumaufsatz* (M. i, 153): 'Die schöne Kunst ist gleichsam eine Sprache der Gottheit.' *Cf. Ideen* 25, 34, 44 and *L.N.* 1899, 1909.

1262. *Cf. L.N.* 1612 and *Zur Poesie. 1802. II* (leaf 15): 'Romantische Prosa. **Alliteration** (und Assonanz), dann Bilder aus der sichtbaren Oberfläche der Natur.'

1263. *Lucinde* (p. 76): 'Über die Erziehung habe ich schon unsäglich viel nachgedacht, nämlich, wie wir unser Kind vor aller Erziehung sorgfältig bewahren wollen; vielleicht mehr als drei vernünftige Väter denken und sorgen, um ihre Nachkommenschaft gleich von der Wiege in lauter Sittlichkeit einzuschnüren.' *Ueber die Philosophie* (M. ii, 320): 'Ich [halte] alle sittliche Erziehung für ganz thöricht und ganz unerlaubt ... Man kann und soll nicht mehr als den Zögling rechtlich und nützlich ziehen.' A. W. Schlegel, *Vorlesungen über schöne Litteratur und Kunst* (*loc. cit.*, xviii, 64 f.): 'Es ist überhaupt eine unverzeihliche Anmaßung, den Menschen als sittliches Wesen erziehen zu wollen. Körperlich entwickeln kann man ihn ... Zur Sittlichkeit muß er sich nachher als ein freyes Wesen selber bilden.'

1265. *Cf. L.N.* 2140.

1269. *Lucinde* (p. 38): 'Es wäre ja grob, mit einem reizenden Mädchen so zu reden, als ob sie ein geschlechtsloses Amphibion wäre. Es ist Pflicht und Schuldigkeit, immer auf das anzuspielen, was sie ist und sein wird; und so unzart, steif und schuldig, wie die Gesellschaft einmal besteht, ist es wirklich eine komische Situation, ein unschuldiges Mädchen zu sein.'

1270. *Cf. L.N.* 1293 and *Lucinde* (p. 62): '... daß die Frauen allein ...

den kindlichen Sinn haben, mit dem man die Gunst und Gabe der Götter annehmen muß.'

1272. For the first sentence, *cf. L.N.* 1640 and 1949, for the second sentence *L.N.* 2042.

1273. $\dfrac{\phi v \text{ Transc.}}{0}$, probably 'absolute transcendentale Physik'.

1274. *Cf. L.N.* 1512 and *Lucinde* (p. 88), where a type of friendship is discussed which Schlegel calls 'ganz innerlich' and which is characterised by a 'wunderbare Symmetrie des Eigentümlichsten, als wenn es vorherbestimmt wäre, daß man sich überall ergänzen sollte.' The same subject is discussed with similar results, but with reference to love rather than friendship, in an essay in the *Oesterreichischer Beobachter* of 21 May 1810 (Beilage Nr. 11), 'Über Liebe und Ehe, in Bezug auf Goethe's *Wahlverwandtschaften.*' The essay was attributed to Schlegel by L. Geiger, who reprinted it in the *Goethe-Jahrbuch* (xxvii, 1906, 251 ff.). Josef Körner (*Romantiker und Klassiker*, p. 183[1]) denies that Schlegel is its author, 'schon aus stilistischen Gründen', but the essay fits in very well with Schlegel's known views, and its style appears to the present writer to exhibit some of Schlegel's characteristic mannerisms.

1280. The mystical view of love expressed here and in similar jottings makes itself felt also in a note for *Lucinde* that dates from the same time: 'Lucinde und Julius lieben sich, weil sie sich immer geliebt haben.' A slightly later jotting in inverted commas was probably intended to be spoken or written by Julius: 'Woher weiß ich, daß sie mich liebt? – Weil sie mich immer schon geliebt hat, noch ehe sie mich kannte. Sie muß mich lieben; sie ist von Natur darauf angelegt.' *Cf. L.N.* 1305, 1502, 1509, 1510, 1562 and Josef Körner, 'Neues vom Dichter der Lucinde' (*Preuß. Jahrb.*, clxxxiii, 324).

1292. *Cf. L.N.* 1297.

1294. *Cf. L.N.* 612, 1328, 1442, 1444, 1445 and *Lucinde* (p. 28), where women are credited with 'mehr Genuß und mehr Dauer, Kraft und Geist des Genusses' than men.

1297. For Schlegel's association of love and death, *cf. L.N.* 1267, 1292 and Kluckhohn, *Auffassung* (pp. 390 ff.).

1302. Yoni (Sanskr.), womb.

1312. *Cf. L.N.* 1316–18, 2128, 2133.

1316. *Cf.* the following note on *Lucinde*: 'Die eigentliche Form der Lucinde ist Traum – im vollkommnen Traum aber ist der Gedankengang theils mus[ikalisch] theils witzig in dem Bedeutenden und Beziehungs-vollen. – ⟨In Dith[yramben] dagegen Trunkenheit.⟩'

1317. Strongly marked in the Ms.–Plato in *Phaidon*, cited by Schlegel in the *Geschichte der Poesie der Griechen und Römer* (M. i, 238 f.): 'Wer sich aber ohne die Raserey der Musen den Pforten der Poesie nähert, in der Meynung, die Kunst allein könne ihn schon zum Dichter machen, der bleibt unvollständig, und gelangt nicht ins Heiligthum; er und die Poesie des Nüchternen sind Nichts gegen die Poesie der Rasenden.' *Zur Poesie. 1803. I* (leaf 19): 'Das Bewußtseyn des Rasenden für Poesie vielleicht eben so wichtig als das der Kinder und Weiber. ⟨Auch das des gemeinen Mannes.⟩'

1320. *Cf. L.N.* 1813.

1321. This entry is followed by a few unprinted notes for *Lucinde*, and by the fragments 'Geschichte eines Scherzes', 'Vom Wesen der Freundschaft', 'An Maria' and 'Guidos Tod', which Körner published in 'Neues vom Dichter der Lucinde' (*Preuß. Jahrb.*, clxxxiv, 40 ff.). Next come an empty page and the jottings 'Idee zu einem Roman von 1794.' published by Körner in *Literarisches Echo* (xvi, col. 951). The next page produces the title 'Romantische Einfälle', but the aphorisms to which this title refers, *L.N.* 1322–32, are interspersed with jottings on *Lucinde* and other poetic plans. *L.N.* 1333 occurs disjointedly among notes on a projected cycle of *Novellen*, 'Dodekamerone', which are followed by notes 'Zu den Arabesken', 'Zu den Dithyramben' and 'Zum Roman' (*i.e. Lucinde*). With our *L.N.* 1334, the usual mixture of critical notes and ideas for projected works is resumed. In the margin by the title 'Zum Roman', Schlegel jotted down the date, 1798; evidently, this cannot refer to the beginning of the year.

1329. *Cf.* 'Dithyrambische Fantasie über die schönste Situation', esp. the following passage: 'Eine [Situation] unter allen ist die witzigste und die schönste: wenn wir die Rollen vertauschen und mit kindischer Lust wetteifern, wer den andern täuschender nachäffen kann, ob dir die schonende Heftigkeit des Mannes besser gelingt, oder mir die anziehende Hingebung des Weibes. Aber weißt du wohl, daß dieses süße Spiel für mich noch ganz andre Reize hat als seine eignen? Es ist auch nicht bloß die Wollust der Ermattung oder das Vorgefühl der Rache. Ich sehe hier eine wunderbare, sinnreich bedeutende Allegorie auf die Vollendung des Männlichen und Weiblichen zur vollen ganzen Menschheit.' (*Lucinde*, p. 11.) A similar scene will be found in Louvet's *Chevalier de Faublas*, where, however, the allegorical interpretation is lacking. (*Cf.* Kluckhohn, *Auffassung*, p. 367.)

1332. Novalis, *Blütenstaub* nr. 23: '... Freundschaft, Liebe und Pietät sollten geheimnisvoll behandelt werden ... Vieles ist zu zart, um gedacht, noch mehres, um besprochen zu werden.'

1333, 1334, 1344, 1345, 1349. Schlegel to Caroline, Berlin, 20 October 1798 (*Car.*, i, 464): 'Ich habe, seit ich hier, auch einige Romane gelesen, und Richter hat dadurch bey mir sehr gewonnen ... Das bischen Anmuth in *Sterne* sollten wir doch nicht zu ausschließend schätzen. Er scheint mir noch ärmer als Richter. Am Smollet gefällt mirs am besten, daß es ihm so

Ernst ist mit seinem üblen Humor. Swift finde ich am größten: sein Gulliver scheint mir so tief und systematisch, daß er wohl selbst nicht recht wissen mag, wie göttlich groß der Gedanke sey. Sonst würde er ihn nicht oft so jämmerlich gemein misbrauchen und behandeln.' – Schlegel expressed his preference for Jean Paul as compared to Sterne also in *Gespräch über die Poesie* (M. ii, 369).

1335. For the Bible 'als Buchform', *cf. Idee* 95.

1338. Schlegel to Caroline, 20 October 1798 (*Car.*, i, 464): 'Dagegen glaube ich jetzt, daß V o ß und W i e l a n d der Garve und Nicolai der Poesie sind. Es giebt jetzt offenbar ein wirklich böses Princip, einen Ahriman in der deutschen Litteratur. Das sind sie, die negativen Classiker. Ihr Dichten und Trachten scheint mir nicht etwa nur unbedeutend und weniger gut, sondern ihre Poesie ist absolut negativ, so gut wie die französische von Corneille bis Voltaire.'

1339. '*Confessions*', *cf. L.N.* 581, 1360, 1381, 1458, 1622, 581*, 1458*. Goethe's *Geheimnisse*, *cf. L.N.* 366.

1342. Schlegel to his brother, March 1799 (Walzel, p. 414): 'Es [*Franz Sternbald*] ist ein göttliches Buch und es heißt wenig, wenn man sagt es sey Tiecks bestes … Es ist der einzige Roman seit Cervantes der romantisch ist, und darüber weit über Meister. – Dessen Styl halte ich auch für romantisch, aber nur im Sternbald, vorher hatte er noch gar keinen Styl.' – In October 1798, when *L.N.* 1342 was written, Schlegel defended Tieck's novel in a letter to Caroline (*Car.*, i, 469). *Cf.* also his letter to his brother of 29 September 1798 (Walzel, p. 394): 'Mich interessirt außer dem Meister und Fr. Richter kein andrer deutscher Roman so.'

1345. *Cf. L.N.* 1333*.

1349. *Cf. L.N.* 1333*.

1350. *Cf. Ath.F.* 116.

1351. Novalis (iii, nr. 1221): 'Goethe ist ganz praktischer Dichter. Er ist in seinen Werken, was der Engländer in seinen Waren ist: höchst einfach, nett, bequem und dauerhaft.' *Gesch.d.a.u.n.Litt.* (ii, 215): 'Ich weiß nicht, ob man nicht auch von den neuern englischen Schauspielen im Vergleich mit den neuern französischen dasselbe rühmen kann, wie von den Romanen; daß sie als poetische Manufakturware betrachtet, in Rücksicht der saubern, sorgfältigen und doch eleganten Ausarbeitung den Vorzug verdienen.' *Cf.* also *Ath.F.* 367, the original version of which is to be found in *Philosophische Fragmente. Erste Epoche. III* (1798): 'Man glaubt Autoren oft durch Vergleichung mit Fabrikanten zu schmähen. Der wahre Autor soll Fabrikant sein, und hätten doch manche Sudler nur etwas davon! –'

1352. $\eta^{(\frac{1}{0}}$, 'unendlich potenzirtes', $\sqrt[\frac{1}{0}]{\eta}$, 'unendlich radizirtes Ethos.'

1356. Contrast *Zur Poesie. 1803. I* (leaf 21)': 'R o m a n ist **Buch** – fürs

Volk, fürs Publikum der Layen.' The apparent inconsistency is due to Schlegel's ambiguous terminology. In his view, the ordinary prose narrative was an exoteric form and the mixture of epic, dramatic and lyrical elements an esoteric form of poetry; but he referred to both these forms as 'Romane'. Cf. *Zur Poesie. 1803. II* (leaf 18): 'Der Roman entspringt unmittelbar aus der Synthesis von Ep[os] und Lyr[ik].' *Zur Poesie und Litteratur. 1810. I* (leaves 3–4): 'Das bürgerliche Drama, Lustspiel, Drama der Versöhnung als Gattungen verwerflich, denn es ist doch nur ein Eingriff in das Gebiet des Romans. Diejenige Poesie, die in der Sphäre des Verstandes und des Gefühls ohne unendliche Fantasie Statt finden kann, läßt sich im Roman viel besser ausführen als im Drama. – Der Roman in diesem Sinne eine eigne Gattung und nothwendige Form und Stufe der exoterischen Poesie, nebst dem Drama und 3) nebst der Satire (Parodisches ἔπος) in Hexametern, Darstellung eines ⟨absolut⟩ antipoetischen Stoffs (Blumauer – Wieland – Voß – Richter) ... Lyrische und epische Poesie verschmolzen sind dann die esoterische Dichtkunst.'

1357. The ideas contained in *L.N.* 1357, 1471, 1490, 1499 and 1543 are restated in the following passage from *Lucinde* (p. 76): 'Heute fand ich [Julius] in einem französischen Buche von zwei Liebenden den Ausdruck: "Sie waren einer dem andern das Universum." – Wie fiel mir's auf, rührend und zum Lächeln, daß, was da so gedankenlos stand, in uns buchstäblich wahr geworden sei! Eigentlich ist's zwar auch für so eine französische Passion buchstäblich wahr. Sie finden das Universum einer in dem andern, weil sie den Sinn für alles andre verlieren. Nicht so wir. Alles, was wir sonst liebten, lieben wir nun noch wärmer. Der Sinn für die Welt ist uns erst recht aufgegangen. Du hast durch mich die Unendlichkeit des menschlichen Geistes kennen gelernt, und ich habe durch dich die Ehe und das Leben begriffen und die Herrlichkeit aller Dinge.' A discussion of this passage will be found in Kluckhohn, *Auffassung* (pp. 387 ff.). Schlegel had already remarked on the frequent combination of love and egoism in his review of *Woldemar* (M. ii, 79).

1360. Rousseau's *Confessions*.

1363. Contrast *L.N.* 1692.

1367. Not carried out.

1371. Schlegel condemned Walpole's novel even more harshly in a letter to his brother of April 1799 (Walzel, p. 417). There were two German versions of the *Castle of Otranto*, one by an unknown translator, *Seltsame Begebenheiten im Schlosse Otranto, eine gothische Geschichte* (Leipzig, 1768), and one by F. L. W. Meyer, *Die Burg von Otranto, eine gothische Geschichte* (Berlin, 1794). A. W. Schlegel regarded Walpole more highly and published a volume of translations, *Historische, litterarische und unterhaltende Schriften von Horatio Walpole* (Leipzig, 1800).

1374, 1376. Not carried out. A 'Naturansicht des Menschen' is among the subjects Schlegel intended to treat in *Lucinde*. Josef Körner (*N.ph.Sch.*, p. 338) mentions an early essay by Schlegel, 'Die Menschheit'. The complete title of this work, which cannot be traced, seems to be 'Die Geschichte der Griechen und Römer ist die wichtigste Hälfte der Geschichte der Menschheit' (*Göttinger Gelehrte Anzeigen*, 1910, p. 90[1]), and there is probably no connection between it and the project noted here.

1385. *Zur Poesie. 1803.* I (leaf 8): 'Die Geschichte der romantischen Poesie ist durchaus schon mit Ovidius und Vergilius anzufangen – und Homer wenigstens zu erwähnen.' For Homer, *cf. L.N.* 1440, 1440* and the passage from the *Humanitätsbriefe* cited in *L.N.* 581*.

1392. *Donaires*, witty sayings.

1395. *Cf. L.N.* 353, 353*.

1397. The Provençal poets called poetry the 'gay science'. Both Schlegel's earlier and his later remarks on Provençal poetry are more appreciative (*e.g. L.N.* 955, 2087, *Europa*, I. ii, 49 ff.).

1398. *Diana*, pastoral novel by Montemayor (1559?). – 'The food of love', *Twelfth Night*, l. 1.

1399. Schlegel had mentioned his intention of dabbling with the theory of painting in a letter to Schleiermacher from Dresden (Jonas-Dilthey, iii, 77), several months before he made these notes. – 'Spielmahlerei', arabesques (M. ii, 368).

1405. *Cf. L.N.* 1521 and *Zur Poesie und Litteratur. 1812* (leaf 28): 'Von den drey Arten der Einbildungskraft, von der die Imagination vorzüglich der bildenden Kunst, die produktive Einbildungskraft der Mathematik und der dynamischen Philosophie angehört, die Fantasie aber der Musik; umfaßt die Poesie alle drey Arten, doch ist ihre eigentliche Wurzel wohl die musikalische Einbildungskraft, oder die Fantasie.' *Cf.* Schelling, *S.W.*, *ed. cit*, v, 395.

1407. Schlegel wrote about Correggio much more appreciatively in *Europa* (I. i, 124 ff.).

1415. Under 'Musik', Schlegel added the word 'Symmetr[ie]'; under 'architektonisirten', 'Result[at]'; under 'Plasmen', 'Princ[ip]'.

1416. It is probably due to the influence of Dorothea that music is allotted the position of supremacy amongst the arts in this and a few similar notes. In Schlegel's published writings and in the periodicals he edited, references to music are rare and unimportant.

1420. Schlegel wanted to present a philosophy of love in *Lucinde*.

1440. *Gesch.d.a.u.n.Litt.* (ii, 129): 'In diesem Sinne, da das Romantische bloß die eigenthümlich christliche Schönheit und Poesie bezeichnet, sollte wohl alle Poesie romantisch seyn. In der That streitet auch das Romantische an sich mit dem Alten und wahrhaft Antiken nicht. Die

Sage von Troja und die homerischen Gesänge sind durchaus romantisch
... Wo irgend das höchste Leben mit Gefühl und ahndungsvoller Begeisterung in seiner tieferen Bedeutung ergriffen und dargestellt ist, da
regen sich einzelne Anklänge wenigstens jener göttlichen Liebe, deren
Mittelpunkt und volle Harmonie wir freylich erst im Christenthum
finden.' Tieck as reported by Köpke (*Ludwig Tieck*, Leipzig, 1855, ii,
237): 'Warum sollte man ein dichterisches Wunderwerk wie die
"Odyssee", mit seinem unerschöpflichen Reichthum des Lebens, nicht
romantisch nennen dürfen? Wenn ein Dichter heutiges Tags die
"Odyssee" schriebe, ich bin überzeugt, man würde sie ein romantisches
Gedicht nennen.'

1444. *Lucinde* (pp. 21 f.): 'Ein Mann, der das innere Verlangen seiner
Geliebten nicht ganz füllen und befriedigen kann, versteht es gar nicht
zu sein, was er doch ist und sein soll. Er ist eigentlich unvermögend und
kann keine gültige Ehe schließen.'

1449. 'Myth[ische]', i.e. as regards the plot. *L.N.* 1449 is a restatement
of the first sentence of *L.N.* 1441.

1458. In the *Gespräch über die Poesie*, confessions and arabesques are
called 'die einzigen romantischen Naturprodukte unsers Zeitalters' (M.
ii, 374; *cf. ibid.*, 368).

1470. The 'Ältere Gedanken' deal largely with the same group of subjects as the 'Gedanken' (*L.N.* 1260 ff.) and probably date from the same
time (September or October 1798). For *L.N.* 1470, *cf. L.N.* 1539.

1471. *Cf. L.N.* 1357* and *Ueber die Philosophie* (M. ii, 324): 'Liebst Du
wohl, wenn Du nicht die Welt in dem Geliebten findest?'

1472, 1473. *Lucinde* (p. 62): 'Bald ergriff sie [Julius und Lucinde] eine
unendliche Begeisterung, bald tändelten und scherzten sie mutwillig, und
Amor war hier wirklich, was er so selten ist, ein fröhliches Kind. – Durch
das, was seine Freundin ihm offenbart hatte, ward es dem Jüngling klar,
daß nur ein Weib recht unglücklich sein kann und recht glücklich.'

1474. *Ath.F.* 359: 'Das Bewußtseyn der nothwendigen Gränzen ist das
Unentbehrlichste und das Seltenste in der Freundschaft.'

1477. *Lucinde* (p. 88): 'Nur in der Sehnsucht finden wir die Ruhe ... Ja,
die Ruhe ist nur das, wenn unser Geist durch nichts gestört wird sich zu
sehnen und zu suchen, wo er nichts Höheres finden kann als die eigne
Sehnsucht.'

1479. *Cf. L.N.* 1497, 1497*. Like so many of Schlegel's observations on
love and marriage, this remark was provoked by prejudices of his age that
have long since disappeared. See Kluckhohn, *Auffassung* (*passim*).

1481. *Lucinde* (pp. 69): 'Nur in der Antwort seines Du kann jedes Ich
seine unendliche Einheit ganz fühlen.'

1486. *Cf. L.N.* 1549.

1487. *Lucinde* (pp. 28 f.): 'Je göttlicher ein Mensch oder ein Werk des Menschen ist, je ähnlicher werden sie der Pflanze; diese ist unter allen Formen der Natur die sittlichste und schönste.' *Cf. ibid.*, p. 64 and *Idee* 86.

1488. *Lucinde* (p. 12): 'Ich wollte dir erst beweisen und begründen, es liege ursprünglich und wesentlich in der Natur des Mannes ein gewisser tölpelhafter Enthusiasmus, der gern mit allem Zarten und Heiligen herausplatzt, nicht selten über seinen eignen treuherzigen Eifer ungeschickterweise hinstürzt und mit einem Worte leicht bis zur Grobheit göttlich ist.'

1489. Jakob Böhme, *Morgenröthe im Aufgang* (*Sämtliche Werke*, ed. K. W. Schiebler, Leipzig, 1922, ii, 120): 'Siehe, was die Gottheit thut, das thun sie [die Engel] auch, wenn die Geister Gottes in sich fein lieblich einander gebären, und ineinander aufsteigen, als ein liebliches Halsen, Küssen und von einander Essen.'

1490. *Cf. L.N.* 1357*.

1491. Julius in *Lucinde* (p. 36): 'Für mich ist ... die Liebe eins mit der Treue. Freilich wie die Menschen so lieben, ist es etwas anders ...'

1493. *Jakobi's Woldemar* (M. ii, 78): 'Zwar könnte es wohl eine Freundschaft zwischen einem Manne und einer Frau geben, die durch ihre Leidenschaftlichkeit der eigentlichen Liebe ähnlich schiene, und doch wesentlich von ihr verschieden wäre. Nur müßte der Mann, um einer solchen Freundschaft fähig zu sein, kein sinnlicher, eitler, durch und durch gebrechlicher Woldemar, sondern Herr seiner selbst sein. Die Frau müßte sich nicht nur über den Horizont der Weiber, die nur in ihrem Geliebten und in ihren Kindern leben, erheben können, und fähig sein, Ideen thätig zu lieben, nicht blos müßig darüber zu räsonniren; denn Freundschaft ist ja eben eine gemeinschaftliche Liebe, Wechsel-begeistrung; sondern auch reif und sicher über die Bedürfnisse und Besorgnisse des Mädchens erhaben sein.' *Lucinde* (p. 36): 'Etwas recht Albernes ist es, wenn so zwei Personen von verschiedenem Geschlecht sich ein Verhältnis ausbilden und einbilden, wie reine Freundschaft.' Similar views were later expressed by Schleiermacher. (See Kluckhohn, *Auffassung*, p. 457.)

1496. The reading 'Lethe', which does not seem to fit into the context, is supported by the chapter 'Metamorphosen' in *Lucinde* (pp. 68 f.), where Schlegel seems to have drawn on this note. The mythological figures Amor, Psyche, Narcissus, Pygmalion, Iris and Anadyomene, the word (but not the personification) Echo and the river Lethe are all mentioned there. The previous chapter ends with a reference to the legend of Apollo on the banks of the Amphrysos.

1497. *Lucinde* (p. 39): 'Es ist alles in der Liebe: Freundschaft, schöner Umgang, Sinnlichkeit und auch Leidenschaft.' *Cf. ibid.* (p. 9): 'Ich

[Julius] würde es für ein Märchen gehalten haben, daß es eine solche Freude gebe … und eine solche Frau, die mir zugleich die zärtlichste Geliebte und die beste Gesellschaft wäre und auch eine vollkommene Freundin.'

1499. *Cf. L.N.* 1357*. Kluckhohn lists the passages in which Schlegel speaks of the 'sea of love'. He traces the expression back to Spee and Zinzendorf and finds in the mystical concept of drowning in a sea of love a symbol of the dissolution of the lover's limited personality and his return to the Whole. (*Auffassung*, pp. 407, 501.)

1501. *Cf. L.N.* 1547 and *Lucinde* (p. 36): 'Eigentlich muß man alle Frauen im Scherze lieben … Nicht eigentlich alle, sondern nur alle, die liebenswürdig sind und die einem eben vorkommen.'

1502. *Cf. L.N.* 1548.

1504. Rugantino, hero of Goethe's *Claudine von Villa Bella*. How highly Schlegel regarded the play can be seen also from *Gespräch über die Poesie* (M. ii, 379) and the distichs *Die Werke des Dichters* (*S.W.*[1], ix, 21).

1508. *Lucinde* (pp. 27 f.): 'Alles Gute und Schöne ist schon da und erhält sich durch seine eigne Kraft. Was soll also das unbedingte Streben und Fortschreiten ohne Stillstand und Mittelpunkt?'

1509. $\sqrt{\dfrac{\text{Hist[orie]}^2}{0}}$, 'radicirte potenzirte absolute Historie'.

1511. *Ueber die Philosophie. An Dorothea* (*Athenäum*, II. i, 1 ff. = M. ii, 317 ff.), completed in Dresden in the summer of 1798 (Jonas-Dilthey, iii, 90).

1512. In *Lucinde* (p. 37), the very possibility of friendship between women is denied. – Fichte, *Grundlage des Naturrechts* (*S.W.*, iii, 310): 'Nur dem Weibe ist die Liebe, der edelste der Naturtriebe, eingeboren.' According to Fichte, however, it is not through friendship, but through marriage that man learns to love (*ibid.*, pp. 310, 321).

1516. In *Lucinde* (p. 67), it is suggested that Apollo had invented the idyll and the elegy on the banks of the Amphrysos.

1517. *Philosophische Fragmente. Zweite Epoche. I* (1798): 'Adel, Reichthum und Schönheit müssen allerdings den Werth solcher Personen bestimmen, die keine Individuen sind.'

1522. For the concept of 'Geistliche', *cf. Ideen* 2, 9, 16, 141 and Schlegel's letter to Caroline of 20 October 1798 (*Car.*, i, 465): 'Mir kommt es vor, als finge die moderne Geschichte jezt noch einmal an, und als theilten sich alle Menschen von Neuem in Geistliche und in Weltliche. Ihr seyd Weltkinder, Wilhelm, Henriette, und auch Auguste. Wir sind Geistliche, Hardenberg, Dorothea und ich.' That love and marriage belong together – by no means a commonplace in the eighteenth and early nineteenth century! – is also emphasised in the essay 'Über Liebe und Ehe in Beziehung auf Goethe's *Wahlverwandtschaften*' (see *L.N.* 1274*) and in Fichte's *Grundlage des Naturrechts*. In other respects, however, Fichte's views on love relationships differ considerably from those of Schlegel; for example, Fichte allotted a somewhat servile role to women, whereas Schlegel advocated equality between the sexes.

1523. *Cf. L.N.* 279*.

1524. *Cf.* the chapter 'Idylle über den Müßiggang' in *Lucinde* (pp. 26 ff.), where idleness is praised as the 'einzige Fragment der Gottähnlichkeit, das uns noch aus dem Paradiese blieb' and as the 'Lebensluft der Unschuld'. – In spite of the semicolon, the first four words of *L.N.* 1524 would appear to belong to a different train of thought; *cf. Lucinde* (p. 22): 'Gewiß ist es, daß Männer von Natur bloß heiß oder kalt sind: zur Wärme müssen sie erst gebildet werden. Aber die Frauen sind von Natur sinnlich und geistig warm und haben Sinn für Wärme jeder Art.'

1525. *Lucinde* (p. 11): 'Wir müssen ihre [der Gegenwart] verzehrende Glut in Scherzen lindern und kühlen.'

1533. *Cf. L.N.* 353, 1707, 1746, 1542*.

1541. *Beffe*, jests.

1542. Herder, *Humanitätsbriefe* (1795; Suphan, xvii, 271): 'Dem geistigen Petrarca war sie [Laura] eine Idee, an die er auf Erden und im Himmel, wie an das Bild einer Madonna, allen Reichthum seiner Phantasie ... verwandte.' *Gespräch über die Poesie* (M. ii, 348 f.): 'Petrarca gab der Canzone und dem Sonett Vollendung und Schönheit. Seine Gesänge und der Geist seines Lebens, und ein Hauch beseelt und bildet sie zu Einem untheilbaren Werk; die ewige Roma auf Erden und Madonna im Himmel als Wiederschein der einzigen Laura in seinem Herzen versinnlichen und halten in schöner Freyheit die geistige Einheit des ganzen Gedichts.'

1543. *Cf. L.N.* 1357*.

1544. *Idee* 13: 'Nur derjenige kann ein Künstler seyn, welcher eine eigne Religion, eine originelle Ansicht des Unendlichen hat.' *Idee* 11: 'Nur durch Religion wird aus Logik Philosophie, nur daher kommt alles was diese mehr ist als Wissenschaft. Und statt einer ewig vollen unendlichen Poesie werden wir ohne sie nur Romane haben, oder die Spielerei die man jetzt schöne Kunst nennt.' *Idee* 11 and *L.N.* 1544 appear to be incompatible; but in the *Idee*, 'Roman' refers to the 'Roman als Gattung', the exoteric prose narrative, while in the notebook entry, it refers to the esoteric form in which all *genres* are combined. (*Cf. L.N.* 1356*). – Schlegel called *Lucinde* 'ein religiöses Buch' (Josef Körner, 'Neues vom Dichter der Lucinde', *Preuß. Jahrb.*, clxxxiii, 320).

1547, 1548. *Cf. L.N.* 1501–2.

1550. *Lucinde* (p. 36): 'Freilich wie die Menschen so lieben, ist es etwas anders. Da liebt der Mann in der Frau nur die Gattung, die Frau im Mann nur den Grad seiner natürlichen Qualitäten und seiner bürgerlichen Existenz, und beide in den Kindern nur ihr Machwerk und ihr Eigentum.'

1553. *Cf. Gespräch über die Poesie* (M. ii, 349).

1557. This note is followed by the fragment *Juliane* reprinted by Josef Körner (*Preuß. Jahrb.*, clxxxiv, 40 ff.).

1558. This and the next ten entries are interspersed in twelve pages of manuscript 'Zur Lucinde'.

1560. *Cf. L.N.* 524*.

1562. 'Romantischen' corrected from 'wunderbaren'.

1563. *Cf. Ath.F.* 359: 'Freundschaft ist parziale Ehe und Liebe ist Freundschaft von allen Seiten und nach allen Richtungen, universelle Freundschaft.'

1565. *Cf. Idee* 22 and 'Rede über die Mythologie' in *Gespräch über die Poesie*.

1568. The play was completed in the autumn of 1801 and published in 1802. It has only two acts. *L.N.* 1568 is the only entry concerning *Alarcos* in the notebooks prior to its publication. The entry is heavily underscored and marked in the margin.

1569. *Zur Poesie und Litteratur. 1808. I* (leaf 29): 'Lyrische Gedichte sollten gar keine eigne Gattung sein sondern nur mit gebraucht werden und eingeflochten bei mystischen Werken, dramatischen, Roman etc.'

1572. *Cf. L.N.* 2038.

1573. *Gespräch über die Poesie* (*Athenäum*, III. i, 58 ff. = M. ii, 338 ff.). Most of the *Gespräch* was written in autumn 1799. The names noted here were not used. 'Eckardt' is one of the pseudonyms Schlegel was to use for publications in Vienna.

1574. The date indicates the beginning of the year. – *Idee* 85: 'Der Kern, das Centrum der Poesie ist in der Mythologie zu finden, und in den Mysterien der Alten. Sättigt das Gefühl des Lebens mit der Idee des Unendlichen, und ihr werdet die Alten verstehen und die Poesie.'

1576. *Reliques of Ancient English Poetry*, ed. Thomas Percy (London, 1765 and numerous later editions).

1580. For Schlegel's plans for founding a new religion, *cf.* Jonas-Dilthey (iii, 80), *Briefe von und an F. und D. Schlegel* (p. 17), *Novalis' Briefwechsel* (ed. J. M. Raich, Mainz, 1880, 84 ff.) and Walzel (p. 421). *Idee* 52, 'Als Repräsentant der Religion aufzutreten, das ist noch frevelhafter wie eine Religion stiften zu wollen,' reads almost like a defence of these intentions. In 1805, Schlegel revoked his plans: 'Jede mögliche neue Religion ist im Christenthum schon *a priori* mit umfaßt; daher ist es Thorheit eine neue Religion stiften zu wollen' (Windischmann, ii, 434).

1581. *Zur Philologie* (*Logos*, xvii, 54): 'Mimen sind leicht buffonischer Art. Wie mit Vossens philol[ogischen] Mimen? Es sind **Naturbuffonerien**. – Dergleichen Mimen ahmen oft nichts so treu nach als die höchst moderne Individualität des Naturbuffo selbst.'

1584. *Cf. Lucinde* (p. 64): 'Die Formen [der Menschen in Julius' Gemälden] selbst entsprachen vielleicht nicht immer den angenommenen Gesetzen einer künstlichen Schönheit. Was sie dem Auge empfahl, war eine gewisse stille Anmut, ein tiefer Ausdruck von ruhigem heiteren Dasein und von Genuß dieses Daseins. Es schienen beseelte Pflanzen in der gottähnlichen Gestalt des Menschen.''

1587. *Cf. L.N.* 2055.

1588. The phrase 'indirekte Liebe' is used also in *L.N.* 1732 and by Novalis (iii, nr. 1201).

1598. Schiller, 'Über Matthisons Gedichte', *Allgemeine Literatur-Zeitung*, 11 and 12 September 1794.

1601. Schlegel has recorded the enthusiasm with which he read Goethe's *Metamorphose der Pflanzen* towards the end of October 1798, in a letter to Caroline (*Car.*, i, 469).

1603. *Cf. L.N.* 239, 1627, 239*.

1605. Schlegel anticipated the results of later research about the genesis of *Wilhelm Meister. Cf. Gespräch über die Poesie* (M. ii, 381): 'Das Werk ist zweymal gemacht, aus zwey Ideen' and Konrad S. Galaboff, *Die Stellung Fr. Schlegels und der anderen deutschen Romantiker zu Goethes Wilhelm Meister im Lichte des Urmeister* (Göttingen, 1917). Parts of an earlier version of *Iphigenie* had been published in 1785 and 1786.

1610. *Idee* 14.: 'Die Religion ist nicht bloß ein Theil der Bildung, ein Glied der Menschheit, sondern das Centrum aller übrigen, überall das Erste und Höchste, das schlechthin Ursprüngliche.' *Cf. Ideen* 4, 18, 31.

1611. Schlegel to Novalis, 2 December 1798: 'Gibt die Synthesis von Fichte und Goethe wohl etwas anderes als Religion?' *Ueber die Unverständlichkeit* (M. ii, 390): 'Goethe und Fichte, das bleibt die leichteste und schicklichste Formel für allen Anstoß, den das Athenäum gegeben ... hat.' *Zur Poesie. 1802. I* (leaf 12): 'Die Trennung der Philosophie und der Poesie gehört bloß zum exoterischen Idealismus. Die Vereinigung zum esoterischen.' *Europa* (I. i, 32): 'Poesie und Philosophie, welche beiden Wissenschaften und Künste trennen zu wollen, eine ganz subjektive und bloß Europäische Ansicht ist ...' *Idee* 46: 'Poesie und Philosophie sind, je nachdem man es nimmt, verschiedne Sphären, verschiedne Formen, oder auch die Factoren der Religion. Denn versucht es nur beyde wirklich zu verbinden, und ihr werdet nichts anders erhalten als Religion.' Novalis (iii, nr. 1894): 'Die Trennung von Poet und Denker ist nur scheinbar und zum Nachteil beider. Es ist ein Zeichen einer Krankheit und krankhaften Konstitution.' *Cf. Idee* 96 and Josef Körner in *N.Ph.Sch.* (pp. 26 f.).

1614. *Cf. L.N.* 1675, 1745, *Gespräch über die Poesie* (M. ii, 366). Subsequently Schlegel altered his opinion: 'Der Hauptfehler bei der epischen Poesie ist daß man immer nur ein episches ἕν καὶ πᾶν sucht – einen Homer machen will – da es wenigstens für die Deutschen unbestimmbar viele ἔπεα geben kann.' (*Zur Poesie und Litteratur. 1810. I,* leaf 19.)

1618. *Cf. L.N.* 1640, 1949.

1619. *Cf. L.N.* 1629, 1643, 1709, 1734, 1859, 1903, 1962, 2091, 2097, 2101, 1872*, 2091*.

1622. *Cf. L.N.* 581, 581*.

1626. *Lyc.F.* 26: 'Die Romane sind die sokratischen Dialoge unserer Zeit ...'

1627. *Cf. L.N.* 1638.

1630. Dissatisfied with the rearrangement indicated by the superscribed figures, Schlegel subsequently rewrote this entry (*L.N.* 2139). For the marginal note, cf. *L.N.* 1065, 1065*.

1636. *Cf. L.N.* 1724 and *Gespräch über die Poesie* (M. ii, 379).

1640. *Cf. L.N.* 1949.

1647. *Cf. L.N.* 1799, 1844, 1945, 2042, 2130, 1688* and *Gespräch über die Poesie* (M. ii, 372): 'Die alte Poesie schließt sich durchgängig an die Mythologie an, und vermeidet sogar den eigentlich historischen Stoff. Die alte Tragödie sogar ist ein Spiel, und der Dichter, der eine wahre Begebenheit, die das ganze Volk ernstlich anging, darstellte, ward bestraft. Die romantische Poesie hingegen ruht ganz auf historischem Grunde, weit mehr als man es weiß und glaubt.' In later years, Schlegel considered the synthesis of poetry and history to be even more important than the synthesis of poetry and philosophy, the necessity of which he had stressed so often in the past. In some loose papers dating from Schlegel's stay in Paris, there is the note: 'Die wahre Verbindung ist Religion und Philosophie – und Poesie und Historie. Meine erste Formel Poesie und Philosophie kann nicht sehr viel Resultate geben.' (*Cf. L.N.* 1901.) In the *Gesch.d.a.u.n.Litt.*, he even suggested that it was the chief purpose of poetry to remind a nation of its own past: 'Die erste und ursprüngliche Bestimmung der Poesie, wenn wir sie auf den Menschen und das Leben, und überhaupt darauf beziehen, was sie eigentlich für eine Nation seyn soll, ist es freylich, die einem Volke eigenthümlichen Erinnerungen und Sagen zu bewahren und zu verschönern, und eine große Vergangenheit verherrlicht im Andenken zu erhalten; so wie es in den Heldengedichten geschieht, wo das Wunderbare freyen Raum hat, und der Dichter sich an die Mythologie anschließt.' (*Gesch.d.a.u.n.Litt.*, i, 81 f. *Cf. ibid.*, i, 283, 288; ii, 114 f.)

1650. *Cf. L.N.* 1712, 1712*.

1652. *Cf. L.N.* 1810.

1662. Fichte, *Einige Vorlesungen über die Bestimmung des Gelehrten*, 1794 (*S.W.*, vi, 291–346). – *Idee* 96: 'Alle Philosophie ist Idealismus und es giebt keinen wahren Realismus als den der Poesie. Aber Poesie und Philosophie sind nur Extreme. Sagt man nun, einige sind schlechthin Idealisten, andre entschieden Realisten; so ist das eine sehr wahre Bemerkung. Anders ausgedrückt heißt es, es giebt noch keine durchaus gebildete Menschen, es giebt noch keine Religion.' *Cf. L.N.* 1018, 1666, 1733, 1850, 1673*.

1664. *Cf. L.N.* 1673*.

1666. *Cf. Idee* 96.

1672. *Idee* 26: 'Witz ist die Erscheinung, der äußre Blitz der Fantasie.'

1673. *Europa* (I. i, 47 f.): 'Die Poesie wird der Mittelpunkt und das Ziel unsrer Betrachtungen seyn. Denn eben diese Stelle glauben wir, nimmt sie in jenem Ganzen der Kunst und Wissenschaft ein. Die Philosophie selbst ist doch nur Organon, Methode, Constitution der richtigen d.h. der göttlichen Denkart, welche eben das Wesen der wahren Poesie ausmacht; sie ist also nur Bildungsanstalt, Werkzeug und Mittel zu dem, was die Poesie selbst ist ... Die Poesie also betrachten wir als die erste und höchste aller Künste und Wissenschaften; denn auch Wissenschaft ist sie im vollsten Sinn, dieselbe, welche Plato Dialektik, Jakob Böhme aber Theosophie nannte, die Wissenschaft von dem, was allein und wahrhaft wirklich ist.' *Cf. L.N.* 1686. – According to Schelling's *System des transzendentalen Idealismus* (*S.W.*, iii, 627), art is 'das einzigwahre und ewige Organon ... der Philosophie'.

1687. *Amadis de Gaula*, Spanish or Portuguese prose romance, preserved in a version by Garcia de Montalvo of the second half of the 15th century, but of earlier origin. – *El licenciado Vidriera*, one of Cervantes' *Novelas ejemplares*; mentioned by Schlegel in the essay on Boccaccio (M. ii, 412 f.).

1688. *Gespräch über die Poesie* (M. ii, 372): 'Das erste beste Schauspiel, das Sie sehn, irgend eine Erzählung, die Sie lesen; wenn eine geistreiche Intrigue darin ist, können Sie fast mit Gewißheit darauf rechnen, daß wahre Geschichte zum Grunde liegt, wenn gleich vielfach umgebildet. Boccaz ist fast durchaus wahre Geschichte, eben so andre Quellen, aus denen alle romantische Erfindung hergeleitet ist.'

1689. *Gespräch über die Poesie* (M. ii, 370): '... Nach meinem Sprachgebrauch ist eben das romantisch, was uns einen sentimentalen Stoff in einer fantastischen Form darstellt.'

1690. *Unendliche*, in the Ms. $\frac{1}{o}$.

1703. *Zur Poesie. 1803. I* (leaf 13): 'Das beste im Wilhelm Meister ist die **Methode**, wie in der Wissenschaftslehre und im Grunde auch in der Revoluzion. — Sie ist **leicht** und **bequem** (doch kann sie aber sehr leicht zu bequem und dadurch seicht und oberflächlich werden).' *Zur Poesie und Litteratur. 1812* (leaf 14) 'Der **Meister** ist schon darum so wichtig, weil er zugleich Symposium, philos[ophischer] Platonischer Roman und [one word illegible] Volksroman (Stilling), Legende ist.'

1707. *Fole de' Romanzi*, tales of love. The expression occurs e.g. in Petrarch's *Trionfo d' Amore*, ch. iv, ll. 66–67:

> Ben è 'l viver mortal, che sì n'agrada,
> Sogno d'infermi e fola di romanzi.

1709. *Cf. L.N.* 2091.

1711. *Cf. Idee* 131.

1712. After his conversion to catholicism, Schlegel changed his mind on the subject. *Cf. Zur Poesie und Litteratur. 1808. I* (leaf 10): 'Eine recht eigentlich **christliche Poesie** giebt es noch nicht. **Dante** ist noch zu antik, **Calderon** zu orientalisch üppig.' *Zur Poesie und Litteratur. 1817–1820* (p. 7): '**Dante** ist doch nur ein mißlungenes **christliches Naturgedicht**.' *Cf. Gesch.d.a.u.n.Litt.* (ii, 11): 'An und für sich aber ist das Christenthum selbst nicht eigentlich Gegenstand der Poesie; lyrische Gedichte, als unmittelbare Aeußerungen des Gefühls ausgenommen.'

1713. Giusto de' Conti, one of Petrarch's imitators.

1717. *Los baños de Argel*, one of Cervantes' *Ocho comedias y ocho entremeses nuevos* (1615). — Lope de Rueda (1510?–1565?), Spanish dramatist. — *Europa* (I. ii, 62): 'Die Gattung des dramatisirten Romans wie die Selvagia, Eufrosina, und Celestina, ist zu untergeordnet, um für die Geschichte der Ausbildung der Poesie viel Gewicht darauf zu legen.' *Comedia llamada Selvagia* (Toledo, 1554), by Alfonso de Villegas. *Eufrosina* (Évora, 1561), by Jorge Ferreira de Vasconcelos. *Celestina = La comedia de Calisto y Melibea*; most of the first edition is believed to have been written by Fernando de Rojas. — A. W. Schlegel tried to borrow a copy of *Eufrosina* from Göttingen in January 1800. (*Briefe von und an A. W. Schlegel*, ed. Josef Körner, Zürich-Wien-Leipzig, 1930, i, 104.)

1720. *Cf. L.N.* 2003.

1723. *Aminta*, pastoral play by Tasso.

1733. *Cf. L.N.* 1809, 1850.

1737. Similar attempts at assigning a specific religious content or approach to each form of art are scattered throughout Schlegel's notebooks, but they are tentative and inconsistent. The following entry (*Zur Poesie und Litteratur. 1808. I*, leaves 8–9) is typical: 'Die Architektur ist bestimmt darzustellen, die **Gottheit** in ihrer furchtbaren Unendlichkeit,

19—S.L.N.

in ihrem Abstand von der Menschheit. — Die Mahlerei ist ein
fortlaufender Commentar über das Geheimniß der Menschwerdung; die
Musik ist der Ausbruch der Liebe, das Gefühl der Kirche, obwohl auch
die Stimmen der Hölle sich dazwischen vernehmen lassen. Es giebt eine
böse Musik; die Sculptur der Alten ist bloß eine falsche Kunst. *Sunt
idola antiquorum.* Doch soll man sie studiren um sie zu besiegen; so wie
der christliche Philosoph die Dialektik sie kennend und brauchend
bezwingt. — Die epische Poesie soll auch wie die Architektur die
unendliche Fülle des göttlichen Lebens darstellen; die mystische
P[oesie] dagegen ist pittoresk und evangelisch erotisch im höchsten Sinne,
und völlig dasselbe mit der wahrhaft romantischen, Synthese der drei
einfachen Arten der P[oesie], der ep[ischen], dr[amatischen] und
lyr[ischen] Gattung. Ist etwa das mystische Gedicht mit dem epischen
identisch?'

1739. Plans for rewriting plays by other authors occupied Schlegel for
many years. In 1802, he mentioned *Hamlet, Macbeth, Richard III,
Love's Labour's Lost, Sakontala* and, without naming specific plays,
Corneille, Racine and Voltaire in connection with these plans. An entry
from the following year (*Zur Poesie. 1803. I*, leaf 22) is no less ambitious:
'Alle Deutsche Stücke umzuarbeiten — Götz — Faust — Minna von
Barnhelm — Wallenstein — (Kanut pp.).'

1740. The same lack of appreciation for Milton was shown by A. W.
Schlegel in his Jena *Vorlesungen über philosophische Kunstlehre* (Leipzig,
1911, p. 127).

1741. *Gespräch über die Poesie* (M. ii, 343): 'Ludoviko ... fing an von
einem System der falschen Poesie zu sprechen, was er darstellen
wolle, die in diesem Zeitalter besonders bey Engländern und Franzosen
grassirt habe und zum Theil noch grassire.'

1743. Cf. *L.N.* 1458*.

1744. The remark probably aims at the 'dramatised novels' of *L.N.* 1717
(*cf. L.N.* 1717*). The first edition of *Celestina*, for instance, had 16 acts,
the second edition 22 acts.

1750. Contrast *L.N.* 322, 2065. *Cf.* A. W. Schlegel, *Vorlesungen über
schöne Litteratur und Kunst* (loc. cit., xvii, 357): 'Das Epische das rein
objective im menschlichen Geiste. Das Lyrische das rein subjective.
Das Dramatische die Durchdringung von beyden.'

1751. *Gesch.d.a.u.n.Litt.* (ii, 125): '... Ich erinnere hier der Kürze
wegen an die drey Welten des Dante, wie er uns eine Reihe von leben-
digen Naturen kraftvoll vorführt, in dem Abgrund des Verderbens, dann
durch die mittleren Stufen hindurch, wo Hoffnung mit Leiden gemischt
ist, bis zu dem höchsten Zustande der Verklärung. Dieß ist ganz anwendbar auf das Drama, und in diesem Sinne könnte Dante ein dramatischer
Dichter genannt werden, nur daß er bloß eine ganze Reihe von Katastro-
phen giebt, ohne die vorhergegangene Entwicklung ... Nach jener

dreyfachen Auflösung menschlicher Schicksale, giebt es auch dreyerley
Arten der hohen, ernsten, dramatischen Darstellung.'

1752. *Zur Poesie. 1802. I* (leaf 4): 'Dante ist durchaus didaktisch –
vielleicht auch lyrisch.' *Zur Poesie. 1803. I* (leaf 23): 'Alte Tendenz des
Ep[os] zum Didakt[ischen] und *vice versa.* – In Dante gewissermaßen
synthesiert.'

1755. For the *Roman, cf. L.N.* 1771, 1771*, for the drama *L.N.* 1874
and *Gesch.d.a.u.n.Litt.* (ii, 117, 121), where it is said that lyrical and epic
poetry belong to nature rather than art, while drama can only prosper as
an art.

1760. *Cf. L.N.* 27, 2079, 27*.

1763. In the summer of 1799, Schlegel resumed his work on the *Briefe
über Shakespeare.* (See *L.N.* 1136*.)

1765. *Zur Poesie. 1802. II* (leaf 2): 'Es scheint allerdings die Dicho-
tomie in der Romantischen Poesie durchaus herrschend zu sein. –
Cervantes. 1) Galatea, Numancia, nebst Komödie 2) Don Quixote,
Persiles, Viaje, Novelas, Comedias pp. **Boccaccio.** 1) Teseide, Filostrato,
Filocopo, Ameto, Visione 2) Decamerone, Fiametta, Corbaccio,
Urbano, Ninfale, Vita di Dante.'

1766. *Zur Poesie und Litteratur. 1808. I* (leaf 2): 'Goethe ist vorzüglich in den Liedern ein Dichter, im Meister ein schöner Geist, in
den dramatischen Werken ein Künstler. –'

1767. *Cf.* 'Versuch über den verschiedenen Styl in Goethe's früheren
und späteren Werken' (*Gespräch über die Poesie,* M. ii, 376 ff.).

1769. 'Fremde Nationalität zu ahnden' corrected from 'sich fremde
Nationalität anzueignen'.

1771. In *Ath.F.* 116, Schlegel called it the task of romantic poetry, i.e. of
the *Roman,* to re-unite all the separate poetic *genres. Cf. L.N.* 1063,
1755, 1356*, 1737* and the *Gespräch über die Poesie* (M. ii, 373): 'Ich
kann mir einen Roman kaum anders denken, als gemischt aus Erzählung,
Gesang und anderen Formen.'

1774. *The Spanish Tragedy,* by Thomas Kyd. *The Troublesome Raigne
of Iohn King of England* (1591), not by Shakespeare. *Sir John Oldcastle,
Locrine, Thomas Lord Cromwell, The London Prodigal,* wrongly
ascribed to Shakespeare by Tieck also. According to A. W. Schlegel,
Cromwell, Oldcastle and *A Yorkshire Tragedy* (*cf. L.N.* 2004) are not
only 'unbezweifelt von Shakespeare', but even count among his 'reifste
und vortrefflichste Werke' (*Vorlesungen über dramatische Kunst und
Litteratur,* ed. cit., ii, 219). In *The Tragedy of Gorboduc* (1565), by
Thomas Norton and Thomas Sackville, Seneca's style is imitated.

1783. In his essay on Boccaccio (M. ii, 400), Schlegel writes more correctly
that this poet is 'der erste Meister der Stanze ..., für deren Erfinder,

wozu man ihn hat machen wollen, er nur unter bedeutenden Ein-
schränkungen gelten kann.'

1786. *Idee* 62: 'Man hat nur so viel Moral, als man Philosophie und
Poesie hat.' *Cf. Ideen* 89, 46, *L.N.* 1814.

1788. Dante about Daniel Arnaud, *Purgatorio*, xxvi, ll. 115–148.

1797. *Idee* 70: 'Musik ist der Moral verwandter, Historie der Religion:
denn Rhythmus ist die Idee der Musik, die Historie aber geht aufs
Primitive.'

1799. ' *Unendliche*', in the Ms. $\frac{1}{0}$.

1816. Schlegel's evaluation of Christianity was subject to considerable ups
and downs around the turn of the century. In March 1799, for instance,
he had referred to it much more positively as a 'religion of the future'
(*Novalis' Briefwechsel, ed. cit.*, p. 130).

1818. *Cf. L.N.* 124, 124*.

1820. Novalis, *Blütenstaub* nr. 71: 'Der echte Dichter ist ... immer
Priester, so wie der echte Priester immer Dichter geblieben.' *Idee* 34:
'Wer Religion hat, wird Poesie reden.'

1827. Similarly, poetry is called 'die schöne Mitte' in *L.N.* 1858.
According to *Idee* 96, on the other hand, poetry and philosophy are
extremes and must be combined, according to *Idee* 74, to produce 'die
wahre Mitte'; according to *Idee* 46, this must be religion. *Cf.* also
L.N. 1673*.

1835. *Copla*, Spanish stanza of four lines or poem written in such stanzas.

1839. *Villancico*, Spanish popular poem with a refrain. Approximately
at the time of this entry, Schlegel wrote a poem in this form for his
Lucinde. (*Krisenjahre der Frühromantik*, ed. Josef Körner, Brünn-Wien-
Leipzig, i, 1936, p. 9.)

1844. *Gespräch über die Poesie* (M. ii, 366): 'Eigentlich soll jedes Werk
eine neue Offenbarung der Natur seyn. Nur dadurch, daß es Eins und
Alles ist, wird ein Werk zum Werk. Nur dadurch unterscheidet sichs
vom Studium ... Bloß gute Schauspiele ... sind nur Mittel zum Zweck;
es fehlt ihnen das Selbständige, Insichvollendete, wofür ich nun eben kein
ander Wort finde als das von Werken ...'

1846. One of the theses Schlegel defended at his doctoral disputation was
'Enthusiasmus est principium artis et scientiae'. For Schlegel's views on
enthusiasm at this time, *cf.* also *Ideen* 18 and 144; for those on wit, *cf.*
Ideen 26, 59 and 109.

1848. *Cf. Rückkehr zum Licht* (*S.W.*[1], viii, 107 ff.).

1850. *Cf. L.N.* 1920, 1920*.

1852. For the dependance of poetry on religion, *cf. Ideen* 11, 25, 46,
L.N. 1864, 1870; for the role played by physics, *cf. Idee* 97: 'Günstiges

Zeichen, daß ein Physiker sogar – der tiefsinnige Baader – aus der Mitte der Physik sich erhoben hat, die Poesie zu ahnden, die Elemente als organische Individuen zu verehren, und auf das Göttliche im Centrum der Materie zu deuten!'

1863. *Cf. L.N.* 1902.

1868. *Cf. L.N.* 616*.

1871. Giovanni Villani (1275–1348) is remembered among other things as the author of an important History of Florence.

1872. For the narrow sense in which 'romantisch' is used here, *cf. Zur Poesie. 1802. II* (leaf 2): 'Zur romantischen Poesie bloß 1) Provenzal 2) Italiänisch 3) Spanisch 4) Portugiesisch. – Als Gegensatz – Persisch und Arabisch.' *Ibid.* (leaf 3): 'Zu der romantischen Poesie noch die lateini-schen Hymnen, und wohl auch Legenden (diese vielleicht so Pic-t[oriell] als jene musikalisch,) vielleicht auch lateinische Mysterien.'

1875. Thibaut, count of Champagne, king of Navarre, French poet (1201–1253). In Paris, Schlegel read a manuscript with poems by Thibaut, from which he concluded that he must have been 'ein mehr gebildeter Dichter ... als irgendeiner der sonstigen Nordfranzosen' (*Zur Poesie. 1802. II*, leaf 20). He praised Thibaut also in *Gesch.d.a.u.n.Litt.* (i, 296).

1876. Antonio Hurtado de Mendoza, *Querer por solo querer* (1623).

1880. *Philosophische Fragmente. Zweite Epoche. II* (1799): 'Die P[oesie] ist lokal als Blüthe und Seele des Organismus – Ph[ilosophie] anderer Planeten sich ähnlicher.' *Idee 75*: 'Als schönste Blüthe der besondern Organisazion ist Poesie sehr lokal; die Philosophie verschiedner Planeten mag nicht so sehr verschieden seyn.'

1889. Leone Allaci (1586–1669), Greek scholar and writer, from 1661 till his death librarian of the Vatican.

1891. *Ameto*, romance by Boccaccio (*cf.* M. ii, 404, *L.N.* 2054, 2054*); *Galatea*, romance by Cervantes.

1892. *Cf. L.N.* 1915.

1899. *Cf. L.N.* 1820*.

1900. *Nachricht von ... Boccaccio* (M. ii, 412): 'Es ist die Novelle ... eine Geschichte ... die streng genommen, nicht zur Geschichte gehört, und die Anlage zur Ironie schon in der Geburtsstunde mit auf die Welt bringt. Da sie interessiren soll, so muß sie in ihrer Form irgend etwas enthalten, was vielen merkwürdig oder lieb sein zu können verspricht. Die Kunst des Erzählens darf nur etwas höher steigen, so wird der Erzähler sie entweder dadurch zu zeigen suchen, daß er mit einem an-genehmen Nichts, mit einer Anekdote, die, genau genommen, auch nicht einmal eine Anekdote wäre, täuschend zu unterhalten und das, was im Ganzen ein Nichts ist, dennoch durch die Fülle seiner Kunst so reich-lich zu schmücken weiß, daß wir uns willig täuschen, ja wohl gar ernst-lich dafür interessiren lassen.'

1904. Juan de Mena (1411–56), Andalusian poet; *cf.* A. Brouillay San Martin, *Juan de Mena y el 'Arte Major'* (Madrid, 1903). Schlegel discusses the *coplas d'arte major* in *Europa* (I. ii, 70); *cf.* Walzel (p. 453).

1909. *Cf. L.N.* 1820, 1820*.

1920. Schlegel had mentioned 'Principien der Schriftstellerei, wodurch ich den fehlenden Mittelpunkt der Lektüre und der Universitäten zu konstituiren denke', already in a letter to Novalis of 2 December 1798 (*Novalis' Briefwechsel, ed. cit.*, pp. 83 f.) A notebook bearing the title *Principien der Litteratur* is in the possession of the Görres-Gesellschaft, but it contains only tentative beginnings on this subject and is mainly concerned with other matters.

1926. The comparison between Voß and Kant reflects, of course, Schlegel's dislike of both of them. *Cf.* e.g. *Philosophische Fragmente. Erste Epoche. II*: 'Kant, ein Hypermoralist, der d[er] Pflicht d[ie] Wahrheit aufopferte.' Windischmann (ii, 411) reads 'die Pflicht der Wahrheit', but the correct reading is evident from the context and from *Ath.F.* 10. *Cf.* also *Idee* 39: 'Die Pflicht der Kantianer verhält sich zu dem Gebot der Ehre, der Stimme des Berufs und der Gottheit in uns, wie die getrocknete Pflanze zur frischen Blume am lebenden Stamme.'

1928. *Idee* 119: 'Heil den wahren Philologen! Sie wirken Göttliches, denn sie verbreiten Kunstsinn über das ganze Gebiet der Gelehrsamkeit. Kein Gelehrter sollte bloß Handwerker seyn.'

1934. 'In der Elegie' corrected from 'in der Poesie'. – Hypomochlion, the fulcrum of a lever.

1939. *Idee* 150: 'Das Universum kann man weder erklären noch begreifen, nur anschauen und offenbaren.' Steffens to Schelling, 26 July 1799 (*Aus Schellings Leben. In Briefen*, ed. G. L. Plitt, Leipzig, 1869, p. 264): 'In Berlin lernte ich Schlegel kennen. Ein Mensch, der behaupten kann, die Menschen sollen nicht consequent seyn, der bloß von Gedanken, und, wie er sich ausdrückt, unmittelbaren Anschauungen lebt.'

1940. *Transcendentalphilosophie* (*N.ph.Sch.*, p. 167): '... daß wir das Daseyn des Göttlichen unmittelbar wissen, durch innern Sinn, durch intellektuale Anschauung.'

1941. The publication of *Lucinde* had aroused a storm of indignation.

1942. [Dreieck]: In the Ms., a triangle with a dot in the centre. Schlegel probably adopted this sign from Baader, where it represents the four elements. The three sides symbolise Fire, Water and Earth, while the fourth element, Air, which Baader considered to be of a higher order, is represented by the dot in the centre ('Über das pythagoräische Quadrat', Baader's *Sämtliche Werke*, 1850 ff., iii, 266 ff.). The significance of the symbol in the present context is, however, far from clear.

1945. *Cf. L.N.* 2042.

1947. *Cf. L.N.* 1978.

1966. Louvet de Couvray, *Amours du Chevalier de Faublas* (1787–90). A marginal note from 1797 (next to *L.N.* 558) records the project: 'Ein Roman wie Faublas oder eine witzige Reisebeschreibung in der Form des alten Ep[os] nach Louise und Hermann. –' The novel is praised in *Lyc.F.* 41; *cf. Ath.F.* 421 and *Europa* (I. i, 60). A translation of *Faublas* by Dorothea remained unpublished, and was probably never completed. –

1968. As is suggested by *L.N.* 1990, 'mechanisch' is unlikely to have a pejorative connotation.

1969. *Cf. L.N.* 1981.

1972. A cosmogony had been among both Schlegel's and Hardenberg's plans since 1798.

1974. For the definition of genius, *cf. L.N.* 1020, 1020*. For the high estimation of the understanding, which he had previously placed below reason in his hierarchy of the faculties, *cf. Ueber die Philosophie* (M. ii, 329 f.).

1977. *Cf.* Schlegel's condemnation of 'übertriebne Männlichkeit' in *Über die Diotima* (1795; M. i, 59).

1985. *Idee* 95: 'Als Bibel wird das neue ewige Evangelium erscheinen, von dem Lessing geweissagt hat; aber nicht als einzelnes Buch im gewöhn-lichen Sinne. ... Alle classischen Gedichte der Alten hängen zusammen, unzertrennlich, bilden ein organisches Ganzes, sind richtig angesehen nur Ein Gedicht, das einzige in welchem die Dichtkunst selbst vollkommen erscheint. Auf eine ähnliche Weise sollen in der vollkommnen Litteratur alle Bücher nur Ein Buch seyn, und in einem solchen ewig werdenden Buche wird das Evangelium der Menschheit und der Bildung offenbart werden.'

1992. *Cf. L.N.* 2158.

1996. Boccaccio's *Florio*, his *Filopono*; *cf. Nachricht von ... Boccaccio* (M. ii, 401 ff.). *Questions d'amour*, *cf. ibid.* (ii, 403 f.). A chapter with such *questions* was among Schlegel's plans for the continuation of *Lucinde* (see Josef Körner, *Preuß. Jahrb.*, clxxxiii, 329). – *Arabesken*, one of the works planned by Schlegel at this time.

1997. According to *L.N.* 2051, Shakespeare's 'Centralnovelle' is *Venus and Adonis*, and according to the essay on Boccaccio (M. ii, 413), that of this writer is the *Ninfale Fiesolano*. Cervantes' 'Centralnovelle', in Schlegel's view, may have been *Galatea*, as is suggested by *L.N.* 2050.

1998. Ariosto's *Orlando Furioso*. – *Amadis*, see *L.N.* 1687*. – The story of Rinaldo of Montalban exists in numerous versions, and there seems to be no way of ascertaining to which of them this entry refers.

2000. Lya, one of the seven allegorical women in Boccaccio's *Ameto*.

2003. Schlegel was guided by this view, which reflects his study of Spanish drama, when he wrote *Alarcos*: honour plays a much more important role in this play than in the poem on which it is based.

2010. *Cf. L.N.* 1765, 1765*.

2011. *Cf.* the 'squares' of works in *L.N.* 2027 and 2027*.

2022. *Cf.* Schlegel's letter to his brother of 7 May 1799, where Schiller and Jacobi are called the 'vornehmsten ... Repräsentanten des bösen Princips in der Deutschen Litteratur' (Walzel, p. 421).

2023. *Poesie und Litteratur. 1811. I* (p. 3): 'Faust, Volkskomödie – Iphigenie, mythische Tragödie – Egmont, historische Tragödie (doch mehr Versöhnung) und Tasso, historische Komödie entsprechen ganz genau den vier dramatischen Gattungen.'

2027. *Cf.* the 'square' of projected works of his own which Schlegel entered on the next page of the Ms.:

$$\text{Aurora } \frac{0}{1}$$

$$\text{Saturnalien}$$

–		+
Lucinde		Dith[yramben]
Maria		Kosmog[onie]
Faust		Titanom[achie]
Messias		

$$\text{Hercules}$$

$$\frac{1}{0}$$

Most of these plans, of which *Lucinde* alone materialised, can be traced back as far as the autumn of 1798, but no clear view of Schlegel's intentions emerges. The *Saturnalien* were to be a cycle of satirical poems. *Faust* was first planned as a novel, and there is an allusion to it in *Lucinde* (*cf. Car.*, i, 514); at a later stage, Schlegel envisaged it as a synthesis of Aeschylus and Aristophanes, and wanted to make it 'ganz dramatisch'. *Maria* – the name refers to the Maria Aegyptiaca of the *Acta Sanctorum* – is mentioned in 1798 as a 'griechischer Roman'; two years later, it was to become an allegorical drama, and later still, a cycle of hymns. In this work, Schlegel wanted to present Christianity as a 'natural mythology' and to contrast it with the Egyptian religion. In a poem with the title *Aurora*, Schlegel intended to present his philosophy of nature; at one stage, this work was to become 'ganz Böhmisch'. In 1807, Schlegel wrote that his *Aurora* was 'nothwendig, um an die Stelle des *Paradise Lost* und des *Messias* [Klopstock's epic, not Schlegel's own plan of that name] etwas andres ächt poetisches und christliches zu setzen.' One year later, however, he was still in doubt about the verse form and apparently also about the content of this poem. The other plans are even more nebulous. *Cf.* *L.N.* 2141*.

2029. 'Im Meister etwas Elliptisches' suggests that the work has two centres; *cf. L.N.* 1728 and perhaps *L.N.* 1605, 1605*.

2033. *Nachricht von* ... *Boccaccio* (M. ii, 412): 'Es ist die Novelle eine Anekdote, eine noch unbekannte Geschichte, so erzählt, wie man sie in Gesellschaft erzählen würde.'

2042. 'Die Philosophie mehr Geschichte': Perhaps Schlegel intended to write 'die Philosophie mehr Wissenschaft'; *cf. L.N.* 1945.

2050. *El celoso extremeño*, one of the *Novelas ejemplares*. *El curioso impertinente*, episode in *Don Quixote* (i, ch. 33–5).

2053. 'Einen Ursprünglich[en] Ergänzer': Schlegel probably meant to write 'einen Ursprünglichen und einen Ergänzer'. *Cf. Zur Poesie und Litteratur. 1812* (leaf 33): 'Vielleicht lassen sich drey verschiedene Verfasser der homerischen Gedichte annehmen. 1) der erste war der eigentliche Homer, der die erste Hälfte der Iliade dichtete, 2) der zweyte der Beginner der Odyssee; nach der Meynung der Chorizonten ein andrer als jener erste 3) könnte wohl ein und derselbe Dichter die Iliade wie die Odyssee beschlossen und die letztere Hälfte daran gedichtet haben.' – Camoëns' epic, the *Lusiads*; Schlegel drew attention to the poem in *Europa* (I. ii, 63 ff.) and in the *Gesch.d.a.u.n.Litt.* (ii, 96 ff. etc.); he came to prefer it to all other epics with the possible exception of the *Iliad* and the *Odyssee*. As Oskar Walzel has shown in the *Revue de littérature comparée* (xviii, 478 ff.), it is F. Schlegel who discovered Camoëns for nineteenth-century Germany; A. W. Schlegel drew on his brother when he wrote about Camoëns. Walzel's suggestion that Schlegel only got to know the *Lusiads* in Paris is refuted by the present notes.

2054. For Boccaccio's 'falsche Tendenz', *cf.* Schlegel's essay about him (M. ii, 396 f.): 'Wir werden uns auch seine fehlgeschlagnen Versuche nicht verbergen wollen; sie sind uns werth als nothwendige Stufen der Annäherung zu dem einzig Rechten, oder sie sind bedeutend, indem sie das Höhere bezeichnen, was hier hätte werden können, aber nicht geworden ist, weil es an den Bedingungen fehlte. Das Genie eines Dichters kann oft durch seine falschen Tendenzen eben so sehr und mehr noch beglaubigt und dargestellt werden, als durch seine gelungensten Werke.'

2055. For *Fiametta*, *cf. Nachricht von* ... *Boccaccio* (M. ii, 408 f.) and Schlegel's letter to his brother of 30 September 1800 (Walzel, p. 442): 'Fiametta [ist] nicht nur das höchste was ich von Boccaz kenne, und in der Großheit des Styls nicht nur weit über dem Decamerone sondern ich möchte sagen über alles was ich im Modernen noch kenne. Man darf es an Schönheit des Geistes neben Galatea, Adonis und Pastor Fido stellen.' In a footnote to this passage, Walzel identifies 'Adonis' with

Marino's work of that name. The mention of Marino in *L.N.* 2044, which dates from roughly the same time as the letter, gives support to this suggestion. However, Schlegel has nowhere else expressed enthusiasm about Marino, and the reference may be to Shakespeare's *Venus and Adonis.*

2056. *Zur Poesie. 1802. I* (leaf 7): 'Drei Zeitalter in der deutschen Poesie – 1) Die Edda, Niebelungen. 2) die schwäbischen 3) Böhme und Shakspeare.' *Zur Poesie. 1802. II* (leaf 12): 'Shakspeare durch historische und wissenschaftliche Construction der Fabel schon ganz zu Jakob Böhme; dazu auch die tiefe Charakteristik.'

2060. The sign in the text is a parabola, which can be considered as an ellipse with one focal point at a finite distance ('die sichtbare Handlung'), while the other one is at infinity ('der unsichtbare Pol').

2069. 'Duplicität', *cf. L.N.* 434, 1728, 2029.

2072. *Cf. L.N.* 1079, 1079*.

2074. *Galatea,* a romance, *Numancia,* a play by Cervantes; *cf. L.N.* 1639.

2075. Clement Marot (1496–1544), French poet.

2076. *Cf. L.N.* 2099, 2099*.

2085. *Ahudesa,* see *L.N.* 1257*.

2086. *Cf. L.N.* 2117.

2089. *Studiumaufsatz* (M. i, 99): 'So wiederhohlen viele Thierarten stets dasselbe Geräusch, gleichsam um der Welt ihre Identität bekannt zu machen – sie reimen.'

2091. A. W. Schlegel (*Vorlesungen über schöne Litteratur und Kunst, loc. cit.,* xvii, 156): 'Den Alten ist in allen ihren Kunstwerken die Reinheit und Strenge der Absonderung, die Einfachheit, die Beschränkung auf das Wesentliche, die Isolirung, das Verzichtleisten auf materielle Reize eigen, die ... besonders im Wesen der Bildnerey liegen; die Neueren hingegen suchen wie die Mahlerey den Schein, die lebendigste Gegenwart, und begleiten den Hauptgegenstand ihrer Darstellung mit echappées de vue ins Unendliche.' *Cf. ibid.,* xviii, 6 f. and *Vorlesungen über dramatische Kunst und Litteratur* (Leipzig, 1923), p. 8. F. Schlegel felt somewhat diffident about his own generalisations on this subject, and, as the following quotations show, continued to revise them. *Zur Poesie. 1802. II* (leaf 7): 'Das deutsche Romantische ist offenbar = Architekt[onisch], Plast[isch].' *Ibid.* (leaf 14): 'Auch in der alten Poesie ist Pictur neben der Plastik, aber nicht so Musik. Diese also eigentlich die Unterscheidung des neuen Rom[antischen]? – Zweifel. In d[em] alten vielleicht Plast[ik] + Mus[ik] nur nicht Pictur – in dem Persischen Arabischen gar kein Kunstcharakter.' – *Zur Poesie und Litteratur. 1808. I* (leaves 10–11): 'Die Kunstform kann wohl nicht getrennt werden.

Dasselbe Gedicht was pict[oriell] muß auch architekt[onisch] und musikalisch sein. Es giebt nur drei poetische Formen; Die Kunstform, die Naturform (oder die enthusiastische) und die Witzesform; die mythische, zum Theil auch die Shakespearsche. Es giebt nur drei Dichtarten, die mythisch-epische, die lyrische, und die dramatische ... Pindar ist ein lyrischer Dichter in der Kunstform; Petrarca ein lyrischer Dichter in der Witzesform. Beides doch nicht befriedigend. Die wahre Form für die lyrische Poesie ist also wohl die Naturform.' – *Zur Poesie und Litteratur. 1811. II* (p. 17): 'Das dramatische Gedicht soll der vollkommenste Verein des ἔπος und der Rhetorik seyn. Im prosaischen Roman hingegen muß die Form der Künste Mus[ik] Pict[ur] Archit[ektur] ... angewendet werden, um sich von der Hist[orischen] Darstellung zu unterscheiden.' *Cf. L.N.* 1619, 1629, 1643, 1709, 1734, 1859, 1903, 1962, 2097, 2101, 1872*. – Schlegel had considered the fantastic to be a distinguishing feature of modern poetry even at the time of the *Studiumaufsatz*, but did not find it easy to decide to which feature of ancient poetry this was opposed. Thus he writes in *Poesie und Litteratur. 1811. I* (p. 11): 'Von der Kunstpoesie giebt es bis jetzt nur ganz große Erscheinungen, das alte Trauerspiel (mit Inbegriff des Pindar und Aristophanes) und das neuere romantische oder christliche Gedicht; selbst Calderon und Shakspeare gehören zu diesem, nicht minder Camoëns. Das erste ist *absolut* Eleg[isch], das andre *absolut* Fant[astisch], und so möchte sich der Gegensatz des Antiken und Romantischen allerdings auf eine sehr große Weise bewähren.' It will be remembered that Schlegel had previously found the *Roman* elegiac, i.e. the typical form of the moderns (*L.N.* 751).

2093. 'Silberblick', the fulguration of silver, i.e. the brightening or iridescence appearing on silver for a short time at the end of the refining process. Schlegel, Thümmel, Baader, Schleiermacher, Tieck, Jean Paul a.o. used this expression to denote a particularly striking moment. (*Cf.* Kluckhohn, *Auffassung*, p. 549 and Grimm, *Deutsches Wörterbuch*, X. i, 989.)

2099. *Zur Poesie. 1803. II* (leaf 11): 'Goethe ist eine Synthese von Racine und Shakspeare.' *Zur Poesie und Litteratur. 1808. I* (leaf 2): 'Deutschen Geist hat er [Goethe] nicht, wohl aber eine Verbindung des Englischen und des französischen Geistes, eines schwächeren Shakspeare mit einem bessern Voltaire.' *Gesch.d.a.u.n.Litt.* (ii, 316 f.): 'In Rücksicht auf die Kunst hat er [Goethe] vielen mit Recht als ein Shakspeare unsers Zeitalters gegolten... In Rücksicht auf die Denkart aber ... könnte unser Dichter auch wohl ein deutscher Voltaire genannt werden ...' *Cf.* Josef Körner, *Romantiker und Klassiker* (Berlin, 1924), p. 181.

2103. μεσότης, *cf.* Dion. Halyc., *Vett.Cens.* ii, 11, v. 2.

2108. *Cf. L.N.* 188*.

2112. J. A. Fabricii *Bibliotheca Graeca*, vol. vi (Hamburg, 1714), p. 509: 'Constantini Porphyrogeniti jussu etiam atqve auspiciis Martyria & *vitas Sanctorum* non Orientalium tantum ut visum Joanni Molano, sed qvorumvis qvas nancisci potuit conscripsit SIMEON Magister & Logotheta, cognomento METAPHRASTES, ita enim appelatus est, qvod plerasqve vitas ... ab antiqvioribus scriptas μετέφρασε & paullo alio habitu induit.' – The note concerning Joh. Moschus is based on J. A. Fabricii *Bibliotheca Graeca*, vol. ix (Hamburg, 1719), pp. 21 f., where Moschus' death is, however, stated to have occurred in 620.

2126. 'Kosmogonie', 'Aurora', 'Fantasien', works planned by Schlegel; cf. *L.N.* 2027*.

2134. Schlegel himself used this form, e.g. in 'Spruch' (*S.W.*[1], viii, 126).

2140. *Zur Poesie und Litteratur. 1812* (leaf 37): 'Offenbare und höchst sonderbare Trennung der altdeutschen Poesie für Kinder (Mährchen), Frauen (Novellen und Buch der Liebe), Kriegsleute und Lanz-knechte (Heldenbuch) und geistliche Gedichte noch insonderheit. Eine Trennung die doch eigentlich unnatürlich ist.'

2141. Schlegel thought of depicting the life of the Greeks, the Arabs and the Egyptians each in a separate work, *Hercules*, *Omar* and *Maria*. Cf. *L.N.* 2027* and the notes edited by Ernst Behler in *Philosophisches Jahrbuch*, 1956, pp. 264, 266.

2149. *Amoretes* (Catal.), endearments or signs of love; here probably 'love poems'.

2150. Manuel de Faria y Sousa (1590–1649), Portuguese historian. The first edition of the *Epitome* is dated Madrid, 1626. – Francisco de Moraes, *Palmeirim de Inglaterra*, 1544; 4th Portuguese edition, Lisbon, 1786.

2160. Cf. *L.N.* 2056*.

2164. Cf. *L.N.* 1765*.

2169. *Sainetes*, farces.

2170. Probably Chr. Aug. Fischer, whose *Reise von Amsterdam über Madrid und Cadiz nach Genua in den Jahren 1797 und 1798* (Berlin, 1799) had been published by a good acquaintance of Schlegel, J. F. Unger.

APPENDIX

FOUR REVIEWS

APPENDIX

INTRODUCTORY NOTE

In Minor's edition of Schlegel's *Prosaische Jugendschriften*, four reviews are missing, which have been reprinted here as the original texts are difficult to obtain.

The review of Bürger's *Akademie der schönen Redekünste* was Schlegel's first publication. Schlegel was identified as its author by Oskar Walzel, who reprinted it in the *Zeitschrift für Österreichische Gymnasien* (vol. ix, 1899, pp. 485–93). A second reprint seemed desirable as this periodical is just as difficult of access outside Austria as the original article. The text was divided into paragraphs by the present editor.

Josef Körner has drawn attention to the reviews of Schlosser's *Schreiben an einen jungen Mann* and of Stolberg's *Auserlesene Gespräche des Platon*, which appeared anonymously in Niethammer's *Philosophisches Journal*.[1] The first of these reviews is even more vitriolic than the attack on Schlosser's book Schlegel published in Reichardt's *Deutschland* under the title *Der deutsche Orpheus*, but it is quite clearly by the same author. According to Josef Körner,[2] it is the review in the *Philosophisches Journal* to which Schiller refers in his letter to Goethe of 16 May 1797.[3]

Schlegel commented on Stolberg's Plato in a letter to Böttiger as early as 30 March 1796, before the second volume of this work had appeared: 'Ich möchte für Stolbergen gern wenigstens einen Theil des Plato retten. Die κακομουσie dieses απειροκαλος, ich meyne den heillosen Einfall, die Platonischen Gespräche, die so behandelt werden müßten wie die Horazischen Briefe von Wieland, so nackt in die Welt hinauszustoßen, hat meine ganze Irascibilität entzündet. Er übersetzt aber lesbar genug, um mir die Freude zu verleiden. Im Meysten habe ich gute Anlage und die bildende Hand eines großen Meisters erkannt. Am Anfange und Ende viel Gutes: sed reliqua ραθυμοτερα. p. 64 ein böser Fleck, der Grund der Irrthümer in der Mitte z[u] vom Zweck und den Paradoxen der Plat[onischen] Rep[ublik] nicht glücklich.'[4] It might be conjectured

---

[1] *Briefe von und an Friedrich und Dorothea Schlegel* (Berlin, 1926), p. 404.

[2] 'Bibliographisches Nachwort', R. Haym, *Die romantische Schule*, 5th edition (Berlin, 1928), p. 943.

[3] 'Haben Sie nun die Schlegelische Kritik von Schlossern gelesen? Sie ist zwar in ihrem Grundbegriff nicht unwahr, aber man sieht ihr doch die böse Absicht und die Parthey viel zu sehr an.'

[4] *Archiv für Litteratur-Geschichte*, vol. xv, p. 404.

from this that Schlegel's attack on Stolberg was not entirely divorced from his desire at some time in the future to publish his own translation of Plato.

Schlegel's review of Böttiger's specimen for an edition of Terence has been noted by L. Lier.[1] It was written at Böttiger's request,[2] with whom Schlegel wanted to keep on good terms at that time.

1 *Ibid.*, vol. xiii, pp. 564 f.
2 *Ibid.*, vol. xv, pp. 420, 421.

BERLIN, in der akadem[ischen] Kunst- und Buchh[andlung]:
Akademie der schönen Redekünste, herausgegeben von *G. A.
Bürger*. Ersten Bandes erstes bis drittes Stück. 1790. 1791.
340 S. 8. (1 Rthlr.)

[*Allgemeine Literatur-Zeitung*, 26 April 1792, nr. 107, col. 169–176.]

Diese neue periodische Schrift umfaßt das ganze Gebiete der Poesie und
Beredtsamkeit, den historischen Roman selbst nicht ausgeschlossen. Auch
kritische und historische Abhandlungen über den Geist, den Zustand und
die Wirkung der Poesie, so wie über einzelne Produkte der schönen
Redekünste hat der Herausgeber in seinen Plan aufgenommen. Das erste
Stück öffnet sich mit einem Gedichte von ihm, das die Aufschrift führt:
Gebet der Weihe. Man kennt den bittern, dabey übermüthigen, Ton und
die ärgerliche Laune, die leider in den meisten neuen Arbeiten des
sonst so vortrefflichen Dichters herrscht, und auch gegenwärtiges
kleine Gedicht trägt diesen widrigen Charakter. Es heißt ein *Gebet*;
allein fast scheint es unserm Priester des Apollo zu gehen, wie gewissen
andern Priestern; sie können nicht beten, ohne zu fluchen. An die Bitte
um den Schutz der Gottheit schließt sich immer die Auffoderung:
schütte deinen Grimm – und wird die Bitte nicht gleich erhört, so schütten
sie selbst ihren Grimm auf ihre wirklichen oder eingebildeten Wider-
sacher. Göttin, redet der Dichter die Muse an,

> Göttin, wir baun dir ein Haus, zwar klein wie ein Hüttchen des
>   Weinbergs,
> Dennoch nur dir allein, und deinem Dienste geheiligt.
> Denn uns enget den Raum das Gewühl der Wechsler und Krämer
> Und der Kärrner, die uns aus jeglicher Zone der Erde
> Struppigen Plunders viel zukarren, der uns nicht noth thut;
> Enget ein zahlloser Troß der Schnabel aufsperrenden Neugier,
> Und der Sammler von Lumpen, aus denen nimmer ein Blatt wird,
> Und von Pflocken und Fäden, die keiner verspinnt und verwebet;
> Engt ein gefausteter Schwarm Betrunkener, welcher zur Pflege
> Aller Laternen um Kirch', um Schloß, um Rathhaus und Marktplatz
> Hoch berufen sich wähnt, allein das leuchtende Flämmlein
> Bald mit Gestank auslöscht – ein süßer Geruch dem Despoten! –
> Bald zum Brand', erwünscht für Mord und Plünderung, anfacht.

Rec[ensent] müßte sich sehr irren, wenn ein großer Theil der Leser,
nicht die unangenehme Empfindung theilen sollten, die dieser wilde,

20—S.L.N.

leidenschaftliche Ausfall bey ihm hervorbrachte. Die Unbestimmtheit, mit der er ausgedrückt ist, macht ihn doppelt ungerecht. *Wer, wo* sind diese literarischen Mordbrenner? Was hat das harmlose Völkchen der Sammler, Uebersetzer dem Dichter gethan? Nicht alles, was sie zusammenkarren, ist Plunder, und was H[err]n B[*ürger*] nicht noth thut, das kann doch sonst seinen großen Nutzen haben, und hat ihn gewiß. Gemeinen Menschen verzeiht man so schiefe, einseitige Urtheile; höchst unangenehm aber ist es, einen Mann von Geist, und sicherlich nicht verkanntem Verdienst, eine solche Sprache führen zu hören.

2. Apollo, eine Deutung von *F. Bouterweck*. Sie is ziemlich gezwungen. Der mythische Begriff von diesem Gotte soll alles enthalten, was Poesie sey, gelte und leiste. Apollo war schön, und ohne Schönheit giebt es keine Poesie – Apollo genoß einer ewigen Jugend, und Jugend ist die Poesie des Lebens. Er lebte als Hirt eine Zeitlang unter den Menschen, und wer ein Dichter werden will, muß vor allen Dingen die menschliche Natur recht lieb haben. Apollo liebte seine Daphne, und Liebe ist eine unversiegbare Quelle der Poesie; A[pollo] war ein Arzt, gab Orakel, kämpfte mit den Drachen, und Poesie heilt die Wunden des Herzens, zerstreut Sorge und Unruhe, bekämpft das Ungeheuer des Egoismus durch melodische Sympathie. – Doch H[er]r B[*outerweck*] nennt diesen Aufsatz selbst nur ein *Spiel auf dem Wege des Emblems*. Auch wäre es gar keine üble Satire auf das Verfahren gewisser, selbst in Deutschland noch nicht ausgestorbener Exegeten.

3. Ariadne, von *A. W. Schlegel*. Dieses oft schon benutzte Süjet hat unter der Behandlung dieses talentvollen, jungen Dichters neuen Reiz und Interesse gewonnen. Einige Züge sind dem Ovid, aber verschönert, nachgebildet. Der Ausdruck hat Kraft, Leben und Geschmeidigkeit, die Verse besitzen einen oft zauberischen Wohlklang, wie bloße Uebung und Kunstfleiß ihn nie erreicht. Dieser feine Tact, dieses leise Gehör ist eines der wesentlichsten Ingredienzen des wahren poetischen Genies. Nur diesem gelingen Verse wie folgende Strophen sind:

> Während Bacchus so in stiller Grotte
> Afroditens goldne Früchte stahl,
> Harrt' auf ihn am Wiesenborn im Thal
> Zechend seine weinbelaubte Rotte.
> Ahndung von des Gottes hoher Lust
> Hatte jetzt gewaltig jede Brust
> Uebermannt, sich jedes Sinns bemeistert,
> Alle Zungen wild begeistert.
>
> Evoë, du starker Nymfenzwinger!
> Also scholl ihr Dithyrambus laut,
> Jubel deiner göttergleichen Braut,
> Und Triumph dir, großer Thyrsusschwinger!

Hast du nicht sie glorreich unterjocht,
Daß ihr zartes Herz voll Inbrunst pocht,
Daß, von tausend Wonnen überschüttet,
Lispelnd sie um Gnade bittet?

Doch du selbst, Gigantenüberwinder,
Gabst dem Mädchen dich entwaffnet hin.
Ha! Gefesselt hat sie Kraft und Sinn
Dir, du wunderstarker Sinnenbinder!
Lechzend pflückst du, was ihr Mund dir beut,
Diese Frucht voll Himmelsüßigkeit.
Gleicht die Traub in Chios Weingefilde,
Gleicht sie ihrem Kuß an Milde?

Preis dem Bacchus! Tanzt im Festgetümmel,
Evoë und schwingt den Thyrsusstab,
Tanzet hügelauf und thalhinab!
Unsre Feyer schalle bis zum Himmel.
Seht, schon tanzt dem hochzeitlichen Chor
Luna uns mit heller Fackel vor;
Evoë, wie an den lichten Höhen
Jauchzend sich die Sterne drehen !!

und die beiden Schlußstrophen:

'Ariadne! Geberin der Wonne!
Sterblichen geziemt der Kummer nur:
Aber du, bey meinem höchsten Schwur!
Sollst unsterblich glänzen, wie die Sonne.
Stammst du nicht aus meines Vaters Blut?
Auf dann! komm' und hege Göttermuth!
Führen will ich dich zu Jovis Throne,
Gottheit fodern, dir zum Lohne;

'Dir zum Lohne will ich Gottheit fodern,
Ew'ge Schönheit, ew'gen Jugendglanz;
Deiner Scheitel halbverwelkter Kranz
Soll zum Denkmal bey den Sternen lodern.'
Also sprach er: ihn und seine Braut
Grüßten neue Dithyramben laut.
Beide wurden schnell auf raschem Wagen
Zum Olymp emporgetragen.

4. FRAGMENTE VOM GRIECHISCHEN UND MODERNEN GENIUS. Ein Parallel-
versuch, an Vater *Gleim*, von *F. B[outerweck]*. Die hier vorgetragenen
Bemerkungen sind zum Theil schon mehrmals gemacht worden, und
zum Theil ergeben sie sich jedem nur einigermaßen aufmerksamen

Vergleicher der poetischen Producte beider Nationen. H[err]n B[outer-
weck] gehört indeß das Verdienst, sie in Verbindung gebracht, weiter
ausgeführt, und auf eine angenehme Weise, nur in eine zu geschmückte
Sprache, eingekleidet zu haben. Ueber die Poetik des Aristoteles so
schnöde abzusprechen, als der Verf[asser] gethan hat, ist wahre Vermes-
senheit. Die Urtheile eines *Lessing*, *Herder*, etc. hätten ihn wenigstens
zu gemäßigtern Ausdrücken veranlassen sollen. 'Aristoteles wäre nie auf
den Begriff von Poesie gekommen, wenn es nicht vor ihm Dichter gegeben hätte; Grund genug, warum er davon hätte schweigen sollen.' Eine
solche Behauptung widerlegen, hieße ihr mehr Ehre erzeigen, als sie
verdient. Sehr richtig hingegen scheint uns der Grund angegeben,
warum heut zu Tage das Genie auch Unsinn von sich giebt, eine in
Griechenland unerhörte Sache. Allein wie abentheuerlich ist der Ausdruck: 'Das warme, ehrliche, unbefangene Menschengefühl wird durch
eine methodische Kunsttugend zu Grunde gerichtet. Unser *Empfindungs-
gewebe* ist, wenn ichs sagen darf, aus *Seide* und *Bindfaden* geflochten!'
Der Nationalsinn der Griechen neigte sich weit weniger zum Komischen,
als unser moderner Volkssinn. S. 65. 'Menschen von warmem Herzen
mögen mit unter recht gern lachen; aber Menschen von eiskaltem Herzen
mögen nichts als lachen. (Wie wahr!) So sehr der komische Witz sich mit
lebhafter Imagination verträgt, so wenig verträgt er sich dauernd mit
feuriger Imagination. Deswegen ist er auch das Erbtheil des gemäßigtern
Nordens. Ein mittelmäßiges komisches Geistesproduct kömmt bey uns
weit leichter in allgemeinen Umlauf, als ein vortreffliches ernsthaftes.'
Eben so richtig bemerkt, als gut gesagt, ist folgende Stelle: 'Es ist so
etwas unbeschreiblich Absichtloses in der griechischen Poesie! Man sieht
nie, daß sie es auf unser Herz anlegt. Sie zieht uns in ihre Fesseln, wie ein
unschuldiges Mädchen. Unsere Poesie (und auch schon die römische) ist
eine Kokette, an der, bey aller Schönheit,[1] die Gefallsucht misfällt. Den
modernen Genius hört man gehen. Der griech[ische] kömmt, wie sichs
für einen Geist ziemt, leise in seiner Kraft.' Der Raum verbietet mehr
ähnliche Stellen auszuzeichnen: eine indeß (S. 76) können wir nicht
übergehen. Sie scheint hart, ist aber buchstäblich wahr: 'Es giebt
zweyerley Interesse, ein I[nteresse] der Sympathie und ein I[nteresse]
der Neugier. Jenem liegt an Situationen, diesem an Ueberraschung und
Intrigue; jenes begnügt sich, den Dichter oder seine handelnden Personen im Gang ihrer Empfindungen Schritt vor Schritt zu begleiten,
dieses genießt der Erwartung statt des Erwarteten; jenes freuet sich der
Wahrheit, dieses der Wendung des Gedankens, und da doch Mitempfinden
die Menschheit und Neugier die alten Weiber auszeichnet, so könnte man
jenes das I[nteresse] der Menschheit, und dieß das *Alteweiberinteresse*
nennen. Wers nicht glauben will, daß dieses letztere das moderne herrschende I[nteresse] ist, der höre doch nur die gangbaren Urtheile

---

[1] In Schlegel's review, but not in the original essay, the misprint
'Schönsucht'.

über beliebte Geisteswerke: *Das ist der Mann! der weiß die Erwartung von einem Ende des Buchs bis zum andern zu spannen! Es kommt immer anders, wie man meynt!* Ihr Armen! und wenn ihr's nun wißt, wie es kömmt, was habt ihr dann noch? Der Grieche wußte den Inhalt der Schauspiele immer vorher. In der Ilias fand er keine Begebenheit, die er nicht schon als Kind hätte erzählen hören. Aber die Situation vor sich zu sehen, lebendig vergegenwärtigt in sich zu fühlen, das war der erwünschte Genuß, den ihm die Kunst gab; und darum las und hörte und sah er sich nicht beym ersten Mahl müde.'

5. KLEINE GEMÄHLDE von *Xy.* Zum Theil ganz artig, doch ohne hervorstechende Schönheiten. Verschiedne Stellen sind sehr verkünstelt: z.B.

> Sie schweigen jetzt, die sonst so fröhlich waren. –
> Der *Sprache* sorgenlose *Traulichkeit*
> *Erblödet* nun, und scheint sich selbst zu kühn,
> Und stockt im ersten Strom und *mäntelt* sich
> In der *Beschämung zarte Rosenhülle.*

ZWEYTES STÜCK. 1. SZENEN AUS GRAF DONAMAR, einem ungedruckten Roman. Der erste Theil desselben ist seitdem ganz erschienen, und soll, wie der Verleger versichert, mit außerordentlichem Beyfall aufgenommen worden seyn. Dieses Probestück erregt keine hohe Erwartung, verspricht jedoch mehr, als gewöhnliches Machwerk. Die Sprache hat zuviel jugendliche Ueppigkeit, und der bildliche Ausdruck zu wenig Correctheit. Z.B. 'von warmer, süßer Wollust *durchduftet*; ein Verstand, der mit *Ketten der Finsterniß gebunden* ist. – '

2. UEBER DIE KÜNSTLER, ein Gedicht von *Schiller.* Das Dunkel, welches auf einem Theil dieses sonst vortrefflichen Gedichts ruht, wird durch diesen Commentar nur wenig vermindert; übrigens enthält er einige gute Bemerkungen und treffende Kritiken. In dem, was der Verf[asser] über eine höhere bisher übersehene Gattung der didaktischen Poesie sagt, liegt etwas wahres, nur ist es nicht mit genugsamer Deutlichkeit und Bestimmtheit entwickelt, um eine Prüfung zuzulassen, bey der man sicher wäre, den Verf[asser] nicht mißzudeuten. Freylich sind *philosophische* und *poetische Wahrheit* verschieden; allein wenn man letzterer eine solche Ausdehnung giebt, wie hier geschieht, so entsteht nothwendig eine gänzliche Verwirrung des Begriffs, und man sieht nicht, an welchen Kennzeichen sie sich nun noch von Unsinn, Schwärmerey, den wesenlosen Träumen eines Schwedenborg u.s.w. unterscheiden lassen könne: 'die poet[ische] Wahrheit, heißt es S. 132, ist freylich keine W[ahrheit], die noch in dürren Buchstaben syllogistischer Formen bestünde: aber Wahrheit für die, welche den Dichter fassen, weil ihr Geist mit dem seinen übereinstimmend denkt und fühlt. Dem schöpferischen Genie bildet die Natur alles in großen idealischen Zügen vor. *Seine* Wahrheit

ist von der des kältesten Denkers am weitesten verschieden.' Sollte dieß mehr als ein Spiel mit dem Worte *Wahrheit* seyn? In welchen ganz eigenen Bedeutungen die Verf[asser] oft die Worte braucht, kann man daraus sehen, daß er dem Bilde in folgenden Schillerschen Versen:

> Fern dämmert schon in eurem (der Künstler) Spiegel
> Das kommende Jahrhundert auf –

'die *heiterste Anmuth*' beymißt.

3. LA VALLIERE. Ludewig des 14. Geliebte. Dem historischen Factum, das bey diesem kleinen Halbroman zu Grunde liegt, fehlt es nicht an Interesse, und dieses ist durch die geschickte Behandlung noch verstärkt worden. Nur wäre dem Vortrag weniger künstliche Wärme und Prätension zu wünschen. Die Begierde, auch durch eigne Sprachbildungen Originalität zu zeigen, verführt in unsern Tagen manchen guten Kopf zu Singularitäten, die dem Genius des Deutschen durchaus zuwider sind, z.B. der *weichgerundete* Arm.

DRITTES STÜCK. I) BELLIN, erster Gesang, von H[err]n *Bürger*. Der Stoff dieses Gedichts ist eine der schönsten, aber auch schlüpfrigsten, Episoden des *Orlando furioso*, (28. Gesang) die die meisten Leser wenigstens aus der treflichen Nachahmung des La Fontaine (Joconde) kennen werden. Ob und wie der deutsche Dichter seinen Vorgängern den Rang ablaufen werde, aus dieser kleinen Probe entscheiden zu wollen, würde sehr voreilig seyn. Zur Versart hat H[er]r B[ürger] die ottave rime gewählt, und sich durch die Schwierigkeiten derselben mit einer Kunst und Geschmeidigkeit gewunden, die gleich in den ersten Stanzen den Meister verräth. Desto mehr sticht dagegen die Ungleichheit des Ausdrucks ab, der bald so edel und gewählt, als möglich, ist, bald weit unter den vertraulichen Erzählungston, bis zum Gemeinen und Platten herabsinkt. So natürlich und kunstlos Ariosts und La Fontaines Sprache ist, so rein ist sie doch, von Ausdrücken, wie folgende: *die Nägel schartig kratzen*, *Fratzen*, *sich von Sinnen kollern*, *kollertoll*, *Sylbenpinseley* (welch ein Wort!), *es hagelt Fragen, er hockt* zwischen seinen Pfosten, *Pips* u.d.g. – H[er]r B[ürger] macht seinen Bellin (Ariosts Giocondo) zu einem Dichter, und dieser Umstand veranlaßt eine schöne Apologie der Dichtkunst und der Dichter, die sich nur in Munde des Erzählers besser ausgenommen haben würde, als im Munde des geckenhaften Königs. Man braucht nicht schadenfroh zu seyn, um H[err]n *Campe* die kleine Züchtigung zu gönnen, die er durch seine ungerechten und einseitigen Urtheile über die Poesie verdient und hier erhalten hat:

> Der Poesie spricht zwar Herr Heinrich Campe,
> Der Rathpapa, nicht allzuviel zu gut;
> Beleuchtet sie mit der bewußten Lampe
> Der Aufklärung, und warnt sein junges Blut.

Ihm gilt es mehr, was etwa Heinrich Hampe,
Der Collecteur, der Welt zum Besten thut,
Deß Nahrungsfleiß in Briefen unfrankiret
Die halbe Welt mit Losen bombardiret.

Doch, deucht mir, hat der Schach der Pädagogen,
Wiewohl recht gut bezahlt für Rath und That,
Des wackern Volks noch nicht so viel erzogen,
Als Poesie umsonst erzogen hat.
Drum blieb ihr auch der Weise stets gewogen,
Was auch Jack Spleen oft nach ihr schlug und trat u.s.w.

II. Ueber des Dante Alighieri göttliche Comödie. H[er]r *Schlegel* macht hier einen Versuch, diesen in seinem eignen Vaterlande wenig gelesenen Dichter in Deutschland bekannter zu machen. Rec[ensent], ein warmer Verehrer dieses großen Genies, hat diesen Aufsatz mit Vergnügen gelesen, allein er zweifelt sehr, daß H[er]r S[*chlegel*] *jetzt* bewirken werde, was *Meinhard* vor dreyßig Jahren nicht konnte, die Deutschen zu bewegen, sich mehr mit diesem schweren Dichter zu befassen, der studirt, und nicht bloß gelesen seyn will. Daß H[er]r S[*chlegel*] von diesem seinen Vorgänger kein Wort sagt, hat den Schein der Affectation. Auch ist er oft sehr schneidend in seinen Urtheilen. Den greuelvollen Zustand Italiens im 13. Jahrh[undert] zieht er dem jetzigen weit vor. 'Denn, sagt er, damals konnte die Nation noch alles werden; jetzt ist sie *gewesen, was sie werden konnte.*' Daß aus den ital[iänischen] Bibliotheken viel zu einer vollständigern Biographie des D[ante] zu holen seyn sollte, ist doch nur Vermuthung, und nicht sehr wahrscheinliche. Wenn das von dem Dichter selbst aufgesetzte Leben auch noch so historisch treu wäre, und nicht, wie es weit mehr das Ansehn hat, ein kleiner Liebesroman wäre; so würde es doch auf seinen Geist und seine Denkungsart eben nicht viel Licht verbreiten. So denkt, so empfindet, so schwärmt, mit geringer Verschiedenheit, jeder Jüngling von Geist, feuriger Phantasie und gefühlvollem Herzen. Daß D[antes] Hauptzweck bey Verfertigung der göttlichen Comödie gewesen, seiner Beatrice ein Denkmal zu setzen, ist eine sehr kecke Hypothese. Freylich wollte D[ante] – dieß sagt er selbst ausdrücklich – das ganze Universum mit seinem Gedichte umfassen; aber wie folgt daraus, daß er (wie H[er]r S[*chlegel*] mit einer sehr gezwungenen Wendung sagt) dieß bloß darum gethan habe, um seine B[eatrice] in *aller Glorie der Himmel* auftreten zu lassen? Dazu wäre es am letzten Theil des Gedichts genug gewesen. Die sehr oft mehr, als kühnen und freymüthigen Urtheile, die D[ante] sich über die größten Personen seiner Zeit erlaubt, findet H[er]r S[*chlegel*] 'bewundernswerth, wenn er bedenkt, daß D[ante] seiner bürgerlichen Existenz beraubt, unstät, abhängig, und beynah zum Betteln verdammt war': er neigt sich dann 'vor seinem Bilde.' Rec[ensent] begreift nicht,

wo das Große und Bewundernswerthe in diesen leidenschaftlichen Auf-
wallungen liegen soll, in denen sich zwar oft viel Geist, aber auch nicht
minder Bosheit zeigt. Und wie höchst seltsam ist der Grund, aus dem
Herrn S[chlegel] diese Invectiven so ehrwürdig erscheinen! Daß ein
Flüchtling, ein Mann, der nichts zu verlieren hat, auch seinen Ausdrücken, und seiner Freymüthigkeit keine Schranken setzt, das ist so
wenig groß, als es ungewöhnlich ist. Im Gegentheil erst dann würde es
Muth und wahre Seelengröße verrathen haben, wenn D[ante] als ein
reicher, angesessener, in Staatsgeschäfte verflochtener Mann, im Schooße
des Glücks, mit ungekränktem Ehrgeiz diese Sprache geführt hätte. –

In der Uebersetzung der ausgehobenen Stellen hat H[er]r S[chlegel] die
Versart des Originals nachzubilden versucht, nur daß er hier und da eine
Zeile ohne Reim unterlaufen läßt. Dieser Zwang hat ihn gehindert, den
Sinn des Originals immer ganz richtig und klar wiederzugeben. So gleich
im Anfang des ersten Gesangs, wo Dante von dem Wald spricht, in dem
er sich verirrt habe:

> – wie des Waldes rauh verwachsne Wildniß
> Beschaffen war, ist mir zu sagen schwer,
> Denn meine Furcht erneuert noch sein Bildniß.

Brachte die Furcht diese Wirkung hervor, so mußte ja dem Dichter die
Beschreibung leicht werden. H[er]r S[chlegel] construirt wahrscheinlich:
Sein Bildniß erneuert meine Furcht: allein ist dieß erlaubt? Den sonderbaren Ausdruck *Bildniß* vom Walde, und das ganze zweydeutige Dunkel
hat der Reim erzeugt.

Wer die Verse des Originals: (die Inschrift des Thors der Hölle)

> *Per me si va nelle città dolente:*
> *Per me si va nell' eterno dolore – –*

nicht kennt, und H[err]n S[chlegels] Uebersetzung derselben liest:

> Durch mich gehts in das wehevolle Thal,
> Durch mich gehts zu den ausgestoßnen Seelen,
> Durch mich gehts in die Stadt der ewgen Quaal.
> Mich schuf mein Meister aus gerechtem Triebe,
> Es machte mich die göttliche Gewalt,
> Die höchste Weisheit und die erste Liebe.
> Vor mir war nichts Erschaffenes zu finden
> Als ewges nur, und ewig währ auch ich.
> Ihr, die ihr eingeht, laßt die Hoffnung schwinden u.s.w.

der wird schwerlich ahnden, daß diese Zeilen in Italien mit Recht
unter die erhabensten des ganzen Gedichts gerechnet werden. Das
Deutsche ist nichts weniger als schlecht, aber wo ist die magische
Harmonie des Originals?

III. La Valliere. Schluß.

IV. Panegyrikus oder flüchtige Standrede zu Ehren der wohl-
löblichen Uebersetzergenossenschaft im heil[igen] römisch[en]
deutschen Reiche. Ironie ist ein zartes Werkzeug, das geschickte Hände
fodert, und die des H[err]n *Xy* scheinen nicht die gelenkigsten zu seyn.
'Gelehrt seyn, heißt, mehr wissen, als andere. Wissen ist das Gegentheil
vom Denken. Wer also mehr als andere weiß, ohne dabey zu denken, ist
ein wahrer Gelehrter.' Die Zeiten, in denen dieß mehr als ein Streich in
die Luft gewesen wäre, sind vorbey. *Xy* persiflirt die armen Uebersetzer,
da er doch eher dem Publikum den Text lesen sollte, ohne dessen
Unterstützung jene ihr Gewerbe bald würden aufgeben müssen.

V. Cäsar am Rubiko. Monolog von *F. B*[*outerweck*].
            – – Bebt das Herz,
        Das stillen, gleichen Schlags im Blutgewühl
        Des Geistes leisen *Flügelschritt* nicht störte? – –
                – – Cäsar! Cäsar!
        Ein jeder Wassertropfen, den dein Fuß
        In diesem kleinen Bache trübt, fließt nieder
        Zum Tartarus und lehrt Verdammte, stolz
        Sich in die Brust zu werfen, wenn sie nicht,
        Wie ich, durch Undank sich versündigten – – –

Solche frostige Concetti, solch pomphafter Nonsens sollte einem Cäsar, und
bey einer *solchen* Gelegenheit in den Sinn gekommen seyn? Das ist mehr,
als wir H[err]n *F. B*[*outerweck*] glauben können.

VI. Drey Fabeln. Von dems[elben]. Von den beiden ersten sind die
Ideen sehr verbraucht. Aus der dritten hätte eine gute Fabel werden
können: allein der Ausdruck ist auch hier riesenmäßig, über dem Gegen-
stande und dem Ton der Gattung. Z.B.: 'Der (das) stolze Münster, der
(das) schon
        Jahrhunderte sich mit dem Himmel mißt!!'

J. G. Schlossers Schreiben an einen jungen Mann, der die kritische Philosophie studiren wollte. Lübeck u. Leipzig, b[ey] Bohn u. Comp. 1797. 8.

[*Philosophisches Journal,* vol. v (1797), pp. 184–191.]

Schlosser fühlte von jeher einen gewaltigen Drang, auch ein außerordentlicher Schriftsteller zu seyn. Nur durch eisernen Fleiß und durch die strengste Zucht hätte er, bei der Gemeinheit und breiten Art seines Geistes, doch vielleicht ein nützlicher Arbeiter in den niedern Gegenden des gelehrten Gebiets werden können. Aber er wollte glänzen, nicht arbeiten. Weil es dazu an eignem Verdienst gebrach, so ergriff er die Partie, leidenschaftlich wider alles zu eifern, was eben, mit Recht oder Unrecht, am meisten galt. Ein gefährlicher Weg, auf dem weit bessere Köpfe verdorben sind! – Er bildete sich ein, die Welt 'an den seidnen Fäden (Kl[eine] Sch[riften] VI, 224) der ChristusReligion,' d.h. des Schlosserschen Aberglaubens, lenken zu müssen, und hofmeisterte das ganze Zeitalter, wie einen Untergebenen, der seine Schuldigkeit nicht gethan hat. Bei dieser einmal zur festen Gewohnheit gewordenen Richtung, war es beinah unvermeidlich, daß die französische Revolution dem beschränkten Verstande des unglücklichen Mannes eine unheilbare Wunde versetzen mußte.

Hätte Sch[losser] doch nur einige von den Lehren, die er den Philosophen giebt, auf sich selbst angewendet! – 'So viele fehlgeschlagne Versuche hätten endlich den Menschen wohl überzeugen sollen, daß die Speculation für ihn nicht gemacht sey.' (S. 29). – 'Das eigentliche Geschäft der Weisheit besteht in der Abmessung der Kräfte mit den Unternehmungen. Warum wollen wir also, wenn uns eigne Kraft zum Gehen mangelt – nicht stille sitzen?' (S. 40). Durch gänzliches Schweigen hätte er wahres Wohlwollen gegen sich selbst, nach seiner Erklärung also, Tugend bewiesen. Auch um die Welt hätte er sich dadurch wenigstens ein negatives Verdienst erwerben können. Sie ist ja doch so unempfänglich für alle Wohlthaten, die er ihr aus der armseligen Fülle seines 'herrlichen Vermögens zu glauben' aufdringen will!

Die Berührung mit der kritischen Philosophie mußte für seinen Geist – wenn der Gebrauch dieses Worts hier nicht eine allzukühne Metapher ist – der letzte Todesstoß seyn. Es ist sonderbar, aber für den denkenden Beobachter nicht befremdlich, wie jeder Wahn, sobald er zu seinem Unglück in diesen Bezirk geräth, gleichsam instinctmäßig zu wissen scheint, daß es ihm an's Leben gehen solle, und sogleich in die heftigsten Convulsionen verfällt. Darum setzt denn auch jetzt der räsonnirende Janhagel Gut und Blut daran : denn nichts ist dem Kriticismus entgegengesetzter, als die räsonnirende Unphilosophie.

Die ersten gefährlichen Symptome der antikritischen Epidemie äußerten sich bei Schl[osser] in den unermeßlich abgeschmackten Anmerkungen zu den Platonischen Briefen. In der gegenwärtigen Explosion ist der Paroxysmus schon aufs Höchste gestiegen. Ungeachtet Schl[osser] seinen Schmerz über Kants allzugelinde aber treffende Züchtigung mit höchster Anstrengung zu verbeißen strebt : so bricht doch allenthalben die an Wuth gränzende Leidenschaft, die Verzweiflung über seine schriftstellerische Nullität, hervor. Diese an Innhalt und Ausdruck nicht bloß plebejische, sondern wahrhaft proletarische Schandschrift enthält außer den ungeschicktesten und abgenutztesten Verdrehungen der kritischen Philosophie, nichts wie Schmähungen gegen Kants Person, und denuncirende Verleumdungen gegen alle Philosophen.

Niemand erwartet wohl eine detaillirte Auseinandersetzung, daß ein Mann, dessen ganze schriftstellerische Laufbahn ein fortlaufender unwiderleglicher Beweis von gänzlicher Unfähigkeit nicht bloß zur Speculation, sondern überhaupt zur Philosophie, ist, Kants System zu einer Zeit nicht habe verstehen können, wo er vor Zorn und Rachgier offenbar ganz außer sich war. Ueberall zeigt sichs, daß er in Kants Schriften nur geblättert habe : hie und da drängt sich der Gedanke einer absichtlichen Verdrehung auf. Unter andern bei dem Einwurfe, 'daß der Handelnde, um zu beurtheilen, ob seine Maximen allgemeine Natur-Gesetze seyn dürften, das ganze NaturSystem kennen müsse ;' da doch Kant sich S. 74–77 der Kr[itik] d[er] pr[aktischen] V[ernunft] so deutlich und ganz unzweideutig erklärt hat, daß hier nicht eine Natur gemeint sey, wie sie ist und seyn könnte ; sondern wie sie seyn sollte, eine Natur unter den Gesetzen der reinen sittlichen Vernunft.

Da ein vernunftloses Geschrei durch Gründe nicht widerlegt werden kann : so trifft sichs sehr glücklich, daß der Verfasser das Positive 'in dem, was er aus Mangel eines andern Worts' – so arm ist die teutsche Sprache wohl nicht ; hier reichte das Wort Geschwätz vollkommen zu – 'seine Philosophie nennen muß' (S. 21), selbst durch die That widerlegt. MenschenSinn ist das A und O des Verfassers. Wenn das Menschen-Sinn ist : so muß man gestehen, daß der MenschenSinn mit unter sehr unsinnig und sehr unmenschlich seyn kann! Wahrlich, das Beispiel ist warnend genug, um selbst den eifrigsten Anbeter des gemeinen Verstandes (denn diesen versteht Schl[osser] unter dem MenschenSinn S. 11 Vergl. Schr[iften] B. IV, S. 293), der nur auch besondern Verstand hätte, stutzig zu machen, und seinem Mistrauen eine andre Richtung zu geben.

Diese ganze tief am Boden kriechende menschensinnige WahrscheinlichkeitsLehre, die (S. 39) behauptete Einerleiheit des Denkens und Empfindens, und eine Erinnerung an seine schon ältere Lehre, daß auch die Thiere Erfahrung hätten, sind für den Kenner wohl hinreichende Andeutungen, daß Schl[ossers] Verstand eigentlich an einer ganz andern Krankheit leide, zu der Schwärmerei höchstens nur das Accessorium sey.

Im Grunde ist aber diese angebliche Schwärmerei, mit der Schl[osser] sich so brüstet, nichts als gemeiner, derber Aberglaube. Nur zu oft verbirgt sich ein sehr materielles Bedürfniß unter der vornehmen Hülle sublimer, reingeistiger Ausschweifung, und verleitet den Philosophen, der bei der allgemeinen Niedrigkeit jede Spur von Erhebung zu Ideen verehrt, zu unverdienter Schonung. Auch hier ist die Losung, Plato und Pythagoras; die Formeln des Mysticismus sind nicht gespart; und die Unvernunft der Schwärmer – dies muß man gestehen – hat der Verfasser sich so weit zugeeignet, als die unheilbare Halbheit seines Geistes es nur immer verstattete. Aber die Elemente dieser Unvernunft sind nicht Feuer Aether und Luft, sondern dürrer Sand und schaales Wasser. Die erste Triebfeder, der letzte Zweck aller dieser Anstalten ist der nichts weniger als übersinnliche Wunsch: 'auch jenseits des Grabes im Genuß der Selbstliebe ruhen zu können' (S. 22. 37. 84. 88). Aus dieser Noth sich selbst zu helfen, gebrach es dem Verf[asser] an Kraft des Geistes und des Herzens. Wer kennt nicht das allgemeine Hospital für SeelenKranke dieser Art? – 'Das Beruhen auf dem Zeugniß heiliger Lehren' ist ihm 'ein Tempel, in welchem die Vernunft, wenn Zweifel an Zweifel sie verfolgen und martern wollen, immer eine unverletzbare Freistätte findet!' (S. 111. 112). Dem Buchstaben des Evangelii soll man sich unterwerfen (S. 97. 120); und 'wer die christliche Religion von der Geschichte unabhängig machen will, sollte geradezu sagen, ich bin kein Christ' (S. 121). So ganz entfernt von würdiger und freier Gottes-Verehrung ist sein knechtischer BuchstabenDienst, daß er glaubt: 'nur durch die heilige Schrift könne man erst Ehrfurcht vor der Menschheit lernen, weil sie dort immer als eine eigenthümliche Sorge der Gottheit vorgestellt wird' (S. 2). Ja er muß sich vielleicht – denn er ist sehr reich an solchen KunstWorten der Inconsequenz – gestehen, 'daß er bloß den Juden seinen eignen Begriff von der Gottheit zu danken habe!' (S. 109).

Selbst der ganz gemeine, ganz materielle Mystiker weiß und sieht doch, wenn er nur einige Energie hat, was sein Herz wünscht, und seine Einbildung selbst dichtet. Schl[osser] kann nicht einmal lebhaft träumen, geschweige denn schwärmen, d.h. Grundsätze der Gesetzlosigkeit im Denken, soweit das möglich ist, consequent befolgen, seine Einbildungen sind bleiche Schatten ohne Nerv und Blut. Recht auffallend verräth sich die Unsicherheit und Hülfsbedürftigkeit seines schwankenden Glaubens selbst in jedem Ausdruck. 'Um sich nur nicht für ein Spott und PossenWerk der Schöpfung zu halten' (S. 12. 117), sind ihm Hülfsmittel, Krücken unentbehrlich, auf die er sich stützen, an denen er sich aufrichten könne. (S. 40. 117).

Es ist ein rechter Jammer, daß noch immer nichts Geistvolles, was Nachdruck und Geschick hätte, wider Kants Philosophie geschrieben werden will! Und das wäre doch so heilsam, um die, welche Kants Entdeckungen nur als Polster ihrer Trägheit brauchen, zu spornen! Rec[ensent], der vielseitige freie Untersuchung über alles liebt, und an keine symbolischen Bücher in der Philosophie glaubt, sieht einer solchen Erscheinung mit wahrer Sehnsucht entgegen.

Gegenwärtige eben so lächerliche als schändliche Scharteke, über die jeder rechtliche Gegner der kritischen Philosophie sich schämen wird, ist nun wiederum, in philosophischer Rücksicht, durchaus null. Sie wird hier nur als litterarische PolizeiSache behandelt. Denn auch als psychologisches Phänomen ist sie schon darum wenig interessant, weil die Erklärung allzuleicht ist. – Ueberdem ist das Phänomen jetzt eins der alltäglichsten. Welche unerschöpfliche Fundgrube für den Psychologen, welcher den gemeinen Menschen Unverstand studiren will, sind nicht allein die ungemeinen Werke des thätigen Nicolai?

PolizeiSachen aber können nur ganz unaufgeklärte Menschen mit GewissensSachen verwechseln. Rec[ensent] hofft also, daß man diese Rüge der schreienden Unrechtlichkeit einer Schrift nicht als ein Urtheil über die innere Sittlichkeit des Verfassers überhaupt misdeuten werde; erklärt jedoch zum Ueberfluß, daß ihm diese innere Sittlichkeit Sch[losser]s hier und überall gar nichts angehe, und daß er die Beurtheilung derselben vornehmlich dem Subjecte selbst, demnächst aber auch jedem andern Liebhaber, gern überläßt.

Eine gewisse Erzürnbarkeit über das Schlechte ist eine wesentliche Eigenschaft jedes wackern Mannes. Indessen würde doch derjenige unmäßig reizbar zu nennen seyn, welcher über solchen bloß verächtlichen Scandal, auch nur einen Augenblick zürnen wollte. Aber, bei der herzlichsten und aufrichtigsten Gleichgültigkeit für seine eigne Person, kann man sich wohl um der öffentlichen Ordnung willen entschließen und überwinden, dergleichen Unfug nach Verdienst zu rügen. Befugt ist dazu jeder Gelehrte, der will und kann; als mitbeleidigter Theil des ganzen Standes.

Gerade jetzt ist es sehr nöthig, recht streng zu seyn, weil das Unwesen wirklich gar zu arg wird. Auch kann eine solche Schärfe in der jetzigen allgemeinen Gährung aller Meinungen heilsam mitwirken, um das Ungleichartige recht deutlich zu scheiden.

Wortscheue Moderantisten mögen darüber fernerhin denken, wie bisher; und großes Aergerniß daran nehmen, wenn man zur Schändlichkeit sagt, du bist schändlich, und zur Nullität, du bist null.

Dies ist fürs erste für den Leser wohl hinreichend: für die Geduld des Rec[ensenten] war es mehr als hinreichend. 'Noch viel Verdienst ist übrig.' Hat etwa ein Dillettant litterarischer Misgeburten Neigung, eine UniversalGeschichte des Schlosserschen Unverstandes zu entwerfen: so ist das eine schöne Gelegenheit eine wenigstens eben so heroische Geduld zu üben, wie Herkules in den Domänen des Augias.

Auserlesene Gespräche des Platon, übersetzt von Friedrich Leopold Grafen zu Stollberg. Königsberg, b[ey] Nicolovius. Erster Theil. 1796. XVI u. 367 S. Zweiter Theil. 1797. 449 S. gr. 8.

[*Philosophisches Journal*, vol. v (1797), pp. 191–194.]

Der Charakter der Urschrift konnte nicht treffender bezeichnet werden, als durch das Motto: d a s   S c h ö n e   z u m   G u t e n. Sollte aber der Geist der Uebersetzung, die ihres unwürdigen Zwecks ganz würdig ist, bestimmt werden: so müßte es heißen: d a s   U n g e s c h i c k t e   z u   d e m   S c h l e c h t e n.

Die Absicht ist ganz sichtbar keine andre, als für einige individuelle LieblingsMeinungen, die einer Stütze gar sehr bedürfen mögen, eine große A u c t o r i t ä t zu erschleichen.

Gleich die Vorrede zum ersten Bande ist eine eifrige Controvers-Predigt wider die Aufklärung, mit der sich das, was dem Verfasser Christenthum zu seyn scheint, nicht zum Besten vertragen mag. Ein seltsames Gegenstück dazu ist die EhrenErklärung an die Gesellschaft des äußern Standes zu Bern, womit der zweite Band eröffnet wird. Sie endigt, wie sich erwarten ließ, mit einer Verfluchung der französischen Revolution, auf welche, so wie auf die gottlose Teutsche Philosophie in vielen Noten strafende SeitenBlicke geworfen werden. Der Verfasser hat sich kaum Zeit gelassen, seine höchst eilfertige und nicht selten fehlerhafte Uebersetzung mit einigen schnell zusammengerafften hie und da ganz unkritischen und unhistorischen Erläuterungen, einzelnen Anspielungen und Beziehungen u.s.w. zu begleiten. Dagegen hat er aber die biblischen Sprüche, besonders aus den Propheten, nicht gespart. Micha und Sokrates, Hosea und Perikles, Hesekiel und Diotima sind wohl nie so zusammen gepaart worden, wie hier. Auch fehlt es nicht an einer Hinweisung auf die Kabbala (I, 143), und an Declamationen wider die Philosophen, welche das Gebet nicht hinlänglich empfehlen (II, 36). Ueberhaupt scheint es, der Verfasser habe absichtlich das erreichen wollen, was er (I, 161) als das Eigenthümliche des mittelmäßigen Schriftstellers angiebt: 'sein Machwerk ist zwar b u n t s c h ä c k i g   i n   s e i n e r   M i t t e l m ä ß i g k e i t' u.s.w. Bald verliert er sich in die unerforschlichen Tiefen des VaterUnsers (II, 447); bald bemerkt er die Verwandschaft des plattdeutschen e i s c h mit dem Griechischen αισχρον (II, 259). Bald schilt er Schlözern über seine Würdigung historischer Begebenheiten (I, 288); bald benachrichtigt er uns, daß Zenon von jedem Jünglinge 2135 Rthlr. 10 ggr. Lehrgeld nahm (II, 396). Bald empfiehlt er, ich weiß nicht welchen B e i t r a g   z u r D ä m o n o l o g i e, als ein treffliches Büchlein (II, 34); bald bekennt er, daß er die tragische Muse nicht in die Thäler Helvetiens einführen möchte; die Nation der Britten sey aber gewiß nicht so unschuldig daß der gigantische Shakespeare ihr mehr schaden, als nützen sollte (II, 266).

Der Verfasser glaubt, man könne nicht über ihn lächeln, ohne zugleich auch über den Sokrates mit zu lächeln (I, 139). Wir unsers Theils glauben, daß Sokrates ganz unschuldig sey an dem geringen Beifall, den diese Parodie, nach der Aeußerung II, 391. 392, gefunden zu haben scheint. Gewiß ließe er sich aus andern Gründen besser erklären, als aus der GrundSchiefheit aller Leser, von der schon David geweissagt haben soll. – Um dem teutschen Leser den Werth des Platonischen Sokrates fühlbar zu machen, müßte man wohl vor allen Dingen nicht einzelne Worte, sondern den Geist seiner Lehren zu erklären versuchen. Ob dies noch möglich, und wie es zu bewerkstelligen sey; darüber wäre es sehr unzweckmäßig mit dem Verfasser reden zu wollen, da es ihm so offenbar nur um seine Meinungen, und gar nicht um den Plato zu thun ist. Es könnte noch weit bessere Kenner des Plato in nicht geringe Verlegenheit setzen, wenn sie von der Sokratischen Ironie (über die der Verfasser so zuversichtlich abspricht; S. VI, XII, und in den Stellen die den Daemon des Sokrates betreffen) bestimmte Rechenschaft geben, und im Einzelnen genau bestimmen sollten, was im Plato Ernst und was Scherz sey.

Der Uebersetzer gehört also, wie man sieht, auch zu denjenigen, die seit einiger Zeit nicht müde werden, auf allen Gassen und an allen Ecken auszuschreien, daß die ächte Wissenschaft ein Geheimniß sey. Ihre stete Losung ist zwar 'die Unmöglichkeit, den Kern der Weisheit in Büchern mitzutheilen' (S. IV); und doch vermehren sie von Messe zu Messe die Zahl der schnellgeschriebnen und schnellvergessnen Bände. Stolz genug, um den gewöhnlichsten ihrer Irrthümer und Fehler für eine Auszeichnung der wenigen Auserwählten zu halten, plagen sie doch alle Welt mit ihren Zudringlichkeiten, und suchen, wo nicht Beifall, doch Ansehen zu ertrotzen. Im Grunde sind sie nicht zu vernünftig, sondern zu nüchtern, um so sehr im Glauben ausschweifen zu können, als sie wohl wünschten. Es fehlt ihnen an Zuversicht, und da haschen sie denn mit kindisch ängstlicher Heftigkeit nach jedem Schein von Bestätigung oder Beschönigung.

Wer die oft gepriesnen und oft misbrauchten aber wenig gekannten Werke des Plato so heilig hält, wie die ehrwürdigsten Denkmale des wissenschaftlichen Alterthums es verdienen, der wird eine solche Uebersetzung zu einem solchen Zweck, für Entweihung und wahren Frevel halten, und mit Unwillen bei seinem Namen nennen.

Indessen sind selbst in dieser Schrift unverkennbare Beweise jenes ursprünglichen Biedersinnes, den ein unbefangner Beurtheiler auch in andern Werken des Verfassers wahrnehmen muß. Ich erwähne hier nur den gerechten Unwillen gegen die Vertheidigung des SklavenHandels (II, 261. 262); den Abscheu gegen den Ostrakismos (II, 271) bei der Verdammung auch solcher Tyrannen, die gelind und mit Verstand herrschen (I, 145). Um so mehr aber ist diese Schrift ein warnendes Beispiel, daß auch ein nicht unedler Geist durch Leidenschaft und Beschränktheit sophistisch und illiberal werden kann. Denn illiberal ist doch wohl der gelindeste Ausdruck dafür, wenn man jeden AndersDenkenden in Sachen, die kein Sterblicher weiß und wissen kann, der Gotteslästerung und Ruchlosigkeit beschuldigt (S. II, 33. 402. und an vielen andern Stellen)?

LEIPZIG, b[ey] Crusius: *P. Terentii Afri comoediae.* Novae editionis specimen proposuit *Carl Aug. Böttiger.* 1795. xx u. 68 S. gr. 8.

[*Allgemeine Literatur-Zeitung*, 13 November 1797, nr. 361, Col. 386–388.]

Schon die Vorrede kündigt einen mit allen an den Herausg[eber] des Terenz zu machenden Foderungen vertrauten und der Befriedigung derselben vollkommen gewachsnen Gelehrten an. Es wird hier gleichsam das Ideal einer Bearbeitung des Terenz aufgestellt. Vor allen Dingen müssen die Bruchstücke des Apollodor und Menander, aus denen Terenz vornehmlich schöpfte, sorgfältiger als bisher gesammelt, vorzüglich manche Züge und Blüthen des Menander aus dem Alciphron, Aristänet, Philostratus Briefen, Lucians Dialogen, Plutarchs moralischen Schriften ausgespäht, außerdem die sämmtlichen Ueberbleibsel der Dichter der neuen Komödie und nächst ihnen auch die der ältern, einen Aristophanes und auch die Tragiker, von welchen Menander Gebrauch machte, nicht ausgenommen, zum Besten des Terenz benutzt werden. Da Athen der Schauplatz dieser Lustspiele ist, so müssen sie vorzüglich aus der Kunde des attischen Alterthums, der Gebräuche, Sitten, der bürgerlichen Verfassung und der Gesetze ihr Licht erhalten. Eine der schwersten Obliegenheiten des Herausg[ebers] ist, alles dasjenige, was auf das Theaterwesen der Alten Beziehung hat, aufzuklären. Hiermit müssen Erörterungen über die Stände, Sitten und Charaktere, welche die Dichter der neuen Komödie und namentlich Menander auf der Bühne darstellten, verbunden werden. Bey der Bearbeitung des Textes werden vom Herausg[eber] Bentleys Recension und metrische Grundsätze zur Grundlage gemacht; jedoch werden auch alte Ausgaben und Handschriften verglichen, wie denn der Herausg[eber] schon zwey Gothaische und eine Helmstädter Handschrift gebraucht hat. Indeß wird dem Herausg[eber] sein weitläuftiges Geschäft dadurch erleichtert werden, daß der Kirchenrath Döring in Gotha, ein Vertrauter der römischen Komiker, die Besorgung der Kritik und der Worterklärung zu übernehmen sich anheischig gemacht hat. Zu allem, was der Herausg[eber] von einem Bearbeiter des Terenz verlangt, hat er selbst in den von ihm ausgearbeiteten Proben aus dem Verschnittenen, Aufz[ug] 4. Auftritte[1] 5–7, die Belege gegeben. Zum fünften Auftr[itt] wird gleich eine gelehrte Anmerkung über den Gebrauch der Griechen, Betrunkene im Lustspiel

---

1 In the original, the misprint 'Aufz'.

einzuführen (auch im Trauerspiel verschmäht Euripides nicht, den betrunkenen Herkules auftreten zu lassen), gemacht, die aus dem Satyrspiel abgeleitet wird; jedoch schränkt sich dabey die Komödie auf Menschen der niedrigen Stände, Sklaven, Schmarozer, Landleute ein. V. 3, *postquam surrexi, neque pes neque mens satis suum officium facit* wird die Redensart gelehrt mit Beyspielen der Griechen belegt. Der von andern angeführte Vers des Menander: ἀνίσταμαι γοῦν τέσσαρας κεφαλὰς ἔχων hätte wohl auch unter diesen eine Stelle verdient. Gleich darauf wird der Satz 'der Wein verschönert alles' und *Sine Cerere et Libero friget Venus* in mannichfaltigen Wendungen aus Dichterstellen gezeigt. Zum Auftr[itt] 6, 1. wird das Auskratzen der Augen in der Tragödie und Komödie der Griechen, welches auf unsern Bühnen kaum einem Fischweib verziehen werden dürfte, aus der leidenschaftlichen Heftigkeit der griechischen Frauen erläutert. Zu V. 9. wird eine Anmerkung über die Rechte der Buhlerinnen in Athen gemacht und bemerkt, daß die Hetären im Alter Hetärenschulen anzulegen pflegten. *Riscus* V. 16 ist ein Wort aus der neuen Komödie, das einen Wandtapetenschrank bedeutet, in welchem die weibliche Garderobe und der weibliche Schmuck aufbewahrt wurde. Wichtig ist ebendaselbst die Bemerkung, daß die Weiberzimmer auf dem Theater nicht abwärts sondern vorn an der Straße vorgestellt wurden. Erläuterungen aus den Athenischen Rechten und Gesetzen kommen zu V. 21, 26, 30, 32, Sc. 7, 35, 39, vor. Zu Auftr[itt] 6, 23 f. vermissen wir ein paar Stellen des Menander beym Strobäus, die von andern Auslegern mit Recht hier beygebracht werden. Eine gelehrte Ausführung über den Anstand bey der Haltung des Mantels findet man zu V. 31. Beym siebenten Auftr[itt] werden die einzelnen Züge aus dem Menander zusammengelesen, welche Terenz benutzte. *Fures* V. 6 sind Miethsoldaten, die hier nach ihrem gewöhnlichen Handwerk, Marodeurs, genannt werden. Ueber den Gebrauch des Schwammes in der Küche und im Felde zu V. 7–9. Ueber V. 13, wo sich Thraso, indem er sich hinter dem Vordertreffen hält, auf das Beyspiel des Pyrrhus beruft, hat der Verf[asser] einen eignen Excurs angehängt, worinn wahrscheinlich gemacht wird, daß im Griechischen Alexander gestanden, dessen Namen aber Terenz mit dem den Römern näher liegenden des Pyrrhus vertauscht habe. V. 16, 17, legt der Herausg[eber] dem Gnatho in den Mund. Wenn dieser aber wünschte seine Feinde in die Flucht zu schlagen (*facerent fugam*); wie stimmte das mit Thraso's Absicht V. 3 f. zusammen, das Haus zu erobern, das Mädchen zu entreißen; die Thais zu züchtigen? V. 28 glaubt der Herausg[eber] mit dem Donatus, der nur von Sklaven gewö[h]nliche Ausdruck *furcifer* sey dem Chremes gegen den Anführer von Miethvölkern, Thraso, aus Unkunde des Schicklichen entfahren; allein, wenn nach des Verf[assers] eigner Bemerkung S. 48, not. freye Leute und Miethsoldaten einander entgegengesetzt wurden: so scheint sich Chremes mit gutem Bewußtseyn dieses verächtlichen Ausdrucks bedient zu haben. Wir müssen mehrere feine Sprachbemerkungen übergehen, und bemerken nur noch, daß der 2te Excurs über die *Milites gloriosi* der neuen Komödie diesem Specimen zur wahren Zierde gereicht. Es wird hier ein sehr dunkler Gegenstand ins Klare gesetzt. Der Verf[asser] geht von der Behandlung der Soldaten auf dem griechischen Theater überhaupt aus, und zeigt, daß die in der neuen Komödie häufig vorkommenden Soldaten Anführer von gedungenen Heeren sind, deren Gebrauch und Geschichte hier auseinandergesetzt wird. Die Miethsoldaten standen gewöhnlich in keinem guten Rufe, und ihre Anführer waren als rohe, ausschweifende, lächerlich prahlerische Menschen bekannt, welche in der neuen Komödie häufig in eignen Masken und Kleidungen vorkamen. Der Verf[asser] geht nun die Stücke des Menander durch, worinn solche Helden die Hauptrollen spielten, darauf auch die Lustspiele des Plautus, und endlich verfolgt er noch die Spuren des Thrasonismus auf den Theatern der neuern Völker. –

Wie sehr ist zu wünschen, daß die übrigen literarischen Unternehmungen des vielseitigen und doch immer selbstdenkenden Verf[assers] ihn nicht zu lange von der wirklichen Ausführung der hier angekündigten Ausgabe des Terenz abhalten mögen!

INDEXES

INDEX OF NAMES

Unmarked figures refer to the paragraphs of the Text, figures with asterisks to those of the Commentary.

INDEX OF SUBJECTS